U0500868

房地产企业会计实务

（第二版）

黄毅勤 段九利⊙主编

中国市场出版社
China Market Press

图书在版编目（CIP）数据

房地产企业会计实务/黄毅勤，段九利主编. —2版. —北京：中国市场出版社，2011
ISBN 978-7-5092-0835-9

Ⅰ．①房…　Ⅱ．①黄…②段…　Ⅲ．①房地产业-会计　Ⅳ．①F293.33

中国版本图书馆 CIP 数据核字（2011）第 238804 号

书　　名：	**房地产企业会计实务（第二版）**
主　　编：	黄毅勤　段九利
责任编辑：	胡超平
出版发行：	中国市场出版社
地　　址：	北京市西城区月坛北小街 2 号院 3 号楼（100837）
电　　话：	编辑部（010）68037344　读者服务部（010）68022950
	发行部（010）68021338　68020340　68053489
	68024335　68033577　68033539
经　　销：	新华书店
印　　刷：	河北省高碑店市鑫宏源印刷包装有限责任公司
规　　格：	787×1092 毫米　1/16　20.75 印张　490 千字
版　　本：	2012 年 1 月第 2 版
印　　次：	2012 年 1 月第 1 次印刷
书　　号：	ISBN 978-7-5092-0835-9
定　　价：	48.00 元

前　言

　　会计工作是企业管理的重要组成部分，而由于房地产业的行业特殊性、开发模式的多样性和开发产品种类的复杂性等，导致了对其会计处理的复杂性和处理方法的多样性。如若处理不当，会对会计信息造成重大影响，甚至使企业遭受损失。

　　房地产企业的业务核算综合性强，会计人员必须不断学习、积累，不停更新知识才能胜任本职工作。但目前与房地产相关的会计图书中，很多与核算实际工作相去甚远，缺乏实用性。我们编写《房地产业会计实务》，正是想为读者提供一种实用的、操作性强的房地产会计读本。

　　本书主要特色为：

一、法规时效性——依据最新的企业会计准则及相关法规编写

　　本书以《企业会计准则》、《企业会计准则指南》、《企业会计准则讲解》等法规为依据，结合房地产企业的特点，对房地产企业有关会计政策的选择、会计科目的设置和使用、相关信息的财务报告披露等方面作了较为详细的论述。

二、行业针对性——用实例诠释房地产企业会计核算的特点

　　房地产企业从事房屋建设经营、土地开发建设活动，生产经营的核算内容综合性强，其会计核算与其他行业会计核算具有明显区别。本书列举了大量的实例，且增加了业务处理习题，在房地产企业资产、负债、收入、成本费用、应交税费的核算以及财务报表编制等方面，都突出了现实房地产企业生产经营流程中的业务特点和会计核算规范的要求，将准则的统一性、原则性和企业业务的特殊性结合起来，针对性强。

三、业务全面性——增加了经营性物业开发的核算内容

　　近年来，经营性物业的开发在我国得到了迅猛发展，越来越多的房地产企业从单纯销售开发战略向销售与持有并举的混合开发战略转型。在此背景下，对经营性物业会计核算能力的不足成为制约房地产企业会计核算水平提升的瓶颈。本书对经营性物业开发全过程（包括经营性物业抵押贷款、持有物业建设开发、持有物业后续经营等）涉及的会计核算进行了详细、深入介

绍，使本书涵盖的内容更加全面，体系更加完整。

　　本书由黄毅勤、段九利编写，由于水平有限，书中难免会有不足之处，敬请广大读者批评指正。

作者

教学课件与习题参考答案

　　本书配备有教学用 PPT 和习题参考答案，订购本教材的教师请与我社联系。敬请提供教师姓名、所在学校、联系电话等信息。

联系人：胡超平

电话：010-68037344，13611077880

E-mail：huchaoping1966@sina.com

目 录

CONTENTS

CHAPTER

1

第一章
总　　论

第一节　房地产开发企业的主要经营活动和经营特点

　　房地产是房产和地产的总称。房产是指各种房屋财产，包括住宅、厂房以及商业、文教、办公、体育用房等；地产是指土地财产，是土地和地下各种基础设施的总称，包括供水、供电、供气、供热、排水排污等地下管线以及地面道路等。房产和地产是紧密相连、不可分割的，房屋依地而建，地下各种基础设施又为房屋主体服务，是房屋主体不可缺少的组成部分。因此，人们通常把房产和地产统称为房地产。

　　房地产开发企业的经营模式，大致可以划分为以下两类：一是销售物业模式，即房地产企业通过购买土地、进行项目的规划设计、组织施工、竣工验收、产品销售五个阶段，最终将开发完成的房地产移交给购买者，并取得销售收入。二是自持物业模式，即房地产企业将开发完成的房地产留作自用，通过出租、联营、自营等方式分期取得经营收入。

　　房地产开发企业可以将土地和房屋合在一起开发，也可以将土地和房屋分别开发。它既是房地产商品的生产者，又是房地产商品的经营者。房地产企业主要的经营活动可以划分为生产、流通和消费三个环节，各环节的主要经济业务内容如下。

一、生产环节的主要经济业务

　　在生产环节，房地产开发企业在取得土地使用权以后对土地和房屋进行开发建设。土地开发是指对土地进行地面平整，建筑物拆除，地下管线铺设和道路基础设施的建设，以便扩大对土地的有效使用范围，提高土地的利用程度，满足不断发展的社会生产和人民生活的需要。城市土地开发，从狭义上讲是变农用地为城市工商业、交通和生活用地；从广义上讲，是指城市土地的综合利用，包括新城区的土地开发和旧城区的土地再开发。

　　新城区的土地开发是为城市的新建、扩建和改建提供新的建设场地，它是通过征用土地、受让土地和城市基础设施建设来实现的。征用土地是指将农村集体所有制的土地通过征用、拆迁补偿等转变为国家所有的城市土地；受让土地是指将国有土地通过有偿出让方式把其使用权转让给房地产企业，由其进行开发经营。城市基础设施建设是指城市各项建设的前期工程，包括道路、上下水、电力、煤气、热力、通信设施等的建设和垃圾处理工程建设。新城区的土地开发必须按城市总体规划进行，通过开发，使"生地"变为"熟地"，提供良好的投资环境。

旧城区的土地再开发是为了改变旧城区人口稠密，交通、住宅拥挤，房屋陈旧，设施落后的状况，它是通过拆迁和改造来实现的。旧城区的土地本来属于国家所有，因此不需通过征用土地这个环节，而是首先组织居民和单位拆迁，待开发地区房屋竣工后，再予以原地或异地安置；旧城区的改造包括房屋、道路和基础设施等按城市规划的要求进行改造，以便提高土地利用程度，改善生产和生活条件，改善投资环境。

房屋开发是指对城市各种房屋，包括住宅、厂房和其他用房的开发建设。它包括可行性研究、规划设计、工程施工、竣工验收、交付使用等工作内容。房屋开发是涉及面广、耗资大、工作繁杂的过程，必须严格遵守基本建设程序，使各项工作有计划、有组织、有步骤地进行。由于房屋和土地的不可分割性，土地开发和房屋开发紧密相关，统称为房地产综合开发。在生产环节中，房地产综合开发的任务是由实行独立核算、自负盈亏的房地产开发企业承担的。

二、流通环节的主要经济业务

在流通环节，房地产开发企业、房地产经营公司和房地产交易所对于已开发建设完成的房地产进行市场经营活动。

房地产市场经营活动有房地产转让、出售和房地产租赁两种基本形式。房地产转让、出售是指将土地的使用权一次有偿转让给使用者，将房屋的所有权一次性出售给购买者；房地产租赁是指房地产使用权的分期出售，出租方以租金方式分期收回成本和利润，承租方分期支付租金获得房地产的使用权。

三、消费环节的主要经济业务

在消费环节，房地产通过转让、出售和租赁，投入使用阶段。由于房地产具有使用期限长、价值高等特点，因此，在这个环节中房产的维修、服务和管理活动是不可缺少的。

房地产管理包括房地产产权、产籍管理和房地产产业管理。房地产产权、产籍管理是房地产管理部门对房屋产权和土地使用权归属的审查确认和产籍资料的登记及管理；房地产产业管理是指从事房地产经营的房地产企业对其经营的房屋、土地及附属设施进行登记与管理。可见，在房地产再生产过程中，房地产业的主要经营活动包括土地开发、房屋开发、房地产市场经营、房地产售后维修服务和房地产管理等。这些经营活动是由房地产开发企业、房地产经营公司、房地产交易所等组织机构完成的。

四、房地产企业经营的主要特点

（一）房地产的单件性

房屋是建筑工人按照规划和特定设计图纸的要求，通过建筑安装等施工活动建造完成的。由于城市规划的艺术性对房屋层高、外形、结构的不同要求，而且房屋的用途各异，销售对象群体对房屋品质的不同需求和购房者对房屋性能、结构和内部装饰等千差万别的需求，使得房屋不可能像工业产品那样，按照同一设计图纸大量大批地复制。即使按同一设计图纸建造的住宅，也会因建造时间、地点、气候条件等不同而存在差异。土地是一种自然资源，每一块土地因其所在地的水文地质条件、工程地质条件不同以及土地用途的不同，其开发过程也有很大差别。由此可见，不会存在完全相同的房地产开发经营过程。房地产必须按每栋房屋和每宗土地单件地组织设计、开发和经营，会计核算也要提供各单位建筑产品的成本及其成果。

(二) 房地产位置的固定性

房地产属于不动产，这是因为土地是无法移动的，房屋又依地而建，固定在一定的土地上，也很难移动其位置。房地产位置的固定性使得房地产开发经营必须进行充分的可行性研究，慎重确定人类对土地和房屋的需求比例，最大限度地提高土地利用率，以保证农业、林业和绿化用地，维护生态平衡；同时，还必须慎重预测各地区对房屋的需求，要求重视各地区的文化传统、民族风俗等。

(三) 房地产使用寿命的长期性

房产和地产是相当耐久的资产，土地是不可毁灭的自然资源，具有永恒的使用价值；房屋建成后，若无重大自然灾害，其使用期限可达几十年以至上百年。房地产使用寿命的长期性，要求房地产开发建设必须重视工程质量，做到百年大计，质量第一。

(四) 房地产开发建设周期长、耗资巨大

房地产开发建设要经过可行性研究、勘察设计、工程施工、竣工验收等若干阶段，由房地产企业、建筑安装施工企业、物资供应部门、市政和勘察设计等单位共同协作完成，其开发建设周期比一般工业产品生产周期要长得多。土地使用权的价格，尤其是城市土地使用权的价格逐年增长，每亩地上万元乃至数十万元，每平方米房屋造价数百元乃至数千元。因此，房地产开发建设需要巨额的资金，且周转率极低，一般均需向金融机构取得长期贷款。

(五) 房地产具有保值、增值的功能

随着人口的增长和人们物质文化生活水平的提高，对房地产的需求会日益增长。但是，土地资源是有限的，可供载房的土地更是有限的，因此，房地产的价格呈不断上涨的趋势，加之其使用期限长，故比其他物品更具有保值、增值的功能。

第二节　房地产开发企业的会计对象

一、房地产开发企业的资金运动

房地产的再生产过程包括生产、流通和消费三个环节。随着生产经营活动的进行，房地产开发企业的资金不断地改变形态，从货币资金开始，顺序变换为储备资金、在建资金、建成资金，最后又回到货币资金。资金的这种运动过程，称为资金的循环。随着再生产活动的不断进行，企业的资金就会周而复始地不断循环，称为资金的周转。这种资金的循环和周转，是房地产开发企业再生产过程的货币表现。

房地产开发企业资金循环和周转如图 1-1 所示。

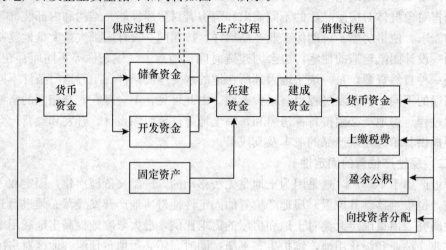

图 1-1

企业的资金在不断增值情况下的循环和周转，是企业生产经营良性循环的显示器。若企业资不抵债，资本金不能实现保值增值，则势必出现生产经营萎缩，甚至面临破产的危险。为了保证房地产业开发经营活动的顺利进行，企业会计部门必须对企业的资金运动进行核算与监督。

二、房地产开发企业的会计要素

房地产企业会计核算与监督的内容就是企业的资金运动，会计的对象就是指房地产会计核算和监督的内容。

房地产开发企业会计对象的具体内容包括资产、负债、所有者权益、收入、费用和利润六个会计要素。

（一）资产

资产是指企业过去的交易或者事项形成的、由企业拥有或者控制的、预期会给企业带来经济利益的资源。企业过去的交易或者事项包括购买、生产、建造行为或其他交易或者事项。预期在未来发生的交易或者事项不形成资产。由企业拥有或者控制，是指企业享有某项资源的所有权，或者虽然不享有某项资源的所有权，但该资源能被企业所控制。预期会给企业带来经济利益，是指直接或者间接导致现金和现金等价物流入企业的潜力。

符合资产定义的资源，在同时满足以下条件时，确认为资产：

（1）与该资源有关的经济利益很可能流入企业；

（2）该资源的成本或者价值能够可靠地计量。

（二）负债

负债是指企业过去的交易或者事项形成的、预期会导致经济利益流出企业的现时义务。

注意：现时义务是指企业在现行条件下已承担的义务。未来发生的交易或者事项形成的义务，不属于现时义务，不应当确认为负债。

符合负债定义的义务，在同时满足以下条件时，确认为负债：

（1）与该义务有关的经济利益很可能流出企业；

（2）未来流出的经济利益的金额能够可靠地计量。

（三）所有者权益

所有者权益是指企业资产扣除负债后由所有者享有的剩余权益。所有者权益金额取决于资产和负债的计量。所有者权益的来源包括所有者投入的资本、直接计入所有者权益的利得和损失、留存收益等。

直接计入所有者权益的利得和损失，是指不应计入当期损益、会导致所有者权益发生增减变动的、与所有者投入资本或者向所有者分配利润无关的利得或者损失。

利得是指由企业非日常活动所形成的、会导致所有者权益增加的、与所有者投入资本无关的经济利益的流入。

损失是指由企业非日常活动所发生的、会导致所有者权益减少的、与向所有者分配利润无关的经济利益的流出。

所有者权益的主要特征表现为：

（1）除非发生减资、清算行为，企业不需要偿还所有者权益。

（2）企业清算时，只有在清偿所有的负债后，所有者权益才返还给所有者。

（3）所有者凭借所有者权益能够参与利润的分配。

（四）收入

收入是指企业在日常活动中形成的、会导致所有者权益增加的、与所有者投入资本无关的经济利益的总流入。

企业日常从事各种生产经营活动，从而取得经营收入。收入按其性质不同，可以分为销售商品收入、提供劳务收入和让渡资产使用权收入；按照企业经营业务的主次，可以分为主营业务收入和其他业务收入。

企业取得收入，标志着企业为社会提供的物质产品、商品或服务产品、劳务价值的实现。收入可以补偿企业在生产经营过程中的各种耗费，收入抵偿耗费后的价值就成为增值（即盈利），最终表现为净资产的增加，从而为企业扩大再生产的经营活动提供资金保证。

收入只有在经济利益很可能流入从而导致企业资产增加或者负债减少，且经济利益的流入额能够可靠计量时才能予以确认。

收入的主要特征表现为：

（1）收入是从企业的日常经营活动中产生的，而不是从偶发的交易或事项中产生。

（2）收入可能表现为企业资产的增加，或负债的减少，或二者兼而有之。

（3）收入能引起企业所有者权益的增加。

（4）收入只包括本企业经济利益的流入，而不包括为第三方或客户代收的款项。

（五）费用

费用是指企业在日常活动中发生的、会导致所有者权益减少的、与向所有者分配利润无关的经济利益的总流出。

费用是企业为取得一定收入而付出的代价或者为进行生产经营活动所发生的经济资源的耗费。费用是与收入相互依存，费用与收入相配比，就是企业在经营活动中所取得的利得或损失。如企业在销售商品、提供劳务等日常活动中，必然购买原材料、商品并消耗劳动对象，发生机器设备等劳动手段的耗费、劳动力的耗费以及其他支出所产生的费用，这些耗费与支出构成企业的费用。

费用只有在经济利益很可能流出从而导致企业资产减少或者负债增加，且经济利益的流出额能够可靠计量时才能予以确认。

费用的主要特征表现为：

（1）费用是指企业在日常经营活动中产生的经济利益的流出，而不是从偶发的交易或事项中产生的经济利益的流出。

（2）费用可能表现为资产的减少，或负债的增加，或二者兼而有之。

（3）费用将引起所有者权益的减少。

（六）利润

利润是指企业在一定会计期间的经营成果。利润包括收入减去费用后的净额、直接计入当期利润的利得和损失等。利润金额取决于收入和费用、直接计入当期利润的利得和损失金额的计量。

从事开发经营活动，必须拥有一定数量的资产，按其流动性质分为流动资产和非流动资产。这些分布在开发经营各阶段的资产，其资金筹集渠道主要有两条：一是投资者投入企业的资本金，即企业的注册资本；二是企业对金融机构及其他单位的负债，包括流动负债和非流动负债。企业在生产经营活动中，由于出售房地产、提供劳务等日常活动所形成的经济利益的流入属于收入，企业在施工生产经营过程中因承包工程、销售房地产、提供劳务等日常活动而发生的各项耗费属于费用，即房地产开发企业在获取营业收入的过程中，对企业所掌握或控制的资产的耗费，是企业为取得营业收入而付出的代价。房地产开发企业的费用，按其经济用途可以分为计入开发产品成本的费用和不计入开发产品成本而应计入当期损益的期间费用两大类。其中计入开发产品成本的费用，按其计入成本的方式不同，又分为直接计入的费用和间接分配计入的费用。收入扣除相应的成本费用，就是企业的经营成果。如果收入大于成本费用则为利润；反之则为亏损。

根据房地产企业生产经营的特点和会计核算的内容，归纳其会计反映和监督的具体内容主要有以下几方面：

（1）企业资产的构成及其在开发经营过程中的增减变动情况。

（2）企业负债的形成及偿还情况。

（3）企业所有者权益的构成及其增减变动情况。

（4）开发经营费用的支出和开发成本的形成情况。

（5）营业收入的取得，利润的形成及分配情况。

三、房地产开发项目投资与费用估算

房地产企业会计核算的对象是房地产项目，其特点在于投入资金多、风险大，为此，在项目的规划阶段，必须对项目的投资与成本费用进行准确的估算，以便作出经济效益评价、投资决策。这种估算就是通常所讲的房地产开发项目投资与费用估算，项目投资与费用估算与项目会计核算之间存在着联系。由于房地产开发项目的投资过程就是房地产商品的生产过程，因而其投资估算与成本费用估算不可截然分开，应合二为一。

房地产开发项目投资与成本费用估算的范围包括土地使用权获取成本、土地开发成本、建筑安装工程造价、管理费用、销售费用、财务费用及开发期间的税费等全部投资。

房地产建设项目各项费用的构成复杂，变化因素多、不确定性大，依建设项目的类型不同而有其自身的特点，因此不同类型的建设项目，其投资和费用构成有一定的差异。对于一般房地产开发项目而言，投资及成本费用由开发成本和开发费用两大部分组成。

（一）开发成本

1．土地使用权出让金

国家以土地所有者身份，将一定年限内的土地使用权有偿出让给土地使用者。土地使用者支付土地出让金的估算可参照政府前期出让的类似地块的出让金数额并进行时间、地段、用途、临街状况、建筑容积率、土地出让年限、周围环境状况及土地现状等因素的修正得到；也可依据所在城市人民政府颁布的城市基准地价或平均标定地价，根据项目所在地段等级、用途、容积率、使用年限等因素修正得到。

2．土地征用及拆迁安置补偿费

土地征用费。国家建设征用农村土地发生的费用主要有土地补偿费、劳动力安置补助费、水利设施维修分摊、青苗补偿费、耕地占用税、耕地垦复基金、征地管理费等。农村土地征用费的估算可参照国家和地方有关规定进行。

拆迁安置补偿费。在城镇地区，国家和地方政府可以依据法定程序，将国有储备土地或已由企、事业单位或个人遭受的土地出让给房地产开发项目或其他建设项目使用。因出让土地使原用地单位或个人遭受经济损失，新用地单位应按规定给予补偿。它包括拆迁安置费和拆迁补偿费。

3．前期工程费

前期工程费为项目的规划、设计、可行性研究所需费用。一般可以按项目总投资额的一定百分比估算。通常规划及设计费为建安工程费的3％左右，水文地质勘探费可根据所需工作量结合有关收费标准估算。

"三通一平"等土地开发费用。主要包括地上原有建筑物、构筑物拆除费用、场地平整费用和通水、通电、通路的费用等。这些费用可以根据实际工作量，参照有关计费标准估算。

4．建安工程费

建安工程费是指直接用于建安工程建设的总成本费用。主要包括建筑工程费（建筑、特殊装修工程费）、设备及安装工程费（给排水、电气照明、电梯、空调、燃气管道、消防、防雷、弱电等设备及安装）以及室内装修工程费等。在可行性研究阶段，建安工程费可采用单元估算法、单位指标估算法、工程量近似匡算法、概算指标估算法以及类似工程经验估算法等进行估算。

5．基础设施费

基础设施费又称红线内工程费，包括供水、供电、供气、道路、绿化、排污、排洪、电信、环卫等工程费用，通常采用单位指标估算法来计算。

6．公共配套设施费

公共配套设施费主要包括不能有偿转让的开发小区内公共配套设施发生的支出。其估算可参照建安工程费的方法。

7. 不可预见费

不可预见费包括基本预备费和涨价预备费。依据项目的复杂程度和前述各项费用估算的准确程度，以上述 1～6 项之和为基数，可按其 3%～5% 计算。

8. 开发期间税费

开发项目投资估算应考虑项目在开发过程中所负担的各种税金和地方政府或有关部门征收的费用。在一些大中城市，这部分费用在开发建设项目投资构成中占较大比重。应根据当地有关法规标准估算。

（二）开发费用

开发费用是指与房地产开发项目有关的管理费用、销售费用和财务费用。

1. 管理费用

管理费用是指房地产开发企业管理部门为组织房地产开发与经营活动而发生的期间费用。以项目开发成本构成中前 1～6 项之和为基数，按 3% 左右计算。

2. 销售费用

销售费用指开发建设项目在销售产品过程中发生的各项费用以及专设销售机构或委托销售代理的各项费用。主要包括：广告宣传费、销售代理费和其他销售费用。

3. 财务费用

财务费用指为筹集资金而发生的各项费用，主要为借款利息和其他财务费用（如汇兑损失等）。

为了便于对房地产建设项目各项支出进行分析和比较，常把估算结果以汇总表的形式列出。

房地产开发项目投资与费用估算的作用主要体现为以下三点：（1）是筹集建设资金和金融部门批准贷款的依据；（2）是确定设计任务书的投资额和控制初步设计概算的依据；（3）是可行性研究和在项目评估中进行技术经济分析的依据。

四、房地产项目会计核算的特点

（一）开发模式决定会计核算

建设方式和经营模式可以统称为开发模式，不同的开发模式涉及的会计核算方法也存在较大的差异。例如，对于开发任务，是成立分公司还是成立子公司进行管理，其会计核算方法存在根本的不同。

子公司是相对于母公司而言的，具有独立法人资格；分公司是相对于总公司而言的，没有独立法人资格，一般不具备独立核算条件，企业所得税由总公司汇总缴纳。对于房地产企业来讲，负责具体项目开发的子公司，通常叫做项目公司；而负责具体项目开发的分公司，通常叫做项目经理部。

（二）销售核算与自营核算并存

房地产企业对于开发的产品有两种处理方式，一是对外进行销售，二是留作自用或自营。针对这两种不同的方式，企业会计核算的方法也不尽相同。

如果房地产企业开发的项目全部为自持物业，则企业应按照固定资产建设进行操作和处理。然而，大部分房地产企业的开发项目为综合性项目，购买的土地是一宗地，在这一宗地上既要建设销售物业，也要建设自持物业。这就存在销售核算与自营核算并存的现象。

（三）开发节点与收入、成本核算

房地产企业的会计核算与其他行业企业相比，在收入与成本结转上存在差异。开发产品的建设周期长，建设过程中的预售收入作为预收账款处理，并在项目竣工后结转为销售收入。开发建设中的支出计入开发成本，在项目竣工后结转为销售成本。因此，从会计核算的角度看，项目开发节点对房地产企业会计核算结果将产生直接的影响。

（四）总承包单位的核算

房地产企业在进行项目开发时，一般不是自行建造产品，而是与具体的建筑施工企业签订建筑施工合同，委托施工企业进行施工建设，这就是我们通常讲的承发包关系。对于规模较大、施工要求复杂的房地产施工工程，需要有不同的专业施工单位进行分工合作，但为了便于管理，一般由一家具有资金和技术实力的施工单位总承包，然后再由总承包单位将工程分包给其他施工单位。在房地产企业与施工企业间的承发包关系中存在着诸多会计核算问题，针对承包单位的核算将对房地产企业的开发成本产生直接的影响。

（五）非持续经营假设

作为房地产企业来讲，开发完一个项目，可能会在很长时间都没有新的项目进行开发，另外，有些房地产企业的开发模式是开发一个项目就成立一家新的项目公司，从而造成了房地产企业的非持续经营，这违背了会计基本假设中的持续经营假设。因此，房地产企业的会计核算与其他行业企业的会计核算相比，其本质具有很大不同。

（六）借款费用的核算

房地产行业是资金密集型的行业，房地产企业在开发项目时要投入大量的资金，除房地产企业具备一定数量的自有资金外，一般情况下要通过银行贷款筹措资金。因此，借款费用是房地产项目开发成本中较大的支出项目之一，借款费用的核算对于房地产企业来讲至关重要。

（七）公共配套设施的核算

为了满足购房者除居住外的其他需求，房地产企业在开发项目时，往往会在开发区域内建造一些配套设施。房地产企业将其提供给居民有偿或无偿使用，一般不会对外转让这些配套设施的产权。对于房地产企业在开发区内建造的配套设施，有以下两种处理方式：一是房地产企业自留产权，房地产企业可以取得这部分资产的经营收益；二是房地产企业不留产权，房地产企业不能取得这部分资产的经营收益。以上不同的处理方式，其会计核算方法也存在较大差异。

五、房地产开发企业会计的任务

房地产会计的任务是指房地产会计在房地产开发经营管理中应承担的责任和应达到的要求。它取决于房地产会计对象的特点和管理要求，同时受到会计职能的制约。房地产会计的任务包括以下几个方面：

（一）提供真实可靠的会计信息

以货币为主要计量单位，全面、连续、系统、综合地反映企业的开发经营活动，是会计的基本职能之一，会计的这个职能是通过进行会计核算而实现的。会计应及时取得和处理经济业务发生时的原始资料，分类记录各项资产、负债和所有者权益的增减变动情况，正确计算材料物资采购成本、产品开发成本和其他业务成本，并将各项收入与相应的支出对比，确定企业的经营成果。企业管理者利用会计核算提供的资金、成本、利润及其分配情况的信息资料，可以掌握和分析企业的财务状况，改进经营管理。同时，会计核算所提供的信息资料还可以为国家有关部门和经济利益相关者提供真实可靠的会计信息，以利于他们作出相关的分析和决策。

（二）实行会计监督

房地产企业会计利用其监督的职能，促使企业认真执行国家的有关法规和制度，保证企业的开发经营活动合法、合理地进行，为了达到预期的经济效益，企业也制定有一整套计划和预算，如开发建设计划、物资采购计划、销售计划、成本计划、财务计划等，会计依照计划和预算控制企业开发经营收支，并利用会计核算资料随时考核计划和预算的执行情况，以保证企业开发经营活动有目的、有计划地进行。

（三）促使企业不断提高经济效益

房地产业的经济效益主要取决于企业资金的合理调度，各项费用支出的节约和利润的增长。会计应通过其反映的职能，随时掌握资产的构成、偿债能力、经营资金周转率和企业的获利能力，并将其与计划预算对比，与本企业历史最好水平对比，与国内同行业先进水平及国际先进水平对比，考核分析企业的经济效益，找出影响企业经济效益的原因，提出企业提高经济效益的措施。对于房地产企业来讲，现金流断流是企业面临的最重要的财务风险。所以，保持现金流稳定是房地产企业财务管理的重要内容。

（四）预测经营前景，参与经营决策

在市场经济条件下，国家给予企业最大限度的经营自主权，要增强企业的市场竞争能力，必须不断提高企业的预测和决策水平。这就为会计提出了新的任务，不仅要进行核算和监督，还要参与企业经营预测和决策。会计应充分利用会计核算资料和其他有关资料，预测企业的经营收入、经营成本、经营利润的变化趋势，提出多种经营方案，并将多种方案进行财务成本分析，向企业领导提出决策建议。

简答题

1. 房地产企业的经营模式有哪些？
2. 房地产企业主要的经营活动可以划分为哪几个环节？各环节的主要经济业务内容有哪些？
3. 房地产企业经营的主要特点有哪些？
4. 简述房地产开发企业的资金运动。
5. 房地产企业会计反映和监督的具体内容主要有哪几个方面？
6. 简述房地产项目会计核算的特点。
7. 简述房地产开发企业会计的任务。

CHAPTER

2

第二章
货币资金

第一节　房地产开发企业货币资金的概述

货币资金是房地产企业在生产经营过程中处于货币形态的资产，它可立即作为支付手段并被普遍接受，因而最具有流动性。它由库存现金、银行存款、其他货币资金组成。由于货币资金是现实的支付手段，而房地产企业又是资金密集型的企业，所以货币资金的核算和管理对于房地产企业来讲至关重要。货币资金是企业资产中流动性最强的资产，无论是投资人、债权人还是企业管理者都非常重视它。房地产企业的生产经营活动离不开货币资金的支持，如购买劳动资料、原材料、支付工资、偿还债务等。没有一定数量的货币资金储备，就无法保证企业经营活动的正常运行。

（一）货币资金持有动机

货币资金是企业经营活动中盈利能力最差的资产。企业保持适当数量的货币资金而牺牲这部分资产的盈利机会，是为了满足以下几个方面的需要：

1. 支付需要

企业为组织日常生产经营活动，必须保持一定数额的货币资金以满足维持生产经营活动正常运行所必需的支付需要。企业经营活动中的各种采购、生产、管理等活动，都需要支付货币资金才能够完成，由于企业每天的货币资金流入量与货币资金流出量在时间上、数额上存在一定程度的差异，因此，为保证满足支付需要，企业保持一定数量的货币资金是十分必要的。

2. 预防需要

企业为应付意外情况的出现，必须保持一定数额的货币资金支付能力。由于财务环境的复杂性，企业难以对未来货币资金流入量与流出量作出准确的估计和预期。一旦预期与实际情况发生较大偏差，必然对企业正常的经营活动产生不利影响。因此，在正常货币资金需要量的基础上，追加一定数量的货币资金以应付未来货币资金流量的波动，是货币资金管理必须考虑的因素。

3. 投机需要

企业为了抓住有利的市场机会以获取较大的利益，必须保持一定数额的货币资金支付能力。如在证券市价大幅度跌落时购入有价证券，以期在价格反弹时卖出证券获取高额价差收入。

（二）货币资金管理目标

1. 确保货币资金的安全、完整

货币资金是企业重要的、流动性最强的资产，应当通过会计账簿记录如实反映其增减变化及结存情况，并应采用适当的方法，保证账证相符、账账相符、账实相符。

2. 确保货币资金的有效使用

企业在生产经营活动中需要货币资金来满足其多种支付需要，如果货币资金无法满足其正常需要时，就会导致资金周转不灵、无法偿还债务，严重时甚至会导致企业破产。但是，由于货币资金的盈利能力最差，过多保持货币资金会导致资产的利用效果降低。因此，货币资金管理的目标就是在货币资金的流动性和盈利水平之间进行合理的选择，既保证企业正常经营需要，又尽量降低货币资金的储备量，利用暂时闲置的货币资金获取尽可能大的收益。

第二节　库存现金的核算

一、库存现金的管理

库存现金是指房地产企业为了满足房地产开发经营过程中零星支付需要而保留的现金，是存放在房地产企业财务部门，由出纳人员保管，用于企业日常开销的零用现金。企业应当按照国家法律、法规的规定办理有关现金收支业务。办理现金收支业务时，应当遵守以下有关规定：

（1）企业应当依照《中华人民共和国会计法》（以下简称《会计法》）的规定，实行不相容职务分离，做到钱账分管，会计与出纳分开。出纳人员不得兼任稽核、会计档案保管和收入、支出、费用、债权债务账目的登记工作。

（2）企业现金收入应于当日送存开户银行。当日送存有困难的，由开户银行确定送存时间。

（3）企业应当遵守《现金管理暂行条例》规定的范围，正确使用现金。

（4）企业应当遵守库存现金限额的规定。企业库存现金的限额，由开户银行根据具体情况确定。

（5）企业支付现金，应当从本企业库存现金限额中支付或者直接从开户银行中提取支付，不得从本企业现金收入中直接支付（即坐支）。特殊情况，应当事先报开户银行批准。

（6）企业从开户银行提取现金，应当写明真实用途，加盖印章，经开户银行审核后支付现金。

（7）企业因采购地点不固定以及其他特殊原因必须使用现金的，应向开户银行提出申请，经开户银行审核后支付现金。

（8）企业不准用不符合制度规定的票据凭证顶替库存现金（即不得以白条顶库）；不准挪用现金；不准私人借用公款；不准为其他单位或个人套取现金；不准谎报用途套

取现金；不准将单位的现金以个人名义存储；不准保留账外现金（即小金库）；不准以任何票证代替人民币。

（9）企业应当健全现金收付票据的复核制度，坚持现金的查库制度，做到每日清查库存现金，保证现金安全。

二、库存现金的核算

库存现金的核算，分为总分类核算和明细分类核算。

（一）库存现金的总分类核算

库存现金的总分类核算是通过设置"库存现金"科目进行的。"库存现金"是资产类科目，借方反映库存现金的增加，贷方反映库存现金的减少，本科目期末借方余额，反映房地产企业持有的库存现金额。

房地产企业内部周转使用的备用金，不在"库存现金"科目中核算，可以单独设置"备用金"科目，也可以在"其他应收款"科目中设置明细科目核算。

房地产企业增加库存现金，借记"库存现金"科目，贷记"银行存款"等科目；减少库存现金，做相反的会计分录。

房地产企业库存现金增加的业务，主要包括两个方面：一是从银行提取现金；二是收取客户的售房款。房地产企业库存现金减少的业务，主要包括发放工资、支付差旅费等。

【例2-1】 2011年6月7日，新纪元房地产公司从银行提取现金50 000元备用。应根据现金支票存根填制付款凭证，会计分录如下：

借：库存现金　　　　　　　　　　　　　　　　　　　　　　　50 000
　　贷：银行存款　　　　　　　　　　　　　　　　　　　　　50 000

【例2-2】 2011年6月10日，新纪元房地产公司收到客户交存的购房款100 000元，根据公司所开发票的记账联填制收款凭证，会计分录如下：

借：库存现金　　　　　　　　　　　　　　　　　　　　　　100 000
　　贷：预收账款　　　　　　　　　　　　　　　　　　　　100 000

【例2-3】 2011年6月20日，办公室有关人员报销交通费600元，根据审批后的报销单填制付款凭证，会计分录如下：

借：管理费用——交通费　　　　　　　　　　　　　　　　　　　600
　　贷：库存现金　　　　　　　　　　　　　　　　　　　　　　600

（二）库存现金的明细分类核算

明细分类核算是通过设置现金日记账进行的。现金日记账是反映和监督库存现金收支结存的序时账，必须采用订本式账簿，并为每一账页顺序编号，防止账页丢失或随意抽换，也便于查阅。

现金日记账一般采取收、付、存三栏式格式，由出纳人员根据审核后的原始凭证或现金收款凭证、付款凭证逐日逐笔序时登记；对于从银行提取现金的业务，一般编制银行存款的付款凭证，并据以登记现金日记账。每日终了应计算本日现金收入、支出的合计数和结存数，并同实存现金进行核对，做到日清月结，保证账款相符。

所有的收付款凭证应由出纳人员送交会计人员，作为登记总分类账的依据。总分类账户中"库存现金"科目余额应与现金日记账的余额相等。

（三）库存现金盈亏的核算

为了保证企业库存现金的安全，房地产企业要定期对出纳员保管的库存现金进行盘点核对，如果出现短缺、溢余的情况，要通过"待处理财产损溢——待处理流动资产损溢"科目进行核算。

"待处理财产损溢"科目核算房地产企业在清查财产过程中查明的各种财产盘盈、盘亏和毁损的价值。通常设置两个明细科目，即"待处理固定资产损溢"、"待处理流动资产损溢"。库存现金的盈亏应通过"待处理流动资产损溢"明细科目进行核算。待处理财产损溢在未报经批准前与资产直接相关，在报经批准后与当期损益直接相关。

盘盈的库存现金，借记"库存现金"科目，贷记"待处理财产损溢——待处理流动资产损溢"科目。盘亏的库存现金，借记"待处理财产损溢——待处理流动资产损溢"科目，贷记"库存现金"科目。

盘盈的库存现金，按管理权限报经批准后处理时，借记"待处理财产损溢——待处理流动资产损溢"科目，贷记"营业外收入"科目；盘亏的库存现金，按管理权限报经批准后处理时，借记"其他应收款"、"营业外支出"等科目，贷记"待处理财产损溢——待处理流动资产损溢"科目。对库存现金盈亏，应查明原因，在期末结账前处理完毕，处理后"待处理财产损溢——待处理流动资产损溢"科目应无余额。

【例2-4】 2011年6月25日，新纪元房地产公司财务部对库存现金盘点时，发现库存现金短缺200元，并及时向公司领导报告，在未查明原因前，会计分录如下：

        借：待处理财产损溢——待处理流动资产损溢   200
          贷：库存现金   200

【例2-5】 2011年6月27日，新纪元房地产公司财务部对库存现金短缺200元的原因进行调查，查明是属于出纳员私自挪用库存现金造成的，要求个人归还，会计分录如下：

        借：其他应收款   200
          贷：待处理财产损溢——待处理流动资产损溢   200

【例2-6】 2011年6月28日，新纪元房地产公司财务部对库存现金盘点时，发现库存现金溢余100元，并及时向公司领导报告，在未查明原因前，会计分录如下：

        借：库存现金   100
          贷：待处理财产损溢——待处理流动资产损溢   100

【例2-7】 2011年6月30日，新纪元房地产公司财务部对库存现金溢余100元的原因进行调查，查明是属于无法支付的原因造成的，经批准计入营业外收入，会计分录如下：

        借：待处理财产损溢——待处理流动资产损溢   100
          贷：营业外收入   100

（四）备用金的核算

备用金是指企业财会部门按照内部规定拨付给其所属单位、部门或个人周转使用的现金。按照企业会计制度的规定，备用金应当通过"其他应收款"科目进行核算。从有利于生产经营和监督管理的需要出发，备用金可以实行定额管理和非定额管理两种方式。对于经常使用备用金的内部单位或个人，企业可以实行定额备用金制度，即财会部门根据使用单位或个人日常零星开支的需要量，事先核定一个备用金定额，领用时，根据定额一次拨足；使用后，应根据各种费用凭证编制费用明细表，定期向财会部门报销，财会部门审核报销凭证后以现金补足备用金定额。非定额管理方式，一般是根据临时需要（如出差预借差旅费、为单位零星采购）办理备用金借支手续，当临时性业务办理完成之后，应及时报销，多余款项退还，不足款项由财务部门补足。

房地产企业必须建立和健全备用金的预借、使用和报销制度，并指定专人负责管理。各内部单位或个人按规定领取备用金时，一般应填制一式三联的借款单，经有关人员审核批准后，向财会部门办理借款手续。出纳人员审核付款后，一联退还借款人保存；一联作为借款单据，据以编制付款凭证记账；另一联交经管备用金明细账的会计人员，据以登记按内部单位或个人设置账页的备用金明细账，同时将其按单位分类存放保管。各内部单位或个人领取的备用金，必须按规定用途使用，不得转借给他人或挪作他用。使用备用金后，应在规定期限内填制报销单，连同费用支出的原始凭证一起，经有关人员审核批准后，持借款人保存的借款单到财会部门办理报销手续，并同时交回余款。报销时，财会部门应取出原借款单，填明报销金额，并加盖"已报销"戳记，另行归档保存。在借款人保存的借款单上，也作相同的记录和盖章后，退回借款人，作为已报销的证明。同时根据报销单编制记账凭证，登记备用金明细账和总账。月末，财会部门按单位分类保管的借款单余额合计数，应与备用金明细账的余额合计数核对相符。

第三节 银行存款的核算

一、银行存款的管理

银行存款是指企业存放在银行或其他金融机构的货币资金。按照国家有关规定，凡是独立核算的单位都必须在当地银行或其他进金融机构开设账户，以办理银行存款的存款、取款和转账结算业务。银行存款账户分为基本存款账户、一般存款账户、临时存款账户和专用存款账户。

基本存款账户是企业办理日常转账结算和现金收付的账户，企业的工资、奖金以及报销差旅费等零星现金支出必须通过基本存款账户支取现金，并经过银行的审核。

一般存款账户是企业基本存款账户以外的银行借款转存及与企业不在同一地点的附属非独立核算单位开立的账户，企业可以通过该账户办理转账结算和现金缴存业务，但不能办理现金支取业务。

临时存款账户是企业因临时经营活动需要开立的账户，企业可以通过该账户办理转账结算和符合库存现金管理规定的现金收付业务。

专用存款账户是企业因特定用途需要开立的账户。

一家企业只能选择一家银行的一个营业机构开立一个基本存款账户，不得在多家银行机构开立基本存款账户；也不得在同一家银行的几个分支机构开立一般存款账户。

企业收入的款项，应当在国家规定的时间内送存到开户银行；支出的款项，除规定可以用现金支付的以外，应当按照银行规定，通过银行办理转账结算。企业支付款项时，银行存款账户内必须有足够的资金。

企业必须遵守银行的结算纪律，定期与银行核对账目，保证货币资金的安全。根据中国人民银行颁布的《银行支付结算办法》的规定：单位和个人办理支付结算，不准签发没有资金保证的票据或远期支票，套取银行信用；不准签发、取得和转让没有真实交易和债权债务的票据，套取银行和他人资金；不准无理拒绝付款，任意占用他人资金；不准违反规定开立和使用账户。

二、银行存款的总分类核算

银行存款的总分类核算应设置"银行存款"科目，借方登记银行存款的增加数，贷方登记银行存款的减少数，期末余额在借方，反映银行存款的实际结存数。有外币存款的企业，应在"银行存款"科目下分人民币和各种外币设置银行存款日记账进行明细核算。

三、银行存款的序时核算

为了全面、系统、连续、详细、及时地反映银行存款的收入、付出和结余情况，随时掌握银行存款的收付动态，加强对银行存款的管理，房地产企业应按开户银行的名称、存款户的户名和存款种类等，分别设置银行存款日记账，进行序时核算。银行存款日记账必须使用订本式账簿，一般采用三栏式账页，其格式与现金日记账基本相同（见表 2-1）。它也是由出纳人员根据银行存款的收付款凭证和将现金存入银行时所填制的现金付款凭证，按照经济业务发生的先后顺序，逐日逐笔登记，并逐日结出账面余额。月末，应结出本月收入合计数、本月付出合计数和月末结存数。月末，银行存款日记账的余额必须与银行存款总账的余额核对相符。有外币存款的企业，应按照人民币和各种外币分别设置银行存款日记账，进行序时核算。

表 2-1　　　　　　　　　　　　银行存款日记账

年		凭证		摘要	对方科目	结算凭证		借方	贷方	余额
月	日	字	号			种类	号数			

银行存款总账应由不从事出纳工作的会计人员按照各种存款的实际收入和支出数进行登记。

现举例说明银行存款的处理方法。

【例 2-8】　　新纪元房地产公司收到租赁收入20 000元。根据结算凭证，编制银行存款收款凭证，会计分录如下：

借：银行存款　　　　　　　　　　　　　　　　　　　　　　　　　　　20 000
　　贷：主营业务收入　　　　　　　　　　　　　　　　　　　　　　　　20 000

【例 2-9】　　新纪元房地产公司收到开户银行转来的托收承付结算凭证，通知承付购买防盗门的货款12万元，经审核同意承付。根据托收承付结算凭证和账单发票，编制银行存款付款凭证。会计分录如下：

借：库存商品　　　　　　　　　　　　　　　　　　　　　　　　　　120 000

贷：银行存款	120 000

【例2-10】　新纪元房地产公司将超过限额的现金8 000元送存开户银行。根据现金缴款回单，编制现金付款凭证。会计分录如下：

借：银行存款	8 000
贷：库存现金	8 000

【例2-11】　新纪元房地产公司填制信汇凭证，支付原欠华能水泥厂的购料尾款30 000元。根据信汇回单，编制银行存款付款凭证。会计分录如下：

借：应付账款——华能水泥厂	30 000
贷：银行存款	30 000

【例2-12】　新纪元房地产公司签发转账支票一张，支付办公用品购置费4 000元。根据转账支票存根和发票账单，编制银行存款付款凭证。会计分录如下：

借：管理费用	4 000
贷：银行存款	4 000

【例2-13】　新纪元房地产公司签发现金支票一张，向开户银行提取现金6 000元，以备零用。根据现金支票存根，编制银行存款付款凭证。会计分录如下：

借：库存现金	6 000
贷：银行存款	6 000

【例2-14】　新纪元房地产公司对外销售原材料一批，价款为30 000元，收到购买单位签发的转账支票一张，已存入开户银行。根据银行的收账通知和发票记账联，编制银行存款收款凭证。会计分录如下：

借：银行存款	30 000
贷：其他业务收入	30 000

【例2-15】　新纪元房地产公司预售收款100万元。根据开户银行的收账通知，编制银行存款收款凭证。公司会计分录如下：

借：银行存款	1 000 000
贷：预收账款	1 000 000

四、银行转账结算方式及核算

根据规定，企业发生货币资金收付业务时，可以采用的银行结算方式主要有银行汇票、银行本票、商业汇票、支票、汇兑、托收承付、委托收款、信用卡和信用证等。

(一) 银行汇票结算方式

银行汇票是指汇款人将款项交存当地出票银行，由出票银行签发的，由其在见票时，按照实际结算金额无条件支付给收款人或持票人的票据。银行汇票具有使用灵活、票随人到、兑现性强等特点，适用于先收款后发货或钱货两清的交易。单位和个人的各种款项结算，均可使用银行汇票。

房地产企业办理银行汇票时，应向出票银行填写"银行汇票申请书"，填明收款人名称、支付金额、申请人、申请日期等事项并签章，签章为其预留银行的印鉴。银行受理银行汇票申请书，收妥款项后签发银行汇票，并用压数机压印出票金额，然后将银行汇票和解讫通知一并交给汇款人。

　　申请人取得银行汇票后即可持银行汇票向填明的收款单位办理结算。银行汇票的收款人可以将银行汇票背书转让给他人。背书转让以不超过出票金额的实际结算金额为限，未填写实际结算金额或实际结算金额超过出票金额的银行汇票不得背书转让。

　　银行汇票结算的基本程序大致可分为两种情况：

　　（1）持票人直接支取现金的结算程序，如图 2-1 所示。

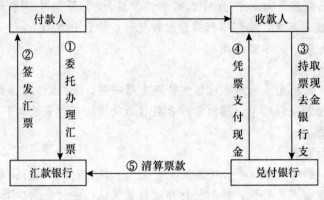

图 2-1

　　（2）持票人直接到兑付银行办理转账结算的程序，如图 2-2 所示。

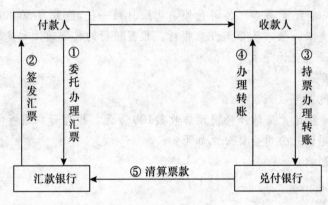

图 2-2

（二）商业汇票结算方式

　　商业汇票是指由出票人签发的，委托付款人在指定日期无条件支付确定的金额给收款人或者持票人的票据。在银行开立存款账户的法人以及其他组织之间必须具有真实的交易关系或债权债务关系，才能使用商业汇票。商业汇票的付款期限由交易双方商定，但最长不得超过 6 个月。商业汇票可以背书转让。符合条件的商业汇票的持票人可持未到期的商业汇票连同贴现凭证，向银行申请贴现。商业汇票按承兑人不同可分为商业承兑汇票和银行承兑汇票两种。

　　1. 商业承兑汇票

　　商业承兑汇票是由银行以外的付款人承兑。商业承兑汇票按交易双方约定，由销货企业或购货企业签发，但由购货企业承兑。承兑时，购货企业应在汇票正面记载"承兑"字样和承兑日期并盖章。承兑不得附有条件，否则视为拒绝承兑。汇票到期时，购货企业的开户银行凭票将票款划给销货方或贴现银行。销货方应在提示付款期限内通过开户银行委托收款或直接向付款人提示付款。汇票到期时，如果购货企业的存款不足以支付票款，开户银行应将汇票退还销货方，银行不负责付款，由购销双方自行处理。

商业汇票的结算程序如图 2-3 所示。

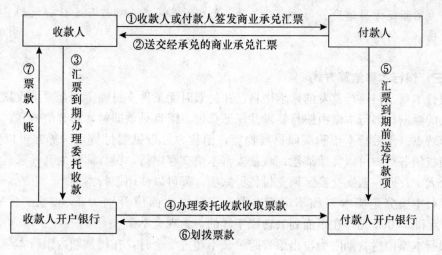

图 2-3

【例 2-16】 新纪元房地产公司向甲公司购买草坪铁艺护栏一批，同时向甲公司开具商业承兑汇票一张，付款人为新纪元房地产公司，票面金额为 12 万元，该批草坪铁艺护栏已验收入库。公司会计分录如下：

借：库存商品　　　　　　　　　　　　　　　　　　　　　　　　　　120 000
　　贷：应付票据　　　　　　　　　　　　　　　　　　　　　　　　120 000

【例 2-17】 新纪元房地产公司向甲公司开具的商业承兑汇票到期，通过银行支付给甲公司 12 万元。公司会计分录如下：

借：应付票据　　　　　　　　　　　　　　　　　　　　　　　　　　120 000
　　贷：银行存款　　　　　　　　　　　　　　　　　　　　　　　　120 000

2. 银行承兑汇票

银行承兑汇票是指由银行承兑的商业汇票。银行承兑汇票由在承兑银行开立存款账户的存款人签发。银行承兑汇票的出票人必须具备下列条件：（1）在承兑银行开立存款账户的法人以及其他组织；（2）与承兑银行具有真实的委托付款关系；（3）资信状况良好，具有支付汇票金额的可靠资金来源。

【例 2-18】 新纪元房地产公司向甲公司购买防盗门一批，同时向银行申请办理银行承兑汇票一张，票面金额为 25 万元，开户银行按规定收取新纪元房地产公司手续费 125 元，防盗门已验收入库。新纪元房地产公司会计分录如下：

借：库存商品　　　　　　　　　　　　　　　　　　　　　　　　　　250 000
　　贷：应付票据　　　　　　　　　　　　　　　　　　　　　　　　250 000
借：财务费用　　　　　　　　　　　　　　　　　　　　　　　　　　　　125
　　贷：银行存款　　　　　　　　　　　　　　　　　　　　　　　　　　125

【例 2-19】 新纪元房地产公司向甲公司开具的银行承兑汇票到期，以银行存款支付给甲公司 25 万元，公司会计分录如下：

　　　借：应付票据　　　　　　　　　　　　　　　　　　　　　　　　250 000

　　　　　贷：银行存款　　　　　　　　　　　　　　　　　　　　　　　250 000

　　若汇票到期，新纪元房地产公司资金不足，则开户银行承兑该汇票款项，并将此笔款项作为对新纪元房地产公司的短期贷款，新纪元房地产公司应作会计分录如下：

　　　借：应付票据　　　　　　　　　　　　　　　　　　　　　　　　250 000

　　　　　贷：短期借款　　　　　　　　　　　　　　　　　　　　　　　250 000

（三）银行本票结算方式

　　银行本票是指银行签发的，承诺自己在见票时无条件支付确定的金额给收款人或者持票人的票据。银行本票由银行签发并保证兑付，而且见票即付，具有信誉高，支付功能强等特点。用银行本票购买原材料物资，销货方可以见票付货，购货方可以凭票提货；债权债务双方可以凭票清偿；收款人将本票交存银行，银行即可为其入账。无论单位或个人，在同一票据交换区域支付各种款项，都可以使用银行本票。

　　银行本票分定额本票和不定额本票。定额本票面值分别为 1 000 元、5 000 元、10 000元和 50 000 元。在票面划去转账字样的，为现金本票。

　　银行本票的付款期限为自出票日起最长不超过 2 个月，在付款期内银行本票见票即付。超过提示付款期限不获付款的，在票据权利时效内向出票银行做出说明，并提供本人身份证或单位证明，可持银行本票向银行请求付款。

　　申请人取得银行本票后，即可向填明的收款单位办理结算。收款单位可以根据需要在票据交换区域内背书转让银行本票。

　　收款企业在收到银行本票时，应该在提示付款时在本票背面"持票人向银行提示付款签章"处加盖预留银行印鉴，同时填写进账单，连同银行本票一并交开户银行转账。

　　银行本票的结算程序如图 2-4 所示。

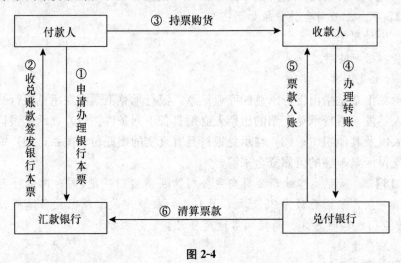

图 2-4

（四）支票结算方式

　　支票是指单位或个人签发的，委托办理支票存款业务的银行在见票时无条件支付确定的金额给收款人或者持票人的票据。支票结算方式是同城结算中应用比较广泛的一种结算方式。单位和个人在同一票据交换区域的各种款项结算，均可以使用支票。支票由银行统一印制，支票上印有"现金"字样的为现金支票。支票上印有"转账"字样的为转账支票，转账支票只能用于转账。未印有"现金"或"转账"字样的为普通支票，普通支票可以用于支取现金，也可以用于转账。在普通支票左上角划两条平行线的，为划线支票，划线支票只能用于转账，不得支取现金。支票的提示付款期限为自出票日起10日内，中国人民银行另有规定的除外。房地产企业财会部门在签发支票之前，出纳人员应该认真查明银行存款的账面结余数额，防止签发超过存款余额的空头支票。签发空头支票，银行除退票外，还按票面金额处以5％但不低于1 000元的罚款。持票人有权要求出票人赔偿支票金额2％的赔偿金。出票人预留银行的印鉴是银行审核支票付款的依据。银行也可以与出票人约定使用支付密码，作为银行审核支付支票金额的条件。

(1) 转账支票由收款人提交银行的结算程序如图2-5所示。

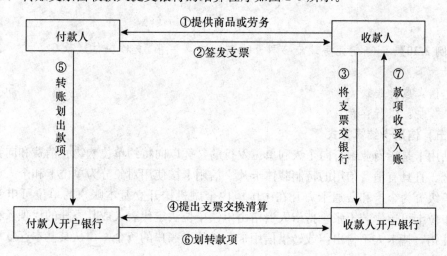

图 2-5

(2) 转账支票由付款人提交银行的结算程序如图2-6所示。

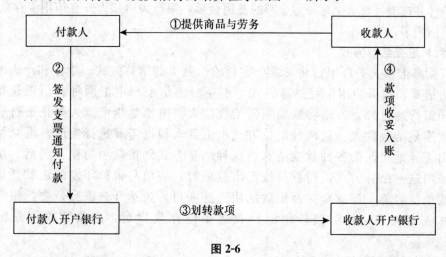

图 2-6

（3）现金支票提取现金的结算程序如图 2-7 所示。

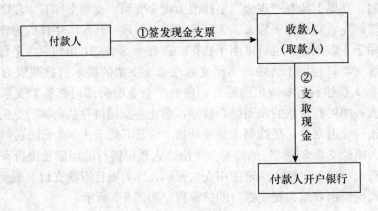

图 2-7

【**例 2-20**】　　新纪元房地产公司开出转账支票一张，支付应付账款 5 万元。公司会计分录如下：

借：应付账款　　　　　　　　　　　　　　　　　　　　50 000
　　贷：银行存款　　　　　　　　　　　　　　　　　　　　50 000

（五）信用卡结算方式

信用卡是指商业银行向个人和单位发行的，凭以向特约单位购物、消费和向银行存取现金，且具有消费信用的特制载体卡片。信用卡按使用对象分为单位卡和个人卡；按信誉等级分为金卡和普通卡。凡在中国境内金融机构开立基本账户的单位可申领单位卡。单位卡可申领若干张，持卡人资格由申领单位法定代表人或其委托的代理人书面指定和注销，持卡人不得出租或转借信用卡。单位卡账户的资金一律从其基本存款账户转账存入。

单位或个人申领信用卡，应按规定填制申请表，连同有关资料一并送交发卡银行。符合条件并按银行要求交存一定金额的备用金后，银行为申领人开立信用卡存款账户，并发给信用卡。

（六）汇兑结算方式

汇兑是汇款人委托银行将其款项支付给收款人的结算方式。单位和个人的各种款项的结算，均可使用汇兑结算方式。汇兑分为信汇、电汇两种。信汇是指汇款人委托银行通过邮寄方式将款项划转给收款人。电汇是指汇款人委托银行通过电报将款项划给收款人。这两种汇兑方式由汇款人根据需要选择使用。汇兑结算方式适用于异地之间的各种款项结算。这种结算方式划拨款项简便、灵活。房地产企业采用这一结算方式，付款单位汇出款项时，应填写银行印发的汇款凭证，列明收款单位名称、汇款金额及汇款的用途等项目，送达开户银行，委托银行将款项汇往收汇银行。收汇银行将汇款收进单位存款户后，向收款单位发出收款通知。

汇兑的结算程序如图 2-8 所示。

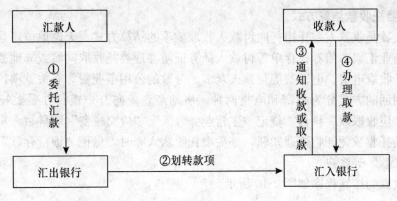

图 2-8

【例 2-21】 新纪元房地产公司向外地公司购买建材一批,价款 20 万元,增值税 3.4 万元,对方垫支运输费 3 000 元。新纪元房地产公司填写信汇凭证,将款项汇出, 塑钢窗尚未收到。公司会计分录如下:

借:在途物资   237 000

  贷:银行存款   237 000

(七) 托收承付结算方式

托收承付是根据购销合同由收款人发货后委托银行向异地付款人收取款项,由付款人向银行承认付款的结算方式。由于房地产企业性质所决定,承付的结算方式很少使用。

托收承付的结算程序如图 2-9 所示。

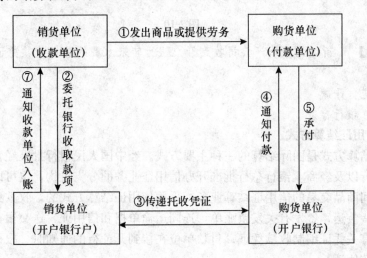

图 2-9

【例 2-22】 新纪元房地产公司收到开户银行转来外地公司的托收承付凭证,支付其购买的地砖款 20 万元,增值税 3.4 万元,地砖已验收。会计分录如下:

借:原材料   234 000

  贷:银行存款   234 000

（八）委托收款结算方式

委托收款是收款人委托银行向付款人收取款项的结算方式。无论单位还是个人都可凭已承兑商业汇票、债券、存单等付款人债务证明办理委托收取同城或异地款项。委托收款适用于收取电费、电话费等付款人众多、分散的公用事业费等有关款项。委托收款结算款项划回的方式分为邮寄和电报两种。房地产企业向开户银行办妥委托收款手续时，借记"应收账款"科目，贷记"主营业务收入"、"应交税费"等科目。房地产企业接到银行委托收款凭证收账通知联，办妥委托收款入账时，借记"银行存款"科目；贷记"应收账款"等账户。

委托收款的结算程序如图 2-10 所示。

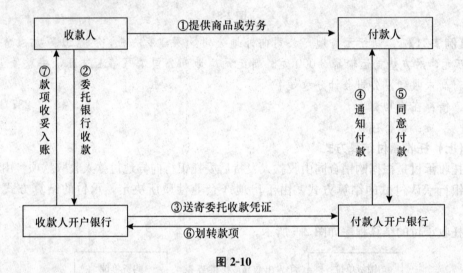

图 2-10

【例 2-23】　　新纪元房地产公司收到开户银行转来水费的委托收款凭证，支付水费 3 万元，

借：应付账款　　　　　　　　　　　　　　　　　　　　　　　　　　　　　30 000
　贷：银行存款　　　　　　　　　　　　　　　　　　　　　　　　　　　　30 000

（九）信用证结算方式

信用证结算方式是国际结算的一种主要方式。经中国人民银行批准经营结算业务的商业银行总行以及经商业银行总行批准开办信用证业务的分支机构，也可以办理国内房地产企业之间商品交易的信用证结算业务。采用信用证结算方式的，收款单位收到信用证后，即备货装运，签发有关发票账单，连同运输单据和信用证，送交银行，根据退还的信用证等有关凭证编制收款凭证；付款单位在接到开证行的通知时，根据付款的有关单据编制付款凭证。

上述各种结算方式的运用，必须以加强结算纪律为保证。中国人民银行发布的《支付结算办法》中规定了银行结算纪律，即不准签发没有资金保证的票据或远期支票，套取银行信用；不准签发、取得和转让没有真实交易和债权债务的票据，套取银行和他人资金；不准无理拒绝付款，任意占用他人资金；不准违反规定开立和使用账户等。房地产企业必须严格遵守银行支付结算办法规定的结算纪律，保证结算业务的正常进行。

五、企业银行存款的清查

为了准确掌握银行存款的实际金额，防止银行存款账目发生差错，及时发现和更正错账，保证账簿记录的正确性和完整性，使银行存款账实相符，房地产企业应定期对银行存款进行清查核对。银行存款的核对包括三个方面：(1) 银行存款日记账与银行存款收、付款凭证的核对；(2) 银行存款日记账与银行存款总账的相互核对；(3) 银行存款日记账与开户银行定期送来的对账单相互核对。通过这三个方面的核对，企业就可以准确地掌握企业可运用的银行存款实有数。房地产企业应经常与开户银行核对银行存款账目，即将各种银行存款日记账的记录与开户银行转来的银行对账单逐笔核对清楚，发现差错，应及时查明更正。

银行存款日记账与银行对账单余额往往不一致的原因除房地产企业或银行可能发生错账、漏账外，最主要是由于未达账项的存在而导致的。

未达账项是指由于银行存款收付业务的结算凭证，在企业与开户银行之间传递存在时间上的差异，造成一方已经登记入账，另一方尚未登记入账的款项。未达账项通常包括以下四种情况：(1) 银行已经收款入账，而企业尚未入账的款项；(2) 银行已经付款入账，而企业尚未入账的款项；(3) 企业已经收款入账，而银行尚未入账的款项；(4) 企业已经付款入账，而银行尚未入账的款项。

房地产企业在核对中，如果发现未达账项，应编制银行存款余额调节表，对银行存款余额进行调节后，再进行核对。编制银行存款余额调节表的基本方法是将银行存款对账单上的余额和企业银行存款日记账上的余额都调整为正确数，其调整公式如下：

$$\begin{array}{l} \text{企业银行存款} \\ \text{日记账应有余额} \end{array} = \begin{array}{l} \text{企业银行存款} \\ \text{日记账余额} \end{array} + \begin{array}{l} \text{银行已经收款入账而} \\ \text{企业尚未入账的款项} \end{array} - \begin{array}{l} \text{银行已经付款入账而} \\ \text{企业尚未入账的款项} \end{array}$$

【例 2-24】　新纪元房地产公司 2011 年 11 月 30 日银行存款日记账的余额为 94 560 元，当日银行对账单的余额为 102 360 元，经逐笔核对，发现以下未达账项：

(1) 11 月 25 日，企业委托银行收款 20 000 元，银行已于 29 日收到，未通知企业；

(2) 11 月 26 日，银行代划本月电话费 400 元，企业未接到通知；

(3) 11 月 29 日，企业送存银行转账支票一张，金额 13 800 元，银行尚未入账；

(4) 11 月 30 日，企业开出转账支票 2 000 元购买办公用品，银行尚未入账。

编制银行存款余额调节表如表 2-2 所示。

表 2-2　　　　　　　　　　　　银行存款余额调节表
2011 年 11 月 30 日　　　　　　　　　　　　　　　单位：元

项　目	金额	项　目	金额
企业银行存款账户余额	94 560	银行对账单企业存款余额	102 360
加：银行已收，企业未收	20 000	加：企业已收，银行未收	13 800
减：银行已付，企业未付	400	减：企业已付，银行未付	2 000
调节后余额	114 160	调节后余额	114 160

六、其他货币资金

（一）其他货币资金的管理

其他货币资金是指企业除现金和银行存款以外的货币资金，包括外埠存款、银行汇票存款、银行本票存款、信用卡存款、信用证保证金存款、存出投资款、在途货币资金等。企业对其他货币资金的管理主要表现为：

（1）根据业务需要合理选择结算工具。

（2）及时办理结算，对逾期尚未办理结算的银行汇票、银行本票等，应按规定及时转回。

（3）严格按会计制度的规定核算其他货币资金的各项收支业务。

（二）其他货币资金的种类与会计处理

1. 外埠存款

外埠存款是指企业到外地进行临时或零星采购时，汇往采购地银行开立采购专户的款项。

企业汇出款项时，须填写汇款委托书，加盖"采购资金"字样。汇入银行对汇入的采购资金，以汇款单位名义开立采购账户。采购资金存款不计利息，除采购员差旅费可以支取少量现金外，一律转账。采购专户只付不收，付完结束账户。

企业将款项委托当地银行汇往采购地开立专户时，根据汇出款项凭证，编制付款凭证，借记"其他货币资金——外埠存款"科目，贷记"银行存款"科目。

采购人员报销用外埠存款支付的采购货款等款项时，企业应根据发票等报销凭证，编制付款凭证，借记"在途物资"、"原材料"等科目，贷记"其他货币资金——外埠存款"科目。

采购员完成采购任务，将多余外埠存款转回当地银行时，应根据银行的收款通知，编制收款凭证，借记"银行存款"科目，贷记"其他货币资金——外埠存款"科目。

2. 银行汇票存款

银行汇票存款是指企业为取得银行汇票，按照规定存入银行的款项。企业向银行提交"银行汇票委托书"并将款项交存开户银行，取得汇票后，根据银行盖章的委托书存根联，编制付款凭证，借记"其他货币资金——银行汇票"科目，贷记"银行存款"科目。

企业使用银行汇票支付款项后，应根据发票账单及开户行转来的银行汇票有关副联等凭证，经核对无误后编制会计分录，借记"在途物资"、"原材料"、"库存商品"等科目，贷记"其他货币资金——银行汇票"账户。银行汇票使用完毕，应转销"其他货币资金——银行汇票"账户。如实际采购支付后银行汇票有余额，多余部分应借记"银行存款"科目，贷记"其他货币资金——银行汇票"科目。汇票因超过付款期限或其他原因未曾使用而退还款项时，应借记"银行存款"科目，贷记"其他货币资金——银行汇票"科目

3. 银行本票存款

银行本票存款是指企业为取得银行本票，按照规定存入银行的款项。企业向银行提交"银行本票申请书"并将款项交存银行，取得银行本票时，应根据银行盖章退回的申

请书存根联，编制付款凭证，借记"其他货币资金——银行本票"科目，贷记"银行存款"科目。企业用银行本票支付购货款等款项后，应根据发票账单等有关凭证，借记"在途物资"、"原材料"等科目，贷记"其他货币资金——银行本票"科目。如企业因本票超过付款期等原因未曾使用而要求银行退款时，应填制进账单一式两联，连同本票一并交给银行，然后根据银行收回本票时盖章退回的一联进账单，借记"银行存款"科目，贷记"其他货币资金——银行本票"科目。

4. 信用证保证金存款

信用证存款是指采用信用证结算方式的企业为开具信用证而存入银行信用证保证金专户的款项。

企业向银行申请开出信用证用于支付供货单位购货款项时，根据开户银行盖章退回的信用证委托书回单，借记"其他货币资金——信用证存款"科目，贷记"银行存款"科目。企业收到供货单位信用证结算凭证及所附发票账单，经核对无误后进行会计处理，借记"在途物资"、"原材料"等科目，贷记"其他货币资金——信用证存款"科目。如果企业收到未用完的信用证存款余额，应借记"银行存款"科目，贷记"其他货币资金——信用证存款"科目。

5. 信用卡存款

信用卡存款是指企业为取得信用卡而存入银行信用卡专户的款项。

企业申领信用卡，按照有关规定填制申请表，并按银行要求缴存备用金，银行开立信用卡存款账户，发给信用卡。企业根据银行盖章退回的缴存备用金的进账单，借记"其他货币资金——信用卡存款"科目，贷记"银行存款"科目。企业收到开户银行转来的信用卡存款的付款凭证及所附发票账单，经核对无误后进行会计处理，借记"管理费用"等科目，贷记"其他货币资金——信用卡存款"等科目。

6. 存出投资款

存出投资款是指企业已存入证券公司但尚未进行短期投资的现金。

企业向证券公司划出资金时，应按实际计划出的金额，借记"其他货币资金——存出投资款"科目，贷记"银行存款"科目；购买股票、债券等时，按实际发生的金额，借记"短期投资"科目，贷记"其他货币资金——存出投资款"科目。

7. 在途货币资金

在途货币资金是指企业同所属单位之间和上下级之间的汇、解款项业务中，到月末时尚未到达的汇入款项。

企业收到所属单位或上级汇出款项的通知，根据汇出金额，借记"其他货币资金——在途资金"科目，贷记"其他应收款"等科目。收到款项时，根据银行通知，借记"银行存款"科目，贷记"其他货币资金——在途资金"科目。

简答题

1. 房地产企业在进行库存现金管理时应遵守哪些规定？
2. 简述盘亏的库存现金在查明原因前后的会计处理方法。
3. 商业汇票的种类有哪些？各自有何特点？
4. 银行存款的核对包括哪几个方面？银行存款日记账账面余额与银行对账单余额

之间出现不一致的原因主要有哪些方面？

5. 其他货币资金包括哪几项内容？

业务处理题

1. A 房地产公司在 2011 年 7 月发生以下业务：

（1）7 月 3 日，从银行提取现金 50 000 元。

（2）7 月 5 日，收到客户交存的购房款 120 000 元。

（3）7 月 6 日，员工张某因出差预借备用金 700 元。

（4）7 月 11 日，从 B 公司购买塑钢窗，同时向 B 公司开具商业承兑汇票一张，付款人为 A 房地产公司，票面金额为 105 000 元，该批塑钢窗已验收入库。

（5）7 月 16 日，以现金支付 6 月份员工工资 85 000 元。

（6）7 月 17 日，员工张某报销出差费用 500 元，将剩余的预借备用金返还。

（7）7 月 21 日，5 月份向 C 公司开据的商业承兑汇票到期，通过银行支付给 C 公司 9 000 元。

（8）7 月 22 日，将其开发完成的写字楼一层出租给 D 公司，租金为 80 000 元，收到 D 公司开据的票面金额为 80 000 元的商业承兑汇票一张。

（9）7 月 25 日，财务部对库存现金盘点时，发现库存现金短缺 900 元。

（10）7 月 26 日，财务部对库存现金短缺 900 元的原因进行调查，查明其应由保险公司赔偿。

（11）7 月 29 日，开出转账支票一张，支付应付 E 公司材料款 30 000 元。

（12）7 月 31 日，将现金 12 500 元送存银行。

要求：根据以上经济业务，编制相关会计分录。

2. 甲房地产公司 2011 年 8 月 31 日银行存款日记账的余额为 183 370 元，银行转来对账单的余额为 210 270 元。经逐笔核对，发现以下未达账项：

（1）企业送存转账支票 87 000 元，并已登记银行存款增加，但银行尚未记账。

（2）企业开出转账支票 88 900 元，但持票单位尚未到银行办理转账，银行尚未记账。

（3）银行代企业支付水电费 5 000 元，银行已登记企业银行存款减少，但企业未收到银行付款通知，尚未记账。

（4）企业委托银行代收某公司办公室租金 30 000 元，银行已收妥并登记入账，但企业尚未收到收款通知，尚未记账。

要求：根据上述资料，编制银行存款余额调节表。

CHAPTER

3

第三章
应收款项

第一节　房地产开发企业应收款项的概述

应收款项是企业资产的重要组成部分，它们是在结算中产生的债权，是结算资产，即指企业在日常生产经营中发生的各项债权，包括：应收款项（应收票据、应收账款和其他应收款等）和预付款项。应收款项的收取对象是货币资金，预付款项的收取对象是有关货物。

一、应收款项的主要特征

应收款项是会计核算的重要内容，其具有以下特征：

（1）属于结算性质的资产。应收款项是企业在结算中产生的债权，即结算资产。它是商品房经济高度发达的产物，是以商业信用为基础的。

（2）具有一定的财务风险。应收款项虽然是企业的债权，但在市场经济条件下，由于种种原因，这项资产具有一定的不确定性。并且，应收款项所有权属于企业，但其主动权往往由债务单位控制。因此，应收款项具有一定的财务风险。

二、应收款项核算的要求

为了便于对应收款项业务进行反映和监督，企业应当设置"应收票据"、"应收账款"、"预付账款"、"其他应收款"和"坏账准备"等会计科目进行核算。

房地产企业为了加强结算资金的管理和便于及时清理结算，必须做好结算业务的内部控制。应收款项应按以下要求进行会计核算：

（1）应收款项应当按照实际发生额记账，并按照往来户名等设置明细账，进行明细核算。

（2）带息的应收款项，应于期末按照本金（或票面价值）与确定的利率计算的金额，增加其账面余额，并确认为利息收入，计入当期损益。

（3）到期不能收回的应收票据，应按其账面余额转入应收账款。

（4）企业应于期末对应收账款、其他应收款（不包括应收票据）计提坏账准备。

（5）企业持有的未到期应收票据，如有确凿证据证明不能够收回或收回的可能性不大时，应将其账面余额转入应收账款，并计提相应的坏账准备。

（6）房地产企业属于营业税课税对象，所购入的商品或固定资产的增值税进项税额应计入商品或固定资产价值；销售商品核算时，应收账款中也不包含增值税额。但所属独立核算的企业，若属于增值税一般纳税人，则应按规定进行增值税进项税额和销项税额的核算，以便正确核算应缴纳的增值税额。

第二节　应收票据的核算

一、应收票据的特点及其分类

在我国，除商业汇票外，大部分票据都是即期票据，可以即刻收款或存入银行成为货币资金，不需要作为应收票据核算。因此，我国的应收票据即指商业汇票。

商业汇票按承兑人不同，分为商业承兑汇票和银行承兑汇票。商业汇票按是否计息可分为不带息商业汇票和带息商业汇票。不带息商业汇票，是指商业汇票到期时，承兑人只按票面金额（即面值）向收款人或被背书人支付款项的汇票。带息票据是指商业汇票到期时，承兑人必须按票面金额加上应计利息向收款人或被背书人支付票款的票据。

我国商业票据的期限一般较短（6个月），因此，应收票据一般按其面值计价。即企业收到应收票据时，应按照票据的价值入账。对于带息的应收票据，按照现行会计制度的规定，应于期末（指中期期末和年度终了）按应收票据的票面价值和确定的利率计提利息，计提的利息应增加应收票据的账面价值。

相对于应收账款而言，应收票据（尤其是银行承兑汇票）发生坏账的风险比较小，因此，一般不对应收票据计提坏账准备，超过承兑期收不回的应收票据应转作应收账款，对应收账款计提坏账准备。

二、不带息应收票据

不带息票据的到期价值等于应收票据的面值。房地产开发企业应当设立"应收票据"科目核算应收票据的票面金额，收到应收票据时，借记"应收票据"科目，贷记"主营业务收入"、"应收账款"等科目。应收票据到期收回的票面金额，借记"银行存款"科目，贷记"应收票据"科目。商业承兑汇票到期，承兑人违约拒付或无力偿还票款，收款企业应将到期票据的票面金额转入"应收账款"科目。

【例3-1】　新纪元房地产开发公司所属独立核算的建材公司向红星公司销售商品一批，货款为200 000元，尚未收到，已办妥托收手续，适用增值税税率为17%。会计分录如下：

　　　借：应收账款——红星公司　　　　　　　　　　　　　　　　234 000
　　　　贷：主营业务收入　　　　　　　　　　　　　　　　　　　200 000
　　　　　　应交税费——应交增值税（销项税额）　　　　　　　　34 000

10 日后，建材公司收到红星公司寄来一份 3 个月的商业承兑汇票，面值为 234 000 元，抵付商品货款。建材公司会计分录如下：

借：应收票据 234 000
　　贷：应收账款——红星公司 234 000

3 个月后，应收票据到期收回票面金额 234 000 元存入银行，账务处理如下：

借：银行存款 234 000
　　贷：应收票据 234 000

如果该票据到期，红星公司无力偿还票款，建材公司应将到期票据的票面金额转入"应收账款"科目。

借：应收账款——红星公司 234 000
　　贷：应收票据 234 000

三、带息应收票据

对于带息应收票据到期，应当计算票据利息。房地产开发企业应于中期期末和年度终了，按规定计算票据利息，并增加应收票据的票面价值，同时，冲减财务费用。其计算公式如下：

$$应收票据利息＝应收票据票面金额 × 利率 × 期限$$

上式中，利率一般以年利率表示；期限指签发日至到期日的时间间隔（有效期）。票据的期限则用月或日表示。在实际业务中，为了计算方便，常把一年定为 360 天。票据期限按月表示时，应以到期月份中与出票日相同的那一天为到期日。如 4 月 19 日签发的一个月票据，到期日应为 5 月 19 日。月末签发的票据，不论月份大小，以到期月份的月末那一天为到期日。与此同时，计算利息使用的利率要换算成月利率（年利率÷12）。

票据期限按日表示时，应从出票日起按实际经历天数计算。通常出票日和到期日，只能计算其中的一天，即"算头不算尾"或"算尾不算头"。例如，4 月 19 日签发的 90 天票据，其到期日应为 7 月 18 日 [90 天－4 月份剩余天数－5 月份实有天数－6 月份实有天数＝90－（30－19）－31－30＝18]。同时，计算利息使用的利率，要换算成日利率（年利率÷360）。

带息的应收票据到期收回款项时，应按收到的本息，借记"银行存款"科目，按票面价值，贷记"应收票据"科目，按其差额，贷记"财务费用"科目。

【例 3-2】 新纪元房地产开发公司 2010 年 8 月 1 日销售商品房给中和诚信公司，发票上注明的销货款为 117 万元。收到中和诚信公司交来的商业承兑汇票一张，期限为 6 个月，票面利率为 5%。有关会计分录如下：

(1) 收到票据时。

借：应收票据 1 170 000
　　贷：主营业务收入 1 170 000

(2) 年度终了（2010 年 12 月 31 日），计提票据利息。

票据利息＝1 170 000 × 5% × 5÷12＝24 375（元）

借：应收票据   24 375

贷：财务费用   24 375

（3）票据到期收回货款。

收款金额＝1 170 000×(1＋5％÷12×6)＝1 199 250（元）

2011 年计提的票据利息＝1 170 000×5％×1÷12

＝4 875（元）

借：银行存款   1 199 250

贷：应收票据   1 194 375

财务费用   4 875

四、应收票据贴现

企业持有的应收票据在到期前，如果出现资金短缺，可以持未到期的商业汇票向其开户银行申请贴现，以便获得所需资金。"贴现"就是指票据持有人将未到期的票据在背书后送交银行，银行受理后从票据到期值中扣除按银行贴现率计算确定的贴现利息，然后将余额付给持票人，作为银行对企业的短期贷款。可见，票据贴现实质上是企业融通资金的一种形式。

票据贴现的有关计算公式如下：

票据到期价值＝票据面值×(1＋年利率×票据到期天数÷360)

或＝票据面值×(1＋年利率×票据到期月数÷12)

对于无息票据来说，票据的到期价值就是其面值。

贴现息＝票据到期价值×贴现率×贴现天数÷360

贴现天数＝贴现日至票据到期日实际天数－1

贴现所得金额＝票据到期价值－贴现息

按照中国人民银行《支付结算办法》的规定，实付贴现金额按票面金额扣除贴现日至汇票到期前一日的利息计算。承兑人在异地的，贴现利息的计算应另加 3 天的划款日期。

企业持未到期的应收票据向银行贴现，应按扣除其贴现息后的净额，借记"银行存款"科目，按贴现息部分，借记"财务费用"科目，按应收票据的面值，贷记"应收票据"科目。如为带息应收票据，按实际收到金额，借记"银行存款"科目，按应收票据的账面价值，贷记"应收票据"科目，按其差额，借记或贷记"财务费用"科目。

【例 3-3】　2011 年 4 月 4 日，新纪元房地产开发公司持所收取的出票日期为 2 月 26 日、期限为 4 个月、面值为 100 万元的不带息银行承兑汇票一张到银行贴现，假设该企业与承兑企业在同一票据交换区域内，银行年贴现率为 8％。

该应收票据到期日为 6 月 26 日，其贴现天数 83 天（26＋31＋26）。

贴现息＝1 000 000×8％×83÷360＝18 444.44（元）

$$贴现净额＝1\,000\,000－18\,444.44＝981\,555.56（元）$$

有关会计分录如下：

借：银行存款　　　　　　　　　　　　　　　　　981 555.56
　　财务费用　　　　　　　　　　　　　　　　　　18 444.44
　　贷：应收票据　　　　　　　　　　　　　　　　　1 000 000

如果贴现的商业汇票到期，承兑人的银行账户不足支付，银行即将已贴现的票据退回申请贴现的企业，同时从贴现企业的账户中将票据款划回。此时，贴现企业应按所付票据本息转作应收账款，借记"应收账款"科目，贷记"银行存款"科目。如果申请贴现企业的银行存款账户余额不足，银行将作为逾期贷款处理，贴现企业应借记"应收账款"科目，贷记"短期借款"科目。

第三节　应收账款的核算

一、应收账款的核算内容

应收账款，是指企业因销售产品、商品房或提供劳务等，应向购货或接受劳务单位收取的款项。主要包括企业出售产品、商品房、材料或提供劳务等应向有关债务人收取的价款及代购货方垫付的运杂费等。

核算应收账款时，必须确定其入账价值，及时反映应收账款的形成、收回情况，合理地确认、计量坏账损失。

二、应收账款的入账价值

应收账款是企业销售产品、商品房或提供劳务等产生的债权，其入账价值包括：销售商品房或提供劳务的价款，以及有关税费等。在确认应收账款的入账价值时，应当考虑有关的折扣和折让因素。

（一）商业折扣

商业折扣是指企业根据市场供需情况，或针对不同的顾客，在商品标价上给予的扣除。例如，企业可以规定，购买一定数量以上商品给予客户一定的折扣，或企业对尾房销售也可能降价（打折）销售，如9折销售等。

商业折扣是企业最常用的促销手段。企业为了扩大销售、占领市场，对于批发商往往给予商业折扣。采用销量越多、价格越低的促销策略，即通常所说的"薄利多销"。对于季节性的商品，在销售的淡季，为了扩大销售，企业通常采用商业折扣的方式。在市场竞争日益激烈的情况下，企业往往利用人们的消费心理，即使在销售旺季也把商业折扣作为一种常用的促销竞争手段。

商业折扣一般在交易发生时既已确定，它仅仅是确定实际销售价格的一种手段，不需在买卖双方任何一方的账上反映，所以企业只需按扣除商业折扣后的净额确认销售收入和应收账款。

（二）现金折扣

现金扣扣是企业为了鼓励客户提前偿付货款而向客户提供的债务扣除。现金折扣通常发生在以赊销方式销售商品及提供劳务的交易中。企业为了鼓励客户提前偿付货款，通常与债务人达成协议，债务人在不同期限内付款可享受不同比例的折扣。现金折扣一般用符号"折扣/付款期限"来表示。例如，"2/10，1/20，n/30"表示买方在10天付款，销售企业将按商品售价给客户（即购货企业）2%的折扣；买方在20天内付款，企业可按售价给客户1%的折扣；企业允许客户最长的付款期限为30天，但客户在21～30天内付款，将不能享受到现金折扣。

现金折扣使销售企业应收账款的实际数额随客户的付款时间而异，其应收账款价值的确定有两种处理方法：总价法和净价法。

总价法：是将未扣减现金折扣前的实际售价（即总价）作为应收账款的入账价值，把实际发生的现金折扣视为销售企业为了尽快回笼资金而发生的理财费用（在现金折扣实际发生时计入财务费用）。总价法可以较好地反映企业销售的总过程，但可能会因客户享受现金折扣而高估应收账款和销售收入。例如，期末结账时，有些应收账款还没有超过折扣期限，销售企业无法知道客户是否会享受现金折扣。如果有一部分客户享受现金折扣（即客户实际按扣除折扣后的净价付款），企业的应收账款和销售收入就会因为入账时按总价确认而虚增。

净价法：是将扣减现金折扣后的金额（即净价）作为应收账款的入账价值。这种方法把客户取得现金折扣视为正常现象，认为客户一般都会提前付款。销售企业将客户超过折扣期限而多付的金额，视为给客户提供信用的收入，于收到账款时入账，冲减财务费用。净价法可以避免总价法的不足，但在客户没有享受现金折扣而全额付款时，必须再查对原销售总额。期末结账时，对已超过期限尚未收到的应收账款，需按客户未享受的现金折扣进行调整，操作起来比较麻烦。

我国有关会计法规规定，企业应收账款的入账价值应当按总价法确认。

三、应收账款的账务处理

企业销售产品或材料等发生应收款项时，借记"应收账款"科目，贷记"主营业务收入"、"其他业务收入"等科目；收回款项时，借记"银行存款"等科目，贷记"应收账款"科目。

【例3-4】 新纪元房地产开发公司向海达公司销售商品一批，规定现金折扣的条件为"2/10，1/20，n/30"。货款价值总计2 440 000元，已办理托收手续。会计分录如下：

  借：应收账款——海达公司   2 440 000
    贷：主营业务收入   2 440 000

新纪元房地产开发公司接到银行收款通知，根据购货企业是否得到现金折扣的情况入账。如果上述货款在10内收到，应作会计分录如下：

  借：银行存款   2 391 200
    财务费用   48 800
    贷：应收账款——海达公司   2 440 000

如果超过了现金折扣的最后期限，则应作会计分录如下：

借：银行存款 2 440 000
　　贷：应收账款——海达公司 2 440 000

第四节　预付账款的核算

一、预付账款的核算内容

　　企业的预付账款是指企业按照合同规定预付给工程承包单位的工程款和备料款，以及按照购货合同规定预付给供应单位的购货款。预付账款是企业暂时被供货单位占用的资金。企业预付款后，有权要求对方按照合同规定发货。预付账款必须以购销双方签订的购销合同为条件，按照规定的程序和方法进行核算。

　　从资产的流动性来看，预付账款是一种特殊的流动资产，由于款项已经支付，除一些特殊情况外（如预收货款的企业未能按约提供商品、预付保险单被提前注销等），在未来不会导致现金流入，即在这种债权收回时，流入的不是货币资金，而是存货，因此，预付账款的变现性较差。

二、预付账款的会计处理

　　根据购销合同的规定向销货方预付货款时，借记"预付账款"科目，贷记"银行存款"科目。企业收到所购货物时，根据有关发票账单金额，借记"材料采购"、"应交税费——应交增值税（进项税额）"等科目，贷记"预付账款"科目；当预付货款小于采购货物的货款及增值税时，应将不足部分补付，借记"预付账款"科目，贷记"银行存款"科目；当预付货款大于采购货物的货款及增值税时，对收回的多余款项应借记"银行存款"科目，贷记"预付账款"科目。

　　【例 3-5】　新纪元房地产开发公司所属独立核算的建材公司向经达公司采购建材商品一批，货款 450 000 元，增值税 76 500 元。按照合同规定向经达公司预付货款的 50%，验收货物后补付其余款项。账务处理如下：

　　（1）预付 50% 的货款时。

借：预付账款——经达公司 225 000
　　贷：银行存款 225 000

　　（2）收到经达公司商品，经验收无误，以银行存款补付不足款项。

借：材料采购 450 000
　　应交税费——应交增值税（进项税额） 76 500
　　　贷：预付账款——经达公司 526 500
借：预付账款——经达公司 301 500
　　贷：银行存款 301 500

　　预付货款不多的企业，可以不设"预付账款"科目，而并入"应付账款"科目核算。

第五节　其他应收款的核算

一、其他应收款的核算内容

其他应收款是指除应收票据、应收账款、预付账款以外的其他各种应收、暂付款项。其主要内容包括：

（1）应收的各种赔款。如因职工失职给企业造成一定损失而应向该职工收取的赔款，或因企业财产等遭受意外损失而应向有关保险公司收取的赔款等；

（2）应收的各种罚款；

（3）存出保证金，如租入包装物支付的押金；

（4）备用金（向企业各职能科室、车间等拨付的备用金）；

（5）应向职工收取的各种垫付的款项，如为职工垫付的水电费、应由职工负担的医药费、房租等。

为了反映其他应收账款的增减变动及其结存情况，应设置"其他应收款"科目。

二、其他应收款的会计处理

企业发生其他应收款时，借记"其他应收款"科目，贷记"库存现金"、"银行存款"、"营业外收入"等科目；收回备用金以外的其他应收款时，借记"库存现金"、"银行存款"、"应付职工薪酬"等科目，贷记"其他应收款"科目。

【例3-6】　新纪元房地产开发公司以银行存款代职工王强垫付应由其个人负担的住院医药费2 000元，拟从其工资中扣回。会计分录如下：

（1）垫支时。

借：其他应收款——王强　　　　　　　　　　　　　　　　　2 000
　　贷：银行存款　　　　　　　　　　　　　　　　　　　　　2 000

（2）扣款时。

借：应付职工薪酬　　　　　　　　　　　　　　　　　　　　2 000
　　贷：其他应收款——王强　　　　　　　　　　　　　　　　2 000

【例3-7】　新纪元房地产开发公司租入包装物一批，以银行存款向出租方支付押金8 000元。会计分录如下：

借：其他应收款——存出保证金　　　　　　　　　　　　　　8 000
　　贷：银行存款　　　　　　　　　　　　　　　　　　　　　8 000

【例3-8】　新纪元房地产开发公司将租入包装物按期如数退回，收到出租方退还的押金8 000元，已存入银行。会计分录如下：

借：银行存款　　　　　　　　　　　　　　　　　　　　　　8 000
　　贷：其他应收款——存出保证金　　　　　　　　　　　　　8 000

第六节　坏账损失

坏账是指企业无法收回或收回的可能性极小的应收账款。由于发生坏账而产生的损失，称为坏账损失。

一、坏账损失的确认

企业确认坏账时。应遵循财务报告的目标和会计核算的基本原则，具体分析各应收账款的特性、金额的大小、信用期限、债务人的信誉和当时的经营情况等因素。一般来讲，企业的应收账款符合下列条件之一的，应确认为坏账：

（1）债务人死亡，以其遗产清偿后仍然无法收回；

（2）债务人破产，以其破产财产清偿后仍然无法收回；

（3）债务人较长时期内未履行其偿债义务，并有足够的证据表明无法收回或收回的可能性极小。

企业应当定期或至少于年度终了对应收账款进行检查，并预计可能产生的坏账损失。对预计可能发生的坏账损失，计提坏账准备。计提坏账准备的方法由企业自行确定。企业应当制定计提坏账准备的政策，明确计提坏账准备的范围、提取方法、账龄的划分和提取比例，按照法律、行政法规的规定报有关各方备案，并备置于企业所在地。坏账准备提取方法一经确定，不得随意变更，如需变更，应当在会计报表附注中予以说明。

在确定坏账准备的计提比例时，企业应当根据以往的经验、债务单位的实际财务状况和现金流量等相关信息予以合理估计。除有确凿证据表明该项应收款项不能够收回或收回的可能性不大外（如债务单位已撤销、破产、资不抵债、现金流量严重不足、发生严重的自然灾害等导致停产而在短时间内无法偿付债务等，以及 3 年以上的应收款项），下列各种情况不能全额提取坏账准备：

（1）当年发生的应收款项；

（2）计划对应收款项进行重组；

（3）与关联方发生的应收款项；

（4）其他已逾期，但无确凿证据表明不能收回的应收款项。

应当指出，对已确认为坏账的应收账款，并不意味着企业放弃了追索权，一旦重新收回，应及时入账。

二、估计坏账损失的方法

坏账的核算方法一般有两种：直接转销法和备抵法。我国企业会计准则规定，企业只能采用备抵法核算坏账损失。

直接转销法是指在实际发生坏账时，确认坏账损失，计入期间费用，同时注销该笔应收账款。

备抵法是按期估计坏账损失，形成坏账准备，当某一应收账款全部或者部分被确认为坏账时，应根据其余额冲减坏账准备，同时转销相应的应收账款金额。

备抵法首先要按期估计坏账损失。估计坏账损失主要有四种方法，即余额百分比法、账龄分析法、赊销百分比法和个别认定法。

（一）余额百分比法

采用余额百分比法，是根据会计期末应收款项的余额乘以估计坏账率即为当期估计的坏账损失，据此提取坏账准备。估计坏账率可以根据以往的数据资料加以确定，也可以按规定的百分比进行计算。理论上讲，这一比例应按坏账占应收账款的概率计算，企业发生的坏账多，比例相应就高些；反之则低些。会计期末，企业应提取的坏账准备大于其账面余额的，按其差额提取；应提取的坏账准备小于其账面余额的，按其差额冲回坏账准备。

（二）账龄分析法

账龄分析法是根据应收账款入账时间的长短来估计坏账损失的方法。虽然应收账款能否收回以及能收回多少，不一定完全取决于时间的长短，但一般来说，账款拖欠的时间越长，发生坏账的可能性就越大。采用账龄分析法，首先应将企业的应收账款按账龄分类排列，加以分析，在此基础上，估计坏账损失。

需要指出的是，采用账龄分析法计提坏账准备时，收到债务单位当期偿还的部分债务后，剩余的应收账款，不应改变其账龄，仍应按原账龄加上本期应增加的账龄确定；存在多笔应收账款，且各笔应收账款账龄不同的情况下收到债务单位当期偿还的部分债务，应当逐笔认定收到的是哪一笔应收账款；如果确实无法认定的，按照先发生先收回的原则确定，剩余应收账款的账龄按上述同一原则确定。

在坏账准备采用备抵法核算时，除由原按应收款项期末余额的 3‰～5‰ 计提坏账准备到改按根据实际情况由企业自行确定作为会计政策变更处理外，企业由按应收款项余额百分法改为按账龄分析法或其他合理的方法计提坏账准备，或由账龄分析法改按应收款项余额百分比法或其他合理方法计提坏账准备的，均作为会计估计变更，采用未来适用法进行会计处理。但是，如果属于滥用会计估计及其变更的，应作为重大会计差错予以更正。

（三）赊销百分比法

赊销百分比法，就是根据当期赊销金额的一定百分比估计坏账损失的方法。

$$估计坏账百分比＝估计坏账÷估计赊销额$$
$$本期估计坏账损失＝赊销额×估计坏账百分比$$

在采用赊销百分比法的情况下，估计坏账损失百分比可能由于企业生产经营情况的不断变化而不相适应，因此，需要经常检查百分比是否足以反映企业坏账损失的情况，倘若发现过高过低的情况，应及时调整百分比。

（四）个别认定法

个别认定法，就是根据每一应收账款的情况来估计坏账损失的方法。

需要特别说明的是，在采用账龄分析法、余额百分比法等方法的同时，能否采用个别认定法，应当视具体情况而定。如果某项应收账款的可收回性与其他各项应收账款存在明显的差别（例如，债务单位所处的特定地区等），导致该项应收账款如果按照与其他各项应收账款同样的方法计提坏账准备，将无法真实地反映其可收回金额的，应对该项应收账款采用个别认定法计提坏账准备。企业应根据应收账款的实际可收回情况，合理计提坏账准备，不得多提或少提，否则应视为滥用会计估计，按照重大会计差错更正的方法进行会计处理。在同一会计期间内运用个别认定法的应收账款应从用其他方法计提坏账准备的应收账款中剔除。

按照《企业会计准则》的规定：一般企业应收款项减值损失的计量对于单项金额重大的应收款项，应当单独进行减值测试。有客观证据表明其发生了减值的，应当根据其未来现金流量现值低于其账面价值的差额，确认减值损失，计提坏账准备。

对于单项金额非重大的应收款项可以单独进行减值测试，确定减值损失，计提坏账准备；也可以与经单独测试后未减值的应收款项一起按类似信用风险特征划分为若干组合，再按这些应收款项组合在资产负债表日余额的一定比例计算确定减值损失，计提坏账准备。根据应收款项组合余额的一定比例计算确定的坏账准备，应当反映各项目实际发生的减值损失，即各项组合的账面价值超过其未来现金流量现值的金额。

企业应当根据以前年度与之相同或相类似的、具有类似信用风险特征的应收款项组合的实际损失率为基础，结合现时情况确定本期各项组合计提坏账准备的比例，据此计算本期应计提的坏账准备。

三、坏账准备的核算

《企业会计准则》规定，对于企业的坏账损失采用备抵法。一方面按期估计坏账损失计入资产减值损失——计提的坏账准备；一方面设置"坏账准备"科目，待实际发生坏账时冲销坏账准备和应收账款金额，使资产负债表上的应收账款反映扣减估计坏账后的净值。

企业应设置"坏账准备"科目，核算应收账款项的坏账准备计提、转销等情况。企业当期计提的坏账准备应计入资产减值损失。"坏账准备"科目的贷方登记当期计提的坏账准备金额，借方登记实际发生的坏账损失金额和冲减的坏账准备金额，期末余额一般在贷方，反映企业已计提但尚未转销的坏账准备。

坏账准备可以按照以下的公式计算：

$$\text{当期应计提的坏账准备} = \text{当期按应收款项计算应计提还账准备金额} - (\text{或} +) \text{"坏账准备"科目的贷方(或借方)余额}$$

企业提取坏账准备时，按照应减记的金额，借记"资产减值损失——计提的坏账准备"科目，贷记"坏账准备"科目；发生坏账损失时，借记"坏账准备"科目，贷记"应收账款"、"其他应收款"等科目。如果已经转销的应收账款、其他应收款在以后又收回时，按转销的金额，借记"应收账款"、"其他应收款"等科目，贷记"坏账准备"科目；同时，借记"银行存款"科目，贷记"应收账款"、"其他应收款"等科目。冲减多计提的坏账准备时，借记"坏账准备"科目，贷记"资产减值损失——计提的坏账准备"科目。

【例3-9】 2010年12月31日，新纪元房地产开发公司对应收账款进行减值测试。应收账款余额合计为2 000 000元，新纪元房地产开发公司确定按10%计提坏账准备。

2010 年末计提坏账准备，会计分录如下：

借：资产减值损失——计提的坏账准备   200 000

    贷：坏账准备   200 000

企业确实无法收回的应收账款项按管理权限报经批准后，作为坏账转销时，应当冲减已计提的坏账准备。已确认并转销的应收账款以后又收回的，应当按照实际收到的金额增加坏账准备的账面余额。企业发生坏账损失时，借记"坏账准备"科目，贷记"应收账款"、"其他应收款"等科目。

【例 3-10】 新纪元房地产开发公司 2011 年应收账款实际发生坏账损失 60 000 元。确认坏账损失时，会计分录如下：

借：坏账准备   60 000

    贷：应收账款   60 000

【例 3-11】 承例 3-9 和例 3-10，新纪元房地产开发公司 2011 年年末应收账款余额为 2 400 000 元，经减值测试，新纪元房地产开发公司决定仍按 10% 计提坏账准备。

根据新纪元房地产开发公司坏账准备核算方法，其"坏账准备"科目应保持的贷方余额为 240 000 元（2 400 000×10%）；计提坏账准备前，"坏账准备"科目的实际余额为贷方 140 000 元（200 000－60 000），因此本年末应计提的坏账准备全额为 100 000 元（240 000－140 000）。新纪元房地产开发公司会计分录如下：

借：资产减值损失——计提的坏账准备   100 000

    贷：坏账准备   100 000

已确认并转销的应收账款以后又收回的，应当按照实际收到的金额增加还账准备的账面余额。已确认并转销的应收款项以后又收回时，借记"应收账款"、"其他应收账款"等科目，贷记"坏账准备"科目；同时，借记"银行存款"科目，贷记"应收账款"、"其他应收账款"等科目。也可以按照实际收回的金额借记"银行存款"科目，贷记"坏账准备"科目。

【例 3-12】 新纪元房地产开发公司 2012 年 1 月 10 日收到 2010 年已转销的坏账 40 000 元，已存入银行。新纪元房地产开发公司会计分录如下：

借：应收账款   40 000

    贷：坏账准备   40 000

借：银行存款   40 000

    贷：应收账款   40 000

简答题

1. 对于房地产企业而言，应收款项核算的要求有哪些？
2. 现金折扣在应收账款价值的确定上有哪几种处理方法？其各自的优缺点是什么？
3. 企业的应收账款符合何种条件时应确认为坏账？
4. 坏账损失的核算方法有哪几种？其各自的特点有哪些？
5. 不带息票据与带息票据在会计处理方法上有何不同？
6. 其他应收款的核算内容有哪些？

业务处理题

1. A 房地产公司在 2011 年 5 月发生以下业务：

(1) 5 月 2 日，一台设备因火灾报废，根据保险协议，保险公司核定应赔款 10 000 元，尚未收到上述赔款的银行收账通知单。

(2) 5 月 3 日，收到上述赔款的银行收账通知单。

(3) 5 月 9 日，通过竞拍购得了一个地块，支付全额地价款 35 000 万元，但至今未实际取得土地。

(4) 5 月 13 日，向 B 建筑公司发包工程，按照合同规定，开工前应付预付备料款 12 500 万元，用银行存款支付。

(5) 5 月 18 日，收到客户交付的一张面值为 300 万元的银行承兑汇票，此时，客户所购房屋未竣工交付。A 房地产公司在收到票据的当日向银行贴现，支付贴现息 5 万元，其余资金已转入企业银行账户。

(6) 5 月 22 日，上个月贴现的票面金额为 350 万元的银行承兑汇票到期，而购房人的存款账户不足，贴现银行将 A 公司贴现的承兑汇票退回给 A 公司，A 公司银行存款账户余额也不足。

(7) 5 月 23 日，向 C 公司销售商品房一套，规定现金折扣的条件为：2/10，1/20，n/30。房款价值总计 3 500 000 元。

(8) 5 月 28 日，接到银行收款通知，C 公司的房款已经收到。

要求：根据上述资料，编制有关会计分录。

CHAPTER

4

第四章
存　货

第一节　房地产开发企业存货的概述

一、房地产开发企业的存货

　　房地产开发企业的存货在流动资产中通常占最大的比重，其周转速度会直接影响流动资产的利用效果，进而影响企业的经济效益。而且存货的计价既会影响资产负债表中的存货价值，也会影响销货成本和利润表中利润的确定。

　　房地产开发企业的存货是指在开发经营过程中，为房产建设而储存的各种存货资产。对于自行开发并建设的房地产开发企业，其存货包括各种原材料、库存设备、低值易耗品、委托加工材料、在建开发产品、已完开发产品、出租开发产品和周转房等。不承担施工项目的房地产开发公司，其存货内容就比较简单，主要是在建开发产品和开发产品。此外，在固定资产标准以下的工具、设备、用品、器皿等低值易耗品也包括在存货之中。

二、存货按用途分类

　　房地产开发企业的存货种类繁多，按其用途可分为以下几类：

　　（1）原材料，指企业用于房地产开发经营而存放在仓库的各种材料。包括主要材料、结构件、机械配件和其他材料等。

　　①主要材料指用于工程施工或产品生产并构成工程或产品实体的各种材料，包括黑色金属材料（如钢材）、有色金属材料、木材、硅酸盐材料（如水泥、砖瓦、石灰、砂、石等）、小五金材料、电器材料、卫生洁具、化工原料（如油漆材料）等。

　　②结构件指经过吊装、拼砌或安装即能构成房屋建筑物实体的各种金属的、钢筋混凝土的和木质的结构物和构件，如塑钢窗、木门、钢筋混凝土预制件等。

　　③机械配件指施工生产过程中使用的施工机械、生产设备、运输设备等替换、维修用的各种零件和配件，以及为机械设备准备的各种备品备件，如曲轴、活塞、轴承、齿轮、阀门等。

④其他材料指不构成工程或产品实体，但有助于工程或产品形成或便于施工生产进行的各种材料，如燃料、油料、催化剂等。

（2）周转材料，指自行承建房产项目施工所需的周转材料，如钢模板、脚手架等。

（3）低值易耗品，指使用期限较短、单位价值较低，不作为固定资产核算的各种用具物品，如铁锹、铁镐、手推车等生产工具；工作鞋、工作帽、安全带等劳保用品；办公桌椅等管理用品等。

（4）库存设备，是指企业在开发产品过程中作为劳动对象使用的各种通用设备，如变压器、电梯、通风设备、照明设备等。

（5）委托加工材料，是指企业因技术和经济原因而委托外单位代为加工的各种材料。

（6）开发产品，是指企业已经开发完成并已验收合格，可以按照合同规定的条件移交购货单位，或者可以作为商品对外销售的产品。

（7）分期收款开发产品，是指企业以分期收款方式销售的开发产品。

（8）出租开发产品，是指企业已经开发完成并用于出租经营的土地和房屋。

（9）周转房，是指企业已经开发完成并用于安置拆迁居民周转使用的房屋。

（10）在建开发产品，是指企业正在开发建设过程中的开发产品。

第二节　存货的确认和初始计量

一、存货的确认

存货在同时满足以下两个条件时，才能得以确认：一是该存货包含的经济利益很可能流入企业。资产最重要的特征是预期会给企业带来经济利益，存货是企业的一项重要的流动资产，因此，对存货的确认，关键是判断其是否很可能给企业带来经济利益或其包含的经济利益是否很可能流入企业。二是该存货的成本能够可靠地计量。成本能够可靠计量是资产确认的一项基本条件。存货作为企业资产的组成部分，要予以确认也必须能够对其成本进行可靠的计量。成本的成本能够可靠计量必须以取得的确凿、可靠的证据为依据，并且具有可验证性。

二、存货的初始计量

存货的初始计量主要介绍外购存货、自制存货和其他方式取得存货成本的计量。

（一）外购存货的计价

外购存货的实际成本是指存货的采购成本，由买价、运杂费和采购保管费组成。

（1）买价。指购货发票所开列的货款和增值税金额，若有商业折扣和现金折扣的，应为扣除折扣后实际支付的货款。由于房地产开发企业属于营业税纳税人，因此其购入存货的增值税额直接计入存货成本。

（2）运杂费。指存货运到企业仓库或工地以前所发生的包装、运输、装卸、挑选整理及合理运输损耗等费用。

（3）采购保管费。指企业为组织存货采购、验收、保管和收发所发生的各项费用，一般包括采购和保管人员的工资薪酬、检验试验费、存货整理及零星运费等。

（4）应计入成本的税金。

以上各项费用，凡是可以分清对象的，直接计入存货成本；不能直接计入有关存货的，则需要按一定的标准分配计入各有关存货成本。

（二）自制存货的计价

自制存货的实际成本包括自制过程中发生的直接材料、直接人工费、其他直接费用和应分摊的开发间接费用。

（三）其他方式取得存货成本

（1）通过非货币性交易取得的存货，按《企业会计准则第 7 号——非货币性资产交换》的有关规定确定。

（2）投资者投入的存货，应当按照投资合同或协议约定的价值确定，但合同或协议约定价值不公允的除外。

（3）通过债务重组取得的存货，按《企业会计准则第 12 号——债务重组》的有关规定确定。

（4）接受捐赠的存货，应当分别以下情况确定其入账价值：若捐赠方提供了有关凭据的，应该按照凭据上标明的金额，加上应支付的相关税费，作为受赠存货的入账价值。若捐赠方没有提供有关凭据的，应按照下列顺序确定受赠存货的入账价值：①同类或类似存货存在活跃市场的，应按照同类或类似存货的市场价格估计的金额，加上应支付的相关税费，作为存货的实际成本；②同类或类似存货不存在活跃市场的，应按照接受捐赠存货的预计未来现金流量现值作为存货的实际成本。这里所讲的"同类或类似"是指具有相同的或相近的规格、型号、性能、质量等级等特征。

（5）盘盈的存货，应当按照同类或类似存货的市场价格确定其入账价值。

第三节　存货收发核算的实际成本计价法

一、存货按实际成本核算的特点

存货按实际成本核算的特点是：从存货收发凭证到明细分类账和总分类账全部按实际成本计价。由于按实际成本计价，存货成本因素的变化都会对存货的单价产生影响，因此，同样的存货入库的时候其单位成本可能不同，导致发出该种存货时候，要采用一定的计算方法去确定发出存货的成本，计算比较麻烦，以往这种方法一般适用于规模较小、存货品种简单、采购业务不多的企业。但是由于会计电算化的发展和普及，按实际成本计价的发出存货成本的成本计算变得简便和易于操作了，因此这种方法得到比较普遍的运用。

二、原材料入库的核算

在实际成本法下，取得原材料通过"原材料"和"在途物资"等科目进行核算。

"原材料"科目核算库存原材料的增减变化，借方登记入库原材料的实际成本，贷方登记发出原材料的实际成本，期末借方余额为库存材料的实际成本。该科目按原材料类别和品种设置明细账。

　　"在途物资"科目核算先付款后收到材料的在途物资情况，借方登记已付款尚未入库原材料的实际成本，贷方登记在途物资的验收入库成本，期末借方余额为在途尚未入库的物资成本。该科目按供货单位设置明细账。

　　房地产企业若自行进行建筑施工，则所购原材料的保管费用较大时，也可以单设"采购保管费"科目，将发生的采购保管费用在此科目进行归集，期末按照一定的分配标准将采购保管费分配给各种材料。

　　（一）购入原材料的核算

　　企业外购材料时，由于结算方式和采购地点不同，材料入库和货款的支付在时间上不一定完全同步，其会计处理也有所不同。

　　1. 收到材料，同时付清款项

　　企业在本地采购的材料，付款后，材料一般可随即收到；从外地采购的材料，有时付款和收料的时间也很接近。以上情况都表示采购和和结算过程基本上同时结束，钱货两清或票货两清，应根据银行结算凭证，发票、运杂费等单据和收料单等凭证，填制付款并收料的记账凭证。

　　【例4-1】　新世纪房地产开发公司购入外墙涂料一批，价款和增值税合计为13万元，发票等结算凭证已经收到，货款已通过银行转账支付，材料已验收入库。会计分录如下：

　　　借：原材料　　　　　　　　　　　　　　　　　　　　　　　　130 000
　　　　贷：银行存款　　　　　　　　　　　　　　　　　　　　　　　130 000

　　2. 先支付款项，后收到材料

　　企业所购物资若款项已支付而材料尚未运到时，为了反映和监督已经付款尚未入库的材料情况，应通过"在途物资"科目进行核算。

　　【例4-2】　新世纪房地产开发公司购入五金配件一批，价款为20 000元，发票等结算凭证已经收到，货款已通过银行转账支付，材料尚未验收入库。会计分录如下：

　　　借：在途物资　　　　　　　　　　　　　　　　　　　　　　　 20 000
　　　　贷：银行存款　　　　　　　　　　　　　　　　　　　　　　　 20 000

　　待上述材料到达入库时，根据材料入库单，编制会计分录如下：

　　　借：原材料　　　　　　　　　　　　　　　　　　　　　　　　 20 000
　　　　贷：在途物资　　　　　　　　　　　　　　　　　　　　　　　 20 000

　　3. 先收到材料，后支付款项

　　外购材料在运输较顺畅而结算手续办理不够及时或传递时间过长时，会出现材料先到而结算凭证未到的情况。有时也存在材料先到并验收入库，而企业因存款不足或其他原因暂时不能付款的情况。对此，应区别不同情况进行会计处理。

　　一种是材料已收到，结算凭证也已到达，企业因存款不足暂未付款。出现这种情况时，由于双方的购销关系已经确立，企业购入了材料，应承担偿还供应单位货款的债务。因此，应通过"应付账款"科目进行反映；若企业与供货方达成协议，采用商业汇票形式延期付款时，则应通过"应付票据"科目进行反映。

　　【例4-3】　新世纪房地产开发公司从信达公司购入水管一批，价款为50 000元，发票等结算凭证已经收到，货款已通过银行转账支付，材料已验收入库。会计分录如下：

借：原材料 50 000

　贷：应付账款——信达公司 50 000

另一种是由于发票账单等结算凭证未到，货款尚未支付。在这种情况下，为了如实反映企业月末这一时点所拥有的资产，应将这些材料暂估入账。月末，按材料的暂估价值，借记"原材料"科目，贷记"应付账款——暂估应付账款"科目。下月初用红字作同样的记账凭证予以冲回，以便下月付款或开出、承兑商业汇票后，按正常程序，借记"原材料"科目，贷记"银行存款"或"应付票据"等科目。

【例4-4】 新世纪房地产开发公司购入阀门一批，材料已经验收入库，但发票等结算凭证未到，月末按18 000元暂估入账，有关会计分录如下：

借：原材料 18 000

　贷：应付账款——暂估应付账款 18 000

下月初用红字将上述分录原账冲回。

借：原材料 18 000

　贷：应付账款——暂估应付账款 18 000

收到阀门的增值税发票，材料款15 000元，增值税2 550元，合计17 550元，支付货款时，会计分录如下：

借：原材料 17 550

　贷：银行存款 17 550

4. 预付款项，收到材料再结算

企业按照订货合同的规定，预付一定比例的货款给供货单位，供货单位根据合同规定的期限和批量发货，发货后双方再结算货款。

【例4-5】 新世纪房地产开发公司向交电公司订购铜电线一批，按购货合同规定，开出支票预付料款20 000元。作会计分录如下：

借：预付账款——交电公司 20 000

　贷：银行存款 20 000

次月收到材料验收入库时，货款40 000元，增值税6 800元。作会计分录如下：

借：原材料 46 800

　贷：预付账款——交电公司 46 800

补付材料余款26 800元时，作会计分录如下：

借：预付账款——交电公司 26 800

　贷：银行存款 26 800

（二）自制、投资者投入、接受捐赠原材料的核算

1. 自制材料入库的核算

自制存货包括自制原材料、自制包装物、自制低值易耗品、自制半成品等，其实际成本包括所耗用的原材料，自制过程发生的加工费、委托加工的往返运费以及按规定应该计入成本的税费。

【例4-6】 新世纪房地产开发公司1号工地交回仓库加工好的材料一批，材料成本

20 600 元。作会计分录如下：

借：原材料　　　　　　　　　　　　　　　　　　　　　20 600

　　贷：开发成本——1 号工地　　　　　　　　　　　　　　20 600

2. 投资者投入存货的核算

投资者投入的原材料，按投资合同或协议约定的价格确定的出资额，借记"原材料"科目，贷记"实收资本"（或"股本"）科目，按其差额，贷记"资本公积"科目。

【例 4-7】 新世纪房地产开发公司收到投资者明光公司投入的材料物资作为投资，协议约定材料的价值 52 万元，取得公司 5% 的所有者权益份额（公司注册资金 1 000 万元）。作会计分录如下：

借：原材料　　　　　　　　　　　　　　　　　　　　　520 000

　　贷：实收资本——明光公司　　　　　　　　　　　　　500 000

　　　　资本公积——资本溢价　　　　　　　　　　　　　　20 000

（三）周转材料、包装物和低值易耗品的核算

企业购入、自制、委托外单位加工完成验收入库的周转材料、包装物和低值易耗品，通过"周转材料"、"包装物"和"低值易耗品"科目核算，核算的方法比照原材料的核算。

三、原材料发出的计量与核算

（一）原材料发出的计价基础

企业的存货是不断流动的，既有收入也有发出，收发相抵后形成期末结余存货，在下期继续流动，如此往复，形成企业的存货流转。存货流转包括实物流转和成本流转两个方面。成本流转是指各期取得存货时所确定成本应随着存货的销售或者耗用结转，企业应当根据各类存货的实际情况，确定发出存货的实际成本，可以采用的方法有个别计价法、先进先出法、加权平均法、移动加权平均法等。

（二）原材料发出的计价方法

1. 个别计价法

个别计价法，又称个别认定法、具体辨认法、分批实际法。采用这一方法是假设存货的成本流转与实物流转相一致，按照各种存货，逐一辨认各批发出存货和期末存货所属的购进批别或生产批别，分别按其购入或生产时所确定的单位成本作为计算各批发出存货和期末存货成本的方法。采用这种方法，计算发出存货的成本和期末存货的成本比较合理、准确，但这种方法的前提是需要对发出和结存存货的批次进行具体认定，以判别其所属的收入批次。

2. 先进先出法

先进先出法是以先购入的存货先发出（销售或耗用）这样一种存货实物流动假设为前提，对发出存货进行计价。采用这种方法，先购入的存货成本在后购入存货成本之前转出，据此确定发出存货和期末存货的成本。

3. 加权平均法

加权平均法，亦称全月一次加权平均法，指以当月全部进货数量加上月初存货的数量作为权数，去除当月全部进货成本加上月初存货成本，计算出存货的加权平均单位成本，以此为基础计算当月发出存货的成本和期末存货成本的方法。计算公式如下：

$$存货单位成本=\frac{月初库存存货的实际成本+\sum\left[\begin{array}{c}本月某批进货的\\实际单位成本\end{array}\times\begin{array}{c}本月某批进\\货的数量\end{array}\right]}{月初库存存货的数量+本月各批进货数量之和}$$

$$本月发出存货成本=本月发出存货数量\times存货单位成本$$

采用加权平均法，只在月末计算一次平均单价，较大地简化了发出存货与期末存货的计价工作，但不能及时提供发出存货与结存存货成本的相关资料，不利于存货的管理。此法与其他计价方法相比，在市场价格上涨或下跌时，所计算的存货单位成本平均化，对发出存货的计价较为折中。

4. 移动平均法

移动平均法，亦称移动加权平均法，指以每次进货的成本加上原有库存存货的成本，除以每次进货的数量加上原有库存存货的数量，据以计算加权平均单位成本，作为在下次进货前计算各次发出存货的依据。计算公式如下：

$$存货单位成本=\frac{原有库存存货实际成本+本次进货的实际成本}{原有库存存货数量+本次进货数量}$$

$$本次发货成本=本次发货数量\times本次发货前存货的单位成本$$

移动平均法与加权平均法计算原理相同，只不过要求在每次进货时计算一次加权平均单价，从而导致计算工作量较大，存货收发频繁时尤其突出。

【例4-8】 新世纪房地产开发公司 A 材料月初及本月有关资料如表4-1所示。

表4-1 A 材料收发明细表

日期	月初结存			本月收入			本月发出		
	数量（千克）	单价	金额	数量（千克）	单价	金额	数量（千克）	单价	金额
1 日	200	10	2 000						
6 日				200	11	2 200			
10 日							300		
23 日				400	10.30	4 120			
28 日							200		

（1）采用个别计价法，对于发出的存货，要逐一辨认货物所属批次，按不同价格计算，如 10 日发出的存货 300 千克，若 200 千克取自 11 元的批次，100 千克取自 10 元的批次，则发出存货的成本为 3 200 元（200×11+100×10）。

（2）采用先进先出法，则

10 日发出存货的成本=200×10+100×11=3 100 （元）

28 日发出存货的成本=100×11+100×10.30=2 130 （元）

（3）采用全月一次加权平均法，则

$$全月加权平均单价 = \frac{2\,000 + 2\,200 + 4\,120}{200 + 200 + 400} = 10.40（元）$$

10 日发出存货的成本 = 300 × 10.40 = 3 120（元）

28 日发出存货的成本 = 200 × 10.40 = 2 080（元）

（4）采用移动加权平均法，则

$$第一次加权平均单价 = \frac{2\,000 + 2\,200}{200 + 200} = 10.50（元）$$

10 日发出存货的成本为 = 300 × 10.50 = 3 150（元）

$$第二次加权平均单价 = \frac{2\,000 + 2\,200 - 3\,150 + 4\,120}{200 + 200 - 300 + 400} = \frac{5\,170}{500} = 10.34（元）$$

28 日发出存货的成本为 = 200 × 10.34 = 2 068（元）

（三）领用和出售原材料的核算

企业生产经营领用原材料，按实际成本，借记"开发成本"、"管理费用"等科目，贷记"原材料"科目；对于出售的原材料，企业应当按照应收的价款，借记"银行存款"或"应收账款"等科目，按实际的营业收入，贷记"其他业务收入"科目，月度终了，按出售原材料的实际成本，借记"其他业务成本"科目，贷记"原材料"科目。

【例 4-9】 新世纪房地产开发公司 2011 年 9 月各有关部门领用材料情况如表 4-2 所示。

表 4-2　　　　　　　　　　　发料凭证汇总表　　　　　　　　　　单位：元

用途 \ 材料类别	主要材料				机构件	结构配件	其他材料	合计
	钢材	水泥	其他	小计				
房屋开发	500 000	350 000	150 000	1 000 000	300 000			1 300 000
其中：A 工程	350 000	250 000	100 000	700 000	200 000			900 000
B 工程	150 000	100 000	50 000	300 000	100 000			400 000
配套设施开发						10 000	1 500	11 500
土地开发			4 000	4 000				4 000
开发间接费用		5 000	1 000	6 000				6 000
管理部门			3 000	3 000			2 000	5 000
合计	500 000	355 000	158 000	1 013 000	300 000	10 000	3 500	1 326 500

账务处理如下：

借：开发成本——房屋开发——A 工程　　　　　　　　　　900 000

　　　　　　　　　　　　——B 工程　　　　　　　　　　400 000

　　　　——配套设施　　　　　　　　　　11 500

　　　　——土地开发　　　　　　　　　　4 000

　　开发间接费用　　　　　　　　　　6 000

　　管理费用　　　　　　　　　　5 000

贷：原材料——主要材料	1 013 000
——结构件	300 000
——机械配件	10 000
——其他材料	3 500

为了加强对各种材料的管理，保护材料物资的安全完整，必须合理地组织材料明细分类核算。材料明细分类核算包括实物核算和价值核算两个方面。

材料明细分类核算，可采用"两套账"的方式，即在仓库设置一套材料卡片，由仓库保管人员登记库存各种材料实物数量的增减变动和结存情况；另外由财会部门设置一套数量金额式明细账，由财会人员进行登记。采用"两套账"的方式对各种材料的增减变动进行双重记录，账卡的资料可以相互核对，便于财会部门及时进行金额的核算。但这种方法对材料收发结存数量重复记录，使记账工作量增加。所以，多数企业采用"账卡合一"的做法，即把仓库设置的材料卡片和财会部门设置的材料明细账合并，设置一套既有数量又有金额的材料明细账，既能为仓库管理材料物资提供数量资料，又可作为财会部门进行价值核算的明细账簿。这套账放在仓库，由仓库人员负责登记收发结存数量，财会人员定期到仓库核对仓库人员的数量核算并负责登记收发结存的金额。材料明细账按材料的品种、规格设置账页，按仓库及材料类别组成账本。

4．周转材料的核算

房地产开发企业自行施工的房地产项目中的周转材料，如钢模板、防护网、脚手架等，可以在多个工程项目中周转使用，购入时的核算与原材料核算相同，可以按实际成本计价核算，也可以按计划成本计价核算；发出时，应根据周转材料价值的大小和使用期限的长短，采用适当的方法进行价值的摊销。可以采用一次摊销法、分次（期）摊销法或五五摊销法，周转材料报废时，若其价值尚未摊销完，应补提摊销。房地产企业发出的包装物以及低值易耗品，如工具、管理用具、玻璃器皿、劳动保护用品，以及在经营过程中周转使用的容器等，也纳入周转材料核算，在"周转材料"科目下设明细科目进行明细核算。对于包装物和低值易耗品也应根据其特点采用一次转销法或五五摊销法进行摊销，计入相关资产的成本或当期损益。

一次摊销法。是指在领用周转材料、包装物和低值易耗品时，将其成本一次全部摊入成本或费用的做法。它适用于一次领用数量不多、价值较低或易损坏的周转材料、包装物和低值易耗品。采用这种方法比较简单，但费用负担不够均衡，且会出现账外财产。

五五摊销法。是指在领用周转材料、包装物和低值易耗品时，摊销其成本的一半，在报废时摊销另外的一半。它适用于各期领用与报废数额比较均衡的周转材料、包装物和低值易耗品。采用这种方法计算较简单，同时在账面上保留在用周转材料、包装物和低值易耗品的记录，有利于实物管理。但一次领用与报废数额较大时，使费用水平上升较多。

分次（期）摊销法。是指在领用周转材料、包装物和低值易耗品时，按其预计的可使用次数或使用期限计算各次或各期的摊销额，采用这种摊销方法摊销比较准确合理，也有利于对实物的管理。

【例4-10】　新世纪房地产开发公司本月领用周转材料一批，实际成本5 200元，采用分次摊销法进行摊销，根据本月磨损情况确定摊销额为1 000元，会计分录如下：

(1) 领用周转材料时。

借：周转材料——在用周转材料　　　　　　　　　　　　　　　5 200

　　贷：周转材料——在库周转材料　　　　　　　　　　　　　　　5 200

(2) 月末摊销时。

借：开发间接费用　　　　　　　　　　　　　　　　　　　　　1 000

　　贷：周转材料——周转材料摊销　　　　　　　　　　　　　　　1 000

(3) 周转材料多次使用后，价值分次（或分期）摊销，报废的时候，若摊销的价值和账面价值还有一些差额，则在报废当期进行处理，将周转材料的价值扣除残值和已经摊销的价值后的余额一次摊销。

(4) 假定上述周转材料5个月后，已经摊销4 500元，转入报废，回收残值入库60元。

借：原材料　　　　　　　　　　　　　　　　　　　　　　　　　60

　　开发间接费用　　　　　　　　　　　　　　　　　　　　　　640

　　贷：周转材料——周转材料摊销　　　　　　　　　　　　　　　700

(5) 将在用周转材料注销。

借：周转材料——周转材料摊销　　　　　　　　　　　　　　　5 200

　　贷：周转材料——在用周转材料　　　　　　　　　　　　　　　5 200

按实际成本计价进行材料日常收发的核算，其优点是能比较准确地反映各种材料增减变动情况以及开发项目所耗用的各种材料的实际成本。在会计工作实现电算化的企业运用比较方便。

第四节　存货收发核算的计划成本计价法

一、存货按计划成本核算的特点

存货按计划成本核算的特点是：存货的收入、发出和结余均按预先制定的计划成本计价，而存货的总分类账和明细分类账均按计划成本记录，期末再将发出存货与期末存货的计划成本调整为实际成本列示于资产负债表中。一般适用于规模较大、存货品种繁多、存货收发频繁的企业。

二、原材料入库的核算

计划成本法下，企业存货的收入、发出和结余均按预先制定的计划成本计价，企业应设置"材料采购"和"材料成本差异"（或"产品成本差异"，下同）科目进行核算。

"材料采购"科目核算外购材料的实际成本和验收入库的材料计划成本，同时可以确定并结转入库材料的成本差异额；"材料成本差异"科目登记实际成本和计划成本的差额。存货按计划成本核算，要求存货的总分类核算和明细分类核算均按实际成本计价。一般适用于存货品种繁多、收发频繁的企业，如大中型企业中的各种原材料、低值易耗品等。如果企业的自制半成品、产成品品种繁多的，或者在管理上需要分别核算其计划成本差异的，也可以采用计划成本法核算。

计划成本法下，取得的原材料先要通过"材料采购"科目进行核算，材料的实际成本与计划成本的差异，通过"材料成本差异"科目进行核算。如果该批存货的实际成本大于计划成本，这一差额称为超支额；反之，称为节约额。包装物、低值易耗品、委托加工物资等存货的材料成本差异，也通过"材料成本差异"科目进行核算。

【例 4-11】 新世纪房地产公司按计划成本进行存货的核算，某月份该公司发生的材料采购业务如下：

（1）6 日，该公司购入原材料一批，原材料价款为 13 000 元，发票等结算凭证已经收到，货款已通过银行转账支付，材料已验收入库。该批材料的计划成本为 12 000 元。会计分录如下：

　　借：材料采购　　　　　　　　　　　　　　　　　　　　　　　13 000
　　　贷：银行存款　　　　　　　　　　　　　　　　　　　　　　　　13 000

（2）16 日，购入原材料一批，原材料价款为 3 000 元，发票等结算凭证已经收到，货款已通过银行转账支付，材料已验收入库。该批材料的计划成本为 2 400 元。会计分录如下：

　　借：材料采购　　　　　　　　　　　　　　　　　　　　　　　3 000
　　　贷：银行存款　　　　　　　　　　　　　　　　　　　　　　　　3 000

（3）19 日，购入一批材料已经运到，并验收入库，但发票结算凭证尚未收到，货款尚未支付。该批材料的计划成本为 14 000 元。月末，按计划成本暂估入账，会计分录如下：

　　借：原材料　　　　　　　　　　　　　　　　　　　　　　　14 000
　　　贷：应付账款——暂估应付账款　　　　　　　　　　　　　　　14 000

下月初用红字将上述分录原账冲回。

　　借：原材料　　　　　　　　　　　　　　　　　　　　　　　14 000

　　　贷：应付账款——暂估应付账款　　　　　　　　　　　　　　　14 000

待收到有关结算凭证并支付货款时，按正常程序记账。假定次月取得的增值税专用发票上注明的价款为 15 000 元，会计分录如下：

　　借：材料采购　　　　　　　　　　　　　　　　　　　　　　　15 000
　　　贷：银行存款　　　　　　　　　　　　　　　　　　　　　　　　15 000

（4）21 日，购入原材料一批，取得的增值税专用发票上注明的原材料价款为 50 000 元，双方约定采用商业承兑汇票结算方式支付货款，付款期限为 3 个月。材料已经到达并验收入库，已开出承兑商业汇票。该批材料的计划成本为 45 000 元。有关会计分录如下：

　　借：材料采购　　　　　　　　　　　　　　　　　　　　　　　50 000
　　　贷：应付票据　　　　　　　　　　　　　　　　　　　　　　　　50 000

（5）月末，汇总本月已经付款或已开出承兑商业汇票的入库材料的计划成本为 59 400 元（12 000＋2 400＋45 000）。有关会计分录如下：

　　借：原材料　　　　　　　　　　　　　　　　　　　　　　　59 400

　　贷：材料采购　　　　　　　　　　　　　　　　　　　　　　　59 400

　　月末结转本月已经付款或已开出承兑商业汇票的入库材料的材料成本差异，其实际成本为 66 000 元（13 000＋3 000＋50 000），材料成本差异额为 6 600 元（66 000－59 400）（超支额），有关会计分录如下：

　　借：材料成本差异　　　　　　　　　　　　　　　　　　　　　6 600
　　　　贷：材料采购　　　　　　　　　　　　　　　　　　　　　　6 600

三、原材料发出的计量与核算

　　采用计划成本法对存货进行核算是指日常的会计处理，会计期末需要通过"材料成本差异"科目，将发出存货和期末存货调为实际成本。公式如下：

$$实际成本＝计划成本\pm 成本差异$$

　　材料成本差异随着材料的入库而形成，包括外购材料、自制材料、委托加工完成的材料入库等；同时也随着材料出库而减少，如领用材料、出售材料、消耗材料等。期初和当期形成的材料成本差异，应在当期已发出材料和期末结存材料之间进行分配，属于消耗材料应分配的材料成本差异，从"材料成本差异"科目转入有关科目。企业应在月份终了时计算材料成本差异率，据以分配当月形成的材料成本差异。计算公式如下：

$$本月材料成本差异率＝\frac{月初结存材料的成本差异额＋本月收入材料的成本差异额}{月初结存材料的计划成本＋本月收入材料的计划成本}\times 100\%$$

或者

$$上月材料成本差异率＝\frac{月初结存材料的成本差异额}{月初结存材料的计划成本}\times 100\%$$

$$本月发出材料应负担差异额＝发出材料的计划成本\times 材料成本差异率$$

　　计算出的材料成本差异额如果是正数，则表明应该分摊的材料成本差异额为超支差异额，借记有关成本费用类科目，贷记"材料成本差异"科目；计算出的材料成本差异额如果为负数，则表明应该分摊的材料成本差异额为节约差异额，应该调减有关成本费用科目，借记"材料成本差异"科目，贷记有关成本费用类科目。经分配后，属于发出存货应负担的成本差异从"材料成本差异"科目转入有关的会计科目；属于期末库存存货应负担的成本差异，应仍留在"材料成本差异"科目，作为存货的调整项目，以库存存货的计划成本加上或减去成本差异，即为期末库存存货的实际成本。编制资产负债表时，存货项目中的材料存货，应当列示加（减）材料成本差异后的实际成本。

　　【例4-12】　　新世纪房地产公司某月"原材料"科目某类材料的期初余额为 600 000元，"材料成本差异"科目期初借方余额 5 000 元，本月购入原材料实际成本 517 240元，计划成本 520 000 元，本月开发产品领用原材料 740 000 元。

　　根据上述资料计算本月材料成本差异率，分配材料成本差异，会计分录如下：

　　计算分摊本月领用材料的成本差异。

本月材料成本差异率 $= \dfrac{5\,000 + (517\,240 - 520\,000)}{600\,000 + 520\,000} \times 100\%$

$\qquad\qquad\qquad\quad = 0.2\%$

本月领用材料应负担的成本差异 $= 740\,000 \times 0.2\% = 1\,480$（元）

借：生产成本　　　　　　　　　　　　　　　　　　　　　　　　　　1 480

　　贷：材料成本差异　　　　　　　　　　　　　　　　　　　　　　　1 480

将上述会计分录过入"原材料"和"材料成本差异"科目，并结出余额。

月末"原材料"科目余额 $= 600\,000 + 520\,000 - 740\,000 = 380\,000$（元）

月末"材料成本差异"科目余额 $= 5\,000 - 2\,760 - 1\,480 = 760$（元）

月末编制资产负债表时，存货项目中的原材料存货，应为"原材料"科目的余额 380 000 元加上"材料成本差异"科目的借方余额 760 元，以 380 760 元列示。

采用计划成本法进行材料的日常核算，材料明细账可以只记收入、发出和结存的数量，用数量乘以计划成本，可随时求得材料收、发、存的金额，通过"材料成本差异"科目计算和调整发出和结存材料的实际成本，简便易行；另外，将实际成本和计划成本对比，可以对采购部门进行考核，促使其降低采购成本，节约开支。

第五节　存货的期末计量和披露

会计期末，为了客观地反映企业期末存货的实际价值，企业在编制资产负债表时，应当准确地计量"存货"项目的金额，确定期末存货的价值。正确进行存货的计量，取决于存货数量的确定是否准确和采用何种期末计价原则。

一、存货数量的盘存方法

（一）实地盘存制

实地盘存制，又称定期盘存制，是指会计期末对全部存货进行实地盘点确定期末存货的结存数量，然后分别乘以各项存货的单价，计算出期末存货成本，进而推导出本期耗用或者已销售存货成本的一种存货盘存方法。采用这种方法，平时对有关存货科目只记借方，不记贷方，期末，通过实地盘点确定存货数量，据以计算期末存货成本，然后计算出当期耗用或销货成本，记入有关存货科目的贷方。

（二）永续盘存制

永续盘存制也称账面盘存制，指对存货项目设置经常性的库存记录，即分别品名规格设置存货明细账，逐笔或逐日登记收入发出的存货，并随时记列结存数。通过会计账簿资料，就可以完整地反映存货的收入、发出和结存情况。在没有发生丢失和被盗的情况下，相关存货科目的余额应当与实际库存相符。为了核对存货账面记录，加强对存货的管理，每年至少应对存货进行一次全面盘点，具体盘点次数视企业内部控制要求而定。

二、存货盘盈与盘亏的处理

企业进行存货清查盘点，应当编制"存货盘存报告单"，并将其作为存货清查的原始凭证。经过存货盘存记录的实存数与存货的账面记录核对，若账面存货小于实际存货，为存货盘盈；反之，为存货盘亏。对于盘盈、盘亏的存货要记入"待处理财产损溢"科目，查明原因后进行处理。

（一）存货盘盈的核算

由于盘盈的存货没有账面记录，所以如果产生了盘盈应该予以补记，按照存货的计划成本或估计价值，借记有关存货科目，贷记"待处理财产损溢——待处理流动资产损溢"科目。存货盘盈一般是由于收发计量或核算上的差错造成的，经审批后应相应冲减管理费用，借记"待处理财产损溢——待处理流动资产损溢"科目，贷记"管理费用"科目。在采用计划成本进行存货日常核算的情况下，盘盈存货应按计划成本入账。

【例 4-13】　新世纪房地产开发公司进行存货清查时，发现 A 材料盘盈 200 千克，计划单位成本为每千克 20 元，合计 4 000 元。编制会计分录如下：

借：原材料　　　　　　　　　　　　　　　　　　　　　　　4 000
　　贷：待处理财产损溢——待处理流动资产损溢　　　　　　　　　　4 000

经核查该项盘盈属于收发计量错误造成，经批准作为冲减管理费用处理。编制会计分录如下：

借：待处理财产损溢——待处理流动资产损溢　　　　　　　　　4 000
　　贷：管理费用　　　　　　　　　　　　　　　　　　　　　　　4 000

（二）存货盘亏和毁损的核算

存货的盘亏和毁损，先按其账面成本，借记"待处理财产损溢——待处理流动资产损溢"科目，贷记有关存货科目。经审批后，按发生的原因和相应的处理决定，分别进行转销。

属于自然损耗造成的定额内损耗，应借记"管理费用"科目；属于过失人责任造成的损失，应扣除其残料价值，借记"原材料"、"其他应收款"科目；应由保险公司负担的赔偿金，借记"其他应收款——保险公司"科目；剩余净损失或未参加保险部分的损失，借记"营业外支出——非常损失"科目；若损失中有一般经营损失部分，借记"管理费用"科目。按盘亏和毁损数额，贷记"待处理财产损溢——待处理流动资产损溢"科目。

【例 4-14】　新世纪房地产开发公司进行存货清查时，发现 B 材料短缺 100 千克，计划单位成本为每千克 15 元，合计 1 500 元，材料成本差异率为 2%。编制会计分录如下：

借：待处理财产损溢——待处理流动资产损溢　　　　　　　　　1 530
　　贷：原材料　　　　　　　　　　　　　　　　　　　　　　　1 500
　　　　材料成本差异——原材料　　　　　　　　　　　　　　　　　30

经查，该项短缺分别由多种原因造成，经批准，分别进行转销。

（1）材料短缺中，属于责任过失造成 200 元损失的部分，应由过失人予以赔偿。编制会计分录如下：

借：其他应收款——××　　　　　　　　　　　　　　　　　　　200
　　贷：待处理财产损溢——待处理流动资产损溢　　　　　　　　　200

（2）材料短缺中，属于定额内耗损的部分价值500元，应计入管理费用。编制会计分录如下：

借：管理费用　　　　　　　　　　　　　　　　　　　　　　　500
　　贷：待处理财产损溢——待处理流动资产损溢　　　　　　　　　500

（3）材料短缺中，属于非常损失的部分，价值830元，其中，收回残料100元，保险公司同意给予赔款600元，剩余部分经批准转为营业外损失。编制会计分录如下：

借：原材料　　　　　　　　　　　　　　　　　　　　　　　　100
　　其他应收款——保险公司　　　　　　　　　　　　　　　　　600
　　营业外支出——非常损失　　　　　　　　　　　　　　　　　130
　　贷：待处理财产损溢——待处理流动资产损溢　　　　　　　　　830

盘盈或盘亏的存货，如在期末结账前尚未经批准，应在对外提供财务会计报告时先按上述规定进行处理，并在会计报表附注中做出说明；如果其后批准处理的金额与已处理的金额不一致，应按其差额调整会计报表相关项目的年初数。

三、期末存货价值的确定

会计期末，为了客观、真实、准确地反映企业存货的实际价值，企业在编制资产负债表时，要确定"存货"项目的金额，即确定期末存货的价值。按照《企业会计准则第1号——存货》的规定，资产负债表日，存货应当按照成本与可变现净值孰低法计量。

（一）成本与可变现净值孰低法的含义

成本与可变现净值孰低法是指对期末存货按照成本与可变现净值两者之中较低者计价的方法。即当成本低于可变现净值时，存货按成本计价；当可变现净值低于成本时，存货按可变现净值计价。

这里所讲的"成本"是指存货的历史成本，即按前面所介绍的以历史成本为基础的发出存货计价方法（如先进先出法等）计算的期末存货的实际成本，如果企业在存货成本的日常核算中采用简化核算方法（如计划成本法），则"成本"为调整后的实际成本。"可变现净值"是指在日常活动中，以存货的估计售价减去至完工时将要发生的成本、销售费用以及相关税费后的金额。

（二）可变现净值的确定

企业在确定存货的可变现净值时，应当以取得的可靠证据为基础，并且考虑持有存货的目的、资产负债表日后事项的影响等因素。

企业为执行销售合同或劳务合同而持有的存货，通常应以产成品或商品的合同价格作为其可变现净值的计量基础。

（三）材料存货的期末计量

会计期末，在运用成本与可变现净值孰低原则对材料存货进行计量时，需要考虑材料的用途。对用于生产而持有的材料等，按以下原则处理：如果用其生产的产成品的可变现净值预计高于成本，则该材料应当按照成本计量；如果材料价格下降等原因表明产成品的可变现净值低于成本，则该材料应当按可变现净值计量。对于已确定用于出售的材料，应当以市场价格作为其可变现净值的计量基础。

（四）存货跌价准备的核算

企业每期都应当重新确定存货的可变现净值，企业在定期检查时，如果发现了减值情形，应当考虑计提存货跌价准备。采用成本与可变现净值孰低法对存货项目进行期末计量时，成本与可变现净值存在三种比较基础，从而对应三种不同的存货跌价准备计提方法。

（1）单项计提：是指将各单项存货的成本与可变现净值进行逐一比较，分别确定单项存货是否计提或计提多少存货跌价准备的方法。

（2）分类计提：是指将每一类存货的成本总额与其可变现净值总和进行比较，分类别确定是否计提或计提多少存货跌价准备的方法。

（3）合并计提：是指在特定情形下，将具有某性质的所有存货（包括不同类别的存货）的成本总额与其可变现净值总和进行比较，综合确定是否计提或计提多少存货跌价准备的方法。

【例4-15】　如表4-3所示，假设各存货在前期尚未计提跌价准备，并简称"期末计量后存货的账面价值"为"期末账面价值"。

表 4-3　　　　　　　　　　计提存货跌价准备方法比较　　　　　　　　　　单位：元

存货项目		成本	可变现净值	单项计提法		分类计提法		合并计提法	
				期末账面价值	计提跌价准备	期末账面价值	计提跌价准备	期末账面价值	计提跌价准备
甲类存货	A存货	1 600	1 900	1 600	0				
	B存货	2 600	2 000	2 000	600				
	小计	4 200	3 900			3 900	300		
乙类存货	C存货	4 000	3 800	3 800	200				
	D存货	6 000	500	6 000	0				
	小计	10 000	10 300	10 000			0		
丙类存货	E存货	5 000	4 500	4 500	500				
	F存货	4 500	4 200	4 200	300				
	小计	9 500	8 700			8 700	800		
总计		23 700	22 900	22 100	1 600	22 600	1 100	22 900	800

注：①在表4-3中，采用第一种方法计提的跌价准备数额最多，第二种方法计提的跌价准备数额居中，而第三种方法计提的跌价准备数额最少。

②无论采用哪种方法，最终账面价值与计提的跌价准备之和等于存货成本总额。

每一会计期末，比较成本与可变现净值计算出应计提的跌价准备金额，与"存货跌价准备"科目的余额进行比较，若应提数大于已提数，应予补提；反之，应冲销部分已提数。提取和补提存货跌价准备时，借记"资产减值损失——计提的存货跌价准备"科目，贷记"存货跌价准备"科目；冲回或转销存货跌价损失，作相反会计分录。但是，当已计提跌价准备的存货的价值以后又得以恢复时，其冲减的跌价准备金额，应以"存货跌价准备"科目的余额减至零为限。需要说明的是，减记的转回要以"以前减记存货价值的影响因素已经消失"为前提，否则不得转回。

简答题

1. 房地产开发企业的存货按其用途应如何进行分类？
2. 存货按实际成本核算和按计划成本核算的特点分别是什么？
3. 原材料发出的计价方法有哪些？其各自的特点是什么？
4. 周转材料的摊销方法有哪些？
5. 存货数量的盘存方法有哪些？
6. 什么是成本与可变现净值孰低法？怎样理解"成本"和"可变现净值"的含义？
7. 材料存货如何进行期末计量？

业务处理题

1. 甲房地产开发公司原材料按实际成本计价核算，发出材料采用全月一次加权平均法计量。甲公司 2011 年 6 月初 A 材料结存 1 500 千克，实际成本 75 000 元。6 月发生有关 A 材料的业务如下：

（1）6 月 2 日，购入 A 材料 1 800 千克，价款和增值税合计为 90 000 元，发票等结算凭证已经收到，货款已通过银行转账支付，材料已验收入库。

（2）6 月 7 日，购入 A 材料 200 千克，价税合计 10 000 元。货款未付，材料已验收入库。

（3）6 月 10 日，接受乙公司投资，收到 A 材料 1 000 千克，投资各方确认的价值为 50 000 元（含税），按投资协议规定，乙公司投资后占甲公司注册资本 200 万元 2% 的股份。

（4）6 月 30 日，汇总本月发出 A 材料 1 500 千克，其中开发产品领用 1 000 千克，管理部门领用 500 千克。

要求：

（1）编制与 A 材料初始计量有关的会计分录。

（2）编制发出 A 材料的会计分录。

2. 甲房地产公司 W 原材料 2011 年 7 月初结存 800 吨，账面价值 2 400 万元。7 月份发生的与 W 原材料有关的经济业务如下：

（1）7 月 3 日，开发产品领用 W 材料 600 吨。

（2）7 月 9 日，从乙公司购入 W 材料 1 500 吨，价税合计 4 500 万元，已验收入库。

（3）7 月 21 日，开发产品领用 W 材料 1 000 吨。

要求：

（1）计算先进先出法下本期发出 W 材料成本和期末 W 材料库存成本。

（2）计算移动加权平均法下本期发出 W 材料成本和期末 W 材料库存成本。

（3）计算全月一次加权平均法下本期发出 W 材料成本和期末 W 材料库存成本。

3. 甲房地产开发企业 2011 年 9 月初有关账户余额如下，"原材料"账户余额为 20 000 元，"材料采购"账户余额为 6 500 元（1 000 千克），"材料成本差异"账户借方余额为 700 元。9 月发生以下业务：

（1）9 月 3 日，从乙公司购料，货款为 8 000 元，上月已预付 5 000 元，余款已由银行汇出。该材料已验收入库，计划成本 7 800 元。

（2）9 月 10 日，从丙公司购料，货款为 10 000 元，材料尚未运到，货款采用商业汇票结算，开出并经银行承兑的商业汇票一张，已交丙公司。

（3）9 月 17 日，从丁公司购料，货款为 13 000 元，已由银行汇出。该材料已验收入库，计划成本 12 000 元。

（4）9 月 28 日，收到戊公司发来材料，已验收入库，计划成本为 3 500 元，但发票账单等尚未收到。

（5）9 月 30 日，本月仓库发料的计划成本汇总如下：开发产品领用 5 000 元，管理部门领用 1 700 元，合计 6 700 元。

要求：根据以上资料编制有关会计分录并计算本月材料成本差异率及发出和结存材料分担的材料成本差异。

5 第五章
对外投资

第一节　房地产开发企业对外投资概述

一、房地产企业对外投资的分类

投资是企业为通过分配来增加财富或为谋求其他利益，而将资产让渡给其他单位使用所获得的另一项资产。房地产企业对外投资包括购买有价证券（债券、股票、基金等）投资和对其他实体经济进行的投资（联营、合营、对子公司及所属企业投资等）。

企业对外投资，可以划分为以下几类：

（1）以公允价值计量且其变动计入当期损益的金融资产；

（2）持有至到期投资；

（3）可供出售金融资产；

（4）长期股权投资。

二、以公允价值计量且其变动计入当期损益的金融资产的界定

以公允价值计量且其变动计入当期损益的金融资产，主要包括两大类：交易性金融资产和指定为以公允价值计量且其变动计入当期损益的金融资产。

直接指定为以公允价值计量且其变动计入当期损益的金融资产，主要是指企业基于风险管理、战略投资需要等所作的指定。通常情况下，只有符合下列条件之一的金融资产，才可以在初始确认时指定为以公允价值计量且其变动计入当期损益的金融资产：

（1）该指定可以消除或明显减少由于该金融资产的计量基础不同所导致的相关利得或损失在确认或计量方面不一致的情况。

在某些情况下，部分金融资产可以被指定为或直接划分为可供出售金融资产，此时，该可供出售金融资产的公允价值变动不计入损益而计入所有者权益。但是，与之相关的金融负债却被划分为采用摊余成本进行后续计量的金融负债，从而导致会计不配比现象的发生。此外，企业在运用某项衍生工具对采用摊余成本进行后续计量的某项金融

资产进行套期保值时，由于套期有效性未达成规定的条件而无法采用套期会计方法，此时，如果将该金融资产直接指定为以公允价值计量且其变动计入当期损益的金融资产，可以更好地反映企业进行风险管理的实际情况，提供更相关的会计信息。在这种情况下，企业可以直接将该金融资产指定为以公允价值计量且其变动计入当期损益的金融资产。

（2）企业风险管理或投资策略的正式书面文件已载明，该金融资产组合以公允价值为基础进行管理、评价并向关键管理人员报告。

在其他情况下，企业有可能更为关注企业管理和评价业绩的方式，而不是关注金融工具组合中各组成部分的性质。例如，风险投资机构、证券投资基金、企业年金基金或类似的会计主体，它们的经营活动的主要目的在于从投资工具的公允价值变动中获得回报。对此，这些会计主体在其风险管理或投资策略的正式书面文件中均有清楚、明确的说明。

但是，在活跃市场中没有报价、公允价值不能可靠计量的权益工具投资，不能指定为以公允价值计量且其变动计入当期损益的金融资产。其中，活跃市场，是指同时具有下列特征的市场：①市场内交易的对象具有同质性；②可随时找到自愿交易的买方和卖方；③市场价格信息是公开的。

企业划分为以公允价值计量且其变动计入当期损益的金融资产的股票、债券、基金，以及不作为有效套期工具的衍生工具，应当按照取得时的公允价值作为初始确认金额，相关的交易费用在发生时计入当期损益。支付的价款中包含的已宣告但尚未发放的现金股利或已到付息期但尚未领取的债券利息，应当单独确认为应收项目。

企业在持有以公允价值计量且其变动计入当期损益的金融资产期间取得的利息或现金股利，应当确认为投资收益。资产负债表日，企业应当将以公允价值计量且其变动计入当期损益的金融资产的公允价值变动计入当期损益。

处置该金融资产时，其公允价值与初始入账金额之间的差额应确认为投资收益，同时调整公允价值变动损益。

三、持有至到期投资的界定

持有至到期投资，是指到期日固定、回收金额固定或可确定，且企业有明确意图和能力持有至到期的非衍生金融资产。但下列非衍生金融资产不应当被划分为持有至到期投资：①初始确认时被指定为以公允价值计量且其变动计入当期损益的非衍生金融资产；②初始确认时被指定为可供出售的非衍生金融资产；③贷款和应收款项。

通常情况下，企业在将某项非衍生金融资产划分为持有至到期投资时，应当考虑以下因素：该金融资产的期限和性质，该金融资产是否在活跃市场上有报价，企业将其持有至到期的能力和意图，是否有意图将其直接指定为以公允价值计量且其变动计入当期损益的金融资产，是否有意图直接将其指定为可供出售金融资产等。持有至到期投资具有以下显著特点：

（1）到期日固定、回收金额固定或可确定。指与该金融资产相关的合同明确了投资者在确定的期限内获得或收取现金流量的金额和时间。因此，从投资者的角度，如果不考虑其他相关条件，在将某项投资划分为持有至到期投资时，可以不考虑可能存在的发行方的重大支付风险，即信用风险。

此外，可变利率债务工具能够满足成为持有至到期投资的条件。权益工具不能归类为持有至到期投资，这主要是因为，它们没有确切的期限，或者是因为持有人可能收到的金额会以事先不能确定的方式变动（如股票期权、认股权证或类似的权利）。就持有至到期投资的定义而言，固定金额或可确定金额和固定的到期日意味着合同安排规定了支付给持有人款项的金额和日期，如利息和本金的偿还。存在重大的不偿付风险并不排除将金融资产归类为持有至到期投资，只要该金融资产的合同付款额是固定的或可确定的，并同时满足其他条件。如果某一永续债务工具的条款规定了无限期的利息支付，则不能将其归类为持有至到期投资，因为它没有固定的到期日。

（2）有明确意图持有至到期。指投资者在取得该金融资产时就有明确的意图将其持有至到期，除非遇到一些企业无法控制、预期不会重复发生并且难以合理预计的独立事项。因此，如果持有人打算并且能够将发行人可赎回的金融资产持有到被赎回时或到期日，同时持有人也能够收回该金融资产几乎所有的初始净投资，则该金融资产符合确认为持有至到期投资的条件。但是，如果该项金融资产被赎回会使持有人不能收回该金融资产几乎所有初始净投资，则该金融资产不能归类为持有至到期投资。在确定初始净投资能否几乎被全部收回时，企业应当考虑所有支付的溢价和已资本化的交易费用。

需要注意的是，一项可回售的金融资产，即持有人有权要求发行人在到期前偿付或赎回该金融资产，不能被归类为持有至到期投资，因为为获得金融资产的回售权利而支付款项与表明打算将该金融资产持有至到期相矛盾。

此外，对于已归类为持有至到期投资的金融资产，企业应当在每个资产负债表日对其持有至到期的意图和能力进行持续地评价。如果测试表明企业不打算将其持有至到期，则应当将其重分类为可供出售的金融资产。

存在下列情况之一的，表明企业没有明确意图将金融资产投资持有至到期：

（1）持有该金融资产的期限不确定。这种情形包括由于金融资产本身没有一个确定的到期时间而引起的持有期限不确定，也包括金融资产本身有确定的到期日，但企业无法确定其持有的时间。

（2）当出现市场利率变化、流动性需要变化、替代投资机会及投资收益率变化、融资来源和条件变化、外汇风险变化等情况时，将出售该金融资产，那么，企业持有该金融资产的期限也就无法确定。但是，无法控制、预期不会重复发生且难以合理预计的独立事项引起的金融资产出售除外。

（3）金融资产的发行方可以按照明显低于其摊余成本的金额清偿。在这种情况下，企业持有金融资产的时间不能由其持有的意图来决定，而是会受到该金融资产发行方的影响，企业能够持有至到期的可能性不大，因为发行方极有可能在到期日之前进行清偿。

（4）其他表明企业没有明确意图将该金融资产持有至到期的情况。

存在下列情况之一的，表明企业没有能力将具有固定期限的金融资产投资持有至到期：

（1）没有可利用的财务资源持续地为该金融资产投资提供资金支持以使该金融资产投资持有至到期。

（2）受法律、行政法规的限制，使企业难以将该金融资产投资持有至到期。

（3）其他表明企业没有能力将具有固定期限的金融资产投资持有至到期的情况。

持有至到期投资应当按取得时的公允价值和相关交易费用之和作为初始确认金额，支付的价款中包含的已到付息期但尚未领取的债券利息，应单独确认为应收项目。

持有至到期投资在持有期间应当按照摊余成本和实际利率计算确认利息收入，计入投资收益。实际利率应当归在取得持有至到期投资时确定，在该持有期至到期投资预期存续期间或适用的更短期间内保持不变，实际利率与票面利率差别较小的，也可按票面利率计算利息收入，计入投资收益。

处置持有至到期投资时，应将所取得的价款与该投资账面价值之间的差额计入投资收益。

四、可供出售金融资产的界定

可供出售金融资产，是指初始确认时即被指定为可供出售的非衍生金融资产，以及除下列各类资产以外的金融资产：（1）贷款和应收款项；（2）持有至到期投资；（3）以公允价值计量且其变动计入当期损益的金融资产。通常情况下，可供出售金融资产的公允价值能够可靠地计量。

此外，企业将尚未到期的某项持有至到期投资在本会计年度内出售或重分类为可供出售金融资产的金额，相对于该类投资在出售前或重分类前的总额超过3%时，应当将该类投资的剩余部分重分类为可供出售金融资产，且在本会计年度及以后两个完整的会计年度内不得再将该金融资产划分为持有至到期投资。

五、长期股权投资的界定

长期股权投资是指通过投资取得被投资单位的股份。企业对其他单位的股权投资，通常是为长期持有被投资单位的股份达到控制被投资单位，或对被投资单位施加重大影响，或为与被投资单位建立密切关系，以分散经营风险。长期股权投资包括：（1）企业持有的能够对被投资单位实施控制的权益性投资，即对公司投资；（2）企业持有的能够与其他合营方一同对被投资单位实施共同控制的权益性投资，即对合营企业投资；（3）企业持有的能够对被投资单位施加重大影响的权益性投资，即对联营企业投资；（4）企业对被投资单位不具有控制、共同控制或重大影响、在活跃市场上没有报价且公允价值不能可靠计量的权益性投资。

第二节 交易性金融资产

一、交易性金融资产的概念

满足以下条件之一的金融资产，应当划分为交易性金融资产：

（1）取得该金融资产的目的，主要是为了近期内出售或回购。也就是说，企业持有交易性金融资产的主要目的，就是为了从其价格或交易商保证金的短期波动中获利。例如，企业为充分利用闲置资金，以赚取差价为目的从二级市场购入的股票、债券、基金等。

（2）属于进行集中管理的可辨认金融工具组合的一部分，且有客观证据表明企业近期采用短期获利方式对该组合进行管理。在这种情况下，即使组合中有某个组成项目持有的期限稍长也不受影响。

（3）属于衍生工具，但是，被指定且为有效套期工具的衍生工具、属于财务担保合同的衍生工具、与在活跃市场中没有报价且其公允价值不能可靠计量的权益工具投资挂钩并须通过交付该权益工具结算的衍生工具除外。其中，财务担保合同是指保证人和债权人约定，当债权人不履行债务时，保证人按照约定履行债务或者承担责任的合同。

定义范围内的衍生工具（包括远期合同、期货合同、互换和期权，以及具有远期合同、期货合同、互换和期权中一种或一种以上特征的工具），不作为有效套期工具的，也应划分为交易性金融资产。

为了核算交易性金融资产的取得、收取现金股利和利息、处置等业务，企业应当设置"交易性金融资产"、"公允价值变动损益"、"投资收益"等科目。

"交易性金融资产"科目核算企业为交易目的持有的债券投资、股票投资、基金投资等交易性金融资产的公允价值。企业持有的直接指定为以公允价值计量且其变动计入当期损益的金融资产也在"交易性金融资产"科目核算。"交易性金融资产"科目的借方登记交易性金融资产的取得成本、资产负债表日其公允价值高于账面余额的差额等；贷方登记资产负债表日其公允价值低于账面余额的差额，以及企业出售交易性金融资产时结转的成本和公允价值变动损益。企业应当按照交易性金融资产的类别和品种，分别设置"成本"、"公允价值变动"等明细科目进行核算。

"公允价值变动损益"科目核算企业交易性金融资产等公允价值变动而形成的应计入当期损益的利得或损失，贷方登记资产负债表日企业持有的交易性金融资产等的公允价值高于账面余额的差额；借方登记资产负债表日企业持有的交易性金融资产等的公允价值低于账面余额的差额。

"投资收益"科目核算企业持有交易性金融资产等期间取得的投资收益以及处置交易性金融资产等实现的投资收益或投资损失，贷方登记企业出售交易性金融资产等实现的投资收益；借方登记企业出售交易性金融资产等发生的投资损失。

二、交易性金融资产初始成本的确认

企业在取得交易性金融资产时，应当按照该金融资产取得时的公允价值作为其初始确认金额，记入"交易性金融资产——成本"科目。按发生的交易费用借记"投资收益"科目，已到付息期但尚未领取的利息或已宣告但尚未发放的现金股利，应当单独确认为应收项目，借记"应收股利"或"应收利息"科目；按实际支付的金额，贷记"银行存款"科目。

取得交易性金融资产所发生的相关交易费用应当在发生时计入投资收益。交易费用是指可直接归属于购买、发行或处置金融工具新增的外部费用，包括支付给代理机构、咨询公司、券商等的手续费和佣金以及其他必要支出。

【例 5-1】　2011 年 2 月 1 日，新纪元房地产开发公司委托某证券公司从上海证券交易所购入 A 上市公司股票 200 万股，并将其划分为交易性金融资产。该笔股票投资在购买日的公允价值为 2 000 万元。另支付相关交易费用 20 000 元。会计分录如下

(1) 2011 年 2 月 1 日，购买 A 上市公司股票时。

借：交易性金融资产——成本　　　　　　　　　　　　　　20 000 000

　　贷：其他货币资金——存出投资款　　　　　　　　　　　　20 000 000

(2) 支付相关交易费用时。

借：投资收益　　　　　　　　　　　　　　　　　　　　　　20 000

　　贷：其他货币资金——存出投资款　　　　　　　　　　　　20 000

在本例中，取得交易性金融资产所发生的相关交易费用 20 000 元应当在发生时计入投资收益。

【例 5-2】　2011 年 3 月 1 日，新纪元房地产开发公司从二级市场支付价款 1 020 000 元（含已到付息期但尚未领取的利息 20 000 元）购入某公司发行的债券，另发生交易费用 20 000 元。该债券面值 1 000 000 元，剩余期限为 2 年，票面年利率为 4%，每半年付息一次，新纪元房地产开发公司将其划分为交易性金融资产。2011 年 3 月 5 日，收到该债券 2010 年下半年利息 20 000 元。假定不考虑其他因素，新纪元房地产开发公司的会计分录如下：

(1) 2011 年 3 月 1 日，购入债券。

借：交易性金融资产——成本　　　　　　　　　　　　　　1 000 000

　　应收利息　　　　　　　　　　　　　　　　　　　　　　20 000

　　投资收益　　　　　　　　　　　　　　　　　　　　　　20 000

　　贷：银行存款　　　　　　　　　　　　　　　　　　　　1 040 000

(2) 2011 年 3 月 5 日，收到该债券 2010 年下半年利息。

借：银行存款　　　　　　　　　　　　　　　　　　　　　　20 000

　　贷：应收利息　　　　　　　　　　　　　　　　　　　　20 000

三、交易性金融资产的现金股利和利息

交易性金融资产持有期间被投资单位宣告发放的现金股利，或在资产负债表日按分期付息、一次还本债券投资的票面利率计算的利息，借记"应收股利"或"应收利息"科目，贷记"投资收益"科目。

【例 5-3】　2011 年 1 月 8 日，新纪元房地产开发公司购入永拓公司发行的公司债券，该笔债券于 2010 年 7 月 1 日发行，面值为 5 000 万元，票面利率为 4%，债券利息按年支付。新纪元房地产开发公司将其划分为交易性金融资产，支付价款 5 200 万元（其中包括已宣告发放的债券利息 100 万元），另支付交易费用 30 万元。2011 年 2 月 5 日，新纪元房地产开发公司收到该笔债券利息 100 万元。2012 年 2 月 10 日，新纪元房地产开发公司收到债券利息 200 万元。会计分录如下：

(1) 2011 年 1 月 1 日，购入永拓公司的公司债券时。

借：交易性金融资产——成本　　　　　　　　　　　　　　51 000 000

应收利息	1 000 000
投资收益	300 000
贷：银行存款	52 300 000

(2) 2011 年 2 月 5 日，收到购买价款中包含的已宣告发放的债券利息时。

借：银行存款	1 000 000
贷：应收利息	1 000 000

(3) 2011 年 12 月 31 日，确认永拓公司的公司债券利息收入时。

借：应收利息	2 000 000
贷：投资收益	2 000 000

(4) 2012 年 2 月 10 日，收到永拓公司的公司债券利息时。

借：银行存款	2 000 000
贷：应收利息	2 000 000

本例中，取得交易性金融资产所支付价款中包含了已宣告但尚未发放的债券利息 1 000 000 元，应当记入"应收利息"科目，不记入"交易性金融资产"科目。

四、交易性金融资产的期末计量

资产负债表日，交易性金融资产的公允价值高于其账面价值的差额，借记"交易性金融资产——公允价值变动"科目，贷记"公允价值变动损益"科目；公允价值低于账面价值余额的差额做相反的会计分录。

【例 5-4】 承例 5-2，假定 2011 年 6 月 30 日，该债券的公允价值为 1 150 000 元（不含利息）。不考虑其他因素，新纪元房地产开发公司的会计分录如下：

2011 年 6 月 30 日，确认债券公允价值变动和投资收益。

借：交易性金融资产——公允价值变动	150 000
贷：公允价值变动损益	150 000
借：应收利息	20 000
贷：投资收益	20 000

【例 5-5】 承例 5-3，假定 2011 年 6 月 30 日，新纪元房地产开发公司购买的该笔债券市价为 5 160 万元；2011 年 12 月 31 日，新纪元房地产开发公司购买的该笔债券的市价为 5 120 万元。新纪元房地产开发公司应作如下会计处理：

(1) 2011 年 6 月 30 日，确认该笔债券的公允价值变动损益。

借：交易性金融资产——公允价值变动	600 000
贷：公允价值变动损益	600 000

(2) 2011 年 12 月 31 日，确认该笔债券的公允价值变动损益。

借：公允价值变动损益	400 000
贷：交易性金融资产——公允价值变动	400 000

在本例中，2011 年 6 月 30 日，该笔债券的公允价值为 5 160 万元，账面余额为 5 100 万元，公允价值大于账面余额 60 万元，应记入"公允价值变动损益"科目的贷方；2011 年 12 月 31 日，该笔债券的公允价值为 5 120 元，账面余额为 5 160 万元，公允价值小于账面余额 40 万元，应记入"公允价值变动损益"科目的借方。

【例5-6】　承例5-4，假定2011年12月31日，该债券的公允价值为1 100 000元（不含利息）。不考虑其他因素，新纪元房地产开发公司的会计分录如下：

2011年12月31日，确认债券公允价值变动和投资收益。

借：公允价值变动损益　　　　　　　　　　　　　　　　50 000
　　贷：交易性金融资产——公允价值变动　　　　　　　　　　50 000
借：应收利息　　　　　　　　　　　　　　　　　　　　20 000
　　贷：投资收益　　　　　　　　　　　　　　　　　　　　20 000

五、交易性金融资产的处置

出售交易性金融资产，应当将该金融资产出售时的公允价值与其初始入账金额之间的差额确认为投资收益，同时调整公允价值变动损益。

出售交易性金融资产，应按照实际收到的金额，借记"银行存款"等科目，按该金融资产的账面余额，贷记"交易性金融资产"科目，按其差额，贷记或借记"投资收益"科目。由于该项金融资产已经处置，其持有期间公允价值变动对投资收益的影响应予确认，故应将原计入该金融资产的公允价值变动转为投资收益或损失，借记或贷记"公允价值变动损益"科目，贷记或借记"投资收益"科目。

【例5-7】　承例5-5，假定2011年1月15日，新纪元房地产开发公司出售了所持有的永拓公司的公司债券，售价为5 130万元。会计分录如下：

借：银行存款　　　　　　　　　　　　　　　　　　51 300 000
　　贷：交易性金融资产——成本　　　　　　　　　　　　51 000 000
　　　　　　　　　　　　——公允价值变动　　　　　　　　　200 000
　　　　投资收益　　　　　　　　　　　　　　　　　　　100 000
同时，将持有期间公允价值变动损益转为投资收益。

借：公允价值变动损益　　　　　　　　　　　　　　　200 000
　　贷：投资收益　　　　　　　　　　　　　　　　　　　200 000

在本例中，企业出售交易性金融资产时，还应将原计入该金融资产的公允价值变动转出，即出售交易性金融资产时，应按"公允价值变动"明细科目的贷方余额200 000元，借记"公允价值变动损益"科目，贷记"投资收益"科目。

【例5-8】　承例5-6，假定2012年1月5日，收到该债券2011年下半年利息；2012年3月31日，新纪元房地产开发公司将该债券出售，取得价款1 180 000元（含1季度利息10 000元）。假定不考虑其他因素，新纪元房地产开发公司的会计分录如下：

（1）2012年1月5日，收到该债券2011年下半年利息。

借：银行存款　　　　　　　　　　　　　　　　　　　20 000
　　贷：应收利息　　　　　　　　　　　　　　　　　　　　20 000

（2）2012年3月31日，将该债券出售。

借：应收利息　　　　　　　　　　　　　　　　　　　10 000
　　贷：投资收益　　　　　　　　　　　　　　　　　　　　10 000
借：银行存款　　　　　　　　　　　　　　　　　　1 170 000

贷：交易性金融资产——成本	1 000 000
——公允价值变动	100 000
投资收益	70 000
借：公允价值变动损益	100 000
贷：投资收益	100 000
借：银行存款	10 000
贷：应收利息	10 000

第三节　持有至到期投资

一、持有至到期投资的概念

持有至到期投资，是指到期日固定、回收金额固定或可确定，且企业有明确意图和能力持有至到期的非衍生金融资产。企业不能将下列非衍生金融资产划分为持有至到期投资：（1）初始确认时即被指定为按公允价值计量且其变动计入当期损益的非衍生金融资产；（2）初始确认时被指定为可供出售的非衍生金融资产；（3）符合贷款和应收款项定义的非衍生金融资产。

（一）到期日固定、回收金额固定或可确定

到期日固定、回收金额固定或可确定，是指相关合同明确了投资者在确定的期间内获得或应收取现金流量的金额和时间。因此，从投资者角度看，如果不考虑其他条件，在将某项投资划分为持有至到期投资时可以不考虑可能存在的发行方重大支付风险；其次，由于要求到期日固定，从而权益工具投资不能划分为持有至到期投资；再次，如果符合其他条件，不能由于某项权益工具投资是浮动利率投资而不将其划分为持有至到期投资。

（二）有明确意图持有至到期

有明确意图持有至到期，是指投资者在取得投资时意图就是确定的，除非遇到一些企业所不能控制、预期不会重复发生且难以合理预计的独立事件，否则将持有至到期。存在下列情况之一的，表明企业没有明确意图将金融资产投资持有至到期：

（1）持有该金融资产的期限不确定。

（2）发生市场利率变化、流动性需要变化、替代投资机会及其投资收益率变化、融资来源和条件变化、外汇风险变化等情况时，将出售该金融资产。但是，无法控制、预期不会重复发生且难以合理预计的独立事项引起的金融资产出售除外。

（3）该金融资产的发行方可以按照明显低于其摊余成本的金额清偿。

（4）其他表明企业没有明确意图将该金融资产持有至到期的情况。

据此，对于发行方可以赎回的债务工具，如果发行方行使赎回权，投资者仍可收回其几乎所有初始净投资（含支付的溢价和交易费用），那么投资者可以将此类投资划分为持有至到期投资。但是，对于投资者有权要求发行方赎回的债务工具投资，投资者不能将其划分为持有至到期投资。

（三）有能力持有至到期

有能力持有至到期，是指企业有足够的财务资源，并不受外部因素影响将投资持有至到期。存在下列情况之一的，表明企业没有能力将具有固定期限的金融资产持有至到期：

（1）没有可利用的财务资源持续地为该金融资产投资提供资金支持，以使该金融资产投资持有至到期；

（2）受法律、行政法规的限制，使企业难以将该金融资产持有至到期；

（3）其他表明企业没有能力将具有固定期限的金融资产投资持有至到期的情况。

企业应当于每个资产负债表日对持有至到期的意图和能力进行评价。发生变化的，应当将其重分类为可供出售金融资产进行处理。

（四）到期前处置或重分类对所持有剩余非衍生金融资产的影响

企业将持有至到期投资在到期前处置或重分类，通常表明其违背了将投资持有至到期的最初意图。如果处置或重分类为其他类金融资产的金额相对于该类投资在出售或重分类前的总额较大，则企业在处置或重分类后应立即将其剩余的持有至到期投资重分类为可供出售金融资产。

需要说明的是，遇到以下情况时可以例外：

1. 出售日或重分类日距离该项投资到期日或赎回日较接近（如到期前 3 个月内），且市场利率变化对该项投资的公允价值没有显著影响。

（2）根据合同约定的偿付方式，企业已收回几乎所有初始本金。

（3）出售或重分类是由于企业无法控制、预期不会重复发生且难以合理预计的独立事件所引起。此种情况主要包括：

①因被投资单位信用状况严重恶化，将持有至到期投资予以出售；

②因相关税收法规取消了持有至到期投资的利息税前可抵扣政策，或显著减少了税前可抵扣金额，将持有至到期投资予以出售；

③因发生重大企业合并或重大处置，为保持现行利率风险头寸或维持现行信用风险政策，将持有至到期投资予以出售；

④因法律、行政法规对允许投资的范围或特定投资品种的投资限额作出重大调整，将持有至到期投资予以出售；

⑤因监管部门要求大幅度提高资产流动性，或大幅度提高持有至到期投资在计算资本充足率时的风险权重，将持有至到期投资予以出售。

二、持有至到期投资的会计处理

持有至到期投资的会计处理着重于该项金融资产的持有者打算"持有至到期"，未到期前通常不会出售或重分类。因此，持有至到期投资的会计处理主要应解决该金融资产的实际利率的计算、摊余成本的确定、持有期间的收益确认以及将其处置时损益的处理。

（1）企业取得持有至到期投资，应按该投资的面值，借记"持有至到期投资——成本"科目，按支付的价款中包含的已到付息期但尚未领取的利息，借记"应收利息"科目，按实际支付的金额，贷记"银行存款"等科目，按其差额，借记或贷记"持有至到期投资——利息调整"科目。

（2）资产负债表日，持有至到期投资为分期付息、一次偿还本金的，应按票面利率计算确定的应收未收利息，借记"应收利息"科目，按持有至到期投资摊余成本和实际利率计算确定的利息收入，贷记"投资收益"科目，按其差额，借记或贷记"持有至到期投资——利息调整"科目。此外，在预计会提前偿还本金时，应采用最初确定的利率调整摊余成本，计入当期损益。

持有至到期投资为一次还本付息债券投资的，应于资产负债表日按票面利率计算确定的应收未收利息，借记"持有至到期投资——应计利息"科目，按持有至到期投资摊余成本和实际利率计算确定的利息收入，贷记"投资收益"科目，按其差额，借记或贷记"持有至到期投资——利息调整"科目。

（3）将持有至到期投资重分类为可供出售金融资产的，应在重分类日按其公允价值，借记"可供出售金融资产"科目，按其账面余额，贷记"持有至到期投资——成本、利息调整、应计利息"科目，按其差额，贷记或借记"资本公积——其他资本公积"科目。已计提减值准备的，还应同时结转减值准备。

（4）出售持有至到期投资，应按实际收到的金额，借记"银行存款"等科目，按其账面余额，贷记"持有至到期投资——成本、利息调整、应计利息"科目，按其差额，贷记或借记"投资收益"科目。已计提减值准备的，还应同时结转减值准备。

【例5-9】　　假定2009年1月1日，新纪元房地产开发公司支付价款4 000元（含交易费用）从活跃市场上购入某公司5年期债券，面值5 000元，票面利率4.72%，每年取得利息236元，本金最后一次收回。合同约定，该债券的发行方在遇到特定情况时可以将债券赎回，且不需要为提前赎回支付额外款项。新纪元房地产开发公司在购买该债券时，预计发行方不会提前赎回。不考虑所得税、减值损失等因素。

计算实际利率并编制该债券，如表5-1所示。

$236×(P/A，r，5)+5 000×(P/A，r，5)=4 000$，由此得出$r=10\%$。

表5-1　　　　　　　　　　　债券各期收益及折价摊销　　　　　　　　　　单位：元

年份	期初摊余成本	实际利息，按10%计算	现金流入	期末摊余成本
	(1)	(2)	(3)	(4)＝(1)＋(2)－(3)
2009	4 000	400	236	4 164
2010	4 164	416	236	4 344
2011	4 344	434	236	4 543
2012	4 543	454	236	4 761
2013	4 761	475*	5 000＋236	0

　*475＝5 000＋236－4 761

根据上述数据，新纪元房地产开发公司的会计分录如下：

（1）2009年1月1日，购入债券。

　　借：持有至到期投资——成本　　　　　　　　　　　　　　　　5 000

```
    贷：银行存款                                              4 000
       持有至到期投资——利息调整                             1 000
```

（2）2009 年 12 月 31 日，确认实际利息收入、收到票面利息等。

```
    借：应收利息                                             236
       持有至到期投资——利息调整                             164
       贷：投资收益                                          400
    借：银行存款                                             236
       贷：应收利息                                          236
```

（3）2010 年 12 月 31 日，确认实际利息收入、收到票面利息等。

```
    借：应收利息                                             236
       持有至到期投资——利息调整                             180
       贷：投资收益                                          416
    借：银行存款                                             236
       贷：应收利息                                          236
```

（4）2011 年 12 月 31 日，确认实际利息收入、收到票面利息等。

```
    借：应收利息                                             236
       持有至到期投资——利息调整                             198
       贷：投资收益                                          434
    借：银行存款                                             236
       贷：应收利息                                          236
```

（5）2012 年 12 月 31 日，确认实际利息收入、收到票面利息等。

```
    借：应收利息                                             236
       持有至到期投资——利息调整                             218
       贷：投资收益                                          454
    借：银行存款                                             236
       贷：应收利息                                          236
```

（6）2013 年 12 月 31 日，确认实际利息收入、收到票面利息等。

```
    借：应收利息                                             236
       持有至到期投资——利息调整                             239
       贷：投资收益                                          475
    借：银行存款                                             236
       贷：应收利息                                          236
    借：银行存款                                            5 000
       贷：持有至到期投资——成本                            5 000
```

【例5-10】 承例5-9，假定新纪元房地产开发公司购买的债券不是分次付息，而是到期一次还本付息，且利息不以复利计算。此时，新纪元房地产开发公司所购买债券的实际利率 r 计算如下：

$(236 \times 5 + 5\,000) \times (P/S, r, 5) = 4\,000$，由此得出 $r = 9.05\%$。

据此，调整表5-1中相关数据如表5-2所示。

表 5-2 债券各期收益及折价摊销表 单位：元

年份	期初摊余成本	实际利息，按9.05%计算	现金流入	期末摊余成本
	(1)	(2)	(3)	(4)＝(1)＋(2)－(3)
2009	4 000	362	0	4 362
2010	4 362	395	0	4 757
2011	4 757	430	0	5 187
2012	5 187	469	0	5 657
2013	5 657	523*	5 000＋1 180	0

* 523＝5 000＋1 180－5 657

根据上述数据，新纪元房地产开发公司的会计分录如下：

(1) 2009 年 1 月 1 日，购入债券。

借：持有至到期投资——成本 5 000

　　贷：银行存款 4 000

　　　持有至到期投资——利息调整 1 000

(2) 2009 年 12 月 31 日，确认实际利息收入、收到票面利息等。

借：持有至到期投资——应计利息 236

　　　　　　　　——利息调整 126

　　贷：投资收益 362

(3) 2010 年 12 月 31 日，确认实际利息收入、收到票面利息等。

借：持有至到期投资——应计利息 236

　　　　　　　　——利息调整 159

　　贷：投资收益 395

(4) 2011 年 12 月 31 日，确认实际利息收入、收到票面利息等。

借：持有至到期投资——应计利息 236

　　　　　　　　——利息调整 194

　　贷：投资收益 430

(5) 2012 年 12 月 31 日，确认实际利息收入、收到票面利息等。

借：持有至到期投资——应计利息 236

　　　　　　　　——利息调整 233

　　贷：投资收益 469

(6) 2013 年 12 月 31 日，确认实际利息收入、收到票面利息等。

借：持有至到期投资——应计利息 236

　　　　　　　　——利息调整 287

　　贷：投资收益 523

借：银行存款 6 180

　　贷：持有至到期投资——成本 5 000

　　　　　　　　——应计利息 1 180

第四节 可供出售金融资产

一、可供出售金融资产的概念

可供出售金融资产，是指初始确认时即被指定为可供出售的非衍生金融资产以及除下列各类资产以外的金融资产：（1）贷款和应收款项；（2）持有至到期投资；（3）以公允价值计量且其变动计入当期损益的金融资产。比如，企业购入的在活跃市场上有报价的股票、债券和基金等，没有划分为以公允价值计量且其变动计入当期损益的金融资产或持有至到期投资等金融资产的，可归为此类。

二、可供出售金融资产的会计处理

（1）企业取得可供出售的金融资产，应按其公允价值与交易费用之和，借记"可供出售金融资产——成本"科目，按支付的价款中包含的已宣告但尚未发放的现金股利，借记"应收股利"科目，按实际支付的金额，贷记"银行存款"等科目。

企业取得的可供出售金融资产为债券投资的，应按债券的面值，借记"可供出售金融资产——成本"科目，按支付的价款中包含的已到付息期但尚未领取的利息，借记"应计利息"科目，按实际支付的金额，贷记"银行存款"等科目，按差额，借记或贷记"可供出售金融资产——利息调整"科目。

（2）资产负债表日，可供出售债券为分期付息、一次还本债券投资的，应按票面利率计算确定的应收未收利息，借记"应收利息"科目，按可供出售债券的摊余成本和实际利率计算确定的利息收入，贷记"投资收益"科目，按其差额，借记或贷记"可供出售金融资产——利息调整"科目。

可供出售债券为一次还本付息债券投资的，应于资产负债表日按票面利率计算确定的应收未收利息，借记"可供出售金融资产——应计利息"科目，按可供出售债券的摊余成本和实际利率计算确定的利息收入，贷记"投资收益"科目，按其差额，借记或贷记"可供出售金融资产——利息调整"科目。

（3）资产负债表日，可供出售金融资产的公允价值高于其账面余额的差额，借记"可供出售金融资产——公允价值变动"科目，贷记"资本公积——其他资本公积"科目；公允价值低于其账面余额的差额做相反的会计分录。

确定可供出售金融资产发生减值的，按应减记的金额，借记"资产减值损失"科目，按应从所有者权益中转出原计入资本公积的累计损失金额，贷记"资本公积——其他资本公积"科目，按其差额，贷记"可供出售金额资产——公允价值变动"科目。

对于已确认减值损失的可供出售金融资产，在随后会计期间内公允价值已上升且客观上与确认原减值损失事项有关的，应按原确认的减值损失，借记"可供出售金融资产——公允价值变动"科目，贷记"资产减值损失"科目；但可供出售金融资产为股票等权益工具投资的（不含在活跃市场上没有报价、公允价值不能可靠计量的权益工具投资），借记"可供出售金融资产——公允价值变动"科目，贷记"资本公积——其他资本公积"科目。

（4）将持有至到期投资重分类为可供出售金融资产的，应在重分类日按其公允价值，借记"可供出售金融资产"科目，按其账面余额，贷记"持有至到期投资"科目，按其差额。贷记或借记"资本公积——其他资本公积"科目。

（5）出售可供出售的金融资产，应按实际收到的金额。借记"银行存款"、"存放中央银行款项"等科目，按其账面余额，贷记"可供出售金融资产——成本、公允价值变动、利息调整、应计利息"科目，按应从所有者权益中转出的公允价值累计变动额，借记或贷记"资本公积——其他资本公积"科目，按其差额，贷记或借记"投资收益"科目。

【例5-11】　　新纪元房地产开发公司2010年7月1日从二级市场上购买股票10 000股，每股市价150元，手续费4 500元；初始确认时，该股票划分为可供出售金融资产。

新纪元房地产开发公司2010年12月31日仍持有该股票，该股票当时的市价为160元。

2011年3月1日，新纪元房地产开发公司将该股票出售，售价为每股130元，另支付交易费用3 900元。假定不考虑其他因素，新纪元房地产开发公司的会计分录如下：

（1）2010年7月1日购入股票。

借：可供出售金融资产——成本　　　　　　　　　　　　　　　　1 504 500

　　贷：银行存款　　　　　　　　　　　　　　　　　　　　　　　　1 504 500

（2）2010年12月31日，确认股票价格变动。

借：可供出售金融资产——公允价值变动　　　　　　　　　　　　　　95 500

　　贷：资本公积——其他资本公积　　　　　　　　　　　　　　　　　95 500

（3）2011年3月1日出售股票。

借：银行存款　　　　　　　　　　　　　　　　　　　　　　　1 296 100

　　资本公积——其他资本公积　　　　　　　　　　　　　　　　　95 500

　　投资收益　　　　　　　　　　　　　　　　　　　　　　　　208 400

　　贷：可供出售金融资产——成本　　　　　　　　　　　　　　　1 504 500

　　　　　　　　　　——公允价值变动　　　　　　　　　　　　　　95 500

【例5-12】　　新纪元房地产开发公司2011年1月1日购买某公司发行的5年期债券，支付价款1 046元，该债券的票面金额为1 000元，票面利率为5%，实际利率为4%，利息每年年末支付，本金到期支付。新纪元房地产开发公司将该公司债券划分为可供出售金融资产。

2011年12月31日，该债券的市场价格为1 024元。假定不考虑交易费用和其他因素的影响，新纪元房地产开发公司的会计分录如下：

（1）2011年1月1日购入债券。

借：可供出售金融资产——成本　　　　　　　　　　　　　　　　　1 000

　　　　　　　　　　——利息调整　　　　　　　　　　　　　　　　　46

　　贷：银行存款　　　　　　　　　　　　　　　　　　　　　　　　1 046

（2）2011年12月31日，收到债券利息、确认公允价值变动。

实际利息＝1 046×4%＝41.84（元）

应收利息＝1 000×5%＝50（元）

年末摊余成本＝1 046＋41.84－50＝1 037.84（元）

借：应收利息　　　　　　　　　　　　　　　　　　　　50

　　贷：投资收益　　　　　　　　　　　　　　　　　41.84

　　　　可供出售金融资产——利息调整　　　　　　　　8.16

借：银行存款　　　　　　　　　　　　　　　　　　　　50

　　贷：应收利息　　　　　　　　　　　　　　　　　　50

借：资本公积——其他资本公积　　　　　　　　　　　13.84

　　贷：可供出售金融资产——公允价值变动　　　　　13.84

第五节　长期股权投资概述

一、长期股权投资的概念和会计科目设置

投资是企业为通过分配来增加财富，或为谋求其他利益，而将资产让渡给其他单位所获得的另一项资产。长期股权投资的最终目标是为了获得较大的经济利益，这种经济利益可以通过分得利润或股利取得，也可以通过其他方式取得，如被投资单位生产的产品为投资企业生产所需的原材料，在市场上这种原材料的价格波动较大，且不能保证供应。在这种情况下，投资企业通过所持股份，达到控制或对被投资单位施加重大影响的目的，使其生产所需的原材料能够直接从被投资单位取得，而且价格比较稳定，保证其生产经营的顺利进行。但是，如果被投资单位经营状况不佳，或者进行破产清算时，投资企业作为股东，也需要承担相应的投资损失。

长期股权投资包括：（1）企业持有的能够对被投资单位实施控制的权益性投资，即对公司投资；（2）企业持有的能够与其他合营方一同对被投资单位实施共同控制的权益性投资，即对合营企业投资；（3）企业持有的能够对被投资单位施加重大影响的权益性投资，即对联营企业投资；（4）企业对被投资单位不具有控制、共同控制或重大影响、在活跃市场上没有报价且公允价值不能可靠计量的权益性投资。

应说明的是，企业对被投资单位不具有控制、共同控制或重大影响、在活跃市场上有报价、公允价值能够可靠计量的权益性投资，应按《企业会计准则第 22 号——金融工具确认和计量》准则相关规定进行会计核算。

根据长期股权投资核算的内容，应设置"长期股权投资"和"长期股权投资减值准备"科目，"长期股权投资"科目核算企业持有的采用成本法和权益法核算的长期股权投资。借方登记长期股权投资取得时的成本以及采用权益法核算时按被投资单位实现的净利润计算的应享有的份额；贷方登记收回长期股权投资的价值或采用权益法核算时被投资单位宣告分派现金股利或利润时企业按持股比例计算应享有的份额，及按被投资单位发生的净亏损计算的应分担的份额；期末借方余额，反映企业持有的长期股权投资的账面余额。

"长期股权投资"科目可按被投资单位进行明细核算。长期股权投资采用权益法核

算的，还应当分别"成本"、"损益调整"、"其他权益变动"进行明细核算。

"长期股权投资减值准备"科目核算企业长期股权投资的减值准备。该科目可按被投资单位进行明细核算。

资产负债表日，长期股权投资发生减值的，按应减记的金额，借记"资产减值损失"科目，贷记"长期股权投资减值准备"科目。

处置长期股权投资时，应同时结转已计提的长期股权投资减值准备。

"长期股权投资减值准备"科目期末贷方余额，反映企业已计提但尚未转销的长期股权投资减值准备。

二、长期股权投资的初始计量

长期股权投资在取得时，应按初始投资成本计量。长期股权投资的初始投资成本，应分别企业合并和非企业合并两种情况确定。

（一）企业合并形成的长期股权投资的初始计量

企业合并，是指将两个或者两个以上单独的企业合并形成一个报告主体的交易或事项。

1. 以合并方式为基础对企业合并的分类

本质上看，企业合并是一家企业取得对另外一家企业的控制权，吸收另一家或多家企业的净资产以及将参与合并企业的相关资产、负债进行整合后成立新的企业等情况。因此，以合并方式为基础，企业合并包括控股合并、吸收合并及新设合并。

（1）控股合并是指合并方（或购买方，下同）通过企业合并交易或事项取得对被合并方（或被购买方，下同）的控制权，能够主导被合并方的生产经营决策，从而将被合并方纳入其合并财务报表范围，形成一个报告主体的情况。控股合并中，被合并方在企业合并后仍保持其独立的法人资格继续经营，合并方在合并中取得的是对被合并方的股权。合并方在其账簿及个别财务报表中应确认对被合并方的长期股权投资，合并中取得的被合并方的资产和负债仅在合并财务报表中确认。例如，甲公司购入乙公司有表决权资本的60%，控制了乙公司的财务政策和经营政策，则甲公司成为控股母公司，而乙公司则成为甲公司的子公司，但乙公司继续保留其法人资格。即：甲＋乙＝甲＋乙。在控股合并的情况下，母公司要编制合并财务报表。

（2）吸收合并是指合并方在企业合并中取得被合并方的全部净资产，并将有关资产、负债并入合并方自身的账簿和报表进行核算。企业合并后，注销被合并方的法人资格，由合并方持有合并中取得的被合并方的资产、负债，在新的基础上继续经营。例如，甲、乙两公司合并，乙公司被甲公司吸收，并丧失法人资格，成为甲公司的组成部分。即：甲＋乙＝甲。经过合并，合并企业通常也就承担了被合并企业的债务。合并企业往往以现金或发行股票的方式换取被合并企业的净资产。在发行股票的情况下，被合并企业的原股东即成为合并企业的股东。

（3）新设合并是指企业合并中注册成立一家新的企业，由其持有原参与合并各方的资产、负债，在新的基础上经营。原参与合并各方在合并后均注销其法人资格。例如，甲公司和乙公司合并成立丙公司，参与合并的甲、乙公司的法人资格均宣告丧失，成为丙公司的组成部分，即：甲＋乙＝丙。同吸收合并一样，新设合并的结果，也只保留一个法律主体和会计主体。

吸收合并和新设合并均是将被合并方的资产、负债等并入合并方进行统一核算。企业合并所要解决的是合并方在合并日的会计处理问题，企业合并后的期间对于合并中取得的资产、负债作为合并方自身的资产、负债进行核算。

2. 以是否在同一控制下进行企业合并为基础对企业合并的分类

以是否在同一控制下进行企业合并为基础，企业合并可分为同一控制下的企业合并和非同一控制下的企业合并。

(1) 同一控制下的企业合并。参与合并的企业在合并前后均受同一方或相同的多方最终控制且该控制并非暂时性的，为同一控制下的企业合并。对于同一控制下的企业合并，在合并日取得对其他参与合并企业控制权的一方为合并方，参与合并的其他企业为被合并方。合并日，是指合并方实际取得对被合并方控制权的日期。

同一控制下的企业合并包括但不仅限于以下几种情况，实务操作中，企业应根据《企业会计准则》中对于同一控制下企业合并的界定，按照实质重于形式的原则进行判断：

①母公司将其持有的对子公司的股权用于交换非全资子公司增加发行的股份；

②母公司将其持有的对某一子公司的控股权出售给另一子公司；

③集团内某子公司自另一子公司处取得对某一孙公司的控制权。

(2) 非同一控制下的企业合并。参与合并的各方在合并前后不受同一方或相同的多方最终控制的，为非同一控制下的企业合并。非同一控制下的企业合并，在购买日取得对其他参与合并企业控制权的一方为购买方，参与合并的其他企业为被购买方。购买日，是指购买方实际取得对被购买方控制权的日期。

(二) 同一控制下的企业合并形成的长期股权投资的初始计量

合并方以支付现金、转让非现金资产或承担债务方式作为合并对价的，应当在合并日按照取得被合并方所有者权益账面价值的份额作为长期股权投资的初始投资成本。合并方发生的审计、法律服务、评估咨询的中介费用以及其他相关管理费用，于发生时计入当期损益。长期股权投资的初始投资成本与支付的现金、转让的非现金资产及所承担债务账面价值之间的差额，应当调整资本公积（资本溢价或股本溢价）；资本公积（资本溢价或股本溢价）的余额不足冲减的，调整留存收益。合并方以发行权益性证券作为合并对价的，应按发行股份的面值总额作为股本，长期股权投资的初始投资成本与所发行股份面值总额之间的差额，应当调整资本公积（资本溢价或股本溢价）；资本公积（资本溢价或股本溢价）不足冲减的，调整留存收益。

在按照合并日应享有被合并方账面所有者权益的份额确定长期股权投资的初始投资成本时，前提是合并前合并方与被合并方采用的会计政策应当一致。如企业合并前合并方与被合并方采用的会计政策不同的，应基于重要性原则，统一合并方与被合并方的会计政策。在按照合并方的会计政策对被合并方资产、负债的账面价值进行调整的基础上，计算确定形成长期股权投资的初始投资成本。如果被合并方存在合并财务报表，应当以合并日被合并方合并财务报表所有者权益为基础确定长期股权投资的初始投资成本。

【例 5-13】 新世纪房地产开发公司和乙公司同为 A 集团的子公司,2010 年 6 月 1

日，新世纪房地产开发公司以银行存款取得乙公司所有者权益的80％，同日乙公司所有者权益的账面价值为1 000万元，另支付交易手续费5万元。

长期股权投资的入账价值＝1 000×80％＝800（万元）

（1）若新世纪房地产开发公司支付银行存款720万元。

借：长期股权投资——乙公司（成本）　　　　　　　　　　8 000 000
　　管理费用　　　　　　　　　　　　　　　　　　　　　　50 000
　　贷：银行存款　　　　　　　　　　　　　　　　　　　7 250 000
　　　　资本公积——资本溢价　　　　　　　　　　　　　　800 000

（2）若新世纪房地产开发公司支付银行存款905万元。

借：长期股权投资——乙公司（成本）　　　　　　　　　　8 000 000
　　资本公积——资本溢价　　　　　　　　　　　　　　　1 000 000
　　管理费用　　　　　　　　　　　　　　　　　　　　　　50 000
　　贷：银行存款　　　　　　　　　　　　　　　　　　　9 050 000

【例5-14】　新世纪房地产开发公司和乙公司同为A集团的子公司，2010年8月1日，新世纪房地产开发公司发行600万股普通股（每股面值1元）作为对价取得乙公司60％的股权，同日乙企业账面净资产总额为1 300万元。

长期股权投资的入账价值＝1 300×60％＝780（万元）

借：长期股权投资——乙公司（成本）　　　　　　　　　　7 800 000
　　贷：股本　　　　　　　　　　　　　　　　　　　　　6 000 000
　　　　资本公积——股本溢价　　　　　　　　　　　　　1 800 000

（三）非同一控制下的企业合并

非同一控制下的企业合并，购买方在购买日应当按照《企业会计准则第20号——企业合并》确定的合并成本作为长期股权投资的初始投资成本。

非同一控制下的控股合并中，购买方应当按照确定的企业合并成本作为长期股权投资的初始投资成本。企业合并成本包括购买方付出的资产、发生或承担的负债、发行的权益性证券的公允价值之和。购买方为企业合并发生的审计、法律服务、评估咨询等中介费用以及其他相关管理费用，应当于发生时计入当期损益；购买方作为合并对价发行的权益性证券或债务性证券的交易费用，应当计入权益性证券或债务性证券的初始确认金额。

非同一控制下企业合并形成的长期股权投资，应在购买日按企业合并成本，借记"长期股权投资——××公司（成本）"科目，按支付合并对价的账面价值，贷记或借记有关资产、负债科目，按发生的直接相关费用，贷记"银行存款"等科目，按其差额，贷记"营业外收入"或借记"营业外支出"等科目。企业合并成本中包含的应自被投资单位收取的已宣告但尚未发放的现金股利或利润，应作为应收股利进行核算。

非同一控制下企业合并涉及以库存商品等作为合并对价的，应按库存商品的公允价值，贷记"主营业务收入"科目，并同时结转相关的成本。

无论是同一控制下的企业合并还是非同一控制下的企业合并形成的长期股权投资，实际支付的价款或对价中包含的已宣告但尚未发放的现金股利或利润，应作为应收股利或应收利润处理。

【例5-15】　2010年1月1日，新世纪房地产开发公司以固定资产和银行存款200万元向乙公司投资（新世纪房地产开发公司和乙公司不属于同一控制的两家公司），占乙公司注册资本的60%，该固定资产的账面原价为8 000万元，累计已计提折旧500万元，已计提固定资产减值准备200万元，公允价值为7 600万元。不考虑其他相关税费。新世纪房地产开发公司的会计分录如下：

借：固定资产清理　　　　　　　　　　　　　　　　　　　　73 000 000
　　累计折旧　　　　　　　　　　　　　　　　　　　　　　　5 000 000
　　固定资产减值准备　　　　　　　　　　　　　　　　　　　2 000 000
　　贷：固定资产　　　　　　　　　　　　　　　　　　　　　　　80 000 000
借：长期股权投资——乙公司（成本）（2 000 000＋76 000 000）　78 000 000
　　贷：固定资产清理　　　　　　　　　　　　　　　　　　　　　73 000 000
　　　　银行存款　　　　　　　　　　　　　　　　　　　　　　　2 000 000
　　　　营业外收入　　　　　　　　　　　　　　　　　　　　　　3 000 000

【例5-16】　新世纪房地产开发公司2010年4月1日与乙公司原投资者A公司签订协议，新世纪房地产开发公司和乙公司不属于同一控制下的公司。新世纪房地产开发公司以存货和承担A公司的短期还贷款义务换取A持有的乙公司股权，2010年7月1日合并日乙公司可辨认净资产公允价值为1 000万元，新世纪房地产开发公司取得70%的份额。新世纪房地产开发公司投出存货的公允价值为500万元，增值税85万元，账面成本400万元，承担归还贷款义务200万元。新世纪房地产开发公司会计分录如下：

借：长期股权投资——乙公司　　　　　　　　　　　　　　　7 850 000
　　贷：短期借款　　　　　　　　　　　　　　　　　　　　　　2 000 000
　　　　主营业务收入　　　　　　　　　　　　　　　　　　　　5 000 000
　　　　应交税费——应交增值税（销项税额）　　　　　　　　　850 000
借：主营业务成本　　　　　　　　　　　　　　　　　　　　4 000 000
　　贷：库存商品　　　　　　　　　　　　　　　　　　　　　　4 000 000

注：合并成本＝500＋85＋200＝785（万元）。

企业通过多次交易分步实现同一控制下企业合并的，应当区分个别财务报表和合并财务报表进行相关会计处理：

（1）在个别财务报表中，应当以购买日之前所持被购买方的股权投资的账面价值与购买日新增投资成本之和，作为该项投资的初始投资成本；购买日之前持有的被购买方的股权涉及其他综合收益的，应当在处置该项投资时将与其相关的其他综合收益（如可供出售金融资产公允价值变动计入资本公积的部分）转入当期投资收益。

（2）在合并财务报表中，对于购买日之前持有的被购买方的股权，应当按照该股权在购买日的公允价值进行重新计量，公允价值与其账面价值的差额计入当期投资收益；购买日之前持有的被购买方的股权涉及其他综合收益的，与其相关的其他综合收益应当转为购买日所属当期投资收益。购买方应当在附注中披露其在购买日之前持有的被购买方的股权在购买日的公允价值、按照公允价值重新计量产生的相关利得或损失的金额。

（三）非企业合并形成的长期股权投资的初始计量

除企业合并形成的长期股权投资以外，其他方式取得的长期股权投资，应当按照下列规定确定其初始投资成本：

1. 支付现金取得长期股权投资

以支付现金的方式取得的长期股权投资，应当按照实际支付的购买价款作为初始投资成本。初始投资成本包括与取得长期股权投资直接相关的费用、税金及其他必要支出。

以支付现金、非现金资产等其他方式取得的长期股权投资，应根据《企业会计准则第2号——长期股权投资》确定的初始投资成本，借记"长期股权投资——××公司（成本）"科目，按应自被投资单位收取的已宣告但尚未发放的现金股利或利润，借记"应收股利"科目，贷记"银行存款"等科目。

【例 5-17】 2010年4月1日，新世纪房地产开发公司从证券市场上购入丙公司发行在外1000万股股票作为长期股权投资，每股8元（含已宣告但尚未发放的现金股利0.50元），实际支付价款8000万元，另支付相关税费40万元。

新世纪房地产开发公司的会计分录如下：

借：长期股权投资——丙公司（成本）　　　　　　　　　　75 400 000
　　应收股利　　　　　　　　　　　　　　　　　　　　　 5 000 000
　　贷：银行存款　　　　　　　　　　　　　　　　　　　80 400 000

2. 发行权益性证券取得长期股权投资

以发行权益性证券取得的长期股权投资，应当按照发行权益性证券的公允价值作为初始投资成本。

以发行权益性证券取得的长期股权投资，应根据《企业会计准则第2号——长期股权投资》确定的初始投资成本，借记"长期股权投资——××公司（成本）"科目，按应自被投资单位收取的已宣告但尚未发放的现金股利或利润，借记"应收股利"科目，按发行权益性证券的股数和每股面值，贷记"股本"科目，按其差额，贷记或借记"资本公积"科目。

【例 5-18】 2010年7月1日，新世纪房地产开发公司发行股票100万股作为对价向丁公司投资，每股面值为1元，实际发行价为每股3元。不考虑相关税费。

新世纪房地产开发公司的会计分录如下：

借：长期股权投资——丁公司（成本）　　　　　　　　　　 3 000 000
　　贷：股本　　　　　　　　　　　　　　　　　　　　　 1 000 000
　　　　资本公积——股本溢价　　　　　　　　　　　　　 2 000 000

3. 投资者投入的长期股权投资

投资者投入的长期股权投资，应当按照投资合同或协议约定的价值作为初始投资成本，但合同或协议约定价值不公允的除外。

投资者投入的长期股权投资，应按确定的长期股权投资成本，借记"长期股权投资——××公司（成本）"科目，贷记"实收资本"或"股本"科目。

【例 5-19】 2010年8月1日，新世纪房地产开发公司接受B公司投资，B公司将其持有的对 C 公司的长期股权投资投入到新世纪房地产开发公司。B 公司持有的对 C 公司的长期股权投资的账面余额为 800 万元，未计提减值准备。新世纪房地产开发公司和 B 公司投资合同约定的价值为 1 000 万元，新世纪房地产开发公司的注册资本为 5 000 万元，B 公司投资持股比例为 20%。新世纪房地产开发公司的会计分录如下：

借：长期股权投资——C 公司（成本）　　　　　　　　　　　　　　　10 000 000
　　贷：实收资本——B 公司　　　　　　　　　　　　　　　　　　　　　10 000 000

4. 通过非货币性资产交换取得的长期股权投资

通过非货币性资产交换取得的长期股权投资，其初始投资成本应当按照《企业会计准则第 7 号——非货币性资产交换》确定。

①非货币性资产交换具有商业实质且其公允价值能够可靠计量。

$$换入资产入账价值＝换出资产公允价值＋支付的相关税费＋支付的补价$$
$$－收到的补价－可抵扣的增值税进项税额$$

【例 5-20】　　新世纪房地产开发公司以 5 辆小汽车换取 B 公司持有的对 D 公司的长期股权投资。新世纪房地产开发公司 5 辆小汽车的账面原价为 200 万元，已提折旧 40 万元，未计提减值准备，公允价值为 150 万元；B 公司持有的对 D 公司的长期股权投资的账面价值为 180 万元，公允价值为 170 万元。新世纪房地产开发公司支付了 20 万元现金，不考虑相关税费。假定该交换具有商业实质。

新世纪房地产开发公司编制的会计分录如下：

换入长期股权投资的入账价值＝150＋20＝170（万元）

借：固定资产清理　　　　　　　　　　　　　　　　　　　　　　　　1 600 000
　　累计折旧　　　　　　　　　　　　　　　　　　　　　　　　　　　400 000
　　贷：固定资产　　　　　　　　　　　　　　　　　　　　　　　　　2 000 000
借：长期股权投资——D 公司（成本）　　　　　　　　　　　　　　　1 700 000
　　营业外支出　　　　　　　　　　　　　　　　　　　　　　　　　　100 000
　　贷：固定资产清理　　　　　　　　　　　　　　　　　　　　　　　1 600 000
　　　　银行存款　　　　　　　　　　　　　　　　　　　　　　　　　　200 000

②非货币性资产交换不具有商业实质或虽具有商业实质但公允价值不能可靠计量。

$$换入资产入账价值＝换出资产账面价值＋支付的相关税费＋支付的补价－收到的补价－可抵扣的增值税进项税额$$

【例 5-21】　　新世纪房地产开发公司以持有的 M 公司长期股权投资换入 C 公司持有的 N 公司长期股权投资。新世纪房地产开发公司持有 M 公司的长期股权投资的账面余额为 200 万元（采用成本法核算），公允价值为 210 万元；C 公司持有的 N 公司长期股权投资的账面余额为 170 万元（采用成本法核算），公允价值为 190 万元。新世纪房地产开发公司收到补价 20 万元。假定该交换不具有商业实质。

新世纪房地产开发公司编制会计分录如下：

换入长期股权投资的入账价值＝200－20＝180（万元）

借：长期股权投资——N 公司（成本）　　　　　　　　　　　　　　　1 800 000

| 银行存款 | 200 000 |
| 贷：长期股权投资——M公司（成本） | 2 000 000 |

5. 通过债务重组取得的长期股权投资

通过债务重组取得的长期股权投资，其初始投资成本应当按照《企业会计准则第12号——债务重组》确定。

通过债务重组方式取得的长期股权投资分为：（1）债务人用持有对其他单位的长期股权投资清偿债务；（2）债务转为资本。无论何种方式取得的长期股权投资，均应按其取得时的公允价值入账。

接受债务人用于清偿债务的长期股权投资，应按该项长期股权投资的公允价值，借记"长期股权投资——××公司（成本）"科目，按重组债权的账面余额，贷记"应收账款"等科目，按应支付的相关税费和其他费用，贷记"银行存款"、"应交税费"等科目，按其差额，借记"营业外支出"科目。涉及增值税进项税额的，还应进行相应的处理。

【例 5-22】 新世纪房地产开发公司应收 D 公司账款余额为300 万元，因 D 公司发生财务困难，新世纪房地产开发公司同意 D 公司用其持有 E 公司的一项长期股权投资抵偿账款。该项长期股权投资的账面余额为 260 万元，未计提减值准备，公允价值为 270 万元。新世纪房地产开发公司取得对 E 公司股权投资后也作为长期股权投资。

新世纪房地产开发公司编制会计分录如下：

借：长期股权投资——E 公司（成本）	2 700 000
营业外支出	300 000
贷：应收账款	3 000 000

将债权转为投资，应按享有股份的公允价值，借记"长期股权投资——××公司（成本）"科目，按重组债权的账面余额，贷记"应收账款"等科目，按应支付的相关税费和其他费用，贷记"银行存款"、"应交税费"等科目，按其差额，借记"营业外支出"科目。

【例 5-23】 2010 年 7 月 1 日，新世纪房地产开发公司应收乙公司账款的账面余额为 200 万元，由于乙公司发生财务困难，无法偿还应付账款。经双方协商同意，乙公司以其普通股偿还债务。假定普通股每股面值为 1 元，乙公司以 100 万股抵偿该项债务，股票每股市价为 1.5 元。新世纪房地产开发公司对该项应收债权计提了 10 万元的坏账准备。

新世纪房地产开发公司编制会计分录如下：

借：长期股权投资——乙公司（成本）	1 500 000
坏账准备	100 000
营业外支出	400 000
贷：应收账款	2 000 000

三、长期股权投资的后续计量

长期股权投资依据对被投资单位产生的影响，分为以下四种类型：

（1）控制，是指有权决定一个企业的财务和经营政策，并能据以从该企业的经营活动中获取利益。被投资单位为投资企业的子公司。

（2）共同控制，是指按合同约定对某项经济活动所共有的控制。被投资单位为投资企业的合营企业。

（3）重大影响，是指对一个企业的财务和经营政策有参与决策的权力，但并不决定这些政策。被投资单位为投资企业的联营企业。

（4）无控制、无共同控制且无重大影响，且在活跃市场中没有报价，公允价值不能可靠计量的权益性投资。

长期股权投资的核算方法分为成本法和权益法。

（一）成本法的概念及适用范围

成本法，是指投资按成本计价的方法。

下列情况下，企业应运用成本法核算长期股权投资：

（1）投资企业能够对被投资单位实施控制的长期股权投资。

（2）投资企业对被投资单位不具有共同控制或重大影响，并且在活跃市场中没有报价、公允价值不能可靠计量的长期股权投资。

企业在确定能否对被投资单位实施控制或施加重大影响时，应当考虑投资企业和其他方持有的被投资单位当期可转换公司债券、当期可执行认股权证等潜在表决权因素。

（1）投资企业在当前情况下，根据已持有股份及现行可实施潜在表决权转换后的综合持股水平，有能力对另外一个企业的生产、经营决策施加重大影响或共同控制的，不应当对长期股权投资采用成本法核算，而应采用权益法核算。

（2）在考虑被投资单位发行在外可执行潜在表决权的影响时，不应考虑企业管理层对潜在表决权的持有意图及企业在转换潜在表决权时的财务承受能力，但应注重潜在表决权的经济实质。

（3）考虑可执行的潜在表决权在转换为实际表决权后能否对被投资单位形成控制或重大影响时，应综合考虑本企业及其他企业持有的被投资单位潜在表决权的影响。

（4）考虑可执行被投资单位潜在表决权的影响仅为确定投资企业对被投资单位的影响能力，而不是用于确定投资企业享有或承担被投资单位净损益的份额。在确定了投资企业对被投资单位的影响能力后，如果投资企业对被投资单位具有共同控制、重大影响的，应按照权益法核算，但在按照权益法确认投资收益或投资损失时，应以现行实际持股比例为基础计算确定，不考虑可执行潜在表决权的影响。

（二）成本法核算

采用成本法核算的长期股权投资应当按照初始投资成本计价。追加或收回投资应当调整长期股权投资的成本。被投资单位宣告分派的现金股利或利润，确认为当期投资收益。

企业按照上述规定确认自被投资单位分得的现金股利或利润后，应当考虑长期股权投资是否发生减值。在判断该类长期股权投资是否存在减值迹象时，应当关注长期股权投资的账面价值是否大于享有被投资单位的净资产（包括相关商誉）账面价值的份额等类似情况。出现类似情况时，企业应当按照《企业会计准则第8号——资产减值》对长期股权投资进行减值测试，可收回金额低于长期股权投资账面价值的，应当计提减值准备。

在成本法下，关于现金股利的处理涉及三个科目，即"应收股利"科目、"投资收益"科目和"长期股权投资"科目。实际进行账务处理时，可先确定应记入"应收股利"科目和"长期股权投资"科目的金额，然后根据借贷平衡原理确定应记入"投资收益"科目的金额。

【例5-24】 新世纪房地产开发公司2011年1月1日，以银行存款100万元购入C公司10%的股份，并准备长期持有，采用成本法核算。C公司于2011年5月2日宣告分派2010年度的现金股利600 000元，新世纪房地产公司确认投资收益60 000元。

2011年1月1日。

借：长期股权投资——成本　　　　　　　　　　　　　　　　1 000 000
　　贷：银行存款　　　　　　　　　　　　　　　　　　　　　　1 000 000

2011年5月2日。

借：应收股利　　　　　　　　　　　　　　　　　　　　　　60 000
　　贷：投资收益　　　　　　　　　　　　　　　　　　　　　　60 000

（三）权益法的概念及适用范围

权益法，是指投资以初始投资成本计量后，在投资持有期间根据投资企业享有被投资单位所有者权益份额的变动对投资的账面价值进行调整的方法。

投资企业对被投资单位具有共同控制或重大影响的长期股权投资，应当采用权益法核算。

（四）权益法核算

科目设置：为了核算长期股权投资权益变化，"长期股权投资"科目下应设"成本"、"损益调整""其他权益变动"等明细科目。企业的长期股权投资采用权益法核算的，应当分别下列情况进行处理：

1. 初始投资成本的会计处理

长期股权投资的初始投资成本大于投资时应享有被投资单位可辨认净资产公允价值份额的，不调整长期股权投资的初始投资成本；长期股权投资的初始投资成本小于投资时应享有被投资单位可辨认净资产公允价值份额的，应按其差额，借记"长期股权投资——××公司（成本）"科目，贷记"营业外收入"科目。

【例5-25】 新世纪房地产开发公司以1 000万元取得B公司30%的股权，取得投资时被投资单位可辨认净资产的公允价值为3 000万元。

（1）如新世纪房地产开发公司能够对B公司施加重大影响，则新世纪房地产开发公司应进行的会计处理为：

借：长期股权投资——B公司（成本）　　　　　　　　　　10 000 000
　　贷：银行存款等　　　　　　　　　　　　　　　　　　　10 000 000

注：商誉100万元（1 000-3 000×30%）体现在长期股权投资成本中。

（2）如投资时B公司可辨认净资产的公允价值为3 500万元，则新世纪房地产开发公司应对初始成本进行调整，以体现在净资产中所拥有的权益，调整金额为50万元（3 500×30%-1 000），编制会计分录如下：

借：长期股权投资——B公司（成本）　　　　　　　　　　10 000 000
　　贷：银行存款　　　　　　　　　　　　　　　　　　　10 000 000

借：长期股权投资——B公司（成本）   500 000
　　贷：营业外收入   500 000

2. 损益调整的会计处理

被投资单位盈利时：

借：长期股权投资——B公司（损益调整）
　　贷：投资收益

被投资单位亏损时：

借：投资收益
　　贷：长期股权投资——B公司（损益调整）

被投资单位宣告分派现金股利时：

借：应收股利
　　贷：长期股权投资——B公司（损益调整）

（1）投资企业取得长期股权投资后，应当按照应享有或应分担的被投资单位实现的净损益的份额，确认投资损益并调整长期股权投资的账面价值。投资企业按照被投资单位宣告分派的利润或现金股利计算应分得的部分，相应减少长期股权投资的账面价值。

投资企业在确认应享有被投资单位实现的净损益的份额时，应当以取得投资时被投资单位各项可辨认资产的公允价值为基础，对被投资单位的净利润进行调整后确认。

比如，以取得投资时被投资单位固定资产、无形资产的公允价值为基础计提的折旧额或摊销额，相对于被投资单位已计提的折旧额、摊销额之间存在差额的，应按其差额对被投资单位净损益进行调整，并按调整后的净损益和持股比例计算确认投资损益。在进行有关调整时，应当考虑具有重要性的项目。

【例 5-26】 新世纪房地产开发公司于 2010 年 1 月 1 日取得对联营企业 30%的股权，取得投资时被投资单位的固定资产公允价值为 600 万元，账面价值为 300 万元，固定资产的预计使用年限为 10 年，净残值为零，按照直线法计提折旧。被投资单位 2010 年度利润表中净利润为 300 万元，其中被投资单位当期利润表中已按其账面价值计算扣除的固定资产折旧费用为 30 万元，按照取得投资时固定资产的公允价值计算确定的折旧费用为 60 万元，不考虑所得税影响，按照被投资单位的账面净利润计算确定的投资收益应为 90 万元（300×30%）。按该固定资产的公允价值计算的净利润为 270 万元（300－30），投资企业按照持股比例计算确认的当期投资收益应为 81 万元（270×30%）。

实务中，在发生投资损失时，投资企业应借记"投资收益"科目，贷记"长期股权投资（损益调整）"科目。在长期股权投资的账面价值减记至零以后，考虑其他实质上构成对被投资单位净投资的长期权益，继续确认的投资损失应借记"投资收益"科目，贷记"长期应收款"科目；因投资合同或协议约定导致投资企业需要承担额外义务的，按照《企业会计准则第 13 号——或有事项》的规定，对于符合确认条件的义务，应确认为当期损失，同时确认预计负债，借记"投资收益"科目，贷记"预计负债"科目。按上述顺序依然未确认的应分担的被投资单位的损失，应在账外备查登记。值得注意的是，在合并财务报表中子公司少数股东分担的当期亏损超过了少数股东在被投资单位期初所有者权益中所享有的份额的，其余额应当冲减少数股东权益。

【例5-27】 新世纪房地产开发公司持有乙企业40％的股权，2009年12月31日投资的账面价值为4 000万元。乙企业2010年亏损6 000万元。假定取得投资时被投资单位各资产公允价值等于账面价值，双方采用的会计政策、会计期间相同。新世纪房地产开发公司按权益法核算长期股权投资。

根据乙企业亏损金额计算，新世纪房地产开发公司应承担30％亏损，2009年应确认投资损失2 400万元，长期股权投资账面价值降至1 600万元。

如果乙企业2010年的亏损额为12 000万元，则新世纪房地产开发公司应分担损失4 800万元，长期股权投资账面价值减记至0。如果新世纪房地产开发公司账上有应收乙企业长期应收款1 600万元，则应进一步确认损失。

借：投资收益   16 000 000
　　贷：长期应收款   16 000 000

注意，除按上述顺序已确认的投资损失外仍有额外损失的，按照或有事项准则的规定，对于符合确认条件的义务，应确认为当期损失，同时确认预计负债，借记"投资收益"科目，贷记"预计负债"科目。除上述情况仍未确定的应分担的被投资单位的损失，应在账外备查登记。在合并财务报表中，子公司发生超额亏损的，子公司少数股东应当按照持股比例分担超额亏损，即冲减少数股东权益。

（2）被投资单位采用的会计政策及会计期间与投资企业不一致的，应当按照投资企业的会计政策及会计期间对被投资单位的财务报表进行调整，并据以确认投资损益。

3. 其他权益变动的会计处理

投资企业对于被投资单位除净损益以外所有者权益的其他变动，应当调整长期股权投资的账面价值并计入所有者权益。

在持股比例不变的情况下，被投资单位除净损益以外所有者权益的其他变动，企业按持股比例计算应享有的份额，借记或贷记"长期股权投资——××公司（其他权益变动）"科目，贷记或借记"资本公积——其他资本公积"科目。

【例5-28】 新世纪房地产开发公司对C公司的投资占其有表决权资本的比例为40％，C公司2010年8月20日将自用房地产转换为采用公允价值模式计量的投资性房地产，该项房地产在转换日的公允价值大于其账面价值100万元。假定不考虑所得税的影响。

新世纪房地产开发公司编制的会计分录如下：

借：长期股权投资——C公司（其他权益变动）   400 000
　　贷：资本公积——其他资本公积   400 000

【例5-29】 新世纪房地产开发公司于2009年1月1日以1 035万元（含支付的相关费用1万元）购入B公司股票400万股，每股面值1元，占B公司实际发行在外股数的30％，新世纪房地产开发公司采用权益法核算此项投资。2009年1月1日B公司可辨认净资产公允价值为3 000万元，固定资产公允价值为300万元，账面价值为200万元，固定资产的预计使用年限为10年，净残值为零，按照直线法计提折旧；无形资产公允价值为100万元，账面价值为50万元，预计使用年限为5年，净残值为零，按照直线法摊销。2009年B公司实现净利润200万元，提取盈余公积40万元。2010年B

公司发生亏损4 000万元，2010年B公司增加资本公积100万元。2011年B公司实现净利润520万元。假定不考虑所得税和其他事项。

新世纪房地产开发公司编制会计分录如下：

(1) 2009年1月1日投资时。

借：长期股权投资   10 350 000

贷：银行存款   10 350 000

长期股权投资的初始投资成本1 035万元，大于投资时应享有被投资单位可辨认净资产公允价值份额900万元（3 000×30%），不调整长期股权投资的初始投资成本。

(2) 调整2009年B公司实现净利润。

2009年B公司按固定资产和无形资产的公允价值计算的净利润＝200－(300－200)÷10－(100－50)÷5＝180万元。

新世纪房地产开发公司应确认的投资收益＝180×30%＝54（万元）

借：长期股权投资   540 000

贷：投资收益   540 000

(3) B公司提取盈余公积，新世纪房地产开发公司无须进行账务处理。

(4) B公司增加资本公积100万元。

借：长期股权投资   300 000

贷：资本公积——其他资本公积   300 000

(5) 2010年B公司亏损。

2008年B公司按固定资产和无形资产的公允价值计算的净亏损＝4 000＋(300－200)÷10＋(100－50)÷5＝4 020万元。

在调整亏损前，新世纪房地产开发公司对B公司长期股权投资的账面余额为1 119万元（1 035＋54＋30）。当被投资单位发生亏损时，投资企业应以长期股权投资账面价值减记至零为限，因此应进行损益调整的金额为1 119万元，而不是1 206万元（4 020×30%）。

借：投资收益   11 190 000

贷：长期股权投资——成本   10 350 000

——损益调整   500 000

——其他权益变动   300 000

备查登记中应记录未减记的长期股权投资为87万元（1 206－1 119）。

(6) 2011年B公司实现净利润。

2011年B公司按固定资产和无形资产的公允价值计算的净利润＝520－(300－200)÷10－(100－50)÷5＝500万元。

借：长期股权投资（5 000 000×30%－870 000）   630 000

贷：投资收益   630 000

（五）投资企业对被投资单位的持股比例发生变化，但被投资单位仍然是投资单位的联营企业或合营企业时的处理

投资企业对被投资单位的持股比例减少，如处置部分投资，但被投资单位仍然是投资单位的联营企业或合营企业时，投资单位应当继续采用权益法核算剩余投资，并按处置投资的比例将以前在其他综合收益（资本公积）中确认的利得或损失结转至当期损益。

投资单位对被投资单位的持股比例增加，如新增投资，但被投资单位仍然是投资单位的联营企业或合营企业时，投资单位应当按照新的持股比例对投资继续采用权益法进行核算。在新增投资日，如果新增投资成本大于按新增持股比例计算的被投资单位可辨认净资产公允价值份额，不调整长期股权投资成本；如果新增投资成本小于按新增持股比例计算的被投资单位可辨认净资产公允价值份额，应按该差额，调整长期股权投资成本和营业外收入。在新增投资日，该项长期股权投资取得新增投资时的原账面价值与按增资后持股比例后除新增持股比例后的持股比例计算应享有的被投资单位可辨认净资产公允价值份额之间的差额，应当调整长期股权投资账面价值和资本公积。

另外，企业应当注意以下披露要求：

（1）长期股权投资构成联营的，应对以下各项进行披露：

①有公开报价的对联营投资的公允价值；

②如果投资者直接或通过子公司间接持有被投资者不足 20％ 的表决权或潜在表决权，但是得出投资者具有重大影响的结论，应披露投资不具有重大影响的假设被推翻的理由；

③如果投资者直接或通过子公司间接持有被投资者 20％ 或超过 20％ 的表决权或潜在表决权，但是得出投资者不具有重大影响的结论，应披露投资者具有重大影响的假设被推翻的理由；

④当采用权益法的联营的财务报告期末或报告期间与投资者的财务报表存在差异时，应披露联营的财务报表报告期末日，以及采用不同日期或报告期间的原因；

⑤未采用权益法对联营企业进行会计处理的事实以及未采用权益法的联营（单独的联营或者集团中的联营）的概要财务信息，包括总资产、总负债、收放以及损益的金额；

⑥投资者应单独披露其在联营企业终止经营时所占的份额；

⑦投资者在联营企业确认的其他综合收益变动应享有的份额，应由投资在其他综合收益中确认。

（2）长期股权投资构成合营的，合营者应当披露与其在合营中的权益有关的下列承诺的总额，披露时应与其他承诺分开列示：

①与合营者在合营中的权益有关的资本承诺，以及在与其他合营者共同发生的资本承诺中其所占的份额；

②合营者在合营本身的资本承诺中所占的份额。

四、成本法与权益法的转换

（一）成本法改为权益法

长期股权投资的核算由成本法转为权益法时，应区别形成该转换的不同情况进行处理。

1. 因持股比例上升由成本法改为权益法

（1）原持股比例部分。

①原取得投资时长期股权投资的账面余额大于应享有被投资单位可辨认净资产公允

价值的份额，不调整长期股权投资的账面价值；原取得投资时长期股权投资的账面余额小于应享有被投资单位可辨认净资产公允价值的份额，调整长期股权投资的账面价值和留存收益。

②取得投资后至新取得投资的交易日之间被投资单位可辨认净资产的公允价值变动相对于原持股比例的部分，属于在此之间被投资单位实现净损益中投资企业应享有份额的，调整长期股权投资和留存收益，其余部分调整长期股权投资和资本公积。

（2）新增持股比例部分。

新增的投资成本大于应享有原取得投资时被投资单位可辨认净资产公允价值的，不调整长期股权投资的账面价值；新增的投资成本小于应享有原取得投资时被投资单位可辨认净资产公允价值的，调整长期股权投资和营业外收入。

上述会计处理如图 5-1 所示。

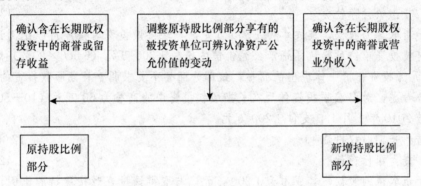

图 5-1 持股比例上升的会计处理

需要说明的是，商誉、留存收益和营业外收入的确定应与投资整体相关。

【例 5-30】 新世纪房地产开发公司于 2009 年 1 月 1 日取得 B 公司 10％的股权，成本为 500 万元，取得投资时 B 公司可辨认净资产公允价值总额为 4 900 万元（假定公允价值与账面价值相同）。因对被投资单位不具有重大影响且无法可靠确定该项投资的公允价值，新世纪房地产开发公司对其采用成本法核算。新世纪房地产开发公司按照净利润的 10％提取盈余公积。

2010 年 1 月 1 日，新世纪房地产开发公司又取得 B 公司 20％的股权，当日 B 公司可辨认净资产公允价值总额为 6 500 万元。取得该部分股权后，按照 B 公司章程规定，新世纪房地产开发公司能够派人参与 B 公司的生产经营决策。新世纪公司对该项长期股权投资转为采用权益法核算。假定新世纪房地产开发公司在取得 B 公司 10％股权后至新增投资日，B 公司通过生产经营活动实现的净利润为 1 000 万元，未派发现金股利或利润。除所实现净利润外，未发生其他计入资本公积的交易或事项。

（1）原持股比例部分：

①对于原 10％股权的成本 500 万元与原投资时应享有被投资单位可辨认净资产公允价值份额 490 万元（4 900×10％）之间的差额 10 万元，属于原投资时体现的商誉，该部分差额不调整长期股权投资的账面价值。

②对于被投资单位可辨认净资产在原投资时至新增投资交易日之间公允价值的变动相对于原持股比例的部分 160 万元 ［（6 500－4 900）×10％］，其中属于投资后被投资

单位实现净利润部分 100 万元（1 000×10%），应调整增加长期股权投资的账面余额，同时调整留存收益；除实现净损益外其他原因导致的可辨认净资产公允价值的变动 60 万元，应当调整增加长期股权投资的账面余额，同时计入资本公积（其他资本公积）。针对该部分投资的账务处理为：

  借：长期股权投资 1 600 000
   贷：资本公积——其他资本公积 600 000
    盈余公积 100 000
    利润分配——未分配利润 900 000

  （2）新增持股比例部分：

  ①若 2010 年 1 月 1 日支付 1 350 万元。

  借：长期股权投资 13 500 000
   贷：银行存款 13 500 000

  对于新取得的股权，其成本为 1 350 万元，与取得该投资时按照持股比例计算确定的应享有被投资单位可辨认净资产公允价值的份额 1 300 万元（6 500×20%）之间的差额 50 万元为投资作价中体现出的商誉，该部分商誉不要求调整长期股权投资的成本。

  综合考虑，对 B 公司投资体现在长期股权投资中的商誉为 60 万元（10+50）。

  ②若 2010 年 1 月 1 日支付 1 200 万元。

  借：长期股权投资 12 000 000
   贷：银行存款 12 000 000

  对于新取得的股权，其成本为 1 200 万元，与取得该投资时按照持股比例计算确定的应享有被投资单位可辨认净资产公允价值的份额 1 300 万元（6 500×20%）之间的差额 100 万元应确认为营业外收入，但原持股比例 10% 部分长期股权投资中含有商誉 10 万元，所以追加投资部分应确认营业外收入 90 万元。

  借：长期股权投资 900 000
   贷：营业外收入 900 000

  ③若 2010 年 1 月 1 日支付 1 295 万元。

  借：长期股权投资 12 950 000
   贷：银行存款 12 950 000

  对于新取得的股权，其成本为 1 295 万元，与取得该投资时按照持股比例计算确定的应享有被投资单位可辨认净资产公允价值的份额 1 300 万元（6 500×20%）之间的差额 5 万元应确认为营业外收入，但原持股比例 10% 部分含在长期股权投资中的商誉 10 万元，所以综合考虑应确认含在长期股权投资中的商誉 5 万元，追加投资部分不应确认营业外收入。

  【例 5-31】 新世纪房地产开发公司于 2009 年 1 月 1 日取得 C 公司 10% 的股权，成本为 500 万元，取得投资时 C 公司可辨认净资产公允价值总额为 6 000 万元（假定公允价值与账面价值相同）。因对被投资单位不具有重大影响且无法可靠确定该项投资的公允价值，新世纪房地产开发公司对其采用成本法核算。新世纪房地产开发公司按照净利润的 10% 提取盈余公积。

  2010 年 1 月 1 日，新世纪房地产开发公司又取得 C 公司 20% 的股权，当日 C 公司可辨认净资产公允价值总额为7 500万元。取得该部分股权后，按照C公司章程，新世纪房地产开发公司能够派人参与C公司的生产经营决策，新世纪房地产公司对该项长期股权投资转为采用权益法核算。假定在取得对C公司10％股权后至新增投资日，C公司通过生产经营活动实现的净利润为1 000万元，未派发现金股利或利润。除所实现净利润外，未发生其他计入资本公积的交易或事项。

(1) 原持股比例部分：

①对于原10％股权的成本500万元与取得投资时应享有被投资单位可辨认净资产公允价值份额600万元（6 000×10％）之间的差额100万元，该部分差额应调整长期股权投资的账面价值和留存收益。

借：长期股权投资　　　　　　　　　　　　　　　　　1 000 000
　　贷：盈余公积　　　　　　　　　　　　　　　　　　　100 000
　　　　利润分配——未分配利润　　　　　　　　　　　　900 000

②对于被投资单位可辨认净资产在取得投资时至新增投资交易日之间公允价值的变动相对于原持股比例的部分150万元 [（7 500－6 000）×10％]，其中属于投资后被投资单位实现净利润部分100万元（1 000×10％），应调整增加长期股权投资的账面余额，同时调整留存收益；除实现净损益外其他原因导致的可辨认净资产公允价值的变动50万元，应当调整增加长期股权投资的账面余额，同时计入资本公积（其他资本公积）。针对该部分投资的账务处理为：

借：长期股权投资　　　　　　　　　　　　　　　　　1 500 000
　　贷：资本公积——其他资本公积　　　　　　　　　　　500 000
　　　　盈余公积　　　　　　　　　　　　　　　　　　　100 000
　　　　利润分配——未分配利润　　　　　　　　　　　　900 000

(2) 新增持股比例部分：

①若2010年1月1日支付1 450万元。

借：长期股权投资　　　　　　　　　　　　　　　　14 500 000
　　贷：银行存款　　　　　　　　　　　　　　　　　14 500 000

新取得的股权，其成本为1 450万元，与取得该投资时按照持股比例计算确定的应享有被投资单位可辨认净资产公允价值的份额1 500万元（7 500×20％）之间的差额50万元，应调整长期股权投资成本和营业外收入。

借：长期股权投资　　　　　　　　　　　　　　　　　500 000
　　贷：营业外收入　　　　　　　　　　　　　　　　　500 000

综合考虑，应确认留存收益100万元和营业外收入50万元。

②若2010年1月1日支付1 650万元。

借：长期股权投资　　　　　　　　　　　　　　　　16 500 000
　　贷：银行存款　　　　　　　　　　　　　　　　　16 500 000

新取得的股权，其成本为1 650万元，与取得该投资时按照持股比例计算确定的应享有被投资单位可辨认净资产公允价值的份额1 500万元（7 500×20％）之间的差额150万元属于包含在长期股权投资中的商誉，但原持股比例10％部分长期股权投资中确认留存收益100万元，所以体现在长期股权投资中的商誉为50万元。

```
借：盈余公积                                         100 000
    利润分配——未分配利润                            900 000
  贷：长期股权投资                                           1 000 000
```

综合考虑，对 C 公司投资体现在长期股权投资中的商誉为 50 万元（150—100）。

③2010 年 1 月 1 日支付 1 520 万元。

```
借：长期股权投资                                 15 200 000
  贷：银行存款                                            15 200 000
```

新取得的股权，其成本为 1 520 万元，与取得该投资时按照持股比例计算确定的应享有被投资单位可辨认净资产公允价值的份额 1 500 万元（7 500×20%）之间的差额为 20 万元，应体现在长期股权投资中，但原持股比例 10% 部分中已确认留存收益 100 万元，所以综合考虑应确认留存收益 80 万元，应冲减原确认的留存收益 20 万元。

```
借：盈余公积                                          20 000
    利润分配——未分配利润                           180 000
  贷：长期股权投资                                            200 000
```

2. 因持股比例下降由成本法改为权益法

（1）按处置或收回投资的比例结转应终止确认的长期股权投资。

（2）剩余持股比例部分。

①剩余的长期股权投资的成本（初始投资成本）大于按剩余持股比例计算的应享有原取得投资时被投资单位可辨认净资产公允价值的份额，不调整长期股权投资的账面价值；剩余的长期股权投资的成本（初始投资成本）小于按剩余持股比例计算的应享有原取得投资时被投资单位可辨认净资产公允价值的份额，调整长期股权投资的账面价值和留存收益。

②对于原取得投资后至转换为权益法之间被投资单位实现净损益中应享有的份额，调整长期股权投资和留存收益，其他原因导致被投资单位所有者权益变动中应享有的份额，调整长期股权投资和资本公积。

【例 5-32】 　　新世纪房地产开发公司原持有 D 公司 60% 的股权，其账面余额为 6 000 万元，未计提减值准备。2010 年 12 月 6 日，新世纪房地产开发公司将其持有的对 D 公司长期股权投资中的 1/3 出售给某企业，出售取得价款 3 600 万元，当日被投资单位可辨认净资产公允价值总额为 16 000 万元。新世纪房地产开发公司原取得 D 公司 60% 股权时，D 公司可辨认净资产公允价值总额为 9 000 万元（假定公允价值与账面价值相同）。自新世纪房地产开发公司取得对 D 公司长期股权投资后至部分处置投资前，D 公司实现净利润 5 000 万元。假定 D 公司一直未进行利润分配。除因将自用房地产转换为采用公允价值进行后续计量的投资性房地产使资本公积增加 200 万元外，D 公司未发生其他计入资本公积的交易或事项。假定新世纪房地产开发公司按净利润的 10% 提取盈余公积。

在出售 20% 的股权后，新世纪房地产开发公司对 D 公司的持股比例为 40%，在被投资单位董事会中派有代表，但不能对 D 公司生产经营决策实施控制。对 D 公司长期股权投资应由成本法改为权益法核算。

（1）确认长期股权投资处置损益。

借：银行存款 36 000 000
　　贷：长期股权投资 20 000 000
　　　　投资收益 16 000 000

（2）调整长期股权投资账面价值。

剩余长期股权投资的账面价值为 4 000 万元，与原投资时应享有被投资单位可辨认净资产公允价值份额之间的差额 400 万元（4 000－9 000×40%）为商誉，不需要对长期股权投资的成本进行调整。

处置投资以后按照持股比例计算享有被投资单位自购买日至处置投资日期间实现的净损益为 2 000 万元（5 000×40%），应调整增加长期股权投资的账面价值，同时调整留存收益。企业应进行以下账务处理：

借：长期股权投资 20 000 000
　　贷：盈余公积 2 000 000
　　　　利润分配——未分配利润 18 000 000

处置投资以后按照持股比例计算享有被投资单位自购买日至处置投资日期间资本公积的份额 80 万元（200×40%），应调整增加长期股权投资的账面价值，同时调整资本公积。企业应进行以下账务处理：

借：长期股权投资 800 000
　　贷：资本公积——其他资本公积 800 000

需要说明的是，剩余长期股权投资与出售日被投资单位的可辨认净资产公允价值无关，因此，在调整长期股权投资账面价值时，不考虑出售日被投资单位的可辨认净资产公允价值。

（二）权益法转换为成本法

因追加投资原因导致原持有的对联营企业或合营企业的投资转变为对子公司投资的，长期股权投资账面价值的调整应当按照本章第二节的有关规定处理。除此之外，因减少投资导致长期股权投资的核算由权益法转换为成本法（投资企业对被投资单位不具有共同控制或重大影响，并且在活跃市场中没有报价，公允价值不能可靠计量的长期股权投资）的，应以转换时长期股权投资的账面价值作为按照成本法核算的基础。

【例 5-33】 新世纪房地产开发公司持有乙公司30%有表决权的股份，因能够对乙公司的生产经营决策施加重大影响，采用权益法核算。2007 年 10 月，新世纪房地产开发公司将该项投资中的 50% 对外出售，出售以后，无法再对乙公司施加重大影响，且该项投资不存在活跃市场，公允价值无法可靠确定，出售以后转为采用成本法核算。出售时，该项长期股权投资的账面价值为 2 000 万元，其中投资成本 1 600 万元，损益调整为 400 万元，出售取得价款 1 100 万元。

新世纪房地产开发公司的会计分录如下：

借：银行存款 11 000 000
　　贷：长期股权投资 10 000 000
　　　　投资收益 1 000 000

处置后，该项长期股权投资的账面价值为 1 000 万元，其中包括投资成本 800 万元、原确认的损益调整 200 万元。

五、长期股权投资的期末计量

当长期股权投资的可收回金额低于其账面价值时，应将长期股权投资的账面价值减记至可收回金额，减记的金额确认为长期股权投资减值损失，计入当期损益，同时计提相应的长期股权投资减值准备。借记"资产减值损失"科目，贷记"长期股权投资减值准备"科目。

长期股权投资减值一经确认，在以后会计期间不得转回。

六、长期股权投资的处置

处置长期股权投资，其账面价值与实际取得价款的差额，应当计入当期损益。采用权益法核算的长期股权投资，因被投资单位除净损益以外所有者权益的其他变动而计入所有者权益的部分，处置该项投资时应将原计入部分按相应比例转入当期损益。

出售长期股权投资时，应按实际收到的金额，借记"银行存款"等科目，原已计提减值准备的，借记"长期股权投资减值准备"科目，按其账面余额，贷记"长期股权投资"科目，按尚未领取的现金股利或利润，贷记"应收股利"科目，按其差额，贷记或借记"投资收益"科目。出售采用权益法核算的长期股权投资时，还应按处置长期股权投资的投资成本比例结转原记入"资本公积——其他资本公积"科目的金额，借记或贷记"资本公积——其他资本公积"科目，贷记或借记"投资收益"科目。

【例5-34】 新世纪房地产开发公司2008—2011年投资业务的有关资料如下：

（1）2008年11月1日，新世纪房地产开发公司与A股份有限公司（以下简称A公司）签订股权转让协议。该股权转让协议规定：新世纪房地产开发公司收购A公司持有甲公司股份总额的30%，收购价格为270万元，收购价款于协议生效后以银行存款支付；该股权收购协议生效日为2008年12月31日。

该股权转让协议于2008年12月25日分别经新世纪房地产开发公司和A公司临时股东大会审议通过，并依法报经有关部门批准。

（2）2009年1月1日，甲公司股东权益总额为800万元，其中股本为400万元，资本公积为100万元，未分配利润为300万元（均为2008年度实现的净利润）。

（3）2009年1月1日，甲公司董事会提出2008年利润分配方案：按实现净利润的10%提取法定盈余公积；不分配现金股利。对该方案进行会计处理后，甲公司股东权益总额仍为800万元，其中股本为400万元，资本公积为100万元，盈余公积为30万元，未分配利润为270万元。假定2009年1月1日，甲公司可辨认净资产的公允价值为800万元，取得投资时其各项资产的公允价值与账面价值的差额不具重要性。

（4）2009年1月1日，新世纪房地产开发公司以银行存款支付收购股权价款270万元，并办理了相关的股权划转手续。

（5）2009年5月1日，甲公司股东大会通过2008年度利润分配方案。该分配方案如下：按实现净利润的10%提取法定盈余公积；分配现金股利200万元。

（6）2009年6月5日，新世纪房地产开发公司收到甲公司分派的现金股利。

（7）2009年6月12日，甲公司因长期股权投资业务核算确认资本公积80万元。

（8）2009年度，甲公司实现净利润400万元。

(9) 2010 年 5 月 4 日，甲公司股东大会通过 2009 年度利润分配方案：按实现净利润的 10% 提取法定盈余公积；不分配现金股利。

(10) 2010 年度，甲公司发生净亏损 200 万元。

(11) 2010 年 12 月 31 日，新世纪房地产开发公司对甲公司投资的预计可收回金额为 272 万元。

(12) 2011 年 1 月 5 日，新世纪房地产开发公司将其持有的甲公司股份全部对外转让，转让价款 250 万元，相关的股权划转手续已办妥，转让价款已存入银行。假定新世纪房地产开发公司在转让股份过程中没有发生相关税费。

要求：

(1) 确定新世纪房地产开发公司收购甲公司股权交易中的"股权转让日"。

(2) 编制新世纪房地产开发公司与上述经济业务有关的会计分录。

(1) 新世纪房地产开发公司收购甲公司股权交易中的"股权转让日"为 2009 年 1 月 1 日。

(2) 新世纪房地产开发公司会计分录如下：

①借：长期股权投资——甲公司（成本）   2 700 000
　　贷：银行存款   2 700 000

新世纪房地产开发公司初始投资成本 270 万元大于应享有甲公司可辨认净资产公允价值的份额 240 万元（800×30%），新世纪房地产开发公司不调整长期股权投资的初始投资成本。

②借：应收股利   600 000
　　贷：长期股权投资——甲公司（成本）   600 000

③借：银行存款   600 000
　　贷：应收股利   600 000

④借：长期股权投资——甲公司（其他权益变动）   240 000
　　贷：资本公积——其他资本公积   240 000

⑤借：长期股权投资——甲公司（损益调整）   1 200 000
　　贷：投资收益   1 200 000

⑥借：投资收益   600 000
　　贷：长期股权投资——甲公司（损益调整）   600 000

2010 年 12 月 31 日，长期股权投资的账面余额为 294 万元（270−60+24+120−60），因可收回金额为 272 万元，所以应计提减值准备 22 万元。

⑦借：资产减值损失   220 000
　　贷：长期股权投资减值准备——甲公司   220 000

⑧借：银行存款   2 500 000
　　长期股权投资减值准备——甲公司   220 000
　　资本公积——其他资本公积   240 000
　　贷：长期股权投资——甲公司（成本）   2 700 000
　　　　　　　　——甲公司（其他权益变动）   240 000
　　　　投资收益   20 000

简答题

1. 简述交易性金融资产的确认条件。
2. 持有至到期投资应如何界定？
3. 简述持有至到期投资的特征。
4. 简述长期股权投资成本法的适用范围及其核算方法。
5. 简述长期股权投资权益法的适用范围及其核算方法。
6. 对长期股权投资的减值如何进行会计处理？

业务处理题

1. 甲房地产开发公司于 2009 年 1 月 1 日购入乙公司发行的债券，支付价款 515 万元，其中含已到付息期但尚未领取的利息 15 万元。另发生交易费用 5 万元。该债券面值 500 万元。剩余期限为 2 年，票面年利率为 6%，每半年付息一次，甲公司将其划分为交易性金融资产。其他资料如下：

（1）2009 年 1 月 3 日，收到该债券 2008 年下半年利息 15 万元；

（2）2009 年 6 月 30 日，该债券的公允价值为 560 万元（不含利息）；

（3）2009 年 7 月 2 日，收到该债券上半年利息；

（4）2009 年 12 月 31 日，该债券的公允价值为 530 万元（不含利息）；

（5）2010 年 1 月 3 日，收到该债券 2009 年下半年利息；

（6）2010 年 3 月 31 日，甲公司将该债券出售，取得价款 557.5 万元（含一季度利息 7.5 万元），假定不考虑其他因素。

要求：编制甲公司上述有关业务的会计分录（金额单位用万元表示）。

2. 甲房地产开发公司于 2009 年 1 月 2 日从证券市场上购入乙公司于 2008 年 1 月 1 日发行的面值为 1 000 万元、4 年期、票面年利率为 4% 的债券，按年计提利息，每年 1 月 3 日支付上年度的利息，到期日为 2012 年 1 月 1 日，到期日一次归还本金和最后一次利息。甲公司实际支付价款 992.77 万元，另支付相关费用 20 万元。甲公司购入后将其划分为持有至到期投资。购入债券的实际利率为 5%。

要求：编制甲公司从 2009 年 1 月 2 日至 2012 年 1 月 1 日相关业务的会计分录（金额单位用万元表示）。

3. 甲房地产开发公司 2009 年 9 月 1 日购买乙公司股票 20 000 股，每股市价 10 元，手续费 3 000 元。初始确认时，该股票划分为可供出售金融资产；10 月 31 日，该股票市价为 8 元；11 月 30 日，该股票市价为 7 元；12 月 31 日，乙公司发生严重财务困难，其股票每股市价为 4 元，甲公司对该股票计提减值准备。

2010 年 1 月 1 日，甲公司将该股票出售，售价为每股 3.5 元。

要求：根据上述资料编制甲公司有关会计分录（金额单位用万元表示）。

4. 甲房地产开发公司 2008 年至 2010 年投资业务的有关资料如下：

（1）2008 年 2 月 1 日从证券市场上购入乙公司发行在外 40% 的股份并准备长期持有，从而对乙公司能够施加重大影响，实际支付款项 1 800 万元，其中含已宣告但尚未发放的现金股利 80 万元，另支付相关税费 30 万元。2008 年 2 月 1 日，乙公司可辨认净资产公允价值为 4 500 万元。

（2）2008 年 2 月 15 日收到现金股利。

（3）2008 年 12 月 31 日乙公司可供出售金融资产的公允价值变动，使乙公司资本公积增加了 100 万元。

（4）2008 年乙公司实现净利润 270 万元，其中 1 月份实现净利润 70 万元，假定乙公司资产的公允价值与账面价值相等。

（5）2009 年 3 月 5 日，乙公司宣告分派现金股利 30 万元。

（6）2009 年 3 月 17 日，收到现金股利。

（7）2009 年乙公司实现净利润 300 万元。

（8）2010 年 1 月 7 日，甲公司将持有乙公司股份对外转让 10%，收到款项 510 万元存入银行。转让后持有乙公司 30% 的股份，对乙公司仍具有重大影响。

要求：

（1）编制上述有关业务的会计分录（金额单位用万元表示）。

（2）计算 2010 年 1 月 7 日出售部分股份后长期股权投资的账面价值。

5. 甲房地产开发公司于 2010 年 1 月 1 日取得乙公司 10% 的股权，成本为 300 万元，取得投资时乙公司可辨认净资产公允价值总额为 4 000 万元（假定公允价值与账面价值相同）。因对被投资单位不具有重大影响且无法可靠确定该项投资的公允价值，甲房地产开发公司对其采用成本法核算。甲公司按照净利润的 10% 提取盈余公积。

2010 年乙公司实现的净利润为 1 000 万元，未派发现金股利或利润。2010 年乙公司可供出售金融资产的公允价值增加 100 万元。

2011 年 1 月 1 日，甲房地产开发公司又以 1 500 万元的价格取得乙公司 30% 的股权，当日乙公司可辨认净资产公允价值总额为 5 100 万元（假定公允价值与账面价值相同）。取得该部分股权后，按照乙公司章程规定，甲公司能够派人参与乙公司的生产经营决策，对该项长期股权投资转为采用权益法核算。

要求：编制有关长期股权投资及成本法转换为权益法的会计分录（金额单位用万元表示）。

6

第六章
投资性房地产

第一节 房地产开发企业投资性房地产概述

一、投资性房地产的特点

房地产通常是土地和房屋及其权属的总称。在我国，土地归国家或集体所有，企业只能取得土地使用权。因此，房地产中的土地是指土地使用权。房屋是指土地上的房屋等建筑物及构筑物。目前，房地产市场日益活跃，企业持有的房地产除用作自身管理、生产经营活动场所和对外销售之外，还出现了将房地产用于赚取租金或增值收益的活动，甚至成为个别企业的主营业务。

投资性房地产是企业为了通过租赁赚取租金收入或为了资产增值而部分或全部持有的土地、房屋建筑物等。用于出租或增值的房地产就是投资性房地产。投资性房地产在用途、状态、目的等方面与企业自用的厂房、办公楼等作为生产经营场所的房地产和房地产开发企业用于销售的房地产是不同的。其主要特点为：

（1）投资性房地产不是用于销售。用于销售以获取差价的房地产，应界定为企业的存货，而不是投资性房地产。

（2）投资性房地产的实际使用寿命较长，应当对其后续支出与处置加以考虑。

（3）由于受到法律规定的限制，我国企业持有土地的行为，只是获得了土地使用权，而并非所有权，因此企业持有的自用或用于销售的土地应界定为无形资产范畴；对于为了出租或资本增值而持有的土地使用权应界定为投资性房地产。

（4）企业持有投资性房地产的目的不是为了耗用，而是为了赚取长期的租金收益或获得资本增值。对于这部分资产的核算，应当充分遵循实质重于形式的原则进行收益的确认。

二、投资性房地产的范围

投资性房地产是指为赚取租金或资本增值，或两者兼有而持有的房地产。包括已出租的土地使用权、持有并准备增值后转让的土地使用权和已出租的建筑物等。

（1）已出租的土地使用权。是指企业通过出让或转让方式取得，并以经营租赁方式出租的土地使用权。企业计划用于出租但尚未出租的土地使用权，不属于此类。

（2）持有并准备增值后转让的土地使用权。是指企业通过出让或转让方式取得并准备增值后转让的土地使用权。按照国家有关规定认定的闲置土地，不属于持有并准备增值后转让的土地使用权。所谓闲置土地是指土地使用者依法取得土地使用权后，未经原批准用地的人民政府同意，超过规定的期限未动工开发建设的建设用地。

（3）已出租的建筑物。是指企业拥有产权后并以经营租赁方式出租的房屋等建筑物。企业计划用于出租但尚未出租的建筑物，不属于此类。

某项房地产，部分用于赚取租金或资本增值，部分用于生产商品、提供劳务或经营管理，能够单独计量和出售的、用于赚取租金或资本增值的部分，应当确认为投资性房地产；不能够单独计量和出售的、用于赚取租金或资本增值的部分，不确认为投资性房地产。

企业将建筑物出租，按租赁协议向承租人提供的相关辅助服务在整个协议中不重大的，如企业将办公楼出租并向承租人提供保安、维修等辅助服务，应当将该建筑物确认为投资性房地产。

企业拥有并自行经营的旅馆饭店，其经营目的主要是通过提供客房服务赚取服务收入，该旅馆饭店不确认为投资性房地产。

自用房地产，是指为生产商品、提供劳务或者经营管理而持有的房地产，如企业的厂房和办公楼、企业生产经营用的土地使用权等。企业出租给本企业职工居住的宿舍，即使按照市场价格收取租金，也不属于投资性房地产，这部分房产间接为企业自身的生产经营服务，具有自用房地产的性质。

三、投资性房地产的后续计量模式

为了更加科学和清晰地反映投资性房地产的情况，除了在报表中单独反映外，《企业会计准则》还适当引用了公允价值计量模式，进一步明确了投资性房地产的后续计量及其信息披露。就目前情况看，投资性房地产的公允价值在某些情况下是可以取得的，但考虑到我国的房地产市场还不够成熟，交易信息的公开程度也不够高，准则规定企业通常应当采用成本模式对投资性房地产进行后续计量，也可采用公允价值模式对投资性房地产进行后续计量。但同一企业只能采用一种模式对所有投资性房地产进行后续计量，不得同时采用两种计量模式。

第二节 投资性房地产的确认和初始计量

一、投资性房地产的确认

将某个项目确认为投资性房地产，要看其是否满足投资性房地产的定义以及确认条件，企业取得投资性房地产，只有在同时具备以下条件时，才可以进行会计确认：因取得产权而发生的成本可以计量；该投资性房地产包含的租金收入、使用收费或增值收益能够流入企业。

投资性房地产通常包括企业以投资为目的而拥有的土地使用权及房屋建筑物和房地产开发企业出租的库存商品。

二、会计科目的设置

对于投资性房地产的核算，应设置"投资性房地产"科目，该科目核算投资性房地产的价值，包括采用成本模式计量的投资性房地产和采用公允价值模式计量的投资性房地产。借方反映投资性房地产价值的增加，贷方反映投资性房地产的转销和处置，期末借方余额，反映企业投资性房地产的价值。企业应当按照投资性房地产的类别和项目并分别"成本"和"公允价值变动"进行明细核算。

"公允价值变动损益"科目，该科目是在采用公允价值计量模式下，核算公允价值变动产生的损益。该科目贷方反映公允价值变动产生的收益；借方反映公允价值变动产生的损失；期末将该科目余额转入"本年利润"科目后无余额。该科目应当按照交易性金融资产、交易性金融负债、投资性房地产等进行明细核算。

三、投资性房地产的初始计量与核算

企业取得的投资性房地产应按照实际成本的原则进行计量。根据投资性房地产取得的方式不同，其计量的内容也有一定的差异。

（1）企业购入投资性房地产，应将为取得该项资产而发生的价款、相关税费、手续费（如合同费、公证费、保险费等）计入成本。企业购入房地产，如果先自用一段时间，之后再改为出租或用于资本增值的，应先作为固定资产或无形资产核算，只有在租赁开始日或用于增值之日起，才能转作投资性房地产核算。

（2）企业自行开发的投资性房地产，应将开发过程中发生的一切支出作为其成本入账，包括项目确定、场地清理以及建造过程中发生的直接材料、直接人工、施工管理等成本费用。需要说明的是，对于自行建造的项目，只有在自行建造或开发活动完成的同时开始对外出租或用于资本增值，才能将其确认为投资性房地产。自行建造的投资性房地产的成本，由建造该房地产达到预定可使用状态前所发生的必要支出构成。

（3）企业因债务重组、非货币交易等取得的投资性房地产应依据相关会计准则进行会计确认与计量。

【例6-1】　新世纪房地产开发公司以500万元购入一幢房屋用于出租，产权交易手续已办完，款项已支付，会计分录如下：

借：投资性房地产　　　　　　　　　　　　　　　　　　　　　　5 000 000
　　贷：银行存款　　　　　　　　　　　　　　　　　　　　　　　5 000 000

【例6-2】　新世纪房地产开发公司自建一个商业经营大厅，准备用于招商出租，建造过程中发生材料费500万元，职工薪酬60万元，用银行存款支付其他费用35万元，借款费用5万元。该建筑达到预定可使用状态转为投资性房地产，会计分录如下：

借：在建工程　　　　　　　　　　　　　　　　　　　　　　　　6 000 000
　　贷：工程物资　　　　　　　　　　　　　　　　　　　　　　　5 000 000
　　　　应付职工薪酬　　　　　　　　　　　　　　　　　　　　　　600 000

银行存款	350 000
长期借款	50 000
借：投资性房地产	6 000 000
贷：在建工程	6 000 000

【例6-3】　　新世纪房地产开发公司购买一块土地使用权,购买价为5 000万元,支付相关手续费等20万元,款项全部以存款支付。企业购买后准备等其增值后转让。

会计分录如下:

借：投资性房地产	50 200 000
贷：银行存款	50 200 000

第三节　投资性房地产的后续计量

　　需要注意的是,投资性房地产的公允价值通常就是其市场价值。公允价值是在资产负债表日符合公允价值定义的,在市场上可以合理取得的最可能的价格,它是销售者能够合理取得的最好价格,购买者能够合理取得的最有利的价格。这种公允价值的估评不包括在特殊条件或情形下夸大或缩小的估计价格,如不规范的融资、售后租回,与销售有关的任何特殊对价或让步等。投资性房地产的公允价值反映资产负债表日而不是该日之前或之后实际的市场状态或状况。估计的公允价值是指定日期的特定时点上的价值。由于市场和市场状况可能发生变化,因此在另外一个时点上估计的价值就可能不正确或不恰当。公允价值的定义同时假设销售合同的交易和完成是同步的,没有任何价格上的差异。

一、采用成本模式进行后续计量的投资性房地产
　　施工企业对于已出租的建筑物或土地使用权可以采用成本模式计量,并计提折旧或摊销;如果存在减值迹象的,应当进行减值测试,计提相应的减值准备。投资性房地产的计量模式一经确定,不得随意变更,只有存在确凿证据表明其公允价值能够持续可靠取得的,才允许采用公允价值计量模式。

【例6-4】　　新世纪房地产开发公司将自用的一幢大楼出租,该项固定资产账面价值1 000万元,累计折旧100万元。在租赁开始日将该房产转为投资性房地产,会计分录如下:

借：投资性房地产	9 000 000
累计折旧	1 000 000
贷：固定资产	10 000 000

该房产出租取得收入50万元,会计分录如下:

借：银行存款	5 000 000
贷：其他业务收入	5 000 000

该房产应计提折旧25万元,会计分录如下:

借：其他业务成本	2 500 000

贷：投资性房地产累计折旧		2 500 000

【例6-5】　新世纪房地产开发公司将一片土地使用权出租,该土地使用权账面价值200万元,在租赁开始日将该土地使用权转为投资性房地产,该土地使用权摊销年限40年。会计分录如下:

借：投资性房地产		2 000 000
贷：无形资产——土地使用权		2 000 000

取得土地使用权租金收入20万元,会计分录如下:

借：银行存款		2 000 000
贷：其他业务收入		2 000 000

该土地使用权应计提摊销额5万元,会计分录如下:

借：其他业务成本		50 000
贷：投资性房地产累计摊销		50 000

【例6-6】　新世纪房地产开发公司与星云公司签订了租赁协议,将其开发的一栋写字楼出租给星云公司使用,该写字楼的账面余额18 000万元,未计提存货跌价准备。会计分录如下:

借：投资性房地产——写字楼		180 000 000
贷：库存商品		180 000 000

对于投资性房地产,期末若发现有减值迹象,应按资产减值的有关规定进行减值测试,发生资产减值的,应当计提资产减值准备。

【例6-7】　新世纪房地产开发公司期末某项投资性房地产账面价值100万元,由于环境因素影响,该项资产发生减值,经减值测试,该资产的可收回金额为80万元。应计提资产减值损失20万元。会计分录如下:

借：资产减值损失		200 000
贷：投资性房地产减值准备		200 000

二、采用公允价值模式进行后续计量投资性房地产

根据《企业会计准则第3号——投资性房地产》的规定,采用公允价值模式计量的投资性房地产,应当同时满足以下条件:

(1)投资性房地产所在地有活跃的房地产交易市场。这意味着投资性房地产可以在房地产交易市场直接交易。所在地,通常是指投资性房地产所在的城市。对于大中城市,应当具体化为投资性房地产所在的城区。活跃市场,是指同时具有下列特征的市场:①市场内交易对象具有同质性;②可随时找到自愿交易的买方和卖方;③市场价格信息是公开的。

(2)企业能够从房地产交易市场上取得同类或类似房地产的市场价格及其他相关信息,从而对投资性房地产的公允价值做出科学合理的估计。同类或类似的房地产,对建筑物而言,是指所处地理位置和地理环境相同、性质相同、结构类型相同或相近、新旧程度相同或相近、可使用状况相同或相近的建筑物;对于土地使用权而言,是指同一城区、同一位置区域、所处地理环境相同或相近、可使用状况相同或相近的土地。

采用公允价值模式计量时，对投资性房地产不计提折旧或摊销，而是以期末公允价值为基础，公允价值与原账面价值的差额计入当期损益。借记"投资性房地产（公允价值变动）"科目；贷记"公允价值变动损益"科目。

采用公允价值模式计量投资性房地产的，企业外购、自行建造等取得的投资性房地产，应按《企业会计准则第3号——投资性房地产》确定的成本，借记"投资性房地产"科目，贷记"银行存款"、"在建工程"等科目。将作为存货的房地产转换为采用公允价值模式计量的投资性房地产，应按该项房地产在转换日的公允价值，借记"投资性房地产（成本）"，原已计提跌价准备的，借记"存货跌价准备"科目，按其账面余额，贷记"库存商品"科目，按其差额，贷记"资本公积——其他资本公积"科目或借记"公允价值变动损益"科目。

【例6-8】　新世纪房地产开发公司自建的一幢房屋，成本280万元，建造完成之后准备用于出租，房屋的公允价值为300万元，会计分录如下：

借：投资性房地产（成本）　　　　　　　　　　　　　　3 000 000
　贷：在建工程　　　　　　　　　　　　　　　　　　　2 800 000
　　　资本公积——其他资本公积　　　　　　　　　　　　　200 000

【例6-9】　新世纪房地产开发公司将待售房产账面价值160万元转为出租，该房产公允价值200万元，会计分录如下：

借：投资性房地产　　　　　　　　　　　　　　　　　　2 000 000
　贷：库存商品　　　　　　　　　　　　　　　　　　　1 600 000
　　　资本公积——其他资本公积　　　　　　　　　　　　　400 000

【例6-10】　新世纪房地产开发公司将一片土地的使用权出租给B公司使用，土地使用权账面价值50万元，公允价值60万元，会计分录如下：

借：投资性房地产（成本）　　　　　　　　　　　　　　　600 000
　贷：无形资产－土地使用权　　　　　　　　　　　　　　500 000
　　　资本公积——其他资本公积　　　　　　　　　　　　　100 000

【例6-11】　新世纪房地产开发公司采用公允价值模式计量投资性房地产，本期一幢用于出租的房产进行改造，账面价值300万元，改造支出材料费30万元、职工薪酬10万元、其他支出20万元，12月31日，该房产的公允价值确定为380万元，会计分录如下：

（1）转为改造时。

借：库存商品　　　　　　　　　　　　　　　　　　　　3 000 000
　贷：投资性房地产（成本）　　　　　　　　　　　　　3 000 000

（2）发生改造支出时。

借：库存商品　　　　　　　　　　　　　　　　　　　　　600 000
　贷：原材料　　　　　　　　　　　　　　　　　　　　　300 000
　　　应付职工薪酬　　　　　　　　　　　　　　　　　　100 000
　　　银行存款　　　　　　　　　　　　　　　　　　　　200 000

（3）改造完工后。

借：投资性房地产（成本）　　　　　　　　　　　　　　3 600 000

　　　　贷：库存商品　　　　　　　　　　　　　　　　　　　　　　　　　3 600 000
　　（4）年末按公允价值调整时。
　　　　借：投资性房地产——公允价值变动　　　　　　　　　　　　　　　200 000
　　　　　　贷：公允价值变动损益　　　　　　　　　　　　　　　　　　　200 000
　　【例 6-12】　新世纪房地产开发公司采用公允价值模式计量投资性房地产，2010 年
年末，其投资性房地产的账面价值为 500 万元，公允价值确定为 490 万元，会计分录
如下：
　　　　借：公允价值变动损益　　　　　　　　　　　　　　　　　　　　　100 000
　　　　　　贷：投资性房地产——公允价值变动　　　　　　　　　　　　　100 000

三、投资性房地产后续计量模式的转换处理

　　企业通常应当采用成本模式对投资性房地产进行后续计量，也可采用公允价值模
式。但同一企业只能采用一种模式对所有投资性房地产进行后续计量，不得同时采用两
种计量模式。若由于客观情况变化，将成本模式转为公允价值模式更能合理反映企业财
务状况，应作为会计政策变更处理，计量模式变更时公允价值与账面价值之间的差额应
调整期初留存收益（未分配利润）。已采用公允价值模式计量的投资性房地产不得转为
成本模式。

　　【例 6-13】　新世纪房地产开发公司对外出租的一幢写字楼一直采用成本模式计
量，2010 年年末，考虑房地产交易市场已趋成熟，具备采用公允价值模式计量的条件，
决定改用公允价值模式计量。该写字楼原账面价值 500 万元，已计提折旧 100 万元。公
允价值确定为 480 万元，会计处理为：
　　　　借：投资性房地产——写字楼（成本）　　　　　　　　　　　　　4 800 000
　　　　　　投资性房地产累计折旧　　　　　　　　　　　　　　　　　　1 000 000
　　　　　　贷：投资性房地产——写字楼　　　　　　　　　　　　　　　5 000 000
　　　　　　　　利润分配——未分配利润（或以前年度损益调整）　　　　　800 000

四、后续支出

　　对已有投资性房地产发生的后续支出，如果估计未来业绩确有提高并且该经济利益
很可能流入企业，相关的后续支出应增加投资性房地产的账面金额，所有其他后续支出
应在发生的当期确认为费用。另外，如果确定某项投资性房地产的账面金额时，考虑了
未来经济利益的损失，为恢复该资产的预期未来经济利益而发生的后续支出应当资本
化；如果某项资产的买价反映了企业为使该资产达到工作状态在未来必须发生支出的义
务（如企业购入一幢需要整修的建筑物），其后续支出应增加账面金额。其他为了投资
性房地产的经营管理或维持其获利能力而发生的支出则应当计入当期损益。
　　后续支出使可能流入企业的未来经济利益超过了原先的估计，视为改良，计入投资
性房地产账面价值；反之计入当期损益。
　　1. 资本化的后续支出
　　与投资性房地产有关的后续支出，满足投资性房地产确认条件的应当计入投资性房
地产成本。

【例 6-14】 新世纪房地产开发公司与九华公司的一项厂房经营租赁合同即将到期。为了提高厂房的租金收入，新世纪公司决定在租赁期满后对厂房进行改扩建，并与三环公司签订了经营租赁合同，约定改扩建完工后将厂房出租给三环公司。2011 年 3 月与九华公司的租赁合同到期，厂房随即投入改扩建工程。同年 8 月，工程完工，共发生支出 150 万元，即日按照租赁合同出租给三环公司。3 月份厂房账面余额为 1 200 万元，其中成本 1 000 万元，累计公允价值变动 200 万元。假设新世纪公司对投资性房地产采用公允价值模式计量。会计分录如下：

(1) 2011 年 3 月，投资性房地产转入改扩建工程。

借：投资性房地产——厂房（在建）　　　　　　　　　12 000 000
　　贷：投资性房地产——成本　　　　　　　　　　　　　10 000 000
　　　　　　　　　　——公允价值变动　　　　　　　　　2 000 000

(2) 2011 年 3—8 月。

借：投资性房地产——厂房（在建）　　　　　　　　　1 500 000
　　贷：银行存款等　　　　　　　　　　　　　　　　　1 500 000

(3) 2011 年 8 月，改扩建工程完工。

借：投资性房地产——成本　　　　　　　　　　　　　13 500 000
　　贷：投资性房地产——厂房（在建）　　　　　　　　13 500 000

2. 费用化的后续支出

与投资性房地产有关的后续支出，不满足投资性房地产确认条件的应当在发生时计入其他业务成本等当期损益。

第四节　投资性房地产的转换和处置

一、投资性房地产的转换

投资性房地产的转换是指因房地产用途的改变而对房地产进行的重新分类。包括以下几种类型：投资性房地产转为自用；作为存货的房地产改为出租；自用建筑物或土地使用权停止自用改为出租；自用土地使用权停止自用改用于资本增值。

（一）成本模式下的转换

1. 采用成本模式计量的投资性房地产转为自用房地产

企业将采用成本模式计量的投资性房地产转为自用房地产时，应将该项投资性房地产在转换日的账面余额、累计折旧（或累计摊销）、减值准备等进行相应的会计处理。

【例 6-15】 2011 年 2 月末，新世纪房地产开发公司将出租在外的房屋收回，自 3 月 1 日起开始用于本公司的商品生产，该厂房相应由投资性房地产转换为自用房地产。该厂房转换前采用成本模式计量，转换日其账面价值为：原价 200 万元，累计折旧 60 万元。3 月 1 日，企业编制会计分录如下：

借：固定资产　　　　　　　　　　　　　　　　　　　2 000 000
　　投资性房地产累计折旧　　　　　　　　　　　　　　600 000

　　贷：投资性房地产——房屋 2 000 000

　　　累计折旧 600 000

2. 自用土地使用权或建筑物转换为以成本模式计量的投资性房地产

企业将自用土地使用权或建筑物转换为以成本模式计量的投资性房地产时，应将该项土地使用权或建筑物在转换日的原价、累计折旧、减值准备等进行相应的会计处理。

【例 6-16】 新世纪房地产开发公司拥有一栋大厦，2011 年 3 月 10 日，与海华公司签订了经营租赁协议，将大厦的 4～6 层出租给海华公司使用，租赁开始日为 2011 年 4 月 1 日，出租部分的账面原价为 8 000 万元，已计提折旧 3 000 万元。按成本价值模式进行核算，编制会计分录如下：

　　借：投资性房地产——办公大厦 80 000 000

　　　累计折旧 30 000 000

　　贷：固定资产 80 000 000

　　　投资性房地产累计折旧 30 000 000

（二）公允价值模式下的转换

1. 采用公允价值模式计量的投资性房地产转换为自用房地产或存货

采用公允价值模式计量的投资性房地产转换为自用房地产或存货时，应以转换日公允价值作为自用房地产或存货的账面价值，转换日公允价值与投资性房地产原账面价值之间的差额计入当期损益。

【例 6-17】 新世纪房地产开发公司原采用公允价值模式计量的一出租用房屋到期收回，作为公司行政办公之用。收回前，该房屋账面价值为 800 万元，其中，成本为 600 万元，公允价值变动为增值 200 万元。转换当日该房屋的公允价值为 780 万元，则差额 20 万元应计入当期损益。其会计分录如下：

　　借：固定资产 7 800 000

　　　公允价值变动损益 200 000

　　贷：投资性房地产——房屋（成本） 6 000 0000

　　　　　　　　　　——房屋（公允价值变动） 2 000 0000

若上述房屋在转换日的公允价值高于其账面价值，其超出部分作为公允价值变动收益处理。

2. 自用土地使用权或建筑物转换为采用公允价值模式计量的投资性房地产

企业将自用土地使用权或建筑物转换为采用公允价值模式计量的投资性房地产时，应按该项土地使用权或建筑物在转换日的公允价值转为投资性房地产。转换日的公允价值小于账面价值的，按其差额，借记"公允价值变动损益"科目；转换日的公允价值大于账面价值的，按其差额，贷记"资本公积——其他资本公积"科目。待该项投资性房地产处置时，在转换日计入资本公积的部分应该转入当期的其他业务收入。

3. 投资性房地产转换为存货

企业将采用公允价值模式计量的投资性房地产转换为存货时，应当以其转换当日的公允价值作为存货的账面价值，公允价值与原账面价值的差额计入当期损益。转换日，按该项投资性房地产的公允价值，借记"库存商品"科目，按该项投资性房地产的成本，贷记"投资性房地产——成本"科目，按该项投资性房地产的累计公允价值变动，贷记或借记"投资性房地产——公允价值变动"科目，按其差额，贷记或借记"公允价值变动损益"科目。

【例 6-18】 新世纪房地产开发公司将其开发的的部分写字楼用于对外经营租赁。2011 年 10 月因租赁期满，新世纪公司将出租的写字楼收回，并决定将该写字楼重新开发用于对外销售，即由投资性房地产转换为存货，写字楼当日的公允价值为 6 000 万元。该项房地产在转换前采用公允价值模式计量，原账面价值为 5 600 万元，其中，成本为 5 000 万元，公允价值变动为增值 600 万元。企业编制会计分录如下：

借：库存商品		60 000 000
贷：投资性房地产——成本		50 000 000
——公允价值变动		6 000 000
公允价值变动损益		4 000 000

二、投资性房地产的处置

当投资性房地产处置或永久退出使用，且预期没有来自处置的未来经济利益流入时，应终止确认投资性房地产。企业销售或订立一项融资租赁合同可能会导致一项投资性房地产的处置。如果属于销售投资性房地产，在确定投资性房地产的处置日时，企业应按照确认商品销售收入的标准，合理确定销售实现的时点；如果是通过订立一项融资租赁合同或通过售后租回的方式进行处置，则应按照《企业会计准则第 21 号——租赁》中的相关规定进行处理。对投资性房地产的处置进行损益计量时，如果属于销售或报废投资性房地产，企业应根据投资性房地产报废或处置的净处置收入与该项资产的账面金额之间的差额，确定由此所产生的利得或损失，并在利润表中确认为收益或费用；如果是通过订立一项融资租赁合同或通过售后租回的方式进行处置，则应按照《企业会计准则第 21 号——租赁》中的相关规定进行处理。处置投资性房地产所产生的应收对价，应按公允价值确认。

投资性房地产出售、转让或报废、毁损时，应将处置收入扣除其账面价值和相关税费后的差额计入当期损益。

【例 6-19】 新世纪房地产开发公司采用公允价值模式计量投资性房地产，本期将一幢用于出租的房产整体转让，房产的成本为 300 万元，公允价值变动为借方 60 万元，转让价格 400 万元已存入银行，应交营业税 20 万元。该项房产原转换日计入资本公积的金额为 30 万元。企业编制会计分录如下：

借：银行存款		4 000 000
贷：其他业务收入		4 000 000
借：其他业务成本		2 900 000
公允价值变动损益		600 000
资本公积——其他资本公积		300 000
贷：投资性房地产——成本		3 000 000
——公允价值变动		600 000
应交税费——应交营业税		200 000

简答题

1. 投资性房地产有哪些特征？
2. 简述投资性房地产的范围。
3. 简述投资性房地产的两种计量模式。
4. 投资性房地产采用公允模式进行后续计量应该满足哪些条件？
5. 与投资性房地产有关的后续支出包括哪两种？
6. 投资性房地产的转化有几种形式？

业务处理题

1. （1）A 房地产公司于 2010 年 1 月 1 日将一幢商品房对外出租并采用公允价值模式进行计量，租期为 3 年，每年 12 月 31 日收取租金 200 万元，出租时，该幢商品房的成本为 5 000 万元，公允价值为 6 000 万元。

（2）2010 年 12 月 31 日，该幢商品房的公允价值为 6 300 万元。

（3）2011 年 12 月 31 日，该幢商品房的公允价值为 6 600 万元。

（4）2012 年 12 月 31 日，该幢商品房的公允价值为 6 700 万元。

（5）2013 年 1 月 10 日将该商品房对外出售，收到 6 800 万元存入银行。

要求：编制 A 房地产公司上述经济业务的会计分录。

2. （1）甲房地产公司于 2010 年 12 月 31 日将一幢建筑物对外出租并采用成本模式计量，租期为 3 年，每年 12 月 31 日收取租金 150 万元，出租时，该建筑物的成本为 2800 万元，已提折旧 500 万元，已提减值准备 300 万元，尚可使用年限为 20 年，甲公司对该建筑物采用年限平均法计提折旧，无残值。

（2）2011 年 12 月 31 日，该建筑物的公允价值减去处置费用后的净额为 2 000 万元，预计未来现金流量的现值为 1 950 万元。

（3）2012 年 12 月 31 日，该建筑物的公允价值减去处置费用后的净额为 1 650 万元，预计未来现金流量的现值为 1 710 万元。

（4）2013 年 12 月 31 日，该建筑物的公允价值减去处置费用后的净额为 1 650 万元，预计未来现金流量的现值为 1 700 万元。2013 年 12 月 31 日，租赁期满，将投资性房地产转为自用房地产投入行政管理部门使用。假定转换后建筑物的折旧方法、预计折旧年限和预计净残值均未发生变化。

（5）2014 年 12 月 31 日，该建筑物的公允价值减去处置费用后的净额为 1 540 万元，预计未来现金流量的现值为 1 560 万元。

（6）2015 年 1 月 5 日，甲公司将该建筑物对外出售，收取 1 520 万元存入银行。

要求：编制甲房地产公司上述经济业务的会计分录（假定不考虑相关税费）。

3. （1）2009 年 12 月，甲房地产公司购入一栋写字楼用于对外出租。12 月 15 日，甲公司与乙公司签订经营租赁合同，约定自写字楼购入之日起将这栋写字楼出租给乙企业，租期为 2 年，每年 12 月 31 日收取租金 150 万元。1 月 1 日，甲企业实际购入写字楼，支付价款共计 1 200 万元，甲企业采用公允价值模式进行后续计量。

（2）2010 年 12 月 31 日，该栋写字楼的公允价值为 1 300 万元。

（3）2011年12月31日，该栋写字楼的公允价值为1 450万元。

（4）2011年12月，甲企业与乙企业的经营租赁合同即将到期。为了提高租金收入，决定在租赁期满后对该写字楼进行改扩建，并与丙企业签订经营租赁合同，约定自改扩建完工时将写字楼租给丙企业。4月10日，写字楼扩建工程完工，共发生支出120万元，即日，按照租赁合同出租给丙企业。

要求：编制甲房地产公司上述经济业务的会计分录。

CHAPTER

7

第七章
固定资产

第一节　房地产开发企业固定资产概述

一、固定资产的概念

固定资产，是指房地产开发企业为房地产开发、提供劳务、出租或经营管理而持有的，使用寿命超过一个会计期间的有形资产。

使用寿命，是指房地产开发企业使用固定资产的预计期间，或者该固定资产所能经营或提供劳务的数量。

固定资产是房地产开发企业的主要劳动资料，是房地产开发企业经营的重要物质基础。固定资产最基本的特征是，企业持有固定资产的目的是为房地产开发、提供劳务、出租或经营管理而持有的，而不是直接用于销售的有形资产；固定资产的另一个特征是，使用寿命超过一个会计期间。这些特征将固定资产与存货和无形资产加以区分。

二、固定资产的分类

房地产开发企业固定资产种类繁多，规格不一，为了加强管理，便于组织会计核算，有必要对其进行科学、合理的分类。根据不同的管理需要和核算要求以及不同的分类标准，可以对固定资产进行不同的分类，通常使用的分类方法有以下几种：

(1) 按固定资产的经济用途，可分为开发经营用固定资产和非开发经营用固定资产。

①开发经营用固定资产，是指直接服务于房地产开发企业的开发经营过程的各种固定资产，如开发经营用房屋、机器设备、运输车辆等。

②非开发经营用固定资产，是指不直接服务于房地产开发企业的开发经营过程的各种固定资产，如办公用房、职工食堂、浴室等。

(2) 按固定资产的使用情况，可分为使用中固定资产、未使用固定资产和不需用固定资产。

①使用中固定资产，是指正在使用中的开发经营性和非开发经营性固定资产。包括

由于季节性和低效率等原因暂时停止使用以及出租给其他单位使用和替换备用的固定资产。

②未使用固定资产，指已完工或购建的尚未交付使用的新增固定资产以及因改建、扩建等原因暂停使用的固定资产，如企业购置的尚待安装的固定资产等。

③不需用固定资产，是指本企业多余或不适用的各种固定资产。

（3）按固定资产的经济用途和使用情况，一般将其分为七类：

①生产经营用固定资产。

②非生产经营用固定资产。

③租出固定资产，指在经营租赁方式下出租给承租人使用的固定资产。

④不需用固定资产。

⑤未使用固定资产。

⑥融资租入固定资产，指企业以融资租赁方式租入的固定资产在租赁期内应视同自有固定资产进行管理。

⑦土地，指过去已经估价单独入账的土地。因征地而支付的补偿费，应计入与土地有关的房屋、建筑物的价值，不单独作为土地价值入账。企业取得的土地使用权不能作为固定资产管理。

第二节　固定资产确认和初始计量

一、固定资产的确认

1. 固定资产的确认条件

符合固定资产定义的资产项目，要作为固定资产来核算应同时满足下列条件时，才能予以确认：

（1）该固定资产包含的经济利益很可能流入企业。预期会给企业带来经济利益是资产的重要特征，因此资产所包含的经济利益很可能流入企业，并同时满足固定资产确认的其他条件时就应将该资产确认为固定资产。

（2）该固定资产的成本能够可靠计量。成本能够可靠地计量是资产确认的基本条件。因此在取得时所发生的支出或耗费能够确切地计量或合理地估计，并同时满足确认的其他条件时就应将该资产确认为固定资产。

2. 特殊情况下固定资产的确认

（1）融资租入固定资产。从法律形式上讲企业并不拥有其所有权，但从实质来看，企业能控制其创造的未来经济利益，根据实质重于形式的原则，应将融资租入固定资产视为企业的资产。

（2）企业购置的环保、安全设备等应确认为固定资产。这些设备的使用不能直接为企业带来经济利益，但有助于企业从相关资产获得经济利益或减少未来经济利益流出。

（3）固定资产的各组成部分具有不同使用寿命或者以不同方式为企业提供经济利益，适用不同折旧率或折旧方法的，应当分别将各组成部分确认为单项固定资产。

（4）备品、备件和维修设备通常确认为存货，但符合固定资产定义和确认条件的，应当确认为固定资产。主要指单价较高，使用时间较长的备品、备件等。

（5）固定资产确认后发生的后续支出使流入企业的经济利益大于原先的估计，发生的后续支出应计入固定资产成本；流入企业的经济利益小于原先的估计，发生的后续支出应予以费用化。

在实际工作中，由于房地产开发企业的经营内容、经营规模等具体情况各不相同，因此，企业应根据有关规定，并结合本企业的实际情况编制固定资产目录，确定分类方法以及折旧年限、折旧方法，并将其编制成册，报相关机构审批。房地产开发企业的固定资产目录、分类方法以及折旧年限、折旧方法等一经确定不得随意变更，如需变更应按照有关程序再次报送审批机构，经批准后再报送有关各方备案，并在会计报表附注中予以说明。

二、固定资产的初始计量

固定资产初始计量的基本原则是按成本入账，这里的固定资产成本是指企业为购建某项固定资产并达到预定可使用状态前所发生的一切合理的、必要的支出。由于固定资产的取得方式不同（如购置、建造和非货币性交易等），因此其成本构成也有所不同。

（1）外购固定资产的成本，包括购买价款、相关税费、使固定资产达到预定可使用状态前所发生的可归属于该项资产的运输费、装卸费、安装费和专业人员服务费等。

以一笔款项购入多项没有单独标价的固定资产，应按照各项固定资产公允价值占总额的比例对总成本进行分配，分别确定各项固定资产的成本。

购买固定资产的价款超过正常信用条件延期支付，实质上具有融资性质的，固定资产的成本以购买价款的现值为基础确定。实际支付的价款与购买价款现值之间的差额，除按照《企业会计准则第17号——借款费用》应予资本化的以外，应当在信用期间内计入当期损益。

（2）自行建造的固定资产，以建造该项资产达到预定可使用状态前所发生的必要支出作为入账价值。

（3）投资者投入的固定资产，应当按照投资合同或协议约定的价值确定入账价值，但合同或协议约定的价值不公允的除外。

（4）非货币性交换取得的固定资产，一般情况应当以公允价值和应支付的相关税费作为换入资产的成本，公允价值与换出资产账面价值的差额计入当期损益。

如果同时换入多项资产，应按换入各项资产的公允价值与换入资产公允价值总额的比例，对换入资产的成本总额进行分配，确定各项换入资产的成本。

（5）企业通过债务重组取得的固定资产，应按受让的固定资产公允价值入账。重组债权的账面余额与受让的固定资产的公允价值之间的差额，计入当期损益。如果企业已对债权计提减值准备，应先将该差额冲减减值准备，减值准备不足以冲减的部分，计入当期损益。

（6）企业融资租入的固定资产，应在租赁开始日，按租赁固定资产公允价值与最低租赁付款额现值两者中较低者作为租入固定资产的入账价值。将最低租赁付款额作为长期应付款的入账价值，其差额作为未确认融资费用。

企业在租赁谈判和签订租赁合同过程中发生的，可归属于租赁项目的手续费、律师费、差旅费、印花税等初始直接费用，应当计入租入资产价值。

（7）盘盈的固定资产，按以下规定确定其入账价值：

①同类或类似固定资产存在活跃市场的，以同类或类似固定资产的市场价格，减去按该项资产的新旧程度估计的价值损耗后作为入账价值。

②同类或类似固定资产不存在活跃市场的，以该项固定资产的预计未来现金流量现值作为入账价值。

三、固定资产增加的核算

房地产开发企业取得固定资产的渠道不同，其会计处理的方法也有所不同，下面我们分别加以介绍。

（一）外购的固定资产

房地产开发企业购入固定资产分两种情况，一是购入不需要安装的固定资产；二是购入需要安装的固定资产。

1. 购入不需要安装的固定资产

企业购入不需要安装的固定资产，按实际支付的买价、增值税、进口关税、运输费、装卸费等相关税费，作为固定资产的入账价值，购入时借记"固定资产"科目，贷记"银行存款"等科目。

【例 7-1】 新世纪房地产开发公司购置不需要安装的设备一台，发票价格 15 万元，增值税额 2.55 万元，发生运杂费 2 000 元，款项已支付。会计分录如下：

固定资产的入账价值＝150 000＋25 500＋2 000＝177 500（元）

借：固定资产——设备   177 500

    贷：银行存款   177 500

2. 购入需要安装的固定资产

房地产开发企业购入需要安装的固定资产，是指购入的固定资产需要经过安装以后才能交付使用。企业购入固定资产时发生的买价、增值税、进口关税及使固定资产达到预定使用状态所发生的费用等，均应通过"在建工程"科目核算，购入时借记"在建工程"科目，贷记"银行存款"等科目。设备安装时，发生的相关支出借记"在建工程"，贷记"银行存款"、"应付职工薪酬"等科目。设备安装完毕交付使用时，将在"在建工程"科目中归集的全部实际支出作为固定资产价值入账，借记"固定资产"科目，贷记"在建工程"科目。

【例 7-2】 新世纪房地产开发公司购入需要安装的起重设备一台，发票价格 40 万元，增值税额 6.8 万元，支付运杂费 5 000 元，累计支付安装费 7 340 元，其中，领用原材料 2 340 元（含增值税），应付安装人员职工薪酬 5 000 元。会计分录如下：

（1）支付设备价款、税金及运杂费时。

借：在建工程——安装工程（400 000＋68 000＋5 000）   473 000

    贷：银行存款   473 000

（2）发生安装费用时。

```
借：在建工程——安装工程                                7 340
    贷：原材料                                           2 340
        应付职工薪酬                                     5 000
```

（3）设备安装完成交付使用时。

```
借：固定资产——起重设备                              480 340
    贷：在建工程——安装工程                            480 340
```

（二）自行建造的固定资产

房地产开发企业所需的固定资产，有时也可根据需要，利用自身的人力、物力条件进行建造，即自行建造固定资产。自行建造工程按其实施的方式不同可分为自营工程和出包工程两种。

1. 自营工程的会计处理

自营工程建造的固定资产，是指房地产开发企业根据工程要求自行组织工程物资，自行施工建造，使工程达到预定使用状态。企业将购入的工程所需专用材料通过"工程物资"科目核算，购入工程物资时，按支付的价款借记"工程物资"科目，贷记"银行存款"等科目。工程耗用的材料、人工、其他费用和缴纳的有关税金，通过"在建工程"科目核算，借记"在建工程"，贷记"工程物资"、"应付职工薪酬"等科目，施工完毕达到预定可使用状态时，将"在建工程"科目中归集的全部实际支出作为固定资产入账价值，借记"固定资产"科目，贷记"在建工程"科目。如果所建造的固定资产已达到预定可使用状态，但尚未办理竣工结算的，应当自达到可使用状态之日起，按照工程预算、造价或者工程实际成本等估计的价值转入固定资产，并按有关计提固定资产折旧的规定，计提固定资产折旧，待办理竣工决算手续后再作调整。

【例 7-3】 新世纪房地产开发公司自行建造库房一栋，该库房于 2011 年 1 月 1 日起开始建造，购买工程用物资 300 万元，增值税额 51 万元。已投入基建工程使用；支付建造资产的工人工资 28 万元；领用库存原材料一批，实际成本为 21 万元。工程于 2011 年 8 月底建造完工。会计分录如下：

① 购入工程物资时。

```
借：工程物资——专用材料                            3 510 000
    贷：银行存款                                      3 510 000
```

② 领用工程物资时。

```
借：在建工程——建筑工程                            3 510 000
    贷：工程物资——专用材料                          3 510 000
```

③ 支付工人工资时。

```
借：在建工程——建筑工程                              280 000
    贷：应付职工薪酬                                    280 000
```

④ 领用原材料时。

```
借：在建工程——建筑工程                              210 000
    贷：原材料                                          210 000
```

⑤ 工程完工交付使用时。

```
借：固定资产                                        4 000 000
```

贷：在建工程——建筑工程　　　　　　　　　　　　　　　　　　4 000 000

2. 出包工程

房地产开发企业采用出包方式进行自建的固定资产，按应支付给承包单位的工程价款作为固定资产入账价值。"在建工程"科目实际是企业与建设单位的结算科目。在会计核算中，企业在支付工程价款时借记"在建工程"科目，贷记"银行存款"科目；工程达到预定可使用状态交付使用时，借记"固定资产"科目，贷记"在建工程"科目。

（三）投资者投入的固定资产

投资者投入的固定资产是企业原始资本之一，固定资产按投资各方确认的价值作为入账价值。在收到投资人投入的固定资产时借记"固定资产"，贷记"实收资本"科目。

【例 7-4】　　新世纪房地产开发公司收到甲公司投资转入的大型设备一台，该设备的账面原值为 325 万元，已提折旧 25 万元，经双方协商确认，按该设备的原账面净值作为投资额。会计分录如下：

借：固定资产　　　　　　　　　　　　　　　　　　　　　　　　3 000 000

　　贷：实收资本——甲公司　　　　　　　　　　　　　　　　　　3 000 000

（四）非货币性资产交换取得的固定资产

1. 非货币性资产交换的概念

非货币性资产交换，是指交易双方主要以存货、固定资产、无形资产和长期股权投资等非货币性资产进行的交换。该交换不涉及或只涉及少量的货币性资产（即补价）。

2. 入账价值的确定

（1）非货币性资产交换同时满足下列条件的，应当以公允价值和应支付的相关税费作为换入固定资产的成本，公允价值与换出资产账面价值的差额计入当期损益：

①该项交换具有商业实质；

②换入资产或换出资产的公允价值能够可靠计量。

换入资产或换出资产的公允价值均能够可靠计量的，应当以换出资产的公允价值作为确定换入资产成本的基础，但有确凿证据表明换入资产的公允价值更加可靠的除外。

假如非货币性资产交换未满足上述条件，应当以换出资产的账面价值和应支付的相关税费作为换入资产的成本，不确认损益。

（2）企业在按照公允价值和应支付的相关税费作为换入固定资产成本的情况下，发生补价的，应当分别下列情况处理：

① 支付补价的，换入资产成本与换出资产的账面价值加支付的补价、应支付的相关税费之和的差额，应当计入当期损益。

② 收到补价的，换入资产成本加收到的补价之和与换出资产账面价值加应支付的相关税费之和的差价，应当计入当期损益。

（3）企业在按照换出资产的账面价值和应支付的相关税费作为换入资产成本的情况下，发生补价的，应当分别下列情况处理：

①支付补价的，应当以换出资产的账面价值，加上支付的补价和应支付的相关税费，作为换入资产的成本，不确认损益。

②收到补价的应当以换出资产的账面价值，减去收到的补价并加上应支付的相关税费，作为换入资产的成本，不确认损益。

非货币性资产交换具有商业实质且公允价值能够可靠计量的，企业在换入固定资产时，按换出资产的公允价值和应支付的相关税费之和作为换入资产的成本，借记"固定资产"，贷记"固定资产清理"、"主营业务收入"等科目，按照公允价值与换出资产账面价值的差额确认损益，借记"营业外支出"或贷记"营业外收入"。如果交易涉及补价时，支付补价的应当以换出资产的公允价值加上支付的补价和应支付的相关税费之和作为换入资产的成本，借记"固定资产"，贷记"固定资产清理"、"主营业务收入"、"银行存款"等科目，按照换入资产成本与换出资产账面价值加支付的补价、应支付的相关税费之和的差额，借记"营业外支出"或贷记"营业外收入"；收到补价的，应当以换出资产的公允价值加上应支付的相关税费之和减去补价作为换入资产的成本，借记"固定资产"、"银行存款"，贷记"固定资产清理"、"主营业务收入"等科目，按照换入资产成本加收到的补价之和与换出资产账面价值加应支付的相关税费之和的差额，借记"营业外支出"或贷记"营业外收入"科目。

（五）通过债务重组取得的固定资产

房地产开发企业在债务重组日按受让的固定资产公允价值作为其入账价值，借记"固定资产"科目，如果企业已对债权计提减值准备的还应借记"坏账准备"，按重组债权账面余额贷记"应收账款"、"应收票据"等科目，其差额借记"营业外支出"。

（六）融资租入的固定资产

房地产开发企业在经营过程中，由于固定资产规模的限制或者考虑资金成本等方面的原因，或者临时或季节性对固定资产的需要，一般采用租赁方式加以解决。租赁是指在约定的期间内，出租人将资产使用权让与承租人以获取租金的协议。租赁按与租赁资产所有权相关的风险和报酬归属于出租人或承租人的程度为依据分为融资租赁和经营租赁。

企业采用融资租赁方式租入固定资产，在固定资产租赁期间虽然所有权尚未转移，但其全部的风险和报酬已转移到承租方。因此从实质上看融资租入的固定资产应作为企业资产入账，并按固定资产进行核算。

融资租赁固定资产的确认标准为：

（1）在租赁届满时，租赁资产的所有权转移给承租人。

（2）承租人有购买租赁资产的选择权，购买价预计将远低于行使选择权时租赁资产的公允价值，因而在租赁开始日就可以合理确定承租人将会行使这种选择权。

（3）租赁期占租赁资产寿命的大部分。

（4）承租人在租赁开始日的最低租赁付款额现值，几乎相当于租赁开始日租赁资产的公允价值；出租人在租赁开始日的最低租赁收款额现值，几乎相当于租赁开始日租赁资产的公允价值。

（5）租赁资产性质特殊，如果不作较大修整，只有承租人才能使用。

企业在核算融资租入固定资产入账价值时，一般是在租赁开始日，承租人将租赁资产公允价值与最低租赁付款额的现值两者中较低者作为租入资产的入账价值，借记"固定资产——融资租入固定资产"科目，将最低租赁付款额作为长期应付款的入账价值，贷记"长期应付款——应付融资租赁费"科目，按其差额，借记"未确认融资费用"科目。另外，在租赁谈判和签订租赁合同过程中，承租人发生的可直接归属于租赁项目的初始直接费用，如印花税、佣金、律师费等应当计入租入资产价值，发生时贷记"银行存款"等科目。

最低租赁付款额，是指在租赁期内，承租人应支付或可能要求支付的各种款项（不包括或有租金和履约成本），加上由承租人或与其有关的第三者担保的资产余值。

第三节　固定资产折旧

一、固定资产折旧的概述

折旧是指在固定资产的使用寿命内，按照确定的方法对应计折旧额进行系统分摊。其中，应计折旧额，指应当计提折旧的固定资产的原值扣除其预计净残值后的余额，如果已对固定资产计提减值准备，还应当扣除已计提的固定资产减值准备累计金额。

固定资产的价值随着资产使用而逐渐损耗并转移到开发成本中去，并以折旧费的形式在收入中得到补偿。

二、影响折旧额的因素

影响固定资产折旧的主要因素有：固定资产原值、固定资产净残值和固定资产使用年限。

（1）固定资产原值是指取得固定资产使之达到预计可使用状态时所发生的全部支出，即固定资产初始成本。

如果固定资产计提了减值准备，应在扣除减值准备后计提折旧。

（2）固定资产净残值是指预计固定资产报废时收回的残余价值扣除预计的清理费用后的数额。

（3）固定资产使用年限。固定资产使用年限的长短直接影响各期计提的折旧额。在确定固定资产的使用寿命时，主要应当考虑下列因素：

①该资产的预计生产能力或实物产量；

②该资产的有形损耗，如设备使用中发生磨损、房屋建筑物受到自然侵蚀等；

③该资产的无形损耗，如因新技术的出现而使现有的资产技术水平相对陈旧、市场需求变化使产品过时等；

④有关资产使用的法律或者类似的限制。

三、固定资产折旧的范围

除下列情况外，企业应对所有固定资产计提折旧：

（1）已提足折旧仍继续使用的固定资产；

（2）按照规定单独估价入账的土地。

房地产开发企业固定资产应当按月计提折旧，当月增加的固定资产，当月不提折旧，从下月起计提折旧；当月减少的固定资产，当月仍提折旧，从下月起停止计提折旧。对于提前报废的固定资产，不再补提折旧。

房地产开发企业新建或改扩建的固定资产，已达到预计可使用状态的，如果尚未办理竣工决算，应当暂估入账，并计提折旧，待办理了竣工决算手续后，将原来暂估价值调整为实际成本，同时调整原已计提的折旧额。

四、固定资产的折旧方法

房地产开发企业应当根据固定资产所含经济利益预期实现方式，选择折旧方法，可选择的折旧方法包括年限平均法（直线法）、工作量法、双倍余额递减法和年数总和法。折旧方法一经选定，不得随意变更。如果企业在对折旧方法定期的复核中，发现固定资产包含经济利益的预期实现方式有重大改变，则应当相应改变固定资产的折旧方法，变更时应报有关部门进行备案，并在会计报表附注中予以说明。

（一）年限平均法

年限平均法又称直线法，是指按固定资产使用年限平均计算折旧的方法。固定资产的应计提折旧总额均匀地分摊到预计使用年限的各个会计期间。计算公式如下：

$$年折旧额=\frac{固定资产原值-（预计残值收入-预计清理费用）}{预计使用年限}$$

$$年折旧率=\frac{年折旧额}{固定资产原值}\times100\%$$

$$年折旧率=\frac{（1-预计净残值率）}{预计使用年限}\times100\%$$

$$月折旧率=\frac{年折旧率}{12}$$

$$月折旧额=固定资产原值\times月折旧率$$

【例 7-5】　新世纪房地产开发公司某项固定资产原值50 万元，预计使用年限为 10 年，预计净残值率为 4%，该项固定资产的年折旧率、月折旧率和月折旧额计算如下：

$$年折旧率=\frac{（1-4\%）}{10}\times100\%=9.6\%$$

$$月折旧率=\frac{9.6\%}{12}=0.8\%$$

$$月折旧额=500\ 000\times0.8\%=4\ 000（元）$$

固定资产折旧率有三种，即个别折旧率、分类折旧率和综合折旧率。

在实际工作中，房地产开发企业多按分类折旧率计算固定资产折旧，只有个别特殊的资产（如价值较高、使用年限较长）采用个别折旧率计提折旧。

（二）工作量法

工作量法是按照固定资产预计完成的工作量平均计提折旧的方法。固定资产的应计提折旧总额均匀地分摊于预计的各个单位工作量之中。计算公式如下：

$$某项固定资产单位工作量折旧额=\frac{固定资产原值\times（1-净残值率）}{该项固定资产预计完成的工作量}$$

$$某项固定资产月折旧额=该项固定资产当月实际完成的工作总量\times该项固定资产单位工作量折旧额$$

【例7-6】 新世纪房地产开发公司的一辆载货汽车,原值为16万元,预计行驶总里程为40万公里,预计净残值率为4%。该汽车采用工作量法提折旧。本月该汽车行驶5 000公里。该汽车的单位工作量折旧额和本月应计提折旧额计算如下:

$$单位工作量折旧额=\frac{160\,000\times(1-4\%)}{400\,000}=0.384(元)$$

本月折旧额＝5 000×0.384＝1 920(元)

(三)双倍余额递减法

双倍余额递减法是快速折旧法的一种,是在不考虑固定资产残值的情况下,根据每期期初固定资产账面余额和双倍的直线法折旧率计算固定资产折旧的一种方法。计算公式如下:

$$年折旧率=\frac{2}{预计使用年限}\times100\%$$

$$月折旧率=\frac{年折旧率}{12}$$

月折旧额＝固定资产期初账面余额×月折旧率

实行双倍余额递减法计提固定资产折旧,由于在计算折旧率时未考虑残值收入,因此,应当在其折旧年限的最后两年内,将固定资产净值扣除净残值后的余额平均摊销。

【例7-7】 新世纪房地产开发公司一项固定资产原值为300 000元,预计净残值率为3%,预计使用年限5年。采用双倍余额递减法计算该项固定资产的年折旧率和年折旧额。如表7-1所示。

表7-1   折旧计算表
                    (双倍余额递减法)   单位:元

年份	期初账面余额 1	年折旧率 2	年折旧额 3＝1×2	累计折旧 4	期末账面余额 5＝1-4
1	300 000	40%	120 000	120 000	180 000
2	180 000	40%	72 000	192 000	108 000
3	108 000	40%	43 200	235 200	64 800
4	64 800		27 900	263 100	36 900
5	36 900		27 900	291 000	9 000

年折旧率＝2/5×100%＝40%

第一年折旧额＝300 000×40%＝120 000(元)

第二年折旧额＝180 000×40%＝72 000(元)

第三年折旧额＝108 000×40%＝43 200(元)

$$第四、五年折旧额=\frac{64\,800-9\,000}{2}=27\,900(元)$$

(四)年数总和法

年数总和法又称合计年限法,也是一种快速折旧法。是将固定资产的原值减去净残值后的净额乘以一个逐年递减的分数计算每年的折旧额。逐年递减分数的分子代表固定资产尚可使用年限，分母代表使用年数的数字总和。计算公式如下：

$$年折旧率 = \frac{尚可使用年限}{预计使用年限的年数总和} \times 100\%$$

$$= \frac{预计使用年限 - 已使用年限}{预计使用年限 \times (预计使用年限 + 1) \div 2} \times 100\%$$

$$年折旧额 = (固定资产原值 - 预计净残值) \times 年折旧率$$

$$月折旧率 = \frac{年折旧率}{12}$$

$$月折旧额 = (固定资产原值 - 预计净残值) \times 月折旧率$$

【例7-8】　新世纪房地产开发公司一项固定资产原值为310 000元，预计使用年限为5年，预计净残值为10 000元，采用年数总和法计算年折旧率及年折旧额。如表7-2所示。

表7-2　　　　　　　　　　　　　　　　折旧计算表
（年数总和法）
单位：元

年份	尚可使用年限	原值－净残值	年折旧率	年折旧额	累计折旧额
1	5	300 000	5/15	100 000	100 000
2	4	300 000	4/15	80 000	180 000
3	3	300 000	3/15	60 000	240 000
4	2	300 000	2/15	40 000	280 000
5	1	300 000	1/15	20 000	300 000

采用快速折旧法，在固定资产使用的早期多提折旧，后期少提折旧，其递减的速度逐年加快。快速计提折旧的目的是使固定资产成本在估计的使用年限内快速得到补偿。

五、固定资产折旧的核算

企业固定资产折旧的计算，是通过编制固定资产计算表进行的。固定资产计提折旧时，应以月初可计提折旧的固定资产账面原值为依据，已提取减值准备的应按固定资产原值减去提取的减值准备后的余额计提折旧。企业各月计算提取折旧时，应以上月计提折旧额作加上上月增加的固定资产应计提折旧额减去上月减少的固定资产应计提折旧额作为本月固定资产应计提的折旧额。企业计提的固定资产折旧应按用途进行分配，计提时借记"管理费用"、"开发间接费用"、"其他业务成本"及"在建工程"等科目，贷记"累计折旧"科目。

【例7-9】　新世纪房地产开发公司在2011年5月31日编制固定资产折旧计算表如表7-3所示。据此会计分录如下：

计提折旧时。

借：开发间接费用——甲项目　　　　　　　　　　　　　　　　18 000
　　　　　　　　　——乙项目　　　　　　　　　　　　　　　　14 000
　　管理费用　　　　　　　　　　　　　　　　　　　　　　　　2 800
　　贷：累计折旧　　　　　　　　　　　　　　　　　　　　　　34 800

表 7-3　　　　　　　　固定资产折旧计算表

2011 年 5 月　　　　　　　　　　　　　　　单位：元

使用部门	固定资产项目	上月折旧额	上月增加固定资产		上月减少固定资产		本月折旧额	分配费用
			原值	折旧额	原值	折旧额		
甲项目	房屋	5 000					5 000	开发间接费用
	设备	12 000					12 000	
	其他设备	1 000					1 000	
	小计	18 000					18 000	
乙项目	房屋	3 000					3 000	
	设备	9 000	100 000	2 000			11 000	
	小计	12 000					14 000	
管理部门	房屋建筑	1 800					1 800	管理费用
	运输工具	1 500			30 000	500	1 000	
	小计	3 300					2 800	
合计		33 300	100 000	2 000	30 000	500	34 800	

第四节　固定资产后续支出

一、资本化的后续支出

房地产开发企业的固定资产投入使用后，由于有形损耗（使用或自然磨损等）或无形损耗（技术进步）等原因，往往需要对固定资产进行维护、改建、扩建或改良，以提高其使用效能。因此，固定资产的后续支出应区别情况处理：

与固定资产有关的后续支出如果使可能流入企业的经济利益超过原先的估计，如延长了固定资产的使用寿命，或者使产品质量实质性提高，或者使产品成本实质性降低，则应当计入固定资产账面价值，即将后续支出予以资本化，但其增加金额后的固定资产账面价值不应超过该固定资产的可收回金额。

房地产开发企业固定资产进行改建、扩建时，如符合资本化条件的，应将固定资产账面价值转入在建工程，借记"在建工程"、"累计折旧"、"固定资产减值准备"等科目，贷记"固定资产"科目；发生可资本化的后续支出时，借记"在建工程"科目，贷记"银行存款"、"工程物资"和"应付职工薪酬"等科目；收回残料价值和变价收入时，借记"原材料"和"银行存款"等科目，贷记"在建工程"科目；固定资产完工或达到预定可使用状态时，将在"在建工程"科目中归集的实际支出作为固定资产价值入账，借记"固定资产"科目，贷记"在建工程"科目。

【例 7-10】　新世纪房地产开发公司拥有大型起重机一台,原价 200 万元,已计提折旧 136 万元,账面价值 64 万元,由于技术更新需进行改建,以提高其使用效率。改建工程历时 3 个月,共发生支出 130 万元,全部以银行存款支付,该设备改造完成后,提高了使用效率并能够延长使用年限 10 年（不考虑该项工程有关税费）。

固定资产的入账价值＝2 000 000－1 360 000＋1 300 000＝1 940 000（元）

会计分录如下：

（1）将厂房转入改扩建时。

借：在建工程 640 000

累计折旧 1 360 000

贷：固定资产 2 000 000

（2）支付工程款时。

借：在建工程 1 300 000

贷：银行存款 1 300 000

（3）改建的厂房达到预定可使用状态时。

借：固定资产 1 940 000

贷：在建工程 1 940 000

二、费用化的后续支出

与固定资产有关的后续支出，如果不能使流入企业的经济利益超过原先的估计，则应在发生时确认为当期损益。

【例 7-11】　新世纪房地产开发公司管理部门的车辆委托维修厂进行例行保养，用银行存款支付修理费 650 元，会计分录如下：

借：管理费用 650

贷：银行存款 650

第五节　固定资产的处置

一、固定资产终止确认的条件

固定资产满足下列条件之一的，应当予以终止确认：

（1）该固定资产处于处置状态；

（2）该固定资产预期通过使用或处置不能产生经济利益。

企业持有待售的固定资产，应当对其预计净残值进行调整。

二、固定资产处置的会计处理

企业在生产经营过程中，对那些不适用或不需要的固定资产，可以通过对外出售、经营性租赁的方式进行处置；对那些由于使用而不断磨损直到最终报废，或由于技术进步等原因发生提前报废，或由于遭受自然灾害等非正常原因发生毁损的固定资产，应及时进行清理；企业因对外投资、抵偿债务、非货币性资产交换以及盘亏等原因减少固定资产，也属于固定资产的处置。固定资产处置一般通过"固定资产清理"科目进行核算。

（一）出售、报废和毁损的固定资产

企业因出售、报废和毁损等原因减少的固定资产，会计核算上一般分为以下几个

步骤：

（1）固定资产转入清理。

固定资产按其账面价值借记"固定资产清理"、"累计折旧"以及"固定资产减值准备"等科目，按固定资产账面原值贷记"固定资产"科目。

（2）发生的清理费用。

固定资产在清理过程中发生的各项费用以及应交税费借记"固定资产清理"科目，贷记"银行存款"、"应交税费"等科目。

（3）出售收入、预料变价收入以及保险赔偿和过失赔偿等，应借记"银行存款"、"原材料"以及"其他应收款"等科目，贷记"固定资产清理"科目。

（4）清理净损益的处理。

固定资产清理后的净收益，应区别情况处理：

① 属于筹建期间的，冲减开办费，借记"固定资产清理"科目，贷记"长期待摊费用——开办费"科目。

② 属于生产经营期间的计入损益，借记"固定资产清理"科目，贷记"营业外收入——处置非流动资产利得"科目。

固定资产清理后的净损失，应区别情况处理：

① 属于筹建期间的计入开办费，借记"长期待摊费用——开办费"科目，贷记"固定资产清理"科目。

② 属于生产经营期间，由于自然灾害等非正常原因造成的损失，借记"营业外支出——非常损失"科目，贷记"固定资产清理"科目。

③ 属于生产经营期间正常的处理损失，借记"营业外支出——处理非流动资产净损失"科目，贷记"固定资产清理"科目。

【例 7-12】 新世纪房地产开发公司出售办公用房一栋，原值 300 万元，已使用 10 年，计提折旧 90 万元，支付清理费用 1.2 万元，协议作价 230 万元，营业税税率为 5%，（应计提的城建税和教育费附加略）。会计分录如下：

（1）固定资产转入清理时。

借：固定资产清理		2 100 000
累计折旧		900 000
贷：固定资产		3 000 000

（2）支付清理费用。

借：固定资产清理		12 000
贷：银行存款		12 000

（3）收到价款时。

借：银行存款		2 300 000
贷：固定资产清理		2 300 000

（4）计算应缴纳的营业税。

借：固定资产清理		115 000
贷：应交税费——应交营业税（2 300 000×5%）		115 000

（5）上缴营业税。

借：应交税费——应交营业税　　　　　　　　　　　　　115 000
　　贷：银行存款　　　　　　　　　　　　　　　　　　115 000
（6）结转固定资产清理后的净收益。
借：固定资产清理　　　　　　　　　　　　　　　　　73 000
　　贷：营业外收入——处置非流动资产利得　　　　　　　73 000

【例7-13】　新世纪房地产开发公司一台施工设备原值600 000元，已计提折旧580 000元，由于使用期满，经批准报废，报废时残料计价1 900元，用银行支付清理费用2 500元。会计分录如下：
（1）固定资产转入清理。
借：固定资产清理　　　　　　　　　　　　　　　　　20 000
　　累计折旧　　　　　　　　　　　　　　　　　　　580 000
　　贷：固定资产——生产设备　　　　　　　　　　　　600 000
（2）支付清理费用。
借：固定资产清理　　　　　　　　　　　　　　　　　2 500
　　贷：银行存款　　　　　　　　　　　　　　　　　　2 500
（3）残料入库。
借：原材料　　　　　　　　　　　　　　　　　　　　1 900
　　贷：固定资产清理　　　　　　　　　　　　　　　　1 900
（4）结转固定资产清理净损益。
借：营业外支出——处理非流动资产损失　　　　　　　20 600
　　贷：固定资产清理　　　　　　　　　　　　　　　　20 600

【例7-14】　新世纪房地产开发公司一台大型起重设备的原值为1 200 000元，累计折旧500 000元，因故发生毁损，经保险公司确认赔偿560 000元，过失人赔偿7 000元，该设备残料变价收入5 000元，假设企业为该项资产计提了100 000元减值准备。会计分录如下：
（1）固定资产转入清理。
借：固定资产清理　　　　　　　　　　　　　　　　　600 000
　　累计折旧　　　　　　　　　　　　　　　　　　　500 000
　　固定资产减值准备　　　　　　　　　　　　　　　100 000
　　贷：固定资产　　　　　　　　　　　　　　　　　1 200 000
（2）确认保险公司赔偿金额。
借：其他应收款——保险公司　　　　　　　　　　　　560 000
　　贷：固定资产清理　　　　　　　　　　　　　　　　560 000
（3）确认过失人赔偿金额。
借：其他应收款——过失人　　　　　　　　　　　　　7 000
　　贷：固定资产清理　　　　　　　　　　　　　　　　7 000
（4）取得残料变价款。
借：银行存款　　　　　　　　　　　　　　　　　　　5 000
　　贷：固定资产清理　　　　　　　　　　　　　　　　5 000

（5）结转固定资产清理损益。

借：营业外支出——非常损失   28 000

    贷：固定资产清理   28 000

（二）债务重组转出的固定资产

房地产开发企业在以固定资产抵偿债务时，应先将固定资产转入清理，清理时按固定资产净值借记"固定资产清理"科目，按已计提的折旧额借记"累计折旧"科目，按已计提的减值准备借记"固定资产减值准备"等科目，按固定资产账面原值贷记"固定资产"科目，固定资产的公允价值与其账面价值和清理费用的差额作为转让固定资产的损益处理。然后，将固定资产的公允价值与重组债务的差额，确认为债务重组利得。

【例7-15】 新世纪房地产开发公司欠A公司工程款23.4万元，经双方协商，A公司同意新世纪房地产公司用一台起重设备偿还应付的货款，该设备账面原值36万元，已提折旧15.5万元，清理费用0.3万元，计提的减值准备0.5万元，该起重设备的公允价值为23万元。债务重组时不考虑其他相关税费。

新世纪房地产开发公司会计分录如下：

（1）将固定资产转入清理。

借：固定资产清理   200 000

    累计折旧   155 000

    固定资产减值准备   5 000

    贷：固定资产   360 000

（2）支付清理费用。

借：固定资产清理   3 000

    贷：银行存款   3 000

（3）债务重组。

借：应付账款——A公司   234 000

    贷：固定资产清理   230 000

        营业外收入——债务重组利得   4 000

（4）结转转让固定资产的利得。

借：固定资产清理   27 000

    营业外收入——处置非流动资产利得   27 000

（三）固定资产盘亏的会计处理

企业在进行资产清查时，发现固定资产盘亏，首先应将固定资产账面价值转入待处理财产损溢，借记"待处理财产损溢——待处理固定资产损溢"科目，按固定资产已提折旧借记"累计折旧"等科目，按固定资产账面原值贷记"固定资产"科目。经批准后借记"营业外支出——处理固定资产损溢"科目，贷记"待处理财产损溢——待处理固定资产损溢"科目。

【例7-16】 新世纪房地产开发公司盘亏运输设备一台，原值56 000元，已提折旧38 000元，报经批准后盘亏固定资产的净值转为营业外支出，会计分录如下：

（1）盘亏固定资产。

借：待处理财产损溢——待处理固定资产损溢   18 000

　　　　累计折旧　　　　　　　　　　　　　　　　　　　　　38 000

　　　　　贷：固定资产　　　　　　　　　　　　　　　　　56 000

　　（2）经上级批准。

　　　　借：营业外支出——盘亏损失　　　　　　　　　　　18 000

　　　　　贷：待处理财产损溢——待处理固定资产损溢　　　　18 000

简答题

　　1. 什么是房地产企业固定资产？其主要特征有哪些？

　　2. 简述企业不同来源取得的固定资产的价值构成。

　　3. 何为房地产企业固定资产的折旧？简述固定资产折旧的性质。

　　4. 我国对固定资产折旧范围是如何规定的？

　　5. 影响固定资产折旧的因素有哪些？

　　6. 简述计提固定资产折旧的方法及各种方法的特点。

　　7. 固定资产的后续支出应如何计量？

业务处理题

　　1. 某设备原值 19 000 元，预计净残值 1 000 元，预计使用 5 年，可使用 6 000 小时。前 3 年使用设备时间分别为 1 000 小时、1 200 小时、1 500 小时。

　　要求：根据上述资料，计算以下指标：

　　（1）年限平均法下年折旧额和月折旧率。

　　（2）工作量法下前三年折旧额累计数。

　　（3）年数总和法下第一年和第三年每年的折旧额。

　　（4）双倍余额递减法下第一年和第四年每年的折旧额。

　　2. A 房地产公司 2005 年打算采用自营方式建造办公楼一幢，为工程购置各种物资 1 500 万元，支付的增值税 225 万元，全部用于工程建设。为工程支付构建人员工资 300 万元，应付职工福利费 42 万元，为工程借款而发生的利息 235 万元。2006 年底，工程完工并交付使用。该设备预计使用年限为 5 年，预计净残值为 52 万元，采用年数总和法计提折旧。

　　2010 年 4 月 11 日 A 公司将该办公楼出售，收到价款 371 万元，并存入银行。另以银行存款支付清理费用 2 万元。

　　要求：

　　（1）编制建造该办公楼并交付使用的会计分录。

　　（2）计算该设备 2007 年、2008 年、2009 年应计提的折旧额。

　　（3）计算出售该办公楼的净损益并编制会计分录。

　　3. 甲房地产公司为一家上市公司，其 2009—2016 年与固定资产有关的业务资料如下：

　　（1）2009 年 12 月 1 日，甲公司购入一套需要安装的大型起重机设备，取得的增值税专用发票上注明的设备价款为 3 000 万元，增值税税额为 510 万元；发生保险费和运输费 40 万元，款项均以银行存款支付。安装期间领用原材料 224 万元，发生安装工人工资 16 万元。2009 年该设备达到预定可使用状态，当日投入使用。该设备预计使用年限为 10 年，预计净残值为 150 万元，采用年限平均法计提折旧。

（2）2014 年 12 月 31 日，因替代商品的出现，甲公司起重机设备进行测试时发现其已经发生减值。该设备的预计未来现金流量的现值为 1 400 万元，其公允价值减去处置费用后的净额为 1 500 万元。

（3）2015 年 1 月 1 日该起重机设备预计尚可使用年限为 5 年，预计净残值为 100 万元，采用年限平均法计提折旧。

（4）2015 年 6 月 30 日，甲公司对该起重机设备进行改良。当日，该设备停止使用，开始进行改良。在改良过程中，拆除部件的账面价值 60 万元，将其出售，售价为 20 万元；领用工程物资 200 万元（不含增值税），应付在建工程人员职工薪酬 60 万元；支付银行存款 40 万元。

（5）2015 年 8 月 20 日，改建工程验收合格并于当日投入使用，预计尚可使用年限为 8 年，预计净残值 100 万元，采用年限平均法计提折旧。

（6）2016 年 4 月 30 日，甲公司与乙公司达成协议，以该起重机设备抵偿所欠乙公司货款 2 000 万元。当日，双方办完财产移交手续。假定 2016 年 4 月 30 日该设备的公允价值为 1 500 万元，增值税税额为 255 万元，不考虑其他相关税费。

要求：

（1）编制 2009 年 12 月 1 日购入该起重机设备的会计分录。

（2）编制 2009 年 12 月安装该起重机的会计分录。

（3）编制 2009 年 12 月 31 日该起重机设备达到预定可使用状态的会计分录。

（4）计算 2010 年该起重机设备计提的折旧额。

（5）计算 2014 年 12 月 31 日该起重机设备应计提的固定资产减值准备金额，并编制相应的会计分录。

（6）计算 2015 年度该起重机设备改良前计提的折旧额。

（7）编制 2015 年 6 月 30 日至 8 月 20 日与该起重机设备改良有关的会计分录。

（8）计算 2015 年 8 月 20 日改良工程达到预定可使用状态后该设备的成本，并编制在建工程转入固定资产的会计分录。

（9）计算 2015 年改良后该起重机设备计提的折旧额。

（10）编制 2016 年 4 月 30 日该起重机设备抵偿债务的会计分录。

CHAPTER

8

第八章
无形资产

第一节　房地产开发企业无形资产概述

一、无形资产的概念

无形资产，是指企业拥有或者控制的没有实务形态的可辨认非货币性资产。"拥有"指企业拥有所有权，是所有者或债权人投入的，或是企业购入的；"控制"指企业所没有取得所有权，但在一定时期或一定条件下可以自主支配，即这项无形资产所产生的利益只能归该企业，从而限制了其他主体对这一利益的取得。换句话说，就是无形资产对企业具有提供经济效益的能力，而这种能力是排他性的。不具有独立的物质实体是无形资产区别于其他资产的显著标志。虽然无形资产没有实物形态，但却具有价值。其价值往往是法律或合同所赋予的某种法定或特许的权利（如商标权、专利权）以及获得超额利润的能力，这种价值是难以通过人们的感觉器官直接触摸或感受得到的，它隐形存在于企业之中。

无形资产虽然不具有物质实体，但能在企业生产经营期内使用或发挥作用，能带来未来的经济效益，使企业在较长时期内获得高于同行业一般水平的盈利能力，因此无形资产属于一项长期资产。资产按其将来为企业带来的经济利益，即货币金额是否固定或可确定，分为货币性资产和非货币性资产，无形资产属于非货币性资产。资产满足下列条件之一的，符合无形资产定义中的可辨认性标准：

（1）能够从企业中分离或者划分出来，并能够单独或者与相关合同、资产或负债一起，用于出售、转移、授予许可、租赁或者交换；

（2）源自合同性权利或者其他法定权利，无论这些权利是否可以从企业或其他权利和义务中转移或者分离。

商誉的存在无法与企业自身分离，不具有可辨认性，不属于本章所讨论的无形资产。

二、无形资产的核算内容

无形资产主要包括专利权、商标权、土地使用权、著作权、特许权和非专利技术等。

（一）专利权

专利权，是指国家专利主管机关依法授予发明创造申请人对其发明创造在法定期限内所享有的专有权利，包括发明专利权、实用新型专利权和外观设计专利权。它给予持有者独家使用或控制某项发明的特殊权利。《中华人民共和国专利法》（以下简称《专利法》）明确规定，专利人拥有的专利权受到国家法律保护。

专利权的主体是依据《专利法》被授予专利权的个人或单位，专利权的客体是受《专利法》保护的专利范围。并不是所有的专利权都能给持有者带来经济利益，有的专利可能没有经济价值或具有很小的经济价值；有的专利会被另外更有经济价值的专利所淘汰等。因此，企业无须将其所拥有的一切专利权都予以资本化，作为无形资产核算。只有那些能够给企业带来较大经济利益，并且企业为此付出了成本的专利，才能作为无形资产核算。

（二）商标权

商标权，是指企业专门在某种指定的商品上使用特定的名称、图案、标记的权利。根据《中华人民共和国商标法》（以下简称《商标法》）的规定，经商标局核准注册的商标为注册商标，商标注册人享有商标专用权，受法律保护。商标权的内容包括独占使用权和禁止使用权。商标权的价值在于它能使享有人获得较高的盈利能力。《商标法》规定，商标权的有效期限为10年，期满前可继续申请延长注册期。

企业自创的商标并将其注册登记，所花费用一般不大，是否将其资本化并不重要。能够给拥有者带来获利能力的商标，往往是通过多年的广告宣传和其他传播商标名称的手段，以及客户的信赖等建立起来的。广告费一般不作为商标权的成本，而是在发生时直接计入当期损益。

按照《商标法》的规定，商标可以转让，但受让人应保证使用该注册商标的产品质量。如果企业购买他人的商标，一次性支出费用较大的，可以将其资本化，作为无形资产管理。这时，应根据购入商标的买价、支付的手续费及有关费用入账。投资者投入的商标权应按评估确认的价值入账。

（三）土地使用权

土地使用权，是指国家准许企业在一定期间对国有土地享有开发、利用、经营的权利。根据我国土地管理法的规定，我国土地实行公有制，任何单位和个人不得侵占、买卖或者以其他形式非法转让。国有土地可依法确定给国有企业、集体企业等单位使用，其使用权可依法转让。取得土地使用权有时可能不花费任何代价，如企业所拥有的未入账的土地使用权，这时，就不能将其作为无形资产核算。取得土地使用权时付出了成本，则应将其资本化，作为无形资产核算。这里涉及两种情况，一是企业根据《中华人民共和国城镇国有土地使用权出让和转让暂行条例》，向政府土地管理部门申请土地使用权，企业要支付一笔出让金，在这种情况下，应予以资本化，作为无形资产核算；二是企业原先通过行政划拨获得土地使用权，没有入账核算，在将土地使用权有偿转让、出租、抵押、作价入股和投资时，应按规定将补交的土地出让价款予以资本化，作为无形资产入账核算。

（四）著作权

著作权又称版权，是作者对其创作的文学、科学和艺术作品依法享有的某种特殊权利。著作权包括两方面的权利，即精神权利（人身权利）和经济权利（财产权利）。前者指作品署名、发表、确认作者身份、保护作品的完整性、修改已经发表的作品等各项权利，包括署名权、发表权、修改权和保护作品完整权；后者指以出版、表演、广播、展览、录制唱片、摄制影片等方式使用作品以及授权他人使用作品而获得经济利益的权利。

（五）特许权

特许权也称为专营权、经营特许权，指企业在某一地区经营或销售某种特定商品的权利或一家企业接受另一家企业使用其商标、商号、技术秘密等的权利。前者是由政府机构授权，准许企业使用或在一定地区享有经营某种业务的特权，如水、电、邮电通信等专营权，烟草专卖权，等等；后者是指企业间依照签订的合同，有限期或无限期使用另一家企业的某些权利，如连锁店的分店等。会计上的特许权主要是指后一种情况。只有支付了费用取得的特许权才能作为无形资产入账。

（六）非专利技术

非专利技术也称专有技术，或技术秘密、技术诀窍，是指先进的、不为外界所知的、未申请专利的、在生产经营活动中已采用的、不享有法律保护的。可以带来经济效益的各种技术和经验。非专利技术可以用蓝图、配方、技术记录、操作方法的说明等具体资料表现出来，也可以通过卖方派出技术人员进行指导，或接受买方人员进行技术实习等手段实现。非专利技术具有经济性、机密性和动态性等特点。

由于非专利技术未经公开亦未申请专利权，所以不受法律保护，但专有技术所有人依靠自我保密的方式来维护其独占权，事实上具有专利权的效用。非专利技术可以作为资产对外投资，也可以转让。

第二节　无形资产的确认和初始计量

一、无形资产的确认

同时满足下列条件的项目，才能确认为无形资产：

（1）符合无形资产的定义。作为无形资产核算的项目首先应该符合无形资产的定义，即为企业拥有或者控制的没有实物形态的可辨认非货币性资产。符合无形资产定义的重要表现之一，就是企业能够控制该无形资产产生的经济利益。具体表现为企业拥有该无形资产的法定所有权，或企业与他人签订了协议，使得企业的相关权利受到法律的保护。

（2）与该资产相关的预计未来经济利益很可能流入企业。资产最基本的特征是产生的经济利益预期很可能流入企业，如果某一项目产生的经济利益预期不能流入企业，就不能确认为企业的资产。对无形资产而言，如果某项无形资产包含的经济利益不是很可能流入企业，那么，即使其满足无形资产确认的其他条件，也不能将其确认为无形资产；如果某项无形资产包含的经济利益很可能流入企业，并且同时满足无形资产确认的其他条件，那么应将其确认为企业的无形资产。例如，企业外购一项商标权，从而拥有法定所有权，使得企业的相关权利受到法律的保护。此时，表明企业能够控制该项无形资产所产生的经济利益。

在会计实务中，要确定无形资产所创造的经济利益是否很可能流入企业，需要实施职业判断。在实施这种判断时，企业管理当局应当对无形资产在预计使用寿命内可能存在的各种经济因素作出合理的、稳健的估计，并且有相应的证据支持。同时，还要关注一些外界因素的影响，如是否存在与其相关的其他新技术、新产品的冲击等。

（3）该资产的成本能够可靠计量。成本能够可靠地计量，是资产确认的一项基本条件。无形资产作为企业资产的重要组成部分，要予以确认，也应能够可靠地计量为其发生的支出，否则企业不应加以确认。例如，企业自创商誉以及内部产生的品牌、报刊名等符合无形资产的定义，但在形成过程中的支出难以可靠地估计，所以不能确认为企业的无形资产。

二、无形资产的初始计量

无形资产应当按照成本进行初始计量。对于不同来源取得的无形资产，其成本构成也不尽相同。

（1）外购无形资产的成本，包括购买价款、相关税费以及直接归属于使该项资产达到预定用途所发生的其他支出。其中，直接归属于使该项资产达到预定用途所发生的其他支出，是指使无形资产达到预定用途所发生的专业服务费用、测试无形资产是否能够正常发挥作用的费用等。购买无形资产的价款超过正常信用条件延期支付、实质上具有融资性质的，无形资产的成本以购买价款的现值为基础确定。实际支付的价款与购买价款的现值之间的差额，除按照《企业会计准则第17号——借款费用》要求应予资本化的以外，应当在信用期间内采用实际利率法进行摊销，计入当期损益。

（2）投资者投入的无形资产，应当以投资合同或协议约定的价值作为成本，但合同或协议约定价值不公允的除外。

（3）自行开发的无形资产，企业内部研究开发项目研究阶段的支出，应当于发生时计入当期损益；企业内部研究开发项目开发阶段的支出，符合确认标准的（详见本章第三节），应当作为无形资产的成本，确认为无形资产。值得注意的是，对于以前期间已经费用化的支出不再进行调整。

（4）非货币性资产交换、债务重组、政府补助和企业合并取得的无形资产的成本，应当分别遵循有关会计准则的规定确定。

三、无形资产取得的核算

1. 购入的无形资产

企业对于购入的无形资产，按实际支付的价款，借记"无形资产"科目，贷记"银行存款"等科目。

【例8-1】 新世纪房地产开发公司购入一项专利技术,发票价格为20万元,款项已通过银行转账支付。会计分录如下：

借：无形资产——专利权　　　　　　　　　　　　　　　200 000
　　贷：银行存款　　　　　　　　　　　　　　　　　　　　200 000

2. 投资者投入的无形资产

企业对于投资者投入的无形资产，按投资合同或协议约定的价值，借记"无形资产"科目，贷记"实收资本"、"股本"等科目。

【例8-2】　　新世纪房地产开发公司接受甲投资者以其所拥有的非专利技术投资，双方商定的价值为10万元，已办妥相关手续。会计分录如下：

借：无形资产——非专利技术　　　　　　　　　　　　　100 000
　　贷：实收资本　　　　　　　　　　　　　　　　　　　　100 000

3. 自行开发取得的无形资产

对于自行开发并按法律程序申请取得的无形资产，按依法取得时发生的注册费、聘请律师费等费用，借记"无形资产"科目，贷记"银行存款"科目。

企业在研究与开发过程中发生的材料费用、直接参与开发人员的工资及福利费、开发过程中发生的租金、借款费用等，符合无形资产确认标准的，借记"无形资产"科目，贷记"银行存款"科目；除此之外的计入当期损益，借记"管理费用"科目，贷记"银行存款"等科目。

【例8-3】　　新世纪房地产开发公司试制成功并依法申请取得了B专利权，在申请专利权过程中发生专利登记费30 000元，律师费6 000元。会计分录如下：

借：无形资产——B专利权　　　　　　　　　　　　　　36 000
　　贷：银行存款　　　　　　　　　　　　　　　　　　　　36 000

4. 土地使用权的处理

企业取得的土地使用权通常应确认为无形资产，但改变土地使用权用途，用于赚取租金或资本增值的，应当将其转为投资性房地产。

自行开发建造厂房等建筑物，相关的土地使用权与建筑物应当分别进行处理。外购土地及建筑物支付的价款应当在建筑物与土地使用权之间进行分配；难以合理分配的，应当全部作为固定资产。

企业（房地产开发）取得土地用于建造对外出售的房屋建筑物，相关的土地使用权账面价值应当计入所建造的房屋建筑物成本。

【例8-4】　　2011年1月1日，新世纪房地产开发公司购入一块土地的使用权，以银行存款转账支付250万元。为简化核算，不考虑其他相关税费。会计分录如下：

借：无形资产——土地使用权　　　　　　　　　　　　　2 500 000
　　贷：银行存款　　　　　　　　　　　　　　　　　　　2 500 000

第三节　开发支出

一、开发支出的概念

开发支出是指企业进行内部研究项目的开发，必须投入人力和物力所发生的各种支出，如研究与开发人员的工资和福利、所用设备的折旧、外购相关技术发生的支出等。企业内部研究开发项目支出，按照企业内部研究开发进行的不同阶段，可分为研究阶段支出与开发阶段支出。

1. 研究阶段支出

研究阶段是探索性的，为进一步开发活动进行资料以及相关方面的准备，已进行的研究活动将来是否会转入开发、开发后是否会形成无形资产等均具有较大的不确定性。

研究阶段支出，是指为获取新的科学或技术知识并理解它们而进行的独创性的有计划的调查阶段而发生的支出。

2. 开发阶段支出

相对于研究阶段而言，开发阶段应当是已经完成研究阶段的工作，在很大程度上具备了形成一项新产品或新技术的基本条件。比如，生产前或使用前的原型和模型的设计、建造和测试，不具有商业性生产经济规模的试生产设施的设计、建造和运营等，均属于开发活动。

开发阶段支出，是指在进行商业性生产或使用前，将研究成果或其他知识应用于某项计划或设计，以生产出新的或具有实质性改进的材料、装置、产品等而发生的支出。

二、开发支出的核算

随着企业间技术竞争的加剧，企业研究与开发的项目是否很可能成功，是否很可能为企业带来未来经济利益，在研究与开发过程中往往存在较大的不确定性，在研究阶段尤其如此。为此，企业内部研究开发项目研究阶段的支出，应当于发生时计入当期损益；而企业内部研究开发项目开发阶段的支出，同时满足下列五个条件的，才能确认为无形资产：

（1）完成该无形资产以使其能够实用或出售在技术上具有可行性。判断无形资产的开发在技术上是否具有可行性，应当以目前阶段的成果为基础，并提供相关证据和材料，证明企业进行开发所需的技术条件等已经具备，不存在技术上的障碍或其他不确定性。

（2）具有完成该无形资产并使用或出售的意图。企业能够说明其开发无形资产的目的。

（3）无形资产产生经济利益的方式。无形资产是否能够为企业带来经济利益，应当对运用该无形资产生产产品的市场情况进行可靠预计，以证明所生产的产品存在市场并能够带来经济利益，或能够证明市场上存在对该无形资产的需求。包括能够证明运用该无形资产生产的产品存在市场或无形资产本身存在市场；无形资产将在内部使用的，应当证明其有用性。

（4）有足够的技术、财物资源和其他资源支持，以完成该无形资产的开发，并有能力使用或出售该无形资产。企业能够证明可以取得无形资产开发所需要的技术、财务和其他资源，以及获得这些资源相关的计划。企业自有资金不足以提供支持的，应能够证明存在外部其他方面的资金支持，如银行等金融机构声明愿意为该无形资产的开发提供所需资金等。

（5）归属于该无形资产开发阶段的支出能够可靠地计量。企业对研究开发的支出应当单独核算，同时从事多项研究开发活动的，所发生的支出应当按照合理的标准在各项研究开发活动之间进行分配；无法合理分配的，应当计入当期损益。

【例 8-5】　　新世纪房地产开发公司自行研究、开发一项技术，截至 2010 年 12 月 31 日，研发支出合计 45 万元，经测试该项研发活动至此完成了研究阶段，从 2011 年 1 月 1 日起进入开发阶段。2010 年发生研发支出合计 38 万元，假定符合开发支出资本化的五个条件。2011 年 7 月 31 日，该项研发活动结束，最终开发出一项非专利技术。会计分录如下：

(1) 2010 年发生的研发支出。

借：研发支出——费用化支出　　　　　　　　　　　　　450 000
　　贷：银行存款等　　　　　　　　　　　　　　　　　　　450 000

(2) 2010 年 12 月 31 日，发生的研发支出全部属于研究阶段的支出。

借：管理费用　　　　　　　　　　　　　　　　　　　450 000
　　贷：研发支出——费用化支出　　　　　　　　　　　　　450 000

(3) 2011 年，发生开发支出并满足资本化确认条件。

借：研发支出——资本化支出　　　　　　　　　　　　380 000
　　贷：银行存款等　　　　　　　　　　　　　　　　　　380 000

(4) 2011 年 7 月 31 日，该技术研发完成并形成无形资产。

借：无形资产——非专利技术　　　　　　　　　　　　380 000
　　贷：研发支出——资本化支出　　　　　　　　　　　　380 000

第四节　无形资产的后续计量

一、无形资产摊销的核算

(一) 估计无形资产的使用寿命

无形资产属于企业的长期资产，能在较长的时间内给企业带来效益，企业应当于取得无形资产时分析判断其使用寿命。无形资产的使用寿命如为有限的，应当估计该使用寿命的年限或者构成使用寿命的产量等类似计量单位数量；无法预见无形资产为企业带来经济利益期限的，应当视为使用寿命不确定的无形资产。

企业估计无形资产的使用寿命通常来源于合同性权利或其他法定权利，且合同规定或法律规定有明确的使用年限。

(1) 来源于合同性权利或其他法定权利的无形资产，其使用寿命不应超过合同性权利或其他法定权利的期限。例如，企业取得某项外观设计专利权，法律规定的保护期限为 10 年，企业预计运用该项外观设计专利权所生产的产品在未来 5 年内会为企业带来经济效益。则该项外观设计专利权的预计使用寿命为 5 年。

(2) 合同性权利或其他法定权利在到期时因续约等延续，且有证据表明企业续约不需要付出大额成本的，续约期应当计入使用寿命。下列情况下，一般说明企业无须付出大额成本即可延续合同性权利或其他法定权利：有证据表明合同性权利或其他法定权利将被重新延续，如果在延续之前需要第三方的同意，则还需有第三方将会同意的证据；有证据表明为获得重新延续所必需的所有条件将被满足，以及企业为延续持有无形资产所付出的成本相对于预期从重新延续中流入企业的未来经济利益相比不具有重要性。

（3）合同或法律没有规定使用寿命的，企业应当综合各方面因素判断，以确定无形资产能为企业带来经济利益的期限。例如，聘请相关专家进行论证、与同行业的情况进行比较以及参考企业的历史经验等，来确定无形资产为企业带来未来经济利益的期限。

（4）上述方法仍无法合理确定无形资产为企业带来经济利益期限的，该项无形资产应作为使用寿命不确定的无形资产。例如，企业通过公开拍卖取得一项出租车运营许可证，按照所在地的规定，以现有出租车运营许可权为限，不再授予新的运营许可权，而且在旧的出租车报废以后，有关的运营许可权可用于新的出租车。企业估计在有限的未来，将持续经营出租车行业。对于该运营许可权，由于其能为企业带来未来经济利益的期限从目前情况来看无法可靠地估计，因而将其视为使用寿命不确定的无形资产。

（二）残值的确定

无形资产的残值意味着在其经济寿命结束之前，企业预计将会处置该无形资产，并且从该处置中获得利益。无形资产的残值一般为零，但下列情况除外：

（1）有第三方承诺在无形资产使用寿命结束时购买该无形资产；

（2）可以根据活跃市场得到预计残值信息，并且该市场在无形资产使用寿命结束时可能存在。

估计无形资产的残值应当以资产处置时的可收回金额为基础，此时的可收回金额是指在预计出售日，出售一项使用寿命已满且处于类似使用状况下同类无形资产预计的处置价格（扣除相关税费）。

（三）摊销期和摊销方法的确定

无形资产的摊销期自其可供使用（即其达到预定用途）时起至终止确认时止。在无形资产的使用寿命内系统地分摊其应摊销金额，应摊销金额为其成本扣除预计残值后的金额，已计提减值准备的无形资产，还应扣除已计提的无形资产减值准备累计金额。无形资产的摊销方法包括直线法、生产总量法等。企业选择的无形资产摊销方法，应当能够反映与该项无形资产有关的经济利益的预期实现方式，并一致地运用于不同会计期间；无法可靠确定其预期实现方式的，应当采用直线法进行摊销。

（四）使用寿命、残值以及摊销方法的年终复核

企业至少应当于每年年度终了，对无形资产的使用寿命、残值以及摊销方法进行复核，如果有证据表明无形资产的使用寿命、残值以及摊销方法不同于以前的估计，则对于使用寿命有限的无形资产，应改变其摊销年限、残值以及摊销方法，并按照会计估计变更进行处理。如果无形资产的残值重新估计以后高于其账面价值的，则该无形资产不再摊销，直至残值降至低于账面价值时再恢复摊销。

对于原来使用寿命不确定的无形资产，如果有证据表明其使用寿命是有限的，则应视为会计估计变更，应估计其使用寿命、残值，选择适当的摊销方法，按照使用寿命有限的无形资产的处理原则进行处理。

（五）无形资产摊销的账务处理

无形资产摊销就是将无形资产成本在其收益期限内进行系统地分配，使用寿命有限的无形资产应将其成本在使用寿命内系统、合理摊销，摊销时，借记"管理费用——无形资产摊销"科目，贷记"无形资产"科目；若某项无形资产包含的经济利益通过所生产的产品或其他资产实现，其摊销金额应当计入相关资产的成本。

【例8-6】　　新世纪房地产开发公司2010年1月1日外购一项无形资产，实际支付价款80万元。新世纪房地产开发公司合理估计该项无形资产的净残值为零，预计使用寿命为5年，按照直线法摊销。会计分录如下：

（1）2010年1月1日购入。

借：无形资产　　　　　　　　　　　　　　　　　　　　　　　800 000
　　贷：银行存款　　　　　　　　　　　　　　　　　　　　　　800 000

（2）2010年摊销。

借：管理费用　　　　　　　　　　　　　　　　　　　　　　　160 000
　　贷：无形资产　　　　　　　　　　　　　　　　　　　　　　160 000

（3）以后各年摊销同2010年。

二、无形资产处置的核算

（一）出售无形资产

企业出售无形资产，按实际取得的转让收入，借记"银行存款"等科目，按该项无形资产已计提的减值准备，借记"无形资产减值准备"科目，按无形资产的账面余额，贷记"无形资产"科目，按应支付的相关税费，贷记"应交税费"等科目，按其差额，借记"营业外支出——处置非流动资产损失"或贷记"营业外收入——处置非流动资产利得"科目。

【例8-7】　　新世纪房地产开发公司将拥有的一项专利权出售，取得收入200 000元，应交的营业税为10 000元。该专利权的账面余额为150 000元。会计分录如下：

借：银行存款　　　　　　　　　　　　　　　　　　　　　　　200 000
　　贷：无形资产——专利权　　　　　　　　　　　　　　　　　150 000
　　　　营业外收入——处置非流动资产利得　　　　　　　　　　　40 000
　　　　应交税费——应交营业税　　　　　　　　　　　　　　　　10 000

（二）无形资产的转让

企业所拥有的无形资产，可以依法转让。企业转让无形资产的方式有两种：一是转让其所有权，二是转让其使用权。两者的会计处理有所区别。

无形资产所有权的转让即为出售无形资产，按前述出售无形资产进行会计处理。

无形资产使用权的转让仅仅是将部分使用权让渡给其他单位或个人，出让方仍保留对该项无形资产的所有权，因而仍拥有使用、收益和处置的权利。受让方只能取得无形资产的使用权，在合同规定的范围内合理使用而无权转让。在转让无形资产使用权的情况下，由于转让企业仍拥有无形资产的所有权，因此，不应注销无形资产的账面摊余价值。按实际取得的转让收入，借记"银行存款"等科目，贷记"其他业务收入"科目，按支付的有关费用，借记"其他业务成本"科目，贷记"银行存款"等科目。

【例8-8】 新世纪房地产开发公司将某项土地使用权转让给甲公司,合同规定:受让方使用该土地使用权每10 000平方米需付给出让方4 000元。甲公司使用该土地使用权80 000平方米,汇来使用费32 000元已存入银行,新世纪房地产开发公司为此支付咨询费1 000元。会计分录如下:

(1)支付转让专利权使用权的咨询服务费。

借:其他业务成本——无形资产转让　　　　　　　　　　　　　　1 000
　　贷:银行存款　　　　　　　　　　　　　　　　　　　　　　　1 000

(2)收到受让方土地使用费。

借:银行存款　　　　　　　　　　　　　　　　　　　　　　　32 000
　　贷:其他业务收入——无形资产转让　　　　　　　　　　　　32 000

(三)无形资产的废弃

如果无形资产预期不能为企业带来经济利益,应当将该无形资产的账面价值予以转销。转销时,应按已计提的累计摊销额,借记"累计摊销"科目;按其账面余额,贷记"无形资产"科目;按其差额,借记"营业外支出——处置非流动资产损失"或贷记"营业外收入——处置非流动资产利得"科目。已经计提减值准备的,还应同时结转减值准备。

【例8-9】 新世纪房地产开发公司2007年12月31日某项专利权的账面余额为800万元,该专利权的残值为零,累计摊销额为400万元,已计提减值准备累计250万元。假定该专利权生产的产品已没有市场,预期不能再为企业带来经济利益。因此,新世纪房地产开发公司决定将该专利权报废。假定不考虑其他相关因素,会计分录如下:

借:累计摊销　　　　　　　　　　　　　　　　　　　　　　　4 000 000
　　无形资产减值准备　　　　　　　　　　　　　　　　　　　2 500 000
　　营业外支出——处置非流动资产损失　　　　　　　　　　　1 500 000
　　贷:无形资产——专利权　　　　　　　　　　　　　　　　8 000 000

第五节　无形资产的期末计量和减值

一、无形资产的期末清查

无形资产的期末清查是指通过对无形资产的盘点或核对,确定其实存数,查明账存数与实存数是否相符的一种专门方法。加强无形资产的清查工作,对于企业加强管理无形资产,充分发挥会计的监督作用具有重要意义。

企业应建立健全无形资产清查制度,于每年度终进行一次全面清查盘点,并根据需要不定期地进行全面或局部清查。对盘盈、盘亏的无形资产应及时查明原因,分清责任,并按规定做出处理。无形资产清查的范围和内容包括各项专利权、商标权、土地使用权、著作权、特许权和非专利技术等。

企业应定期对无形资产的账面价值进行检查。如发现存在减值的迹象,应对无形资产的可收回金额进行估计并登记无形资产备查账簿,在无形资产的报告中予以披露。

通过多方面充分论证分析,认为无形资产预期不能为企业带来经济利益时,应按规定的程序将无形资产的账面价值予以转销。无形资产预期不能为企业带来利益的情形主要包括：

（1）该项无形资产已被其他新技术等替代，且已不能为企业带来经济利益；

（2）该项无形资产不再受法律的保护，且不能给企业带来经济利益。

企业应实行逐级、定期报告制度，及时掌握无形资产的使用和运营情况。严格按照规定的格式和期限对其占有使用的无形资产的存量、状态等做出报告。对造成无形资产损失的重大事件应及时上报上级主管部门。

二、无形资产的期末计量

（一）判断是否存在减值迹象

企业应当在资产负债表日判断无形资产是否存在可能发生减值的迹象，如果发现以下一种或数种情况存在时，表明该无形资产可能发生了减值，则应对无形资产的可收回金额进行估计，并将该无形资产的账面价值超过可收回金额的部分确认为减值准备：

（1）该无形资产已被其他新技术等所替代，其为企业创造经济利益的能力受到重大不利影响；

（2）该无形资产的市价在当期大幅下跌，在剩余摊销年限内预期不会恢复；

（3）其他足以表明该无形资产的账面价值已超过可收回金额的情形。

（二）确定无形资产可收回金额

无形资产的可收回金额是指以下两项金额中较大者：

（1）无形资产的公允价值减去处置费用后的净额；

（2）无形资产预计未来现金流量的现值。

处置费用包括与无形资产处置有关的法律费用、相关税费以及为使该无形资产达到可销售状态所发生的直接费用等。

（三）计提无形资产减值准备

如果无形资产的账面价值超过其可收回金额，则应按超过部分确认无形资产减值准备。计提的无形资产减值准备计入当期损益。

（四）禁止减值损失的转回

由于公允价值的确定很大程度上是靠人为判断。因此，为防止企业滥用减值政策，人为调整企业利润，《企业会计准则》规定，无形资产减值损失一经确认，在以后会计期间不得转回。

三、无形资产减值的会计处理

企业的无形资产在资产负债表日存在可能发生减值的迹象时，判断可收回金额是否低于账面价值，若是低于其账面价值，企业应当将该无形资产的账面价值减记至可收回金额，减记的金额确认为减值损失，计入当期损益，同时计提相应的资产减值准备，按应减记的金额，借记"资产减值损失——无形资产减值损失"科目，贷记"无形资产减值准备"。无形资产减值损失一经确认，在以后会计期间不得转回。

【例8-10】 2010年12月31日，市场上某项技术生产的新产品销售势头较好，对新世纪房地产开发公司的销售产生重大不利影响。新世纪房地产开发公司外购的类似专利技术的账面价值为 400 000 元，经减值测试，该专利技术的可回收金额为 360 000 元。

由于该专利权在资产负债表日的账面价值为 400 000 元，可回收金额为 360 000 元，可回收金额低于其账面价值，应按其差额 40 000 元计提减值准备。会计分录如下：

借：资产减值损失——无形资产减值损失 　　　　　　　　40 000
　　贷：无形资产减值准备 　　　　　　　　　　　　　　　　　40 000

简答题

1. 无形资产的概念和特征是什么？
2. 在会计实务中，如何判断无形资产所创造的经济利益是否很可能流入企业？
3. 无形资产应如何摊销？
4. 企业自行研究开发无形资产的支出是如何核算的？
5. 企业应如何计提无形资产的减值准备？
6. 无形资产在什么情况下计提减值准备？

业务处理题

1. （1）A 房地产公司 2005 年 1 月 1 日购入一项非专利技术，支付的价款 800 万元，相关税费 40 万元，以银行存款支付，该非专利技术合同规定受益年限为 10 年，预计净残值为 0。

（2）2008 年 12 月 31 日，由于该专利技术相关因素发生不利变化，导致其发生减值，A 房地产公司估计其可收回金额为 300 万元。

（3）2009 年 1 月 1 日，A 公司将其非专利技术出售给 D 公司，收回价款 220 万元存入银行。该公司营业税税率为 5%，假定不考虑其他税费。

要求：

（1）编制 2005 年购入非专利技术的会计分录。

（2）编制该非专利技术摊销的会计分录。

（3）编制 2008 年 12 月 31 日计提该非专利技术减值准备的会计分录。

（4）编制 2009 年 1 月 1 日有关该非专利技术出售的会计分录。

2. （1）甲房地产公司自 2010 年初开始自行研究开发一项新专利技术，2010 年发生相关研发支出 70 万元，符合资本化条件前的开发支出 30 万元，符合资本化之后的开发支出 40 万元，2011 年至无形资产达到预定用途前开发支出 110 万元。2011 年 7 月 30 日专利技术获得成功并投入使用。

（2）甲房地产公司预计使用该专利技术会在未来 10 年内给企业带来经济利益。乙公司向甲公司承诺 5 年后以 30 万元购买该项专利权。甲房地产公司管理层计划在 5 年内将其出售给乙公司。甲房地产公司采用直线法摊销无形资产。

（3）2012 年 12 月 31 日该项专利权出现减值迹象，预计可收回金额为 72 万元，假定之前没有发生减值。计提减值准备后该无形资产原预计使用年限、摊销方法不变。

要求：根据上述资料，编制与无形资产相关的会计分录。

CHAPTER

9

第九章
流动负债

第一节　房地产开发企业流动负债概述

负债是指由于过去的交易、事项形成的现有义务，履行该义务预期会导致经济利益流出企业。负债具有以下主要特征：

（1）负债是由过去的交易或事项而产生的，而且是现在已经承担的责任。对于企业正在筹划的未来交易或事项，如企业已经签署但尚未生效的合同与合作事项等，并不构成企业目前的负债。

（2）负债对于企业而言，是强制性的义务，它可能属于法律、合同或类似文件的要求。非强制性的、属于可有可无的责任，如计划对慈善机构的捐赠等，则不能形成企业的负债。

（3）负债通常需要在未来某一特定时日用资产（一般是货币资金）或劳务来偿付。在某些情况下，现有负债可能通过承诺新的负债（即债务的展期）或转化为所有者权益来予以了结，但最终都要导致企业资产的流出。

负债可以按偿还期长短的不同，分为流动负债和非流动负债。流动负债，是指预计在一个正常营业周期中清偿、或者主要为交易目的而持有、或者自资产负债表日起一年内（含一年）到期应予以清偿、或者企业无权自主地将清偿推迟至资产负债表日后一年以上的负债。

第二节　流动负债的核算

一、短期借款的核算

（一）短期借款的核算内容

短期借款，是指企业向银行或其他金融机构等借入的期限在一年以下（含一年）的各种借款，通常是为了满足正常生产经营的需要。无论借入款项的来源如何，企业均需要向债权人按期偿还借款的本金及利息。

（二）短期借款的会计处理

企业应通过"短期借款"科目核算短期借款的取得和偿还情况。该科目贷方登记取得借款本金的数额，借方登记偿还借款本金的数额，余额在贷方，表示尚未偿还的短期借款。该科目可按借款种类、借款人和币种进行明细核算。

企业取得短期借款时，借记"银行存款"等科目，贷记"短期借款"科目，偿还本金时作相反会计分录。在实际工作中，银行一般于每季度末收取短期借款利息，为此，企业的短期借款利息一般采用月末预提的方式进行核算。短期借款利息属于筹资费用，应记入"财务费用"科目。企业应在资产负债表日按照计算确定的短期借款利息费用，借记"财务费用"科目，贷记"应付利息"科目；实际支付利息时，根据已预提的利息，借记"应付利息"科目，根据应记利息，借记"财务费用"科目，根据应付利息总额，贷记"银行存款"科目。

【例 9-1】 新世纪房地产开发公司于2010年1月1日向银行借款160万元，期限9个月，年利率6%，该借款到期后按期如数归还，利息分月预提，按季支付。会计分录如下：

（1）1月1日借入款项时。

借：银行存款		1 600 000
贷：短期借款		1 600 000

（2）1月末预提当月利息时。

借：财务费用（1 600 000×6%÷12）		8 000
贷：应付利息		8 000

2月末预提当月利息的处理同上。

（3）3月末支付本季度应付利息时。

借：财务费用		8 000
应付利息		16 000
贷：银行存款		24 000

第二、三季度的账务处理同上。

（4）10月1日偿还借款本金时。

借：短期借款		1 600 000
贷：银行存款		1 600 000

二、交易性金融负债的核算

交易性金融负债，主要是指企业为了近期内回购而承担的金融负债。比如，企业以赚取差价为目的从二级市场购入的股票、债券、基金等。

满足以下条件之一的金融负债，应当划分为交易性金融负债：

（1）承担该金融负债的目的，主要是为了近期内出售或回购。也就是说，企业承担交易性金融负债的主要目的，就是为了从其价格或交易商保证金的短期波动中获利。例如，企业为充分利用闲置资金、以赚取差价为目的从二级市场购入的外汇期货等。

（2）属于进行集中管理的可辨认金融工具组合的一部分，且有客观证据表明企业近期采用短期获利方式对该组合进行管理。在这种情况下，即使组合中有某个组成项目持有的期限稍长也不受影响。

（3）属于衍生工具。但是，被指定且为有效套期工具的衍生工具、属于财务担保合同的衍生工具、与在活跃市场中没有报价且其公允价值不能可靠计量的权益工具投资挂钩并须通过交付该权益工具结算的衍生工具除外。其中，财务担保合同是指保证人和债权人约定，当债权人不履行债务时，保证人按照约定履行债务或者承担责任的合同。

企业可设置"交易性金融负债"科目核算其持有的以公允价值计量且其变动计入当期损益的金融负债和直接指定为以公允价值计量且其变动计入当期损益的金融负债。衍生金融负债不在本科目核算。按照交易性金融负债类别，分别设置"本金"、"公允价值变动"明细科目进行明细核算。

资产负债表日，交易性金融负债的公允价值高于其账面余额的差额，借记"公允价值变动损益"科目，贷记"交易性金融负债——公允价值变动"科目；公允价值低于其账面余额的差额，做相反的会计分录。

三、应付票据的核算

（一）应付票据核算的内容

应付票据，是指企业购买材料、商品和接受劳务供应等而开出、承兑的商业汇票，包括商业承兑汇票和银行承兑汇票。

应付票据的核算主要包括签发或承兑商业汇票、支付票款等内容，根据商业承兑汇票与银行承兑汇票的不同，在会计处理上亦有所差异。为了反映和监督"应付票据"的形成及其偿还情况，企业应设置"应付票据"科目，以及"应付票据登记簿"进行会计核算。

（二）应付票据的会计处理

1. 发生应付票据

企业对于签发的应付商业承兑汇票，应借记"原材料"或"应付账款"等科目，贷记"应付票据"科目。对于签发的银行承兑汇票，按面值的万分之五向承兑银行交付的手续费，应作为财务费用处理，借记"财务费用"科目，贷记"银行存款"科目。

【例9-2】　新世纪房地产开发公司3月6日开出一张面值为70.2万元、期限为5个月的不带息商业汇票，用以采购一批材料，已交付承兑手续费60元。增值税专用发票上注明的材料价款为60万元，增值税额为10.2万元，材料验收入库，企业按实际成本计价核算。会计分录如下：

借：原材料　　　　　　　　　　　　　　　　　　　　702 000
　　贷：应付票据　　　　　　　　　　　　　　　　　702 000
借：财务费用　　　　　　　　　　　　　　　　　　　　　60
　　贷：银行存款　　　　　　　　　　　　　　　　　　　60

2. 偿还应付票据

应付票据到期支付票款时，应按账面余额予以结转，借记"应付票据"科目，贷记"银行存款"科目。

【例9-3】　承上例，8月6日，新世纪房地产开发公司于3月6日开具的商业汇票到期，公司通知其开户银行以银行存款支付票款。会计分录如下：

借：应付票据 702 000
　　贷：银行存款 702 000

3. 转销应付票据

应付银行承兑汇票到期，如企业无力支付票款，应将应付票据的账面余额转作短期借款，借记"应付票据"科目，贷记"短期借款"科目。

【例9-4】 承上例，假设上述商业汇票为银行承兑汇票，该汇票到期时新世纪房地产开发公司无力支付票款。会计分录如下：

借：应付票据 702 000
　　贷：短期借款 702 000

四、应付和预收款项的核算

（一）应付账款

1. 应付账款的核算内容

应付账款，是指企业因购买材料、商品和接受劳务供应等应支付给供应商的款项。应付账款一般应在与所购买物资所有权相关的主要风险和报酬已经转移，或者所购买的劳务已经接受时确认。在实务工作中，为了使所购入物资的金额、品种、数量和质量等与合同规定的条款相符，避免因验收时发现所购物资存放数量或质量问题而对入账的物资或应付账款金额进行改动，在物资和发票账单同时到达的情况下，一般在所购物资验收入库后，再根据发票账单登记入账，确认应付账款。在所购物资已经验收入库，但是发票账单未能同时到达的情况下，企业应付供应单位的债务已经成立，在会计期末，为了反映企业的负债情况，需要将所购物资和相关的应付账款暂估入账，待下月初作相反分录予以冲回。

为了反映和监督应付账款的形成及其偿还情况，企业应设置"应付账款"科目，并按供应单位设置明细科目。

2. 应付账款的会计处理

（1）发生应付账款。企业购入材料、商品或接受劳务所产生的应付账款，按应付金额入账。购入材料、商品等验收入库，但货款尚未支付，根据有关凭证（发票账单、随货同行发票上记载的实际价款或暂估价值），借记"材料采购"、"在途物资"等科目，按可抵扣的增值税额，借记"应交税费——应交增值税（进项税额）"科目，按应付的价款，贷记"应付账款"科目。企业接受供应单位提供劳务而发生的应付未付账款，根据供应单位的发票账单，借记"开发成本"、"管理费用"等科目，贷记"应付账款"科目。

应付账款附有现金折扣的，应按照扣除现金折扣前的应付款总额入账。因在折扣期限内付款而获得的现金折扣，应在偿付应付账款时冲减财务费用。

【例9-5】 新世纪房地产开发公司2011年3月1日采用托收承付结算方式向甲公司购入材料一批，货款80万元，增值税13.6万元，对方代垫运杂费1 000元。材料已运到并验收入库，款项尚未支付。会计分录如下：

借：原材料 937 000

　　　贷：应付账款——甲公司　　　　　　　　　　　　　　　　　　937 000

　　本例中，按照购货协议规定，新世纪房地产开发公司如在 10 天内付清货款，将获得按货款金额计算 1% 的现金折扣，新世纪房地产开发公司应按照扣除现金折扣前的应付账款总额 937 000 元入账。

　　（2）偿还应付账款。企业偿还应付账款或开出商业汇票抵付应付账款时，借记"应付账款"科目，贷记"银行存款"、"应付票据"等科目。

　　【例 9-6】　承上例，新世纪房地产开发公司于 3 月 10 日，按照扣除现金折扣后的金额，用银行存款付清了欠甲公司的货款。会计分录如下：

　　　借：应付账款——甲公司　　　　　　　　　　　　　　　　　　937 000
　　　　贷：银行存款　　　　　　　　　　　　　　　　　　　　　　929 000
　　　　　　财务费用　　　　　　　　　　　　　　　　　　　　　　　8 000

　　（3）转销应付账款。企业转销确实无法支付的应付账款（比如因债权人撤销等原因而产生无法支付的应付账款），应按其账面余额计入营业外收入，借记"应付账款"科目，贷记"营业外收入"科目。

　　（二）预收账款

　　1. 预收账款核算的内容

　　预收账款，是指企业按照合同规定向购货单位预收的款项。与应付账款不同，预收账款所形成的负债不是以货币偿付，而是以货物偿付。有些购销合同规定，销货企业可向购货企业预先收取一部分货款，待向对方发货后再收取其余货款。企业在发货前收取的货款，表明企业承担了会在未来导致经济利益流出企业的应履行的义务，因此成为企业的一项负债。

　　企业应通过"预收账款"科目核算预收账款的取得、偿付等情况。该科目贷方登记收取的预收账款金额和购货单位补付账款金额，借方登记企业向购货方发货后冲销的预售账款金额和退回购货方多付账款金额。余额一般在贷方，反映企业向购货单位预收款项但尚未向购货方发货的金额，如为借方余额，反映企业尚未转销的款项。企业应当按照购货单位设置明细科目进行核算。

　　2. 预收账款的会计处理

　　企业向购货单位预收款项时，借记"银行存款"科目，贷记"预收账款"科目；销售实现时，借记"预收账款"科目，按照实现的营业收入，贷记"主营业务收入"科目，按照增值税专用发票上注明的增值税额，贷记"应交税费——应交增值税（销项税额）"等科目；企业收到购货单位补付的款项，借记"银行存款"科目，贷记"预收账款"科目；向购货单位退回其多付的款项时，借记"预收账款"科目，贷记"银行存款"科目。

　　【例 9-7】　新世纪房地产开发公司所属独立核算的建材公司为增值税一般纳税人。2011 年 5 月 3 日，建材公司与甲公司签订供货合同，向其出售一批设备，货款金额共计 100 万元，应交增值税 17 万元。根据购货合同规定，甲公司在购货合同签订一周内，应当向建材公司预付货款 60 万元，剩余货款在交货后付清。2007 年 5 月 9 日，建材公司收到甲公司交来的预付款 60 万元并存入银行，5 月 15 日建材公司将货物发到甲公司并开出增值税发票，甲公司验收合格后付清了剩余货款。建材公司会计分录如下：

（1）5月9日收到甲公司交来预付款60万元。

　　借：银行存款　　　　　　　　　　　　　　　　　　　600 000

　　　　贷：预收账款——甲公司　　　　　　　　　　　　　600 000

（2）5月15日建材公司发货后收到甲公司剩余货款。

　　借：预收账款——甲公司　　　　　　　　　　　　　1 170 000

　　　　贷：主营业务收入　　　　　　　　　　　　　　1 000 000

　　　　　　应交税费——应交增值税（销项税额）　　　　170 000

　　借：银行存款　　　　　　　　　　　　　　　　　　　570 000

　　　　贷：预收账款　　　　　　　　　　　　　　　　　570 000

　　本例中，若建材公司只向甲公司供货40万元，则应退回预收账款132 000元。会计分录如下：

　　借：预收账款——甲公司　　　　　　　　　　　　　　600 000

　　　　贷：主营业务收入　　　　　　　　　　　　　　　400 000

　　　　　　应交税费——应交增值税（销项税额）　　　　　68 000

　　　　　　银行存款　　　　　　　　　　　　　　　　　132 000

　　值得注意的是，企业预收款情况不多的，也可以不设"预收账款"科目，将预收的款项直接记入"应收账款"科目的贷方。

五、应交税费的核算

　　企业根据税法规定应缴纳的各种税费包括：增值税、消费税、营业税、城市维护建设税、资源税、所得税、土地增值税、房产税、车船税、土地使用税、教育费附加、印花税、耕地占用税等。

　　企业应通过"应交税费"科目，总括反映各种税费的缴纳情况，并按照应交税费项目进行明细核算。该科目贷方登记应缴纳的各种税费，借方登记实际缴纳的税费。期末余额一般在贷方，反映企业尚未缴纳的税费；期末余额如在借方，反映企业多交或尚未抵扣的税费。企业缴纳的印花税、耕地占用税等不需要预计应交数的税金，不通过"应交税费"科目核算。

（一）应交增值税

　　增值税是指对我国境内销售货物、进口货物，或提供加工、修理修配劳务的增值额征收的一种流转税，增值税的缴纳分为一般纳税人和小规模纳税人。房地产企业属于营业税纳税人，但所属独立核算的企业销售货物或提供劳务等认定为增值税纳税企业的，则应该按照规定核算企业应交增值税的发生、抵扣、缴纳、退税及转出等情况。企业应在"应交税费"科目下设置"应交增值税"明细科目，并在该明细科目内设置"进项税额"、"已交税金"、"销项税额"、"出口退税"、"进项税额转出"等专栏。

　　1. 采购物资和接受应税劳务

　　企业从国内采购物资或接受应税劳务等，根据增值税专用发票上记载的应计入采购成本或应计入加工、修理修配等物资成本的金额，借记"原材料"、"在途物资"、"开发成本"、"开发间接费用"、"委托加工物资"、"管理费用"等科目，按照应付或实际支付的金额，贷记"应付账款"、"应付票据"、"银行存款"等科目。发生退货，作相反的会计分录。

【例9-8】 新世纪房地产开发公司所属独立核算的建材公司购入原材料一批,增值税专用发票上注明货款800 000元,增值税额136 000元,货物尚未到达,货款和进项税已用银行存款支付。该企业采用实际成本对原材料进行核算。会计分录如下:

借:原材料 800 000

　应交税费——应交增值税（进项税额） 136 000

　贷:银行存款 936 000

【例9-9】 新世纪房地产开发公司购入不需要安装设备一台,价款及运输保险等费用合计40万元,增值税专用发票上注明的增值税额68 000元,款项尚未支付。会计分录如下:

借:固定资产 468 000

　贷:应付账款 468 000

本例中,由于房地产企业缴纳营业税,故企业购进固定资产所支付的增值税额68 000元应计入固定资产的成本。

2．进项税额转出

企业购进的货物发生非常损失,以及将购进货物改变用途（如用于非应税项目、集体福利或个人消费等）,其进项税额应通过"应交税费——应交增值税（进项税额转出）"科目转入有关科目,借记"待处理财产损溢"、"在建工程"、"应付职工薪酬"等科目,贷记"应交税费——应交增值税（进项税额转出）"科目;属于转作待处理财产损溢的进项税额,应与遭受非常损失的购进货物、在产品或开发产品的成本一并处理。

购进货物改变用途通常是指购进的货物在没有经任何加工的情况下,对内改变用途的行为,如在建工程领用原材料、企业下属医务室等福利部门领用原材料等。

【例9-10】 新世纪房地产开发公司所属独立核算的建材公司因火灾意外毁损库存材料一批,有关增值税专用发票确认的成本为200 000元,增值税额34 000元。会计分录如下:

借:待处理财产损溢——待处理流动资产损溢 234 000

　贷:原材料 200 000

　　应付税费——应交增值税（进项税额转出） 34 000

3．销售货物或者提供应税劳务

企业销售货物或者提供应税劳务,按照营业收入和应收的增值税税额,借记"应收账款"、"应收票据"、"银行存款"等科目,按专用发票上注明的增值税税额,贷记"应交税费——应交增值税（销项税额）"等科目,按照实现的营业收入,贷记"主营业务收入"、"其他业务收入"等科目。发生的销售退回,作相反的会计分录。

4．缴纳增值税

企业缴纳的增值税,借记"应交税费——应交增值税（已交税金）"科目,贷记"银行存款"科目。"应交税费——应交增值税"科目的贷方余额,表示企业应缴纳的增值税额。

(二) 应交消费税

消费税是指我国境内生产、委托加工和进口应税消费品的单位和个人,按其流转额缴纳的一种税。消费税有从价定率和从量定额两种征收方法。采取从价定率方法征收的消费税，以不含增值税的销售额为税基，按照税法规定的税率计算。企业的销售收入包含增值税的，应将其换算为不含增值税的销售额。采取从量定额计征的消费税，根据企业应税消费品的数量和单位应税消费品应缴纳的消费税计算确定。企业应在"应交税费"科目下设置"应交消费税"明细科目，核算应交消费税的发生、缴纳情况。该科目贷方登记应缴纳的消费税，借方登记已缴纳的消费税；期末贷方余额为尚未缴纳的消费税，借方余额为多缴纳的消费税。

1. 销售应税消费品

企业销售应税消费品应交的消费税，应借记"营业税金及附加"科目，贷记"应交税费——应交消费税"科目。

【例9-11】 新世纪房地产开发公司所属独立核算的地板厂销售所生产的木质地板，价款100万元，（不含增值税），适用的消费税税率为5%。会计分录如下：

    借：营业税金及附加   50 000
      贷：应交税费——应交消费税   50 000

2. 自产自用应税消费品

企业将生产的应税消费品用于在建工程等非生产环节时，按规定应缴纳的消费税，借记"在建工程"等科目，贷记"应交税费——应交消费税"科目。

（三）应交营业税

营业税是对在我国境内提供应税劳务、转让无形资产或销售不动产的单位和个人征收的流转税。营业税以营业额作为计税依据。营业额是指纳税人提供应税劳务、转让无形资产和销售不动产而向对方收取的全部价款和价外费用。税法规定的营业税税率从3%～20%不等。企业应在"应交税费"科目下设置"应交营业税"明细科目，核算营业税的发生、缴纳情况。

房地产开发企业的营业税应税项目主要涉及以下几个方面：

1. 转让土地使用权

转让土地使用权是指土地使用者转让土地使用权的行为，土地所有者出让土地使用权和土地使用者将土地使用权归还给土地所有者的行为，不征收营业税。土地租赁，不按本税目征税。

2. 销售不动产

销售不动产是指有偿转让不动产所有权的行为。不动产，是指不能移动，移动后会引起性质、形状改变的财产。本税目的征收范围包括：销售建筑物或构筑物，销售其他土地附着物。其中：销售建筑物或构筑物是指有偿转让建筑物或构筑物的所有权的行为。以转让有限产权或永久使用权方式销售建筑物的，视同销售建筑物。销售其他土地附着物是指有偿转让其他土地附着物的所有权的行为。其他土地附着物，是指建筑物或构筑物以外的其他附着于土地的不动产。在销售不动产时连同不动产所占土地的使用权一并转让的行为，比照销售不动产征税。不动产租赁，不按本税目征税。

3. 其他应税行为

其他应税行为包括：单位将不动产无偿赠与他人，视同销售不动产；以不动产投资入股，参与接受投资方利润分配、共同承担投资风险的行为，不征营业税，但转让该项股权，应按本税目征税。

4. 营业税的计税依据

（1）转让土地使用权的营业税计税依据。按规定，纳税人的营业额为纳税人销售不动产向对方收取的全部价款和价外费用。因此，房地产企业转让土地使用权征收营业税的计税依据为房地产企业转让土地使用权向对方收取的全部价款和价外费用。

（2）销售不动产的营业税计税依据。按规定，纳税人的营业额为纳税人销售不动产向对方收取的全部价款和价外费用。

《中华人民共和国营业税暂行条例实施细则》第十五条规定，纳税人销售不动产价格明显偏低而无正当理由的，主管税务机关有权按下列顺序核定其营业额：按纳税人当月提供的同类应税劳务或者销售的同类不动产的平均价格核定；按纳税人最近时期提供的同类应税劳务或者销售的同类不动产的平均价格核定；按下列公式核定计税价格：

$$计税价格=\frac{营业成本或工程成本\times(1+成本利润率)}{1-营业税税率}$$

【例 9-12】　新世纪房地产公司2011年8月对外转让土地使用权，取得转让价款10 000万元，计算缴纳营业税500万元。新世纪房地产公司根据有关原始凭证，编制会计分录如下：

（1）计提营业税金。

借：营业税金及附加　　　　　　　　　　　　　　　　　　5 000 000
　　贷：应交税费——应交营业税　　　　　　　　　　　　　　　5 000 000

（2）实际缴纳税金。

借：应交税费——应交营业税　　　　　　　　　　　　　　5 000 000
　　贷：银行存款　　　　　　　　　　　　　　　　　　　　　5 000 000

房地产企业以房屋等不动产作为其经营的主要业务，因此，其缴纳的营业税，应和其他企业主营业务的核算一样，记入"营业税金及附加"账户。

房地产企业的特殊性在于房屋的预售制，即房地产企业在开发产品建造过程中就开始收取房屋的销售款，收取的款项记入"预收账款"科目，待开发产品竣工交付时，才将预收的销售款转为收入。

房地产企业按照预收款预缴营业税金时，借记"应交税费——应交营业税"科目，贷记"银行存款"科目。销售收入实现时，按实际应缴纳的营业税金，借记"营业税金及附加"科目，贷记"应交税费——应交营业税"科目。实际应缴纳金额大于预缴金额时，应补缴营业税金，借记"应交税费——应交营业税"科目，贷记"银行存款"科目。

在计算预缴企业所得税时，预缴的营业税金可以扣除。

【例 9-13】　新世纪房地产公司2008年8月销售不动产，取得预售房款4 000万元，应预缴营业税金200万元。余款2 000万元在交付该不动产时收取，应补缴营业税金100万元。新世纪公司根据有关原始凭证，编制会计分录如下：

（1）收到预售房款。

借：银行存款　　　　　　　　　　　　　　　　　　　　40 000 000

| | 贷：预收账款 | 40 000 000 |

（2）预缴营业税金。

| | 借：应交税费——应交营业税 | 2 000 000 |
| | 贷：银行存款 | 2 000 000 |

（3）收到余款时。

| | 借：银行存款 | 20 000 000 |
| | 贷：预收账款 | 20 000 000 |

同时，

| | 借：预收账款 | 60 000 000 |
| | 贷：主营业务收入 | 60 000 000 |

（4）计提实际应交营业税金。

| | 借：营业税金及附加 | 3 000 000 |
| | 贷：应交税费——应交营业税 | 3 000 000 |

（5）补缴营业税金。

| | 借：应交税费——应交营业税 | 1 000 000 |
| | 贷：银行存款 | 1 000 000 |

房地产开发企业将作为固定资产管理和使用的房屋、建筑物对外销售、捐赠时，应视同非房地产开发企业销售不动产进行核算。

【例 9-14】 新世纪房地产公司2011年8月将自己开发的商品房赠送给某公司，该商品房账面价值为2 000万元，按税法规定还应缴纳营业税100万元。新世纪房地产公司根据有关原始凭证，编制分计分录如下：

（1）结转成本。

| | 借：营业外支出 | 20 000 000 |
| | 贷：库存商品 | 20 000 000 |

（2）计提营业税金及附加。

| | 借：营业外支出 | 1 000 000 |
| | 贷：应交税费——应交营业税 | 1 000 000 |

（3）实际缴纳税金。

| | 借：应交税费——应交营业税 | 1 000 000 |
| | 贷：银行存款 | 1 000 000 |

房地产企业除正常的销售行为以外，还存在其他一些非正常的销售行为，包括将开发产品用于职工福利、分配给股东或投资人以及用于非货币性资产交换等行为。这些行为无论是在会计核算上，还是在税务处理上都属于销售行为，房地产企业应将其视为销售行为进行会计处理和税务处理。

【例 9-15】 新世纪房地产公司2011年8月将自己开发的商品房作为股利分配给股东，该商品房账面价值为2 000万元，市场销售价格为3 000万元，按税法规定还应缴纳营业税150万元。新世纪公司根据有关原始凭证，编制分计分录如下：

（1）分配股利时。

| | 借：利润分配 | 30 000 000 |

　　　　　贷：应付股利　　　　　　　　　　　　　　　　　　　　　　　　30 000 000
　（2）办理商品房过户手续时。
　　　借：应付股利　　　　　　　　　　　　　　　　　　　　　　　　　30 000 000
　　　　　贷：主营业务收入　　　　　　　　　　　　　　　　　　　　　30 000 000
　（3）结转商品房成本。
　　　借：主营业务成本　　　　　　　　　　　　　　　　　　　　　　　20 000 000
　　　　　贷：库存商品　　　　　　　　　　　　　　　　　　　　　　　20 000 000
　（4）计提税金。
　　　借：营业税金及附加　　　　　　　　　　　　　　　　　　　　　　 1 500 000
　　　　　贷：应交税费——应交营业税　　　　　　　　　　　　　　　　 1 500 000

　　房地产企业在将开发产品转为出租物业时，不缴纳营业税，但在出租物业时，应按照收取的租金计算缴纳营业税。

　　【例 9-16】　新世纪房地产公司 2011 年 8 月将自己开发的商品房对外出租，8 月份取得租金收入 100 万元，按税法规定应缴纳营业税 5 万元。新世纪公司根据有关原始凭证，编制分计分录如下：
　（1）结转收入。
　　　借：银行存款　　　　　　　　　　　　　　　　　　　　　　　　　 1 000 000
　　　　　贷：其他业务收入　　　　　　　　　　　　　　　　　　　　　 1 000 000
　（2）计提营业税金及附加。
　　　借：营业税金及附加　　　　　　　　　　　　　　　　　　　　　　　 50 000
　　　　　贷：应交税费——应交营业税　　　　　　　　　　　　　　　　　 50 000
　（3）实际缴纳税金。
　　　借：应交税费——应交营业税　　　　　　　　　　　　　　　　　　　 50 000
　　　　　贷：银行存款　　　　　　　　　　　　　　　　　　　　　　　　 50 000

　　房地产企业在将开发产品转为自营物业时，不缴纳营业税，但在自营过程中，对产生的自营收入应计算缴纳营业税。

（四）土地增值税

　　房地产企业在转让国有土地使用权、地上建筑物及其附着物（简称房地产）时，就其转让房地产所取得的增值额缴纳土地增值税。

　　土地增值税按照转让房地产所取得的增值额和适用税率计算征收。

　　其计算公式为：

$$应纳税额 = \sum（每级距的土地增值额 \times 适用税率）$$

　　或：

$$应纳税额 = 土地增值额 \times 适用税率 - 扣除项目金额 \times 速算扣除率$$

　　增值额未超过扣除项目金额 50% 的：

$$土地增值税税额 = 土地增值额 \times 30\%$$

　　增值额超过扣除项目金额 50%，未超过 100% 的：

$$土地增值税税额＝土地增值额×40\%－扣除项目金额×5\%$$

增值额超过扣除项目金额100％，未超过200％的：

$$土地增值税税额＝土地增值额×50\%－扣除项目金额×15\%$$

增值额超过扣除项目金额200％时：

$$土地增值税税额＝土地增值额×60\%－扣除项目金额×35\%$$

公式中的5％，15％，35％为速算扣除率。

开发和销售房地产是房地产企业的主营业务，所以，房地产企业转让国有土地使用权、地上建筑物及其附着物，其收入应通过"主营业务收入"等账户进行核算。由于土地增值税是在转让房地产的流转环节缴纳，并且是为了取得当期营业收入而支付的费用，因此，土地增值税与营业税的会计处理相同。按销售房地产取得的增值额和规定的税率计算的土地增值税，借记"营业税金及附加"科目，贷记"应交税费——应交土地增值税"科目，实际上缴时，借记"应交税费——应交土地增值税"科目，贷记"银行存款"科目。

【例 9-17】 新世纪房地产公司销售房地产取得转让收入 2 000 000 元，扣除项目金额为 1 200 000 元。计算该企业应交的土地增值税额并作会计处理。

（1）应纳税额的计算。

$$增值额＝2\,000\,000－1\,200\,000＝800\,000（元）$$
$$增值额与扣除项目金额的比率＝800\,000÷1\,200\,000≈67\%$$
$$应纳税额＝800\,000×40\%－1\,200\,000×5\%＝26（万元）$$

（2）会计处理如下：

①取得房地产转让收入。

借：银行存款	2 000 000
贷：主营业务收入	2 000 000

②计提土地增值税。

借：营业税金及附加	260 000
贷：应交税费——应交土地增值税	260 000

③实际缴纳税款。

借：应交税费——应交土地增值税	260 000
贷：银行存款	260 000

在现房销售情况下，采用一次性收款、房地产移交使用、发票账单提交买主、钱货两清的，应于房地产已经移交和发票结算账单提交买主时作为销售实现时间。在现房销售情况下，采用赊销、分期收款方式的，应以合同规定的收款时间作为销售实现时间，分次结转收入。

【例 9-18】 新世纪房地产公司转让高级公寓一栋,获得货币收入 7 500 万元，购买方原准备盖楼的钢材 2 100 吨（每吨 2 500 元）。公司为取得土地使用权支付 1 450 万元，开发土地、建房及配套设施等支出 2 110 万元，支付开发费用 480 万元（其中：利息支出 295 万元，未超过标准），支付转让房地产的有关税金 47 万元。应纳土地增值税为 1 053.6 万元。

编制会计分录如下：

（1）收入实现时。

借：银行存款　75 000 000

　　贷：主营业务收入　75 000 000

借：原材料　5 250 000

　　贷：主营业务收入　5 250 000

（2）计提土地增值税。

土地增值税应税收入＝7 500＋525＝8 025（万元）

土地增值税扣除金额＝1 450＋2 110＋（1 450＋2 110）×5％＋295

　　　　　　　　　＋（1 450＋2 110）×20％＝4 745（万元）

增值额＝8 025－4 745＝3 280（万元）

应纳税额＝3 280×40％－4 745×5％＝1 074.75（万元）

借：营业税金及附加　10 747 500

　　贷：应交税费——应交土地增值税　10 747 500

按照《中华人民共和国城市房地产管理法》的规定，商品房可以预售，但应符合下列条件：已交付全部土地使用权出让金，取得土地使用权证书；持有建设工程规划许可证；按提供预售的商品房计算，投入开发建设的资金达到总投资的 25％以上，并已经确定工程进度和竣工交付日期；向县级以上人民政府房产管理部门办理预售登记，取得商品房预售许可证明。

在商品房预售的情况下，商品房交付使用前采取一次性收款或分次收款的，收到购房款时，借记"银行存款"科目，贷记"预收账款"科目；按规定预缴土地增值税时，借记"应交税费——应交土地增值税"科目，贷记"银行存款"等科目。该商品房交付使用后，开出发票结算账单交给买主时，作为收入实现，借记"应收账款"科目，贷记"主营业务收入"科目；同时，将"预收账款"转入"应收账款"，并计算由实现的营业收入负担的土地增值税，借记"营业税金及附加"等科目，贷记"应交税费——应交土地增值税"科目。按照税法的规定，该项目全部竣工、办理决算后进行清算，企业收到退回多交的土地增值税时，借记"银行存款"等账户，贷记"应交税费——应交土地增值税"账户。补交土地增值税时，则作相反的会计分录。

【例 9-19】　新世纪房地产公司2010 年度进行商品房开发，在未竣工前该企业已取得收入 1 800 万元，土地增值税按 2％的征收率实行预缴。年末，该项工程全部竣工且销售收入已实现，企业当年应缴纳土地增值税32 万元。按照税法规定，对该项竣工的工程进行了清算，经清算应补缴土地增值税 6 万元。试对该企业缴纳的土地增值税进行账务处理。

（1）预缴土地增值税。

预缴土地增值税＝1 800×2％＝36（万元）

借：应交税费——应交土地增值税　360 000

　　贷：银行存款　360 000

（2）工程竣工后，计提土地增值税。

　　借：营业税金及附加　　　　　　　　　　　　　　320 000

　　　　贷：应交税费——应交土地增值税　　　　　　　320 000

（3）退回多缴税款。

　　　　企业多缴土地增值税＝36－32＝4（万元）

　　借：银行存款　　　　　　　　　　　　　　　　　40 000

　　　　贷：应交税费——应交土地增值税　　　　　　　40 000

（4）经税务机关清算补缴税款。

　　借：营业税金及附加　　　　　　　　　　　　　　60 000

　　　　贷：应交税费——应交土地增值税　　　　　　　60 000

　　借：应交税费——应交土地增值税　　　　　　　　60 000

　　　　贷：银行存款　　　　　　　　　　　　　　　　60 000

　　房地产开发企业将自己作为固定资产管理使用的房屋、建筑物等对外转让，视同非房地产开发企业销售房地产业务，比照"非房地产开发企业土地增值税的核算"处理。

（五）土地使用税

　　土地使用税是国家为了合理利用城镇土地，调节土地级差收入，提高土地使用效益，加强土地管理而开征的一种税，以纳税人实际占用的土地面积为计税依据，依照规定税额计算征收。

　　土地使用税每平方米年税额规定如下：

　　① 大城市　　　　　　　　　　1.5 元至 30 元；

　　② 中等城市　　　　　　　　　1.2 元至 24 元；

　　③ 小城市　　　　　　　　　　0.9 元至 18 元；

　　④ 县城、建制镇、工矿区　　　0.6 元至 12 元。

　　为了反映和核算应交、已交、多交或欠交土地使用税的情况，企业应设置"应交税费——应交土地使用税"科目进行核算。

　　企业计算出应交的土地使用税时，借记"开发成本"、"营业税金及附加"、"管理费用"等科目，贷记"应交税费——应交土地使用税"科目；按规定实际上缴土地使用税时，借记"应交税费——应交土地使用税"科目，贷记"银行存款"等科目。

　　由于土地使用税也是采用按年征收、分期缴纳的办法进行征收，税款金额不大的，可在按规定计算出应纳的土地使用税时，直接借记"开发成本"、"主营业务税金及附加"、"管理费用"等科目；如果企业每期缴纳的土地使用税数额比较大时，账务处理与房产税的账务处理相同。

　　1. 自用或自营物业土地使用税的账务处理

　　企业按规定计算出应缴纳的自用或自营物业土地使用税时，借记"管理费用"科目，贷记"应交税费——应交土地使用税"科目；实际上缴时，借记"应交税费——应交土地使用税"科目，贷记"银行存款"科目。

　　2. 出租物业土地使用税的账务处理

　　房地产企业将物业对外出租，应计算缴纳土地使用税，借记"营业税金及附加"科目，贷记"应交税费——应交土地使用税"科目；实际缴纳时，借记"应交税费——应交土地使用税"科目，贷记"银行存款"科目。

3. 开发建设阶段土地使用税的账务处理

按照税法规定，房地产企业开发建设阶段，对于开发建设用地，应缴纳土地使用税。

企业对于开发建设阶段的土地使用税，应借记"开发成本"科目，贷记"应交税费——应交土地使用税"科目；实际缴纳时，借记"应交税费——应交土地使用税"科目，贷记"银行存款"科目。

开发建设阶段的土地使用税应计入开发成本中的"土地拆迁及征用补偿费"成本项目。

【例9-20】　新世纪房地产公司于2008年6月取得某地块，用于开发建设商品房，7月份，该公司需缴纳下半年土地使用税120万元。新世纪房地产公司根据相关原始凭证，编制会计分录如下：

（1）计算应交土地使用税。

借：开发成本　　　　　　　　　　　　　　　　　　1 200 000

　　贷：应交税费——应交土地使用税　　　　　　　　　　　　1 200 000

（2）实际缴纳土地使用税。

借：应交税费——应交土地使用税　　　　　　　　　1 200 000

　　贷：银行存款　　　　　　　　　　　　　　　　　　　　　1 200 000

（六）房产税

房产税是国家对在城市、县城、建制县和工矿区征收的由产权所有人缴纳的一种税。房产税依照房产原值一次减除10%～30%后的余值计算缴纳，具体减除幅度，由各省、自治区、直辖市人民政府规定，没有房产原值作为依据的，由房产所在地税务机关参考同类房产核定。依照房产余值计算缴纳房产税的，税率为12%。

房产出租的，以房产租金收入为房产税的计税依据，税率为12%。

房产税纳税义务发生时间的确定：购置新建商品房，自房屋交付使用之次月起计征房产税和城镇土地使用税；购置存量房，自办理房屋权属转移、变更登记手续，房地产权属登记机关签发房屋权属证书之次月起计征房产税和城镇土地使用税；出租、出借房产，自交付出租、出借房产之次月起计征房产税和城镇土地使用税；房地产开发企业自用、出租、出借本企业建造的商品房，自房屋使用或交付之次月起计征房产税和城镇土地使用税。

房产税按年征收、分期缴纳。纳税期限由各省、自治区、直辖市人民政府规定。

为了反映和核算企业应交、已交、多交或欠交的房产税的情况，企业应设置"应交税费——应交房产税"科目进行核算。

企业按月缴纳或按季、半年或者一年为期间缴纳房产税且税款数额相对不大的，应直接计入缴纳当期的管理费用。按月计算出应缴纳的房产税时，借记"管理费用"科目，贷记"应交税费——应交房产税"科目。实际缴纳房产税时，借记"应交税费——应交房产税"科目，贷记"银行存款"科目。

企业分季度、半年或者一年等期间缴纳相关房产税，且金额比较大的，可以采用分期待摊的办法。按半年期限计算出应缴纳的房产税时，根据当期应缴纳的房产税金额，借记"管理费用"科目，根据预缴以后各期的房产税金额，借记"应交税费——应交房产税"科目，根据应缴纳的总金额，贷记"应交税费——应交房产税"科目。实际缴纳房产税时，借记"应交税费——应交房产税"科目，贷记"银行存款"科目。逐月进行分摊时，借记"管理费用"科目，贷记"应交税费——应交房产税"科目。

【例 9-21】 新世纪房地产公司开发一幢五星级酒店,该酒店于 2011 年 6 月份竣工并交付使用，酒店由企业自行经营。按税法规定，2011 年 7 月份，新世纪房地产公司缴纳下半年房产税 120 万元。新世纪公司根据相关原始凭证，编制会计分录如下：

(1) 7 月份计算应缴纳下半年房产税。

借：管理费用（本月承担金额）	200 000
应交税费——应交房产税（预交金额）	1 000 000
贷：应交税费——应交房产税（应交总金额）	1 200 000

(2) 7 月份实际缴纳房产税时。

借：应交税费——应交房产税	1 200 000
贷：银行存款	1 200 000

(3) 以后按月分摊房产税。

每月分摊房产税＝120÷6＝20（万元）

借：管理费用	200 000
贷：应交税费——应交房产税	200 000

房地产企业将物业对外出租，应按租金收入计算缴纳房产税，借记"营业税金及附加"科目，贷记"应交税费——应交房产税"科目；实际缴纳时，借记"应交税费——应交房产税"科目，贷记"银行存款"科目。

【例 9-22】 新世纪房地产公司将其开发的写字楼对外出租,2011 年 6 月份取得租金收入 100 万元，按税法规定，2011 年 6 月份缴纳房产税 12 万元。该房地产企业根据相关原始凭证，编制会计分录如下：

(1) 计算应交房产税。

借：营业税金及附加	120 000
贷：应交税费——应交房产税	120 000

(2) 实际缴纳房产税时。

借：应交税费——应交房产税	120 000
贷：银行存款	120 000

（七）其他应交税费

其他应交税费是指除上述应交税费以外的应交税费，包括应交资源税、应交城市维护建设税、应交所得税、应交车船税、应交教育费附加、应交矿产资源补偿费、应交个人所得税等。企业应在"应交税费"科目下设置相应的明细科目进行核算，贷方登记应缴纳的有关税费，借方登记已缴纳的有关税费，期末贷方余额表示尚未缴纳的有关税费。

1. 应交城市维护建设税

城市维护建设税是以增值税、消费税、营业税为计税依据征收的一种税。其纳税人为缴纳增值税、消费税、营业税的单位和个人，税率因纳税人所在地不同从 1‰～7‰不等。计算公式为：

$$应纳税额＝（应交增值税＋应交消费税＋应交营业税）×适用税率$$

企业应交的城市维护建设税，借记"营业税金及附加"等科目，贷记"应交税费——应交城市维护建设税"科目。

【例 9-23】 新世纪房地产开发公司本期实际应交增值税50万元、消费税25万元、营业税20万元。该企业适用的城市维护建设税税率为7‰。编制会计分录如下：

（1）计算应交的城市维护建设税。

借：营业税金及附加　　　　　　　　　　　　　　　　　　66 500

　　贷：应交税费——应交城市维护建设税　　　　　　　　　66 500

　　　应交的城市维护建设税＝（500 000＋250 000＋200 000）×7‰＝66 500（元）

（2）用银行存款上缴城市维护建设税。

借：应交税费——应交城市维护建设税　　　　　　　　　　66 500

　　贷：银行存款　　　　　　　　　　　　　　　　　　　　66 500

2. 应交教育费附加

教育费附加是为了发展教育事业而向企业征收的附加费用，企业按应交流转税的一定比例计算缴纳。企业应交的教育费附加，借记"营业税金及附加"科目，贷记"应交税费——应交教育费附加"科目。

3. 车船税

车船税由拥有并且使用车船的单位和个人缴纳。车船税按照适用税额计算缴纳。

企业应交的房产税、土地使用税、车船税、矿产资源补偿费，计入管理费用，借记"管理费用"科目，贷记"应交税费——应交房产税（或应交土地使用税、应交车船税、应交矿产资源补偿费）"科目。

4. 应交个人所得税

企业按照规定计算的代扣代缴的职工个人所得税，借记"应付职工薪酬"科目，贷记"应交税费——应交个人所得税"科目；企业缴纳个人所得税时，借记"应交税费——应交个人所得税"科目，贷记"银行存款"科目。

【例 9-24】 新世纪房地产开发公司结算本月应付职工工资总额100万元，代扣代缴个人所得税共计 30 000 元，实发工资 970 000 元。会计分录如下：

借：应付职工薪酬——工资　　　　　　　　　　　　　　　30 000

　　贷：应交税费——应交个人所得税　　　　　　　　　　　30 000

六、应付利息的核算

应付利息核算企业按照合同约定应支付的利息，包括分期付息到期还本的长期借款、企业债券等应支付的利息。企业应当设置"应付利息"科目，按照债权人设置明细科目进行明细核算，该科目期末贷方余额反映企业按照合同约定应支付但尚未支付的利息。

企业采用合同约定的名义利率计算确定利息费用时，应将计算确定的应付利息的金额，记入"应付利息"科目；实际支付利息时，借记"应付利息"科目，贷记"银行存款"科目。

【例9-25】 新世纪房地产开发公司借入3年期到期还本、每年付息的长期借款200万元，合同约定年利率为3.5%，假定利息不符合资本化条件。会计分录如下：

(1) 每年计算确定利息费用时。

借：财务费用 70 000
　　贷：应付利息（2 000 000×3.5%） 70 000

(2) 每年实际支付利息时。

借：应付利息 70 000
　　贷：银行存款 70 000

七、其他应付款的核算

其他应付款是指企业除应付票据、应付账款、预收账款、应付职工薪酬、应交税费、应付股利等经营活动以外的其他各项应付、暂收的款项，如应付租入包装物租金、存入保证金等。企业应通过"其他应付款"科目核算其他应付款的增减变动及其结存情况，并按照其他应付款的项目和对方单位（或个人）设置明细科目进行明细核算。该科目贷方登记发生的各项应付、暂收款项，借方登记偿还或转销的各项应付、暂收款项；该科目期末贷方余额，反映企业应付未付的其他应付款项。

企业发生其他各种应付、暂收款项时，借记"管理费用"等有关科目，贷记"其他应付款"科目；支付或退回其他各种应付、暂收款项时，借记"其他应付款"科目，贷记"银行存款"等科目。

【例9-26】 新世纪房地产开发公司从2011年1月1日起，以经营租赁方式租入管理用办公设备一批，每月租金10 000元，按季支付。3月31日，新世纪房地产开发公司以银行存款支付应付租金。会计分录如下：

(1) 1月31日计提应付经营租入固定资产租金。

借：管理费用 10 000
　　贷：其他应付款 10 000

2月、3月底计提应付经营租入固定资产租金的会计处理同上。

(2) 3月31日支付租金。

借：其他应付款 20 000
　　管理费用 10 000
　　贷：银行存款 30 000

第三节　应付职工薪酬

一、职工薪酬的概念

职工薪酬，是指企业为获得职工提供的服务而给予各种形式的报酬以及其他相关支出，包括职工在职期间和离职后提供给职工的全部货币性薪酬和非货币性福利。企业提供给职工配偶、子女或其他被赡养人的福利等，也属于职工薪酬。这里的职工包括与企业订立正式劳动合同的所有人员，含全职、兼职和临时职工；也包括未与企业订立正式劳动合同但由企业正式任命的人员，如董事会成员、监事会成员和内部审计委员会成员等。在企业的计划、领导和控制下，虽与企业未订立正式劳动合同或企业未正式任命的人员，但为企业提供了类似服务，也视同企业职工。

具体来说，职工薪酬包括以下内容：

（1）职工工资、奖金、津贴和补贴。是指按照国家统计局的规定构成工资总额的计时工资、计件工资、支付给职工的超额劳动报酬和增收节支的劳动报酬、为了补偿职工特殊或额外的劳动消耗和因其他特殊原因支付给职工的津贴，以及为了保证职工工资水平不受物价影响支付给职工的物价补贴等。

（2）职工福利费。是指企业为职工提供的福利，包括未参加社会统筹的退休人员退休金和医疗费用。

（3）社会保险费。是指企业按照国家规定的基准和比例计算，向社会保险经办机构缴纳的医疗保险金、养老保险金、失业保险金、工伤保险费和生育保险费。

（4）住房公积金。是指企业按照国家《住房公积金管理条例》规定的基准和比例计算，向住房公积金管理机构缴存的住房公积金。

（5）工会经费和职工教育经费。是指企业为了改善职工文化生活、提高职工业务素质用于开展工会活动和职工教育及职业技能培训，根据国家规定的基准和比例，从成本费用中提取的金额。

（6）非货币性福利。是指企业以自己的产品或其他有形资产发放给职工作为福利，向职工无偿提供自己拥有的资产使用、为职工无偿提供类似医疗保健服务等。

（7）辞退福利。是指企业由于分离办社会、实施主辅业分离、辅业改制、分流安置富余人员、实施重组或改组计划、职工不能胜任等原因，在职工劳动合同到期之前解除与职工的劳动关系，或者为鼓励职工自愿接受裁减而提出补偿建议的计划中给予职工的经济补偿。

辞退福利包括：（1）职工劳动合同到期前，不论职工本人是否愿意，企业决定解除与职工的劳动关系而给予的补偿；（2）职工劳动合同到期前，为鼓励职工自愿接受裁减而给予的补偿，职工有权选择继续在职或接受补偿离职。

（8）股份支付。是指企业为获取中和其他方提供服务而授予权益工具或者承担以权益工具为基础确定的负债的交易。股份支付分为以权益结算的股份支付和以现金结算的股份支付。以权益结算的股份支付，是指企业为获取服务以股份或者其他权益工具作为对价进行结算的交易；以现金结算的股份支付，是指企业为获取服务承担以股份或者其他权益工具为基础计算确定的交付现金或者其他资产义务的交易。本章主要涉及以现金结算的股份支付，不涉及以权益结算的股份支付。

二、职工薪酬的核算

（一）职工薪酬的确认原则

企业应当在职工为其提供服务的会计期间，根据职工提供服务的受益对象，将应确认的职工薪酬全部计入相关资产成本或当期费用，同时确认为应付职工薪酬负债。解除劳动关系补偿（简称"辞退福利"）除外。企业应当根据职工提供服务的受益对象，分别下列情况处理：（1）应由产品或提供劳务负担的职工薪酬，计入产品成本或劳务成本。（2）应由在建工程、无形资产负担的职工薪酬，计入建造固定资产或无形资产成本。（3）除上述之外的其他职工薪酬，确认为当期费用。

（二）职工薪酬的计量标准

计量应付职工薪酬时，国家（或企业年金计划）规定了计提基础和计提比例的，如应向社会保险经办机构（或企业年金基金账户管理人）缴纳的医疗保险费、养老保险费、失业保险费、工伤保险费、生育保险费等社会保险费，应向住房公积金管理中心缴存的住房公积金，以及应向工会部门缴纳的工会经费等，应当按照国家规定的标准计提。国家（或企业年金计划）没有明确规定计提基础和计提比例的，企业应当根据历史经验数据和自身实际情况，计算确定应付职工薪酬金额。每个资产负债表日，应当根据实际发生金额与预计金额的差异，综合考虑物价变动、预计实施的职工薪酬计划等因素，对下一会计期间预计金额进行调整。

（三）职工薪酬的核算

1. 计提工资及相关职工薪酬的核算

计提当月职工薪酬时，借记有关成本费用科目，贷记"应付职工薪酬——应付工资"科目。营销部门的工资及相关职工薪酬在"销售费用"科目核算，其他人员的工资及相关职工薪酬在"管理费用"科目核算。

计提当月社会保险费时，对于企业承担部分，借记有关成本费用科目，贷记"应付职工薪酬——应付社会保险费"科目；对于个人承担部分，借记"应付职工薪酬——应付工资"，贷记"其他应收款"科目。

计提当月住房公积金时，对于企业承担部分，借记有关成本费用科目，贷记"应付职工薪酬——应付住房公积金"科目；对于个人承担部分，借记"应付职工薪酬——应付工资"，贷记"其他应收款"科目。

代扣个人所得税时，借记"应付职工薪酬——应付工资"，贷记"应交税费——应交个人所得税"科目。

2. 发放工资及相关职工薪酬的核算

发放工资时，按实发工资金额，借记"应付职工薪酬——应付工资"科目，贷记"银行存款"科目。

缴纳社会保险费及住房公积金时，对于企业承担部分，借记"应付职工薪酬——应付社会保险费"科目和"应付职工薪酬——应付住房公积金"科目；对于个人承担部分，借记"其他应付款"科目。按缴纳的总额，贷记"银行存款"、"库存现金"等科目。

缴纳代扣个人所得税时，借记"应交税费——应交个人所得税"科目，贷记"银行存款"科目。

【例 9-27】 新世纪房地产公司2011年5月份的工资总额为40万元，其中：开发人员工资10万元，管理人员工资20万元，营销部门人员工资10万元。

该公司按工资总额的30%为职工缴纳社会保险，按工资总额的10%为职工缴纳住房公积金。社会保险个人承担部分为工资总额的10％，住房公积金个人承担部分为工资总额的10％。企业代扣代缴个人所得税1万元。

（1）5月末计提当月职工薪酬时。

借：开发成本 100 000
　　管理费用 200 000
　　销售费用 100 000
　　贷：应付职工薪酬——应付工资 400 000

（2）5月末计提当月社会保险费时。

企业承担社会保险12万元（40×30％），其中：开发部门3万元，管理部门6万元，营销部门3万元。会计分录为：

借：开发成本 30 000
　　管理费用 60 000
　　销售费用 30 000
　　贷：应付职工薪酬——应付社会保险费 120 000

个人承担社会保险4万元（40×10％），其中：开发部门1万元，管理部门2万元，营销部门1万元。会计分录为：

借：应付职工薪酬——应付工资 40 000
　　贷：其他应付款——社会保险 40 000

（3）5月末计提当月住房公积金时。

企业承担住房公积金4万元（40×10％），其中：开发部门1万元，管理部门2万元，营销部门1万元。会计分录为：

借：开发成本 10 000
　　管理费用 30 000
　　销售费用 10 000
　　贷：应付职工薪酬——应付住房公积金 40 000

个人承担住房公积金4万元（40×10％），其中：开发部门1万元，管理部门2万元，营销部门1万元。会计分录为：

借：应付职工薪酬——应付工资 40 000
　　贷：其他应付款——住房公积金 40 000

（4）5月末代扣个人所得税。

借：应付职工薪酬——应付工资 10 000
　　贷：应交税费——应交个人所得税 10 000

（5）6月5日发放工资，发放工资时，"应付职工薪酬——应付工资"科目贷方余额31万元（40-4-4-1）。

借：应付职工薪酬——应付工资 310 000
　　贷：银行存款 310 000

（6）6月份缴纳社会保险费及住房公积金时，编制会计分录如下：

借：应付职工薪酬——应付社会保险费 120 000
　　　　　　　　　——应付住房公积金 40 000

其他应付款——住房公积金		40 000
——社会保险		40 000
贷：银行存款		240 000

（7）6月份缴纳代扣个人所得税时。

　　借：应交税费——应交个人所得税　　　　　　　　　　10 000

　　　贷：银行存款　　　　　　　　　　　　　　　　　　10 000

3. 其他职工薪酬的核算

其他职工薪酬包括职工福利费、工会经费和职工教育经费、非货币性福利、因解除与职工的劳动关系给予的补偿、其他与获得职工提供的服务相关的支出。

其他职工薪酬的核算，应设置"应付职工薪酬"一级科目，在其下根据薪酬类别，如福利费、辞退补偿、带薪休假费用等设置二级科目。

（1）职工福利费、工会经费和职工教育经费的核算。职工福利费一般用于改善职工生活条件，对于非独立法人和非营利性的职工医院、浴室、食堂餐饮等发生的费用均可在福利费中列支。

房地产企业月末按照一定比例计提职工福利费，借记"管理费用"等科目，贷记"应付职工薪酬——应付福利费"科目。发生职工福利费支出时，借记"应付职工薪酬——应付福利费"科目，贷记"银行存款"等科目。

房地产企业应当根据历史经验数据和实际情况，合理预提每月应付职工福利费，年末时根据实际情况作出调整：当年实际发生金额大于预提金额的，应当补提应付职工福利费；当年实际发生金额小于预提金额的，应当冲回多提的职工福利费。

（2）工会经费的核算。工会经费主要是指组织工会会员开展集体活动及会员特殊困难补助的费用。主要包括宣传活动、文体活动、工会行政费用及困难补助等支出。

如果房地产企业已成立工会的，企业每月应按全部职工实际工资总额的2%向本企业工会拨交工会经费。月末计提工会经费，借记"管理费用"等科目，贷记"应付职工薪酬——应付工会经费"科目。向本企业工会拨付工会经费时，根据工会开具的专用收据，借记"应付职工薪酬——应付工会经费"科目，贷记"银行存款"等科目。

未成立工会的，企业可以计提工会经费，也可以不计提工会经费。如果计提工会经费，借记"管理费用"等科目，贷记"应付职工薪酬——应付工会经费"科目，实际支付时，借记"应付职工薪酬——应付工会经费"科目，贷记"银行存款"等科目。如果不计提工会经费，在实际支付时，借记"管理费用"等科目，贷记"银行存款"等科目。

（3）职工教育经费的核算。职工教育是指短训班、职工学校、广播电视大（中）学、函授大（中）学、夜大学等各种形式的职工教育。上述各种形式的职工教育所需经费，都应当按照规定的开支范围和经费来源，在职工教育经费内开支。职工教育经费按照工资总额的1.5%计提。

房地产企业月末按照一定比例计提职工教育经费，借记"管理费用"等科目，贷记"应付职工薪酬——应付职工教育经费"科目。发生职工教育经费支出时，借记"应付职工薪酬——应付职工教育经费"科目，贷记"银行存款"等科目。

【例9-28】　新世纪房地产公司2011年5月份工资总额为40万元，公司规定职工福利费、工会经费和职工教育经费的计提比例分别为 14％，2％和 1.5％。2011 年 6 月份，该公司支付本公司食堂补助费 20 000 元，报销职工教育费用 5 000 元，该公司将计提的工会经费全额拨付给公司工会。

（1）5 月末计提三项费用，编制会计分录如下：

借：管理费用　　　　　　　　　　　　　　　　　　　　　70 000

　　贷：应付职工薪酬——应付福利费　　　　　　　　　　56 000

　　　　　　　　　　——应付工会经费　　　　　　　　　　8 000

　　　　　　　　　　——应付职工教育经费　　　　　　　　6 000

（2）6 月份支付食堂补助，编制会计分录如下：

借：应付职工薪酬——应付福利费　　　　　　　　　　　20 000

　　贷：银行存款　　　　　　　　　　　　　　　　　　　20 000

（3）6 月初将工会经费拨付给工会，根据工会开具的专用收据，编制会计分录如下：

借：应付职工薪酬——应付工会经费　　　　　　　　　　　8 000

　　贷：银行存款　　　　　　　　　　　　　　　　　　　　8 000

（4）6 月份报销职工教育费用，编制会计分录如下：

借：应付职工薪酬——应付职工教育经费　　　　　　　　　5 000

　　贷：库存现金　　　　　　　　　　　　　　　　　　　　5 000

4. 非货币性福利的核算

非货币性福利通常是指企业提供给职工的实物福利、服务性福利、优惠性福利及有偿休假福利等。

非货币性福利通过"应付职工薪酬——非货币性福利"科目核算。

（1）实物福利和优惠性福利的核算。房地产企业将开发的商品房无偿奖励给职工或给予职工购房优惠，根据商品房售价或优惠额度，借记"管理费用"科目，贷记"应付职工薪酬——非货币性福利"科目。办理商品房过户手续时，借记"应付职工薪酬——非货币性福利"科目，贷记"主营业务收入"科目；同时还应结转商品房的成本，借记"主营业务成本"科目，贷记"库存商品"科目。

【例 9-29】　新世纪房地产公司 2010 年 12 月份出台职工购房优惠政策，凡本公司员工购买公司开发的"世纪新城"小区的商品房，均可享受每套减免 10 万元的优惠。该公司 2010 年共有 10 名员工购买了公司的商品房，商品房总价 1 200 万元，总优惠金额为 100 万元。商品房成本为 800 万元，2011 年 5 月份，该商品房竣工并交付使用。

2010 年 12 月，编制会计分录如下：

借：管理费用　　　　　　　　　　　　　　　　　　　1 000 000

　　贷：应付职工薪酬——非货币性福利　　　　　　　　1 000 000

2011 年 5 月，编制会计分录如下：

借：银行存款　　　　　　　　　　　　　　　　　　　11 000 000

　　应付职工薪酬——非货币性福利　　　　　　　　　　1 000 000

　　贷：主营业务收入　　　　　　　　　　　　　　　　12 000 000

同时，还应结转商品房的成本。

借：主营业务成本　　　　　　　　　　　　　　　　　　　　8 000 000
　　贷：开发产品　　　　　　　　　　　　　　　　　　　　　　8 000 000

（2）服务性福利的核算。房地产企业给职工提供服务性福利，如给企业高层管理人员配备汽车免费使用，计提折旧时，借记"管理费用"科目，贷记"应付职工薪酬——非货币性福利"科目；同时借记"应付职工薪酬——非货币性福利"科目，贷记"累计折旧"科目。

【例 9-30】 新世纪房地产公司为公司高层管理人员共5人，每人配备一辆汽车。2011 年 5 月 30 日计提折旧，假定每辆汽车每月折旧 2 000 元，编制 5 月份会计分录如下：

借：管理费用　　　　　　　　　　　　　　　　　　　　　　10 000
　　贷：应付职工薪酬——非货币性福利　　　　　　　　　　　10 000

同时，

借：应付职工薪酬——非货币性福利　　　　　　　　　　　　10 000
　　贷：累计折旧　　　　　　　　　　　　　　　　　　　　　10 000

（3）有偿休假福利的核算。对于可累积的带薪休假，年末应按照职工本年度未行使的累积带薪休假对应的工资金额，借记"管理费用"科目，贷记"应付职工薪酬——非货币性福利"科目；职工行使累积带薪休假时，借记"应付职工薪酬——非货币性福利"科目，贷记"应付职工薪酬——应付工资"科目。

如果企业有以现金补偿未行使的职工累积带薪休假的规定，年末应按照职工本年度未行使的累积带薪休假对应的现金补偿金额，借记"管理费用"科目，贷记"应付职工薪酬——非货币性福利"科目；实际支付现金补偿款时，借记"应付职工薪酬——非货币性福利"科目，贷记"库存现金"等科目。

【例 9-31】 新世纪房地产公司规定，员工每年带薪假期为 5 天，员工如未行使带薪假，则给予现金补偿。该公司 2010 年年末共有未行使的带薪假期 20 天，按公司规定对应的现金补偿金额为 3 000 元，该补偿款于 2011 年 5 月份支付。

2010 年 12 月份，编制会计分录如下：

借：管理费用　　　　　　　　　　　　　　　　　　　　　　3 000
　　贷：应付职工薪酬——非货币性福利　　　　　　　　　　　3 000

2011 年 5 月份，编制会计分录如下：

借：应付职工薪酬——非货币性福利　　　　　　　　　　　　3 000
　　贷：库存现金　　　　　　　　　　　　　　　　　　　　　3 000

5. 辞退员工补偿款的核算

企业可能出现提前终止劳务合同、辞退员工的情况，根据劳动协议，企业需要提供一笔资金作为补偿，称为辞退福利。

（1）有计划辞退员工的核算。如果企业已经制定正式的解除劳动关系计划或提出自愿裁减建议，并即将实施，且企业不能单方面撤回解除劳动关系计划或裁减建议。制定计划或提出建议时，借记"管理费用"科目，贷记"应付职工薪酬——应付辞退补偿"科目；实际支付补偿款时，借记"应付职工薪酬——应付辞退补偿"科目，贷记"银行存款"等科目。

【例9-32】   新世纪房地产公司2010年10月份制定了正式的解除劳动关系计划，并于11月份开始实施，按照该计划预计支付补偿款100万元。该计划在2011年6月份完成，实际支付补偿款90万元。

(1) 2010年10月份，编制会计分录如下：

借：管理费用   1 000 000
　　贷：应付职工薪酬——应付辞退补偿   1 000 000

(2) 2011年6月份，编制会计分录如下：

借：应付职工薪酬——应付辞退补偿   1 000 000
　　贷：银行存款   900 000
　　　　以前年度损益调整   100 000

(2) 临时辞退员工的核算。如果企业未制定正式的解除劳动关系计划或提出自愿裁减建议，或者企业可以单方面撤回解除劳动关系计划或裁减建议，制定计划或提出建议时，不能确认为企业的预计负债，只能在实际支付补偿款时，借记"管理费用"科目，贷记"应付职工薪酬——应付辞退补偿"科目；同时，借记"应付职工薪酬——应付辞退补偿"科目，贷记"银行存款"等科目。

【例9-33】   新世纪房地产公司2011年6月份辞退了一名员工，按规定支付其补偿金5 000元。编制会计分录如下：

借：管理费用   5 000
　　贷：应付职工薪酬——应付辞退补偿   5 000

同时，

借：应付职工薪酬——应付辞退补偿   5 000
　　贷：库存现金   5 000

6. 现金股份支付的核算

对职工以现金结算的股份支付，应当按照企业承担的以股份或者其他权益工具为基础计算确定的负债的公允价值计量。除授予后立即可行权的以现金结算的股份支付外，授予日一般不进行会计处理。授予日，是指股份支付协议获得批准的日期。其中，获得批准是指企业与职工就股份支付的协议条款和条件已达成一致，该协议获得股东大会或类似机构的批准。

授予日立即可行权的以现金结算的股份支付，应当在授予日以企业承担负债的公允价值，借记"管理费用"、"开发成本"等科目，贷记"应付职工薪酬"科目。在可行权日后，以现金结算的股份支付当期公允价值的变动金额，借记或贷记"公允价值变动损益"科目，贷记或借记"应付职工薪酬"科目。

【例9-34】   2007年1月1日，经股东大会批准，新世纪房地产公司为其300名中层以上管理人员每人授予100份现金股票增值权，条件是自2007年1月1日起必须在公司连续服务3年，即可自2009年12月31日起根据股价增长幅度获得现金，该增值权应在2011年12月31日之前行使完毕。新世纪房地产公司估计该增值权在负债结算之前每一资产负债表日以及结算日的公允价值和可行权后的每份增值权现金支出额见表9-1。

表9-1　　新世纪房地产开发公司现金股票增值权的公允价值及现金支出一览表　　　　单位：元

年份	公允价值	支付现金
2007	14	
2008	15	
2009	18	16
2010	21	20
2011		25

第一年有20名管理人员离开公司，新世纪房地产开发公司估计3年中还将有20名管理人员离开；第二年又有20名人员离开公司，新世纪房地产公司估计还将有10名管理人员离开；第三年又有25名管理人员离开公司。第三年年末，有80人行使股票增值权获得了现金。第四年年末，有70人行使股票增值权；第五年年末，剩余85人全部行使了股票增值权。

根据上述资料，新世纪房地产开发公司计算各期应确认的应付职工薪酬和计入当期损益的金额如表9-2所示。

表9-2　　　　　　　　应付职工薪酬和计入当期损益一览表　　　　单位：元

年份	应付职工薪酬 (1)	支付现金 (2)	当期损益 (3)=(1)-上期(1)+(2)
2007	(300-40)×100×1/3=8 667		8 667
2008	(300-50)×100×2/3=16 667		8 000
2009	(300-65-80)×100×18=279 000	80×100×16=128 000	390 333
2010	(300-65-80-70)×100×21=178 500	70×100×20=140 000	39 500
2011	0	85×100×25=212 500	34 000
总额		480 500	480 500

根据表9-2的资料，新世纪房地产开发公司编制会计分录如下：

（1）2007年1月1日，不做处理。

（2）2007年12月31日。

借：管理费用　　　　　　　　　　　　　　　　　　8 667
　　贷：应付职工薪酬　　　　　　　　　　　　　　　8 667

（3）2008年12月31日。

借：管理费用　　　　　　　　　　　　　　　　　　8 000
　　贷：应付职工薪酬　　　　　　　　　　　　　　　8 000

（4）2009年12月31日。

借：管理费用　　　　　　　　　　　　　　　　　390 333
　　贷：应付职工薪酬　　　　　　　　　　　　　390 333
借：应付职工薪酬　　　　　　　　　　　　　　128 000
　　贷：银行存款　　　　　　　　　　　　　　　128 000

（5）2010年12月31日。

借：公允价值变动损益　　　　　　　　　　　　39 500

贷：应付职工薪酬		39 500
借：应付职工薪酬	140 000	
贷：银行存款		140 000

（6）2011 年 12 月 31 日。

借：公允价值变动损益	34 000	
贷：应付职工薪酬		34 000
借：应付职工薪酬	212 500	
贷：银行存款		212 500

简答题

1. 简述负债的概念及特征。
2. 什么是流动负债？其主要内容包括哪些？
3. 什么是交易性金融负债？它的确认条件是什么？
4. 房地产开发企业发生营业税应税劳务主要涉及哪几个方面？
5. 职工薪酬的确认原则是什么？
6. 什么是应付票据？应付票据的核算内容有哪些？

业务处理题

1. 甲房地产开发公司于 2010 年 1 月发生以下应付票据结算业务：

（1）开出承兑商业汇票一张，面额 60 000 元，用以抵付前欠某单位的货款。

（2）购买 A 材料，货款为 100 000 元，增值税 17 000 元，申请签发面值为 117 000 元、期限 2 个月、利率为 6%的银行承兑汇票，支付相应手续费 100 元。银行承兑汇票到期，因银行存款余额不足无力支付，作逾期贷款处理。

（3）购买 B 材料，货款为 20 000 元，增值税为 3 400 元，企业签发带息商业承兑汇票一张，金额为 23 400 元，期限一个月，票面利率 6%。签发一个月期限的商业承兑汇票到期，银行通知企业付款，企业同意付款。

（4）购买 C 材料，货款为 10 000 元，增值税为 1 700 元，企业签发商业承兑汇票一张，金额为 11 700 元，期限 3 个月。商业承兑汇票到期，银行通知企业付款，企业无力付款。

要求：根据上述经济业务，编制相关会计分录。

2. A 房地产公司 2010 年度有关商品房交易事项如下：

（1）2010 年 3 月销售不动产，取得预售房款 5 000 万元，应预缴营业税金 300 万元。余款 2 000 万元在交付该不动产时收取，应补缴营业税金 100 万元。

（2）2010 年 8 月将自己开发的商品房作为股利分配给股东，该商品房账面价值为 2 200 万元，市场销售价为 3 500 万元，按税法规定还应缴纳营业税 200 万元。

（3）2010 年 11 月，将自己开发的商品房赠送给某公司，该商品房账面价值为 1 200 万元，按税法规定还应缴纳营业税 80 万元。

要求：编制 A 房地产公司有关商品房交易或事项的会计分录。

3. （1）甲房地产公司 2010 年 12 月份出台职工购房优惠政策，凡本公司员工购买公司开发的某高档小区的商品房，均可享受每套减免 15 万元的优惠。该公司 2010 年共有 20 名员工购买了该公司的商品房，商品房总价 1 500 万元，总优惠金额为 300 万元。商品房成本为 900 万元，2011 年 5 月份，该商品房竣工并交付使用。

（2）2010 年 12 月，甲房地产公司为五位高级管理人员每人配备一辆汽车免费使用。2011 年 5 月 30 日计提折旧，已知每辆汽车每月折旧额为 2 500 元。

要求：编制甲房地产公司有关非货币性福利的会计分录。

4. 2010 年 1 月 1 日，为激励高管人员，甲房地产公司与其管理层人员签署股份支付协议，规定甲房地产公司为其 100 名中层以上管理人员每人授予 100 份现金股票增值权，这些人员从 2010 年 1 月 1 日起必须在公司连续服务 3 年，即可自 2012 年 12 月 31 日起根据股价的增长幅度获得现金，该增值权应在 2014 年 12 月 31 日之前行使完毕。甲公司估计，该增值权在负债结算之前的每一资产负债表日以及结算日的公允价值和可行权后的每份增值权现金支出额如下：

年份	公允价值	支付现金
2010	12	
2011	14	
2012	15	16
2013	20	18
2014		22

2010 年有 10 名管理人员离开甲公司，甲公司估计三年中还将有 8 名管理人员离开；2011 年又有 6 名管理人员离开，公司估计还将有 6 名管理人员离开；2012 年又有 4 名管理人员离开。假定 2012 年有 40 人行使股票增值权取得了现金，2013 年有 30 人行使股票增值权取得了现金，2014 年有 10 人行使股票增值权取得了现金。

要求：计算 2010—2014 年每年应确认的费用、应付职工薪酬余额和应支付的现金，并编制会计分录。

CHAPTER

10 第十章
非流动负债

第一节 房地产开发企业非流动负债概述

一、非流动负债的概念

非流动负债是指偿还期限在一年或者超过一年的一个营业周期以上的债务。其特点一是偿还期长，在一年以上；二是负债金额一般较大；三是这项债务可以采用分期偿还的方式（分期偿还本金或利息）或者到期时一次偿还本息。

二、非流动负债的分类

按非流动负债的筹措方式不同，主要分为长期借款、应付债券、长期应付款。

按非流动负债的偿还方式不同，可分为到期一次偿还的非流动负债和分期偿还的非流动负债。

三、非流动负债的确认和计量

非流动负债与流动负债一般都指企业已经存在并且将在未来偿还的经济义务，所以非流动负债的确认与流动负债的确认基本相同。

我国《企业会计准则》规定，企业发行的债券、因购买商品产生的应付账款、长期应付款等，应当划分为其他金融负债，其他金融负债应当按其公允价值和相关交易费用之和作为初始确认金额，同时采用实际利率法，按摊余成本进行后续计量。此外，对于预计负债应当按照履行相关现时义务所需支出的最佳估计数进行初始计量，并应当在资产负债表日对预计负债的账面价值进行复核。

四、房地产企业非流动负债的特点

非流动负债是指流动负债以外的负债，主要包括长期借款、应付债券、长期应付款、专项应付款等。对于房地产企业而言，在开发建设房地产项目中需要大量的建设资金，其中从银行取得房地产借款是重要的筹资方式。房地产借款包括与房产或地产的开发、经营、消费活动有关的借款。最主要的借款品种是房地产开发借款和经营性物业抵押借款。其中，房地产开发借款是针对房地产开发建设阶段的借款；而经营性物业抵押借款是针对房地产持有经营阶段的借款。经营性物业是指经营性、收益性房屋，如写字楼、商场、购物中心、购物广场以及工业厂房和仓库等。相对于作为最终消费品的住宅而言，经营性物业具有长期收益的特点。正因为这一特点，经营性物业占用了房地产企业大量的投资，而投资回收期则相对较长。房地产企业为了解决长期占用资金的问题，往往通过经营性物业抵押贷款这一融资产品取得银行的支持。

第二节　长期借款的核算

一、长期借款概述

长期借款，是指企业向银行或其他金融机构借入的期限在一年以上（不含一年）的各种借款，一般用于固定资产的构建、改扩建工程、大修理工程、对外投资以及为了保持长期经营能力等方面。它是企业长期负债的重要组成部分。

为了反映和监督长期借款的借入、应计利息和归还本息的情况，企业应设置“长期借款”科目。该科目的贷方登记长期借款本息的增加额，借方登记本息的减少额，贷方余额表示企业尚未偿还的长期借款。该科目可按照借款单位和借款种类设置明细账，分别“本金”、“利息调整”等进行明细核算。

由于长期借款的使用关系到企业的生产经营规模和效益，企业除了要遵守有关的借款规定，编制借款计划，并要有不同形式的担保外，还应监督借款的使用，按期支付长期借款的利息，以及按规定的期限归还借款的本金等，促使企业遵守信贷纪律，提高信用等级，同时也确保长期借款发挥效益。

二、长期借款的核算

（一）借款的种类与借款费用

借款包括专门借款和一般借款。借款费用是企业因借入资金所付出的代价，它包括按照《企业会计准则第22号——金融工具确认和计量》规定的实际利率法计算确定的利息费用（包括折价或者溢价的摊销和相关辅助费用）和因外币借款所发生的汇兑差额等。折价或者溢价主要是指发行债券等所发生的折价或者溢价，发行债券中的折价或者溢价，其实质是对债券票面利息的调整（即将债券票面利率调整为实际利率），属于借款费用的范畴。辅助费用是指企业在借款过程中发生的诸如手续费、佣金等费用，由于这些费用是因安排借款而发生的，也属于借入资金所付出的代价，是借款费用的构成部分。

（二）专门借款的辅助费用

专门借款是指为购建或者生产符合资本化条件的资产而专门借入的款项。专门借款通常应当有明确的用途，即为购建或者生产某项符合资本化条件的资产而专门借入的，并通常应当具有标明该用途的借款合同。辅助费用是指为了取得借款而发生的必要费用，包括借款手续费、佣金等。房地产开发企业专门借款辅助费用由借款手续费、佣金、项目评估费、土地评估费、抵押登记费、财务顾问费等组成。

1. 借款手续费

房地产企业通过中介机构的运作，取得银行发放的开发借款，按照企业与中介机构的约定，应向中介机构支付一定额度的借款手续费，作为中介机构的报酬。

借款手续费应作为房地产企业取得专门借款的辅助费用。

2. 借款佣金

房地产企业通过中介机构的运作，取得银行发放的开发借款，按照企业与中介机构的约定，应向中介机构支付按借款额度一定比例计算的借款佣金，作为中介机构的报酬。

借款佣金应作为房地产企业取得专门借款的辅助费用。

3. 项目评估费

各商业银行对房地产开发借款业务一般实行总行、分行二级评估体系。所有项目上报银行总行（房地产信贷部）进行准入审批，经准入审批同意后，方可进入调查评估程序。银行借款方案评估一般由银行委托房地产评估事务所来具体实施。

银行借款方案评估费一般由借款企业承担，作为房地产企业取得专门借款的辅助费用。

4. 土地评估费

对项目开发借款，银行要求采取抵押、质押担保方式。采取抵押担保方式的，优先以本项目的土地及在建工程设定抵押，抵押率最高不得超过抵押物评估价值的70%。

房地产企业在借款审批通过前，应委托中介机构对土地进行评估。而土地评估费一般由借款企业承担，作为房地产企业取得专门借款的辅助费用。

5. 抵押登记费

银行与借款人签订房地产借款合同和房地产抵押合同。企业凭以上合同，依据相关法律法规和银行借款担保管理等有关规定，办理土地抵押登记手续后，银行才能发放贷款。

土地抵押登记费一般由借款企业承担，作为房地产企业取得专门借款的辅助费用。

6. 财务顾问费

财务顾问费是指银行为了审核企业的还款能力和借款资格所收取的费用。这是为了控制银行借款风险向企业收取的费用。

（三）借款利息的计算

借款利息是银行将款项借给企业，按规定向企业收取的利息。借款利息的高低取决于利率、本金和计息期限。

1. 利率

利率是一定时期内银行存、借款利息额与存、借款金额之间的比例，它一般分为年利率、月利率和日利率。年利率一般按本金的百分数表示，如年利率7%，表示本金100元，年利息额为7元；月利率一般按本金的千分数表示，如月利率5.5‰，表示本金100元，月利息额为5角5分。日利率一般按本金的万分数表示。

2. 本金

据以计算银行存、借款利息的本金，是各种存、借款账户上的实际存、借款余额。

3. 计息日和计息时期

按照规定，长期借款通常也是按季计息，计息日为每季度末月的 20 日。

(四) 借款费用的确认与计量

企业只有对发生在资本化期间内的有关借款费用才允许资本化，资本化期间的确定是借款费用确认和计量的重要前提。根据《企业会计准则第 17 号——借款费用》的规定，借款费用资本化期间是指从借款费用开始资本化时点到停止资本化时点的期间，但不包括借款费用暂停资本化的期间。

1. 借款费用开始资本化的时点

借款费用允许开始资本化必须同时满足三个条件，即资产支出已经发生、借款费用已经发生、为使资产达到预定可使用或者可销售状态所必要的购建或者生产活动已经开始。这三个条件中，只要有一个条件不满足，相关借款费用就不能资本化。三个条件是：

(1) 资产支出已经发生。"资产支出"包括支付现金、转移非现金资产和承担带息债务形式所发生的支出。其中，支付现金，是指用货币资金支付符合资本化条件的资产的购建或者生产支出；转移非现金资产，是指企业将自己的非现金资产直接用于符合资本化条件的资产的购建或者生产；承担带息债务，是指企业为了购建或者生产符合资本化条件的资产所需用物资等而承担的带息应付款项（如带息应付票据）。

(2) 借款费用已经发生。是指企业已经发生了因购建或者生产符合资本化条件的资产而专门借入款项的借款费用，或者所占用的一般借款的借款费用。

(3) 为使资产达到预定可使用或者可销售状态所必要的购建或者生产活动已经开始。是指符合资本化条件的资产的实体建造或者生产工作已经开始，如主体设备的安装、厂房的实际开工建造等。它不包括仅仅持有资产但没有发生为改变资产形态而进行的实质上的建造或者生产活动。

2. 借款费用暂停资本化的时间

符合资本化条件的资产在购建或者生产过程中发生非正常中断且中断时间连续超过 3 个月的，应当暂停借款费用的资本化。中断的原因必须是非正常中断，属于正常中断的，相关借款费用仍可资本化。在实务中，企业应当遵循实质重于形式等原则来判断借款费用暂停资本化的时间，如果相关资产构建或生产的中断时间较长而且满足其他规定条件的，相关借款费用应当暂停资本化。

3. 借款费用停止资本化的时点

购建或者生产符合资本化条件的资产达到预定可使用或者可销售状态时，借款费用应当停止资本化。如果所购建或者生产的符合资本化条件的资产的各部分分别建造、分别完工的，企业应当区别情况界定借款费用停止资本化的时点。

(五) 借款利息资本化金额的确定

(1) 为购建或者生产符合资本化条件的资产而借入专门借款的，应当以专门借款当期实际发生的利息费用，减去将尚未运用的借款资金存入银行取得的利息收入或进行暂时性投资取得的投资收益后的金额，确定专门借款应予资本化的利息金额。

（2）为购建或者生产符合资本化条件的资产而占用了一般借款的，企业应当根据累计资产支出超过专门借款部分的资产支出加权平均数乘以所占用一般借款的资本化率，计算确定一般借款应予资本化的利息金额。资本化率应当根据一般借款加权平均利率计算确定。

（3）每一会计期间的利息资本化金额不应当超过当期相关借款实际发生的利息金额。

企业在确定每期利息（包括折价或溢价的摊销）资本化金额时，应当首先判断符合资本化条件的资产在购建或者生产过程所占用的资金来源，如果所占用的资金是专门借款资金，则应当在资本化期间内，根据每期实际发生的专门借款利息费用，确定应予资本化的金额。在企业将闲置的专门借款资金存入银行取得利息收入或者进行暂时性投资获取投资收益的情况下，企业还应当将这些相关的利息收入或者投资收益从资本化金额中扣除，以如实反映符合资本化条件的资产的实际成本。

（六）开发借款的核算

房地产项目开发借款是指银行向借款人发放的用于房地产项目开发建设及其配套设施的款项。借款费用是指房地产企业因借款而发生的利息及其他相关成本。借款费用包括借款利息、折价或者溢价的摊销、辅助费用以及因外币借款而发生的汇兑差额等。开发借款发生的借款费用是指房地产企业因借入开发借款而发生的利息及其他相关成本。

1. 取得借款和计付利息的核算

【例10-1】　新世纪房地产公司于2008年7月1日取得银行借款2亿元用于开发销售物业，借款年利率为6%，每月计提利息100万元，2008年9月20日支付本季度借款利息300万元。根据有关原始凭证，编制会计分录如下：

（1）每月计提应付利息时。

借：开发成本　　　　　　　　　　　　　　　　1 000 000
　　贷：应付利息　　　　　　　　　　　　　　　　1 000 000

（2）支付一季度借款利息时。

借：应付利息　　　　　　　　　　　　　　　　3 000 000
　　贷：银行存款　　　　　　　　　　　　　　　　3 000 000

该项目于2010年年底竣工交付，2011年每月计提应付利息同样为100万元，3月20日支付一季度借款利息300万元。新世纪房地产公司根据有关原始凭证，编制会计分录如下：

（3）每月计提应付利息时。

借：财务费用　　　　　　　　　　　　　　　　1 000 000
　　贷：应付利息　　　　　　　　　　　　　　　　1 000 000

（4）支付一季度借款利息时。

借：应付利息　　　　　　　　　　　　　　　　3 000 000
　　贷：银行存款　　　　　　　　　　　　　　　　3 000 000

2. 资本化利息的分摊

购建或者生产的符合资本化条件的资产的各部分分别完工，且每部分在其他部分继续建造过程中可供使用或者可对外销售，且为使该部分资产达到预定可使用或可销售状态所必要的购建或者生产活动实质上已经完成的，应当停止与该部分资产相关的借款费用的资本化。购建或者生产的资产的各部分分别完工，但必须等到整体完工后才可使用或者可对外销售的，应当在该资产整体完工时停止借款费用的资本化。国家税务总局出台的《房地产开发经营业务企业所得税处理办法》（国税发〔2009〕31号文）规定，借款费用属于不同成本对象共同负担的，按直接成本法或按预算造价法进行分配。所谓直接成本法，是指按期内某一成本对象的直接开发成本占期内全部成本对象直接开发成本的比例进行分配。所谓预算造价法，则是指按期内某一成本对象预算造价占期内全部成本对象预算造价的比例进行分配。

房地产企业在项目开发时存在以下情况：一是成本对象的竣工时间一致；二是成本对象的竣工时间不一致。

（1）成本对象的竣工时间一致。如果成本对象的竣工时间相同，也就是我们所说的期内开发的成本对象。在按照直接成本法或预算造价法进行分摊时，可以在利息发生时直接将其分摊并计入各成本对象。计算公式如下：

$$\text{成本对象应分摊资本化利息} = \text{本期发生的资本化利息} \times \text{成本对象直接成本或预算造价} \div \text{全部成本对象直接成本或预算造价}$$

也可以先在过渡科目中归集资本化利息，在竣工时再将其一次性分摊并计入各成本对象。计算公式如下：

$$\text{成本对象应分摊资本化利息} = \text{已归集资本化利息} \times \text{成本对象直接成本或预算造价} \div \text{全部成本对象直接成本或预算造价}$$

（2）成本对象的竣工时间不一致。如果成本对象的竣工时间不相同，也就是我们所说的分期开发的成本对象。在按照直接成本法或预算造价法进行分摊时，可以在利息发生时直接将其分摊并计入各成本对象。计算公式如下：

$$\text{已竣工成本对象应分摊资本化利息} = \text{本期发生的资本化利息} \times \text{已竣工成本对象本期实际完成的直接成本或预算造价} \div \text{全部成本对象本期实际完成的直接成本或预算造价}$$

也可以先在过渡科目中归集资本化利息，在竣工时再将其分摊并计入已竣工成本对象。计算公式如下：

$$\text{已竣工成本对象应分摊资本化利息} = \text{已归集资本化利息} \times \text{已竣工成本对象直接成本或预算造价} \div [\text{已竣工成本对象直接成本或预算造价} \times 100\% + \text{未竣工成本对象直接成本或预算造价} \times \text{未竣工成本对象开发形象进度}]$$

【例 10-2】 新世纪房地产公司于 2009 年 12 月 30 日取得银行借款 4 亿元用于开发销售物业，借款年利率为 5%，每季度支付利息 500 万元。开发成本分为两个成本对象，分别为普通住宅和高档住宅，建筑面积分别为 10 万平方米。普通住宅预算造价为 2 亿元，高档住宅预算造价为 4 亿元。普通住宅竣工时间为 2010 年 12 月 30 日，普通住宅竣工时高档住宅形象进度为 50%。高档住宅竣工时间为 2011 年 6 月 30 日。新世纪公司根据有关原始凭证，编制会计分录如下：

（1）每季计提应付利息时。

借：开发成本——待分摊成本　　　　　　　　　　　　　　　　　5 000 000
　　贷：应付利息　　　　　　　　　　　　　　　　　　　　　　　5 000 000

（2）支付季度借款利息时。

借：应付利息　　　　　　　　　　　　　　　　　　　　　　　　5 000 000
　　贷：银行存款　　　　　　　　　　　　　　　　　　　　　　　5 000 000

（3）普通住宅竣工时利息的分摊。

2010 年 12 月 30 日，普通住宅竣工时已归集的资本化利息为 2 000 万元；

普通住宅预算造价为 2 亿元，高档住宅预算造价为 4 亿元，2010 年 12 月 30 日高档住宅形象进度为 50%。

$$已竣工成本对象应分摊资本化利息 = 2\,000 \times 20\,000 \div (20\,000 \times 100\% + 40\,000 \times 50\%)$$

$$= 1\,000（万元）$$

$$未竣工成本对象应分摊资本化利息 = 2\,000 - 1\,000 = 1\,000（万元）$$

借：开发成本——普通住宅　　　　　　　　　　　　　　　　　10 000 000
　　　　　　　——高档住宅　　　　　　　　　　　　　　　　　10 000 000
　　贷：开发成本——待分摊成本　　　　　　　　　　　　　　　20 000 000

3. 辅助费用的核算

从借款取得至开发项目竣工验收期间发生的辅助费用，借记"开发成本"、"在建工程"等科目，贷记"银行存款"等科目。开发项目竣工验收后发生的辅助费用，借记"财务费用"科目，贷记"银行存款"等科目。

【例 10-3】 新世纪房地产公司于 2009 年 12 月 30 日取得银行借款 2 亿元用于开发销售物业，1 月 30 日新世纪公司支付借款辅助费用共计 10 万元。新世纪公司根据有关原始凭证，编制会计分录如下：

借：开发成本　　　　　　　　　　　　　　　　　　　　　　　　100 000
　　贷：银行存款　　　　　　　　　　　　　　　　　　　　　　　100 000

辅助费用的分摊方法与借款利息的分摊方法基本相同。但在实际操作中，根据辅助费用的特点，其分摊处理方法也存在一定的特殊性。

（1）对于金额较大的辅助费用，如借款手续费、佣金及财务顾问费等，应按利息分摊的方法进行分摊。

（2）对于金额较小的辅助费用，如项目评估费、土地评估费及抵押登记费等，可以不进行分摊，直接计入项目开发中最大的成本对象。

4. 逾期借款的核算

逾期借款产生的正常的利息支出，按照正常借款的利息支出进行核算。从借款取得至开发项目竣工验收期间发生的逾期借款利息，借记"开发成本"、"在建工程"等科目，贷记"应付利息"科目。实际支付时，借记"应付利息"科目，贷记"银行存款"科目。开发项目竣工验收后发生的逾期借款利息，借记"财务费用"科目，贷记"应付利息"科目。实际支付时，借记"应付利息"科目，贷记"银行存款"科目。对于逾期而产生的罚息应通过营业外支出进行核算。产生罚息时，借记"营业外支出"科目，贷记"应付利息"科目；支付罚息时，借记"应付利息"科目，贷记"银行存款"科目。产生的滞纳金应通过营业外支出进行核算。产生滞纳金时，借记"营业外支出"科目，贷记"应付利息"科目；支付滞纳金时，借记"应付利息"科目，贷记"银行存款"科目。

（七）经营性物业抵押借款的核算

经营性物业抵押借款是指以借款人自有的、已建成并投入运营的优质经营性资产未来经营所产生的持续稳定的现金流（租金收入，运营收入，广告、停车收入等）作为第一还款来源，为满足借款人在生产经营中多样化用途的融资需求而进行的融资借款。

经营性物业抵押的借款期限一般为10年，最长不超过12年，借款到期后，企业借款人及其经营性物业仍符合业务办理条件和再融资相关规定的，借款银行可根据实际情况为其办理再融资。

银行对经营性物业抵押借款的使用途径有严格的限定，主要有三方面：一是用于企业置换项目建设期向银行等金融机构所贷入的银行借款，建设期间的债权性负债；二是用于归还项目建设期由股东方以股东借款形式投入的建设资金，其中不包括企业注册资本金以及在所有者权益中反映的满足银行项目开发借款所必需的35%的自有资金；三是用于经营性物业正常经营管理所必需的流动资金。

经营性物业抵押借款采用分阶段还本付息的还款方式。主要包括等额本息和等额本金两种方式。办理经营性物业抵押借款，应根据物业的经营性现金流入特点制定合理的分期还款计划，一般应按季还本付息；确因租金收入（或运营收入）周期等原因不能满足按季还本付息的，可按半年或按年还本付息，还可以根据经营性物业租金收入逐年上升的特点，将还款额逐年递增。对开业初期的经营性物业，银行一般将第一年作为还款宽限期，只要求按季付息，不强求还本。

【例10-4】 新世纪房地产公司2010年6月20日收到了中国银行投放的经营性物业抵押借款1亿元。根据相关原始凭证，编制会计分录如下：

　　借：银行存款　　　　　　　　　　　　　　　　　　100 000 000
　　　贷：长期借款　　　　　　　　　　　　　　　　　　100 000 000

经营性物业抵押借款是在资产完工以后发生的，因此，其借款利息应属于资产达到预定可使用状态后发生的借款费用，应计入当期损益。

【例10-5】 承例10-4，按照借款合同的约定，新世纪公司按季还本付息，9月20日收到银行借款本息单，应付借款本息390万元，其中：本金300万元，利息90万元。根据相关原始凭证，编制会计分录如下：

每月计提应付利息=90÷3=30（万元）

7—8月每月计提应付利息时。

　　借：财务费用　　　　　　　　　　　　　　　　　　300 000
　　　贷：应付利息　　　　　　　　　　　　　　　　　　300 000

新世纪房地产公司9月20日偿还借款本息时会计分录如下：

　　借：长期借款　　　　　　　　　　　　　　　　　　3 000 000

应付利息	600 000
财务费用	300 000
贷：银行存款	3 900 000

第三节　应付债券的核算

一、一般公司债券的会计处理

（一）公司债券的发行

企业发行的超过一年期以上的债券，构成了企业的长期负债。公司债券的发行方式有三种，即面值发行、溢价发行、折价发行。假设其他条件不变，债券的票面利率高于同期银行存款利率时，可按超过债券面值的价格发行，称为溢价发行。溢价是企业以后各期多付利息而事先得到的补偿。如果债券的票面利率低于银行同期存款利率，可按低于债券面值的价格发行，称为折价发行。折价是企业以后各期少付利息而预先给投资者的补偿。如果债券的票面利率与银行存款利率相同，可按票面价格发行，称为面值发行。溢价或折价是发行债券企业在债券存续期内对利息费用的一种调整。

企业发行债券时，如果发行费用大于发行期间冻结资金所产生的利息收入，按发行费用减去发行期间冻结资金所产生的利息收入后的差额，根据发行债券所筹集资金的用途，分别计入财务费用或相关资产成本。如果发行费用小于发行期间冻结资金所产生的利息收入，按发行期间冻结资金所产生的利息收入减去发行费用后的差额，视同发行债券的溢价收入，在债券存续期间于计提利息时摊销，分别计入财务费用或相关资产成本。

无论是按面值发行，还是溢价发行或折价发行，均以债券面值记入"应付债券"科目的"面值"明细科目，实际收到的款项与面值的差额，记入"利息调整"明细科目。企业发行债券时，按实际收到的款项，借记"银行存款"、"库存现金"等科目，按债券票面价值，贷记"应付债券——面值"科目，按实际收到的款项与票面价值之间的差额贷记或借记"应付债券——利息调整"科目。

（二）利息调整的摊销

利息调整应在债券存续期间内采用实际利率法进行摊销。实际利率法，是指按照应付债券的实际利率计算其摊余成本及各期利息费用的方法。实际利率，是指应付债券在债券存续期间的未来现金流量，折现为该债券当前账面价值所使用的利率。

资产负债表日，对于分期付息、一次还本的债券，企业应按应付债券的摊余成本和实际利率计算确定的债券利息费用，借记"在建工程"、"开发间接费用"、"财务费用"等科目，按票面利率计算确定的应付未付利息，贷记"应付利息"科目，按其差额，借记或贷记"应付债券——利息调整"科目。

对于一次还本付息的债券，应于资产负债表日按摊余成本和实际利率计算确定的债券利息费用，借记"在建工程"、"开发间接费用"、"财务费用"等科目，按票面利率计算确定的应付未付利息，贷记"应付债券——应计利息"科目，按其差额，借记或贷记"应付债券——利息调整"科目。

（三）债券的偿还

企业发行的债券通常分为到期一次还本付息或一次还本、分期付息两种。采用一次还本付息方式的，企业应于债权到期支付债券本息时，借记"应付债券——面值"、"应计利息"科目，贷记"银行存款"科目。采用一次还本、分期付息方式的，在每期支付利息时，借记"应付利息"科目，贷记"银行存款"科目；债权到期偿还本金并支付最后一期利息时，借记"应付债券——面值"、"在建工程"、"财务费用"、"开发间接费用"等科目，贷记"银行存款"科目，按借贷方之间的差额，借记或贷记"应付债券——利息调整"科目。

【例 10-6】 2007 年 12 月 31 日，新世纪房地产开发公司经批准发行 5 年期一次还本、分期付息的公司债券 1 000 万元，债券利息在每年 12 月 31 日支付，票面利率为年利率 6％。假设债券发行时的市场利率为 5％。

新世纪房地产开发公司该批债券实际发行价格为：

$$10\ 000\ 000 \times 0.783\ 5 + 10\ 000\ 000 \times 6\% \times 4.329\ 5 = 10\ 432\ 700(元)$$

其中，年利率 5％ 的 5 年期复利现值系数 (P/F, 5％, 5) = 0.783 5，年利率 5％ 的 5 年期年金现值系数 (P/A, 5％, 5) = 0.439 5。

新世纪房地产开发公司根据上述资料，采用实际利率法和摊余成本计算确定的利息费用如表 10-1 所示。

表 10-1 利息费用一览表 单位：元

付息日期	支付利息	利息费用	摊销的利息调整	应付债券摊余成本
2007－12－31				10 432 700.00
2008－12－31	600 000	521 635.00	78 365.00	10 354 335.00
2009－12－31	600 000	517 716.75	82 283.25	10 272 051.75
2010－12－31	600 000	513 602.59	86 397.41	10 185 654.34
2011－12－31	600 000	509 282.72	90 717.28	10 094 937.06
2012－12－31	600 000	505 062.94	94 937.06	10 000 000

根据表 10-1 的资料，新世纪房地产开发公司编制会计分录如下：

（1）2007 年 12 月 31 日发行债券。

　　借：银行存款 10 432 700
　　　　贷：应付债券——面值 10 000 000
　　　　　　——利息调整 432 700

（2）2008 年 12 月 31 日计算利息费用。

　　借：财务费用 521 635
　　　　应付债券——利息调整 78 365
　　　　贷：应付利息 600 000

2009 年、2010 年、2011 年确认利息费用的会计处理同 2008 年。

（3）2012 年 12 月 31 日归还债券本金及最后一期利息费用。

　　借：财务费用 505 062.94

应付债券——面值	10 000 000
——利息调整	94 937.06
贷：银行存款	10 600 000

二、可转换公司债券的会计处理

我国的可转换公司债券采取记名式无纸化发行方式，债券最短期限为 3 年，最长期限为 5 年。企业发行的可转换公司债券在"应付债券"科目下设置"可转换公司债券"明细科目核算。

企业发行的可转换公司债券，应当在初始确认时将其包含的负债成分和权益成分进行分析，将负债成分确认为应付债券，将权益成份却认为资本公积。在进行拆分时，应当先对负债成分的未来现金流量进行折现，确认负债成分的初始确认金额，再按发行价格总额扣除负债成分初始确认金额后的金额确定权益成分的初始确认金额。发行可转换公司债券发生的交易费用，应当在负债成分和权益成分之间按照各自的相对公允价值进行分摊。企业应按实际收到的款项，借记"银行存款"等科目，按可转换公司债券包含的负债成分面值，贷记"应付债券——可转换公司债券（面值）"科目，按权益成分的公允价值，贷记"资本公积——其他资本公积"科目，按借贷双方之间的差额，借记或贷记"应付债券——可转换公司债券（利息调整）"科目。

对于可转换公司债券的负债成分，在转换为股份前，其会计处理与一般公司债券相同，即按照实际利率和摊余成本确认利息费用，按照面值和票面利率确认应付债券，差额作为利息调整。可转换公司债券持有者在债券存续期间行使转换权利，将可转换公司债券转换为股份时，对于债券面额不足转换 1 股股份的部分，企业应当以现金偿还。

可转换公司债券持有人行使转换权利，将其持有的债券转换为股票，按可转换公司债券的余额，借记"应付债券——可转换公司债券（面值、利息调整）"科目，按其权益成分的金额，借记"资本公积——其他资本公积"科目，按股票面值和可转换的股数计算的股票面值总额，贷记"股本"科目，按其差额，贷记"资本公积——股本溢价"科目。如用现金支付不可转换股票的部分，还应贷记"库存现金"、"银行存款"等科目。

【例 10-7】 金世纪房地产开发公司经批准于 2007 年 1 月 1 日按面值发行 5 年期一次还本付息的可转换公司债券 20 000 万元，款项已收存银行，债券票面利率为 6%，利息按年支付。债券发行一年后可转换为普通股股票，初始转股价为每股 10 元，股票面值为每股 1 元。

2008 年 1 月 1 日债券持有人将持有的可转换公司债券全部转换为普通股股票（假定按当日可转换公司债券的账面价值计算转股数），金世纪房地产开发公司发行可转换公司债券时二级市场上与之类似的没有转换权的债券市场利率为 9%。

金世纪房地产开发公司编制会计分录如下：

(1) 2007 年 1 月 1 日发行可转换公司债券。

借：银行存款	200 000 000
应付债券——可转换公司债券（利息调整）	23 343 600
贷：应付债券——可转换公司债券（面值）	200 000 000

资本公积——其他资本公积　　　　　　　　　　　　23 343 600

可转换公司债券负债成分的公允价值为：

200 000 000×0.649 9+200 000 000×6%×3.889 7=176 656 400（元）

其中，年利率9%的5年期复利现值系数（P/F，9%，5）=0.649 9，年利率9%的5年期年金现值系数（P/A，9%，5）=3.889 7。

可转换公司债券权益成分的公允价值为：

200 000 000-176 656 400=23 343 600（元）

（2）2007年12月31日确认利息费用。

借：财务费用　　　　　　　　　　　　　　　　　　15 899 076
　　贷：应付债券——可转换公司债券（应计利息）　　　　12 000 000
　　　　　　　　——可转换公司债券（利息调整）　　　　 3 899 076

（3）2008年1月1日债券持有人行使转换权。

转换的股份数=（176 656 400+12 000 000+3 899 076）/10=19 255 547.60（股）

不足1股的部分支付现金0.60元。

借：应付债券——可转换公司债券（面值）　　　　　200 000 000
　　　　　　　——可转换公司债券（应计利息）　　　 12 000 000
　　资本公积——其他资本公积　　　　　　　　　　　23 343 600
　　贷：股本　　　　　　　　　　　　　　　　　　　　19 255 547
　　　　应付债券——可转换公司债券（利息调整）　　　19 444 524
　　　　资本公积——股本溢价　　　　　　　　　　　196 643 528.40
　　　　库存现金　　　　　　　　　　　　　　　　　　　　　0.60

第四节　长期应付款与预计负债的核算

长期应付款，是指企业除长期借款和应付债券以外的其他各种长期应付款，包括应付融资租入固定资产的租赁费、以分期付款方式购入固定资产发生的应付款项等。

一、应付融资租入固定资产的租赁费

企业采用融资租赁方式租入的固定资产，应在租赁期开始日，将租赁开始日租赁资产公允价值与最低租赁付款额现值两者中较低者，加上初始直接费用，作为租入资产的入账价值，借记"固定资产"等科目，按最低租赁付款额，贷记"长期应付款"科目，按发生的初始直接费用，贷记"银行存款"等科目，按其差额，借记"未确认融资费用"科目。

企业在计算最低租赁付款额的现值时，能够取得出租人租赁内含利率的，应当采用租赁内含利率作为折现率；否则，应当采用租赁合同规定的利率作为折现率。企业无法取得出租人的租赁内含利率且租赁合同没有规定利率的，应当采用同期银行借款利率作为折现率。租赁内含利率，是指在租赁开始日，使最低租赁收款额的现值与未担保余值的现值之和等于租赁资产公允价值与出租人的初始直接费用之和的折现率。

未确认融资费用应当在租赁期内各个期间进行分摊。企业应当采用实际利率法计算确认当期的融资费用。

二、具有融资性质的延期付款购买资产

企业购买资产有可能延期支付有关价款。如果延期支付的购买价款超过正常信用条件，实质上具有融资性质的，所购资产的成本应当以延期支付购买价款的现值为基础确定。实际支付的价款与购买价款的现值之间的差额，应当在信用期间内采用实际利率法进行摊销，计入相关资产成本或当期损益。具体来说，企业购入资产超过正常信用条件延期付款实质上具有融资性质时，应按购买价款的现值，借记"固定资产"、"在建工程"等科目，按应支付的价款总额，贷记"长期应付款"科目，按其差额，借记"未确认融资费用"科目。

企业采用补偿贸易方式引进国外设备时，应按设备、工具、零配件等的价款以及国外运杂费的外币金额和规定的汇率折合为人民币确认长期应付款。

三、预计负债的核算

预计负债是因或有事项可能产生的负债。根据《企业会计准则等 13 号——或有事项》的规定，与或有事项相关的义务同时符合以下三个条件的，企业应将其确认为负债：

（1）该义务是企业承担的现时义务；

（2）该义务的履行很可能导致经济利益流出企业，这里的"很可能"指发生的可能性为"大于 50％，但小于或等于 95％"；

（3）该义务的金额能够可靠地计量。

企业根据企业会计准则确认的由对外提供担保、未决诉讼、重组义务产生的预计负债，应按确定的金额，借记"营业外支出"科目，贷记"预计负债"科目（预计担保损失、预计未决诉讼损失、预计重组损失）。

因计提预计负债而确认的损失，与按照税法规定于实际发生时可从应纳税所得额中扣除的部分的差异，应作为可抵减的时间性差异。如果已计提的预计负债在下一会计期间实际发生损失的，按照会计制度和相关准则规定，应将实际发生的损失冲减已计提的预计负债，预计负债不足冲减的部分或已计提预计负债大于实际发生损失的部分直接计入当期损益；如果已计提的预计负债在下一会计期间因原引发损失的各种因素消除而转回，按照会计制度和相关准则规定计入转回当期损益。

【例 10-8】 2010 年 10 月 20 日，金世纪房地产开发公司涉及一起诉讼案。2010 年 12 月 31 日，法院尚未做出判决。根据公司法律顾问的职业判断，公司败诉的可能性为 60％。如果败诉，企业需要赔偿 30 万元。企业编制会计分录如下：

（1）发生诉讼案时。

借：营业外支出 300 000
　　贷：预计负债 300 000

（2）2011 年 4 月 3 日，如果法院判决金世纪房地产开发公司败诉，需支付 30 万元赔款。依据法院判决支付赔款。

借：预计负债 300 000
　　贷：银行存款 300 000

（3）2011 年 4 月 3 日，如果法院判决金世纪房地产开发公司胜诉，企业不需支付赔款。依据法院判决冲回预计负债。

借：预计负债 300 000
　　贷：营业外支出 300 000

简答题

1. 房地产企业非流动负债有何特点？
2. 应付债券的应付利息和利息费用金额是否一致，为什么？
3. 预计负债的确认应满足哪些条件？
4. 借款费用资本化处理的理论依据是什么？
5. 借款利息资本化金额应如何确定？

业务处理题

1. 甲房地产公司于 2008 年 1 月 1 日取得为期 2 年的专门借款 100 万元用于开发销售物业，款项已存入银行。借款利率按市场利率定为 9%，每年付息一次，期满一次还清本金。该物业于 2009 年 8 月底竣工，达到预定可使用状态。假定不考虑闲置专门借款资金存款的利息收入或者投资收益。

要求：编制甲房地产公司与上述借款有关的会计分录。

2. 甲房地产公司于 2009 年 1 月 1 日发行 3 年期债券 30 万元，债券利息每半年付息一次，分别在每年 6 月 30 日和 12 月 31 日支付，票面利率为年利率 12%。假设债券发行时的市场利率为 10%。

要求：编制甲房地产公司付息、还本的会计分录。

3. A 房地产公司 2009 年 1 月 1 日按每份面值 1 000 元发行了 2 000 份可转换债券，取得总收入 200 万元，已存入银行。该债券期限为 3 年，票面利率为 6%，利息按年支付；每份债券在发行 2 年后可转换为 250 股普通股。该公司发行债券时，二级市场上与之类似但没有转股权的债券的市场利率为 9%。假定不考虑其他相关因素。

要求：编制与上述债券有关的会计分录。

4.（1）2010 年 11 月 20 日，甲房地产开发公司涉及一起诉讼案。2010 年 12 月 31 日，法院尚未做出判决。根据公司法律顾问的职业判断，公司败诉的可能性为 60%。如果败诉，企业需要赔偿 30 万元。

（2）2011 年 4 月 3 日，如果法院判决甲房地产开发公司败诉，需支付 20 万元赔款。

（3）2011 年 5 月 20 日，甲房地产公司以银行存款支付了上述赔偿。

要求：编制与该项诉讼有关的会计分录。

CHAPTER

11

第十一章
所有者权益

第一节　房地产开发企业所有者权益概述

一、所有者权益的内容

所有者权益是指企业投资人对净资产的所有权，是企业全部资产减去全部负债后的余额，可以用下述公式表示：

所有者权益＝资产－负债

所有者权益包括实收资本、资本公积和留存收益，其中留存收益包括盈余公积和未分配利润。实收资本和资本公积一般来源于企业的资本投入，而留存收益则来源于企业盈利产生的资本增值。也就是说，实收资本和资本公积和企业自身的生产经营无关，留存收益则是企业生产经营业绩的体现。

房地产项目的资本金是指在项目总投资中，由投资者认缴的出资额。从两者的比较可以看出，所有者权益的范围包括了项目资本金，所有者权益中的实收资本和资本公积属于项目资本金，而所有者权益中的留存收益则一般不属于项目资本金的范畴，但特殊情况下的留存收益也可能构成项目资本金。一般企业（指非股份有限公司）投入资本，均通过"实收资本"科目核算。房地产企业收到投资者投入的资本金时，其账务处理主要体现在两个方面：按照企业章程的规定，投资者投入企业的资本记入"实收资本"科目的贷方；收到投资者投入的资金超过其在注册资本所占份额的部分，作为资本溢价或股本溢价，在"资本公积"科目中核算，不记入"实收资本"科目。

（一）实收资本

实收资本是指企业投资者按照企业章程或合同、协议的约定，实际投入企业的资本。我国实行的是注册资本制，因而，在投资者足额交付资本之后，企业的实收资本应该等于企业的注册资本。所有者向企业投入的资本，在一般情况下无须偿还，可以长期周转使用。

由于企业组织形式不同，所有者投入资本的会计核算方法也有所不同。除股份有限公司对股东投入的资本应设置"股本"科目外，其余企业均设置"实收资本"科目，核算企业实际收到的投资者投入的资本。投资者投入企业的资本记入"实收资本"科目的贷方。

企业收到投资者投入的资金，超过其在注册资本所占份额的部分，作为资本溢价或股本溢价，在"资本公积"科目中核算，不记入"实收资本"科目。

（二）资本公积

资本公积是企业收到投资者的超出其在企业注册资本（或股本）中所占份额的投资，以及直接计入所有者权益的利得和损失等。资本公积的核算设置两个明细科目：资本（或股本）溢价、其他资本公积。

1. 资本溢价

"资本公积——资本（股本）溢价"科目反映企业实际收到的资本（或股本）大于注册资本的金额。溢价发行股票的，如有发行费用，应在溢价收入中支付，即在扣除发行费用后，记入"资本公积——股本溢价"。"资本公积——资本（股本）溢价"核算内容主要包括：股东投资溢价；股票发行费用（冲减资本公积）；同一控制下企业合并差额；"拨款转入"在"资本公积——资本（股本）溢价"中过渡。这里的拨款不是指政府补助，政府补助应当计入损益，不在资本公积中核算。资本溢价属于股东的投入，因此，可以作为房地产企业的项目资本金。同一控制下企业合并差额形成的资本溢价在房地产企业项目运作过程中一般是不会出现的。

2. 其他资本公积

其他资本公积是指除资本溢价项目以外所形成的资本公积，其中主要包括直接计入所有者权益的利得和损失。"资本公积——其他资本公积"核算内容主要包括：以权益结算股份支付通过"资本公积——其他资本公积"过渡；长期股权投资的"权益法"下，享有被投资企业除损益外的所有者权益变动的份额；关联方交易时，交易价格显失公允的差额；"可供出售金融资产"的公允值变动差额；自用房地产或存货转为投资性房地产日公允值大于原账面值的差额；其他"资本公积——资本溢价"不包括的内容。综上所述，其他资本公积虽然属于所有者权益，但并不是投资者实际的资金投入，因此，其他资本公积不能作为房地产企业的项目资本金。

（三）留存收益

留存收益是公司在经营过程中所创造的，但由于公司经营发展的需要或由于法定的原因等，没有分配给所有者而留存在公司的盈利。留存收益是指企业从历年实现的利润中提取或留存于企业的内部积累，它来源于企业的生产经营活动所实现的净利润，包括企业的盈余公积和未分配利润两个部分，其中盈余公积是有特定用途的累积盈余，未分配利润是没有指定用途的累积盈余。

1. 盈余公积金

盈余公积是指企业按照规定从净利润中提取的各种积累资金，是已指定用途的留存收益。

一般盈余公积分为两种：一是法定盈余公积。它是指根据国家法律规定，必须从税后利润中提取的公积金。通过强制企业提取法定盈余公积，可以约束企业过度分配，增强企业实力，减轻企业经营风险。根据我国《公司法》的规定，公司制企业的法定盈余公积按照税后利润的10%提取，计提的法定盈余公积累计达到注册资本的50%时，可以不再提取，（非公司制企业也可按照超过 10％的比例提取）。二是任意盈余公积。它是指公司出于实际需要或是采取审慎的经营方针，由权利机构决定从税后利润中提取的一项公积金。任意盈余公积与法定盈余公积的区别主要在于计提的依据不同：法定盈余公积的计提是按照国家有关法律、法规进行的，计提的标准也要符合有关的规定；而任意盈余公积是否计提、计提多少完全由企业自行决定。企业提取一般盈余公积主要是出于以下几个方面的考虑：用于弥补亏损、转增资本、分配利润等。

2. 未分配利润

未分配利润是指企业留待以后年度进行分配的留存收益，是企业实现的净利润（或亏损）在经过一系列分配后的结余部分，在使用分配上具有较大的自主权。作为所有者权益的组成部分，相对于所有者权益的其他部分来说，未分配利润有两层含义：一是本年未予分配留待以后年度处理；二是未指定特定的用途，在使用分配上有较大的选择性。

3. 留存收益中特定内容的说明

（1）捐赠所得。如果在房地产企业项目开发之初，企业收到捐赠，包括现金捐赠和实物捐赠，应该视同为对项目的投入，构成房地产企业项目资本金的组成部分。新企业会计准则体系对于捐赠的会计处理是：在"营业外收入"科目核算，增加企业利润。因此，捐赠在所有者权益中，最终体现为留存收益，但也属于项目资本金。

（2）债务重组收益。如果在房地产企业项目开发之初，房地产企业获得债务重组收益，实际上，房地产企业减少了债务支出，也就相当于增加了对项目的资本投入，同样构成了房地产企业项目资本金的组成部分。修改后的《企业会计准则第 12 号——债务重组》规定，债务人债务重组收益直接计入当期损益。也就是说，债务重组收益应当作为利得，在"营业外收入"核算，增加企业利润。

（3）政府专项拨款。政府专项拨款属于与资产相关的政府补助，相当于政府对房地产开发项目的一种资金投入，应该属于项目资本金的范围。《企业会计准则》规定，企业收到的政府专项拨款应在"递延收益"科目核算，并自相关资产达到预定可使用状态起，在该资产使用寿命内平均分配，分次计入各期的营业外收入，增加企业利润。因此，政府专项拨款也是以留存收益的形式存在的。

二、所有者权益的特点

由所有者权益的内容可知，所有者权益具有以下基本特点：

（1）所有者权益实质上是所有者在企业所享有的一种财产权利，包括所有者对投入财产的所有权、使用权和收益分配权，但是所有者权益只是一种剩余权益，也就是说，当企业因终止营业或其他原因进行清算时，变现后的资产首先必须用于偿还企业的负债，剩余的财产才可按出资比例在所有者之间进行分配。从这个意义上说，所有者权益代表企业清偿债务的物质保证。

（2）所有者权益是一种权利，这种权利来自投资者投入的可供企业长期使用的资源。任何企业的设立，都需要有一定的由所有者投入的资本金。根据多数国家公司法的规定，投入的资本在企业终止经营前不得抽回，它是企业清偿债务的物质保证，是企业亏损的承担者。

（3）从构成要素来看，所有者权益包括所有者的投入资本、企业的资产增值及经营利润。所有者的投入资本既是企业实收资本的唯一来源，也是企业资本公积的最主要来源。企业的所有者，也是企业资产增值的受益者。至于企业的经营利润，根据风险和报酬对应的原则，这是所有者承担全部经营风险和投资风险的一种回报。

第二节　实收资本的核算

一、实收资本的概述

（一）实收资本的概念

实收资本是指投资者按照企业章程或合同、协议的约定，实际投入企业的资本。我国《企业法人登记管理条例》规定，企业申请开业，必须具备符合国家规定并与其生产经营和服务规模相适应的资金数额。

我国设立企业采用注册资本制，企业会计核算中的实收资本即为法定资本。一般情况下，投资者投入的资本，即构成企业的实收资本，正好等于其在登记机关的注册资本。但是，在一些特殊情况下，投资者会因种种原因超额投入，从而使得其投入资本超过企业注册资本，企业进行会计核算时，不应将投入资本超过注册资本的部分作为实收资本核算，而应单独核算，计入资本公积。

（二）企业组织形式和资本金投入的有关规定

企业的组织形式是指企业按照民事法律的有关规定承担民事法律责任的主体资格及其组织状况。在我国，一般企业组织可以分为以下几种：

1. 独资企业

独资企业是指由个人出资兴办，完全由出资人所有和控制的企业。其所有者权益表现为业主对企业的所有权，称为业主权益。由于业主对企业的债务承担无限责任，法律上并不要求业主保全投入资本，因而业主可以从企业提款，供其个人消费或用于其他经营活动。企业的利润归业主独享，税后利润留存企业部分，可看做业主对企业的追加投资。独资企业中个体业主与企业的财产成为一体，有关所有者的投资、从企业提款以及企业赚取的利润或发生的亏损，均可直接计入资本金账户。

2. 合伙企业

合伙企业是指由两个或两个以上的投资人共同出资、合伙经营的企业。合伙企业往往通过协议形式规定各合伙人的权利和义务。合伙人的出资额可以不同，但合伙人对企业债务承担连带无限清偿责任，而不受出资额的限制。合伙企业所有者权益归全体合伙人所有，合伙人经其他合伙人同意，可以从企业提款，其资本份额随合伙人提款而减少。合伙企业需要按各合伙人分设账户，以反映各合伙人的投资、提款及其权益的余额。

3. 有限责任公司

有限责任公司是指依照《公司法》设立的，股东以其出资额为限对公司承担责任，公司以其全部资产对公司的债务承担责任的企业法人。

设立有限责任公司应当满足以下条件：股东人数为2人以上50人以下；股东出资达到法定资本最低限额；股东共同制定公司章程；有公司名称、建立符合有限责任公司要求的组织机构；有固定的生产经营场所和必要的生产经营条件。根据《公司法》规定，有限责任公司的注册资本不得少于下列最低限额：以生产经营为主的公司人民币50万元；以商品批发为主的公司人民币50万元；以商业零售为主的公司人民币30万元；科技开发、咨询、服务性公司人民币10万元。特定行业的有限责任公司注册资本最低限额需高于上述所定限额的，由法律、行政法规另行规定。

4. 股份有限公司

股份有限公司是指依照《公司法》的有关规定设立的，其全部资本分为等额股份，股东以其所持股份为限对公司承担责任，公司以其全部资产对公司的债务承担责任的企业法人。

设立股份公司应当满足以下条件：有5人以上的发起人，其中过半数的发起人在中国境内有住所（国有企业改建为股份有限公司的，发起人可以少于5人，但应当采取募集设立方式）；发起人认缴和社会公开募集的股本达到法定资本最低限额；股份发行、筹办事项符合法律规定；发起人制定公司章程，并经创立大会通过；有公司名称、建立符合股份有限公司要求的组织机构；有固定的生产经营场所和必要的生产经营条件。股份有限公司注册资本的最低限额为人民币1 000万元，股份有限公司的注册资本最低限额需高于上述所定限额的，由法律、行政法规另行规定。

股份有限公司和有限责任公司都是股份制企业的法律形式。二者在两个方面相同：第一，股东以其所认购的股份对公司承担有限责任，公司以全部资产对其债务承担责任；第二，股东权益的大小取决于股东对公司投资的多少，投资多，享受的权利就大，承担的义务也大；投资少，享受的权利就小，承担的义务也小。

5. 国有独资公司

根据我国《公司法》的规定，国有独资公司是由国家授权投资的机构或者国家授权的部门单独投资设立的有限责任公司。在《公司法》公布前已设立的国有企业，符合《公司法》规定设立有限责任公司条件的，可以依照《公司法》改建为国有独资的有限责任公司。

在会计核算上单独把国有独资公司作为一种类型，是因为这类企业组建时，所有者投入的资本全部作为实收资本入账。国有独资公司不会在追加投资时为维持一定的投资比例而产生资本公积。

二、实收资本的账务处理

一般企业实际投入的资本金通过"实收资本"账户进行核算。贷方登记实际收到的各出资人按合同、协议或章程规定的出资比例缴付的出资额和由资本公积、盈余公积转增的资本额；借方登记按规定程序减少的资本额；贷方余额反映企业实际拥有的资本额。对于投资人不是单一的企业而言，"实收资本"账户应按投资人名称设立明细账进行明细核算。

（一）企业设立时，资本筹集的核算

投资人的出资方式可以是货币资金，也可以是实物或产权、非专利技术和土地使用权等无形资产。

1. 接受货币资金投资的，应将作为出资的货币资金足额存入设立的账户，公司按

实际收到货币资金数额借记"库存现金"或"银行存款"账户，贷记"实收资本"账户。实际收到的金额超过其在企业注册资本中所占份额的部分，记入"资本公积——资本溢价"科目。投资者投入的外币，合同约定汇率的，应按收到外币当日的汇率折合的记账本位币金额，借记"银行存款"等科目，按合同约定汇率折合的记账本位币金额，贷记"实收资本"科目，按其差额，借记或贷记"资本公积——外币资本折算差额"科目；合同没有约定汇率的，应按收到出资额当日的汇率折合的记账本位币金额，借记"银行存款"科目，贷记"实收资本"科目。

2. 接受实物投资的，应按照投资各方确认的价值作为实收资本入账。公司在收到投资人投入的实物时，应按确认的价值，借记"原材料"、"固定资产"等科目，贷记"实收资本"科目；对于投资各方确认的价值超过其在注册资本中所占份额部分，应记入"资本公积——资本溢价"科目。

接受无形资产投资，应按投资各方确认的价值作为实收资本入账。需要注意的是，除国家对采用高新技术成果有特别规定者外，投资人以无形资产作价出资的金额一般不得超过注册资本的20%。

（二）实收资本增减变动的核算

一般情况下，企业的实收资本应相对固定不变，但在某些情况下，实收资本也可能发生增减变动。《企业法人登记管理条例》中规定，除国家另有规定外，企业的注册资金应当与实有资金相一致。该条例还规定，企业法人实有资金比原注册资金数额增加或减少超过20%时，应持资金证明或者验资证明，向原登记机关申请变更登记。

1. 实收资本增加的核算

企业增加实收资本的原因有：资本公积转增资本；盈余公积转增资本；企业接受投资者额外投入实现增资。

（1）资本公积转增资本的核算。企业用资本公积转增资本时，应按照转增的资本金额，借记"资本公积"科目，贷记"实收资本"科目。

（2）盈余公积转增资本的核算。企业用盈余公积转增资本时，应按照转增的资本金额，借记"盈余公积"科目，贷记"实收资本"科目。

（3）企业接受投资者额外投入实现增资的核算。企业按规定接受投资者额外投入实现增资时，应按实际收到的款项或其他资产，借记"银行存款"等科目，按增加的实收资本金额，贷记"实收资本"科目，按两者之间的差额，贷记"资本公积——资本溢价"科目。

2. 实收资本减少的核算

企业减少实收资本的原因有：资本过剩；企业发生重大亏损。

（1）企业因资本过剩而减资，一般要发还投资额。有限责任公司和一般企业发还投资比较简单，按发还投资的数额，借记"实收资本"科目，贷记"银行存款"科目。

（2）企业因发生重大亏损而减资，应借记"实收资本"科目，贷记"利润分配——未分配利润"科目。从理论上讲，实收资本与未分配利润同属所有者权益，上述会计处理并不影响股东权益总额，似乎可不作此分录。考虑到有些公司由于特殊原因发生了重大亏损，在短期内用利润、公积金弥补亏损有困难；另外按照规定，企业如有未弥补亏损，不能发放利润。在这种情况下，企业如不进行减资，就是以后年度有了利润，也不能发放，而是要先弥补亏损。如一个企业长期不能发放利润，将会动摇投资者的信心。所以，经权利机构决议，并履行减资手续后，用实收资本弥补亏损，企业可转入正常经营。

3. 公司增资扩股的核算

在增资扩股的情况下，新介入投资者出资额按约定份额计入实收资本，大于约定份额的部分，计入资本公积——资本溢价。由于企业创办者承担了初创阶段的巨大风险，同时在企业内部形成留存收益，新加入的投资者将享有这些利益，这就要求其付出大于原有投资者的出资额，才能取得与原有投资者相同的投资比例。

有限责任公司增加资本金时，需经股东会决议。股东认缴新增资本的出资，按照设立有限责任公司缴纳出资的规定进行。股东可以用货币资金增资，也可以用实物、土地使用权等作价增资。对作为增资的实物或土地使用权，必须进行评估作价，依照有关规定办理。股东增资时，只能将其按约定投资比例计算的部分，作为其投入的资本金，记入"实收资本"科目的贷方；实际缴付的增资额超出其资本金的差额，为资本溢价，应记入"资本公积"科目的贷方。

股份有限公司增加资本金时，通过"股本"科目进行核算。

【例 11-1】　2011 年 7 月 1 日，新世纪房地产公司为达到国家规定的资本金比例，公司股东会形成决议，拟增加注册资金 2 亿元。新世纪公司收到增加投入的资本 2 亿元，该款项全部存入本公司的开户银行。新世纪公司根据有关原始凭证，编制会计分录如下：

借：银行存款　　　　　　　　　　　　　　　　　　　　　200 000 000
　　贷：实收资本　　　　　　　　　　　　　　　　　　　　200 000 000

【例 11-2】　2011 年 6 月 30 日，新世纪房地产公司注册资金为 1 亿元，账面实收资本为 1 亿元。2011 年 12 月 31 日，公司股东会形成决议，拟增加注册资金 5 000 万元，其中甲公司认缴 2 000 万元，乙公司认缴 3 000 万元。新世纪公司收到增加投入的资本 5 000万元，该款项全部存入公司的开户银行。新世纪公司根据有关原始凭证，编制会计分录如下：

借：银行存款　　　　　　　　　　　　　　　　　　　　　50 000 000
　　贷：实收资本——甲公司　　　　　　　　　　　　　　　20 000 000
　　　　　　　　——乙公司　　　　　　　　　　　　　　　30 000 000

第三节　资本公积的核算

一、资本公积的概述

资本公积是指由投资者或其他人（或单位）投入，所有权归属于投资者，但不构成实收资本的那部分资本或者资产。资本公积从形成来源看，是由投资者投入的资本金中超过法定资本部分的金额，或者其他人（或单位）投入的不形成实收资本的资产的转化形式，它不是由企业实现的净利润转化而来的，从本质上讲，应属于投入资本的范畴。

资本公积与实收资本虽然都属于投入资本范畴，但两者又有区别。实收资本一般是指投资者投入的、为谋求价值增值的原始投资，而且属于法定资本，与企业的注册资本相一致，因此，实收资本无论在来源上，还是在金额上，都有比较严格的限制。资本公积在金额上并没有严格的限制，而且在来源上也相对比较多样。资本公积包括资本溢价（或股本溢价）和直接计入所有者权益的利得和损失。其中，资本溢价是指投资者投入的资金超过其在注册资本中所占份额的部分；直接计入所有者权益的利得和损失是指不应计入当期损益、会导致所有者权益发生变动的与所有者投入资本或者向投资者分配利润无关的利得或者损失。"资本公积"科目下设置"资本溢价"和"其他资本公积"明细科目。

不可以直接用于转增资本的资本公积，主要指接受捐赠非现金资产准备。接受捐赠非现金资产准备，是指企业因接受非现金资产捐赠而增加的资本公积。

二、资本公积的账务处理

（一）资本溢价的核算

1. 一般企业资本溢价产生的原因

对于一般企业而言，在创立时，出资者认缴的出资额全部记入"实收资本"科目，因而不会出现资本溢价。但是，当企业重组并有新的投资者加入时，为了维护原投资者的利益，新加入投资者的出资额并不一定全部作为实收资本处理。其原因主要有：

（1）投资者在企业资本公积和留存收益中享有的权益。在新投资者加入前，企业的所有者权益中，除了实收资本（即原始投资）外，还有在企业创立后的生产经营过程中实现的利润留在企业所形成的留存收益（包括每年提取的盈余公积和历年未分配利润），甚至还有在接受他人捐赠等原因所形成的资本公积。显然，留存收益和资本公积属于原投资者的权益，一旦新投资者加入，其将与原投资者共享该部分权益。为了补偿原投资者的权益损失，新投资者就需要付出比原投资者在获取同样的投资比例时投入资本更多的出资额。

（2）补偿企业未确认的自创商誉。企业从创立、筹建、生产运行，到开拓市场、构造企业的管理体系等，都会在无形之中增加企业的商誉，进而增加企业的财富，但是在现行会计制度下，企业的所有者权益中，并没有体现因自创商誉而使企业所有者财富增加的部分。然而，如果新投资者加入企业，将会分享自创商誉的益处，鉴于自创商誉在创造过程中需要大量的付出，新投资者投入资本时，要按超过其在实收资本中拥有份额的金额投入，从而产生资本公积。

（3）在企业重组活动中，新投资者出于获得对企业的控制权，获得行业准入、得到政策扶持或者所得税优惠等原因，也会使其投入资本高于在实收资本中按投资比例所享有的份额，从而产生资本公积。

2. 资本溢价的账务处理

对于一般企业，在收到投资者投入的资金时，按实际收到的金额或确定的价值，借记"银行存款"，"固定资产"等科目，按其在注册资本中所占的份额，贷记"实收资本"科目，按其差额，贷记"资本公积——资本溢价"科目。

（二）其他资本公积的核算

其他资本公积，是指除资本溢价（或股本溢价）项目以外所形成的资本公积，其中主要包括直接计入所有者权益的利得和损失。

直接计入所有者权益的利得和损失主要由以下交易或事项引起：

1. 采用权益法核算的长期股权投资

长期股权投资采用权益法核算的，在持股比例不变的情况下，被投资单位除净损益之外所有者权益的其他变动，企业按持股比例计算应享有的份额，如果是利得，应当增加长期股权投资的账面价值，同时增加资本公积（其他资本公积）；如果是损失，应当作相反的会计处理。当处置采用权益法核算的长期股权投资时，应当将原计入资本公积的相关金额转入投资收益。

2. 以权益结算的股份支付

以权益结算的股份支付在等待期内取得的职工或其他方提供的服务，应按照确定的金额记入"管理费用"等科目，同时增加资本公积（其他资本公积）。在行权日，应按照实际行权的权益工具数量计算确定的金额，借记："资本公积——其他资本公积"科目，贷记："股本"科目，差额部分贷记："资本公积——股本溢价"。

3. 存货或自用房地产转为投资性房地产

自用房地产或存货转换为采用公允价值模式计量的投资性房地产，应当按照转换日存货或自用房地产的公允价值，借记"投资性房地产——成本"科目，按照账面价值，贷记："库存商品"或将自用房地产从固定资产有关科目转出，转换日的公允价值小于账面价值的差额，借记"公允价值变动损益"科目，转换日的公允价值大于账面价值的差额，贷记"资本公积——其他资本公积"科目。该项投资性房地产处置时，原计入资本公积其他资本公积部分应转入当期其他业务收入。

4. 可供出售金融资产公允价值变动

可供出售金融资产公允价值变动形成的利得和损失，除减值损失和外币货币性金融资产形成的汇兑差额外，借记"可供出售金融资产——公允价值变动损益"科目，贷记"资本公积——其他资本公积"科目。公允价值变动形成的损失，作相反的会计处理。

5. 金融资产重分类

将可供出售金融资产重分类为采用成本或摊余成本模式计量的金融资产，重分类日该金融资产的公允价值或账面价值作为成本或摊余成本，该金融资产没有固定到期日的，与该金融资产相关、原直接计入所有者权益的利得和损失，应当仍然记入"资本公积——其他资本公积"科目，在该金融资产处置时转出，计入当期损益。

将持有至到期投资重分类为可供出售金融资产，应以公允价值进行后续计量。重分类日，该投资的账面价值与其公允价值之间的差额记入"资本公积——其他资本公积"科目，在该可供出售金融资产发生减值或终止确认时转出，计入当期损益。

按照金融工具确认和计量的规定应当以公允价值计量，但以前公允价值不能可靠计量的可供出售金融资产，企业应当在其公允价值能够可靠计量时改按公允价值计量，将相关账面价值和公允价值之间的差额记入"资本公积——其他资本公积"科目，在其发生减值或终止确认时，将上述差额转出，计入当期损益。

（三）资本公积转增资本的核算

按照《公司法》的有关规定，法定公积金、资本公积和盈余公积转为资本时，所留存的该项公积金不得少于转增前公司注册资本的25%。经股东大会或类似机构决议，用资本公积转增资本时，应冲减资本公积，同时按照转增前的实收资本（或股本）的结构，将转增的金额记入"实收资本（或股本）"科目下各所有者的明细科目。

【例 11-3】 新世纪房地产公司的注册资本为 1 亿元，甲、乙、丙、丁投资者各缴付资本金 2 500 万元。经营两年以后，该企业共提取了盈余公积金 1 000 万元，这时有新投资者有意参加该企业共同开发经营，并表示愿意出资 3 000 万元而仅取得该企业 20% 的权益。在会计上，应将新投资者投入的 2 500 万元作为资本金记入"实收资本"科目，出资额超出其资本金的 500 万元（3 000－2 500）记入"资本公积——资本溢价"科目，编制会计分录如下：

> 借：银行存款　　　　　　　　　　　　　　　　　　　30 000 000
> 　　贷：实收资本　　　　　　　　　　　　　　　　　25 000 000
> 　　　　资本公积——资本溢价　　　　　　　　　　　 5 000 000

因项目开发的需要，项目公司股东往往在项目开发过程中向项目公司拨付往来款，用于项目的开发建设。项目公司在收到股东拨入的往来款时，借记"银行存款"科目，贷记"其他应付款"科目。

【例 11-4】 为满足新世纪房地产公司项目开发的资金需要，公司股东决定拨付给新世纪公司资金 2 亿元。2010 年 7 月 1 日，新世纪公司收到公司股东拨付的资金 2 亿元，该款项全部存入新世纪公司的开户银行。新世纪公司根据有关原始凭证，编制会计分录如下：

> 借：银行存款　　　　　　　　　　　　　　　　　　 200 000 000
> 　　贷：其他应付款　　　　　　　　　　　　　　　 200 000 000

为达到国家规定的项目资本金比例的要求，项目公司的股东可能将其拨入的往来款转增为项目公司的资本金。按照《企业会计准则》的要求，股东拨款转为项目资本金时，应先记入"资本公积——资本溢价"科目，增资手续完成后，再从"资本公积——资本溢价"科目转入"实收资本"科目。

【例 11-5】 承例 11-4，2011 年 8 月 31 日，公司股东会形成决议，将拨付的往来款 2 亿元全部转增新世纪房地产公司的资本公积。新世纪公司根据有关原始凭证，编制会计分录如下：

> 借：其他应付款　　　　　　　　　　　　　　　　　 200 000 000
> 　　贷：资本公积——资本溢价　　　　　　　　　　 200 000 000

2011 年 9 月 30 日，新世纪房地产公司完成了 2 亿元的增资手续。公司根据有关原始凭证，编制会计分录如下：

> 借：资本公积——资本溢价　　　　　　　　　　　　 200 000 000
> 　　贷：实收资本　　　　　　　　　　　　　　　　 200 000 000

房地产项目股东拨款转入形成的资本公积也属于房地产项目资本金的组成部分。在实际操作中，对于股东拨款，一般先记入"其他应付款"科目，然后根据总投资情况，确定转入资本公积的金额，最后增资计入实收资本。

按《企业会计准则》规定，新发生的经济业务形成的其他资本公积不能用于转增资本。只有资本溢价才能转增资本。资本公积转增资本时，借记"资本公积——资本溢价"科目，贷记"实收资本（或股本）"科目。

有限责任公司股东之间可以相互转让其全部出资或者部分出资，但股东如向股东以外的人转让其出资时，必须经全体股东过半数的同意，不同意转让的股东应当购买该转让的出资，如果不购买该转让的出资，就视为同意转让。经股东同意转让的出资，在同等条件下，其他股东有优先购买权。股东依法转让其出资后，由公司将受让人的姓名或者名称、住所以及受让的出资额记载于股东名册，并作如下分录入账：

    借：实收资本——出让人

      贷：实收资本——受让人

【例 11-6】 2010 年 6 月，新世纪房地产公司注册资金为 1 亿元，账面实收资本为 1 亿元，公司股东为甲公司和乙公司，出资额分别为 4 000 万元和 6 000 万元。2010 年 12 月 31 日，甲公司和乙公司均同意甲公司向丙公司转让全部出资额。新世纪公司根据有关原始凭证，编制会计分录如下：

    借：实收资本——甲公司   40 000 000

      贷：实收资本——丙公司   40 000 000

第四节　留存收益的核算

一、留存收益概述

（一）留存收益的概念

留存收益是指企业从历年实现利润中提取的或形成的留存于企业内部的积累，是企业税后利润减去所分配的股利后留存企业的部分，它来源于企业的生产经营活动所实现的利润，主要由盈余公积和未分配利润两部分组成

留存收益与实收资本和资本公积的区别在于，留存收益来源于企业的资本增值，而实收资本和资本公积来源于资本投入。

留存收益的目的是保证企业实现的净利润有一部分留存在企业，不全部分配给投资者。这样，一方面可以满足企业维持或扩大再生产经营活动的资金需要，保持或提高企业的获利能力；另一方面可以保证企业有足够的资金用于偿还债务，保护债权人的利益。

（二）留存收益的内容

1. 盈余公积的内容

盈余公积是指企业按照规定从净利润中提取的各种累积资金。企业的盈余公积主要包括：

（1）法定盈余公积。是指企业按照规定的比例从净利润中提取的盈余公积。根据我国《公司法》的规定，公司制企业按照净利润的 10% 提取法定盈余公积，计提的法定盈余公积累计达到注册资本的 50% 时，可以不再提取。而非公司制企业可以按照超过净利润 10% 的比例提取。

（2）任意盈余公积。是指经企业权利机构批准按照规定的比例从净利润中提取的盈余公积。它与法定盈余公积的区别在于提取比例由企业自行决定，而法定盈余公积的提取比例则由国家有关法规规定。

2. 盈余公积的用途

企业提取盈余公积主要可以用于以下几个方面：

（1）弥补亏损。根据企业会计制度和有关法规的规定，企业发生亏损，可以用发生亏损后 5 年内实现的税前利润来弥补，当发生的亏损在 5 年内仍不足弥补的，应以以后年度实现的税后利润弥补。通常，当企业发生的亏损以税后利润仍不足弥补的，可以用所提取的盈余公积加以弥补，但是用盈余公积弥补亏损应当经企业权利机构批准。

（2）转增资本。当企业提取的盈余公积累积比较多时，可以将盈余公积转增资本，但是必须经企业权利机构批准。而且用盈余公积转增资本后，留存的盈余公积数额不得少于注册资本的 25%。

（3）发放现金利润。在某些情况下，当企业累积的盈余公积比较多，而未分配利润比较少时，为了维护企业形象，给投资者以合理的回报，对于符合条件的企业，也可以用盈余公积分配现金利润。

3. 未分配利润的内容

未分配利润是指企业实现的净利润经过弥补亏损、提取盈余公积和向投资者分配利润后留存于企业的、历年结存的利润。它有两层含义：一是留待以后年度处理的利润；二是未指定特定用途的利润。由于未分配利润属于未确定用途的留存收益，所以企业在使用未分配利润上有较大的自主权，受国家法律、法规的限制比较少。

二、留存收益的账务处理

（一）提取盈余公积

对于房地产企业而言，在按规定提取各项盈余公积时，应当按照提取金额，借记"利润分配——提取法定盈余公积、提取任意盈余公积"等科目，贷记"盈余公积——法定盈余公积、任意盈余公积"科目。

【例 11-7】 新世纪房地产开发企业 2008 年实现税后利润 100 万元，公司本年度没有需要弥补的亏损等规定的扣减项目。公司分别按税后利润的 10% 和 5% 提取法定盈余公积和任意盈余公积。账务处理如下：

```
借：利润分配——提取法定盈余公积                              100 000
          ——提取任意盈余公积                               50 000
    贷：盈余公积——法定盈余公积                             100 000
              ——任意盈余公积                              50 000
```

（二）盈余公积弥补亏损

企业经权利机构批准，用盈余公积弥补亏损时，应借记"盈余公积"科目，贷记"利润分配——其他转入"科目。

【例 11-8】 新世纪房地产公司 2007 年业绩不佳，发生亏损 50 万元，经批准用以往年度积累的盈余公积弥补亏损。账务处理如下：

```
借：盈余公积                                             500 000
    贷：利润分配——盈余公积补亏                            500 000
```

（三）盈余公积转增资本

企业经批准用盈余公积转增资本时，应按照实际转增的资本额，借记"盈余公积"

科目，贷记"实收资本"科目。

【例11-9】　新世纪房地产开发企业经批准，用盈余公积300 000元转增资本，已办妥注册资本变更手续。账务处理如下：

　　借：盈余公积——法定盈余公积　　　　　　　　　　　　　300 000
　　　　贷：实收资本　　　　　　　　　　　　　　　　　　　　300 000

（四）用盈余公积分配利润

企业经批准，用盈余公积分配利润时，应借记"盈余公积"科目，贷记"应付利润"科目。

【例11-10】　新世纪房地产开发企业2008年业绩不佳，发生亏损。为了维护公司股票的声誉，公司决定用公司以前的盈余公积分配现金利润20万元，账务处理如下：

（1）宣告分配现金利润时。

　　借：盈余公积——法定盈余公积　　　　　　　　　　　　　200 000
　　　　贷：应付利润　　　　　　　　　　　　　　　　　　　　200 000

（2）实际分配现金利润时。

　　借：应付利润　　　　　　　　　　　　　　　　　　　　　200 000
　　　　贷：银行存款　　　　　　　　　　　　　　　　　　　　200 000

简答题

1. 简述所有者权益的构成和来源。
2. 我国相关法律法规对企业注册资本有何要求？
3. 企业的组织形式有哪几种？
4. 资本公积如何分类？它们存在哪些差异？
5. 资本溢价（或股本溢价）的形成原因是什么？
6. 什么是留存收益？它由哪几部分组成？各部分用途有何不同？

业务处理题

1. 甲房地产公司于2009年以发行股票的方式募集资本，共发行普通股1 000万股，每股面值1元，每股的发行价格8元。证券代理商按其发行收入的2％收取承销费用，并从发行收入中扣除。收到的款项存入银行。2011年，经股东大会决议，甲公司用资本公积（股本溢价）转增股本100万元，相关增资手续已办妥。

要求：根据上述资料，编制甲公司发行股票、转增资本的会计分录。

2.（1）A公司与B公司出资创办××房地产公司。××公司章程规定：注册资本5 000万元。其中A出资60％，B出资40％。A公司以厂房、设备和土地使用权出资，B公司以1 500万元货币和专利权出资。经双方协商，对非货币性资产确认的价值为A公司的房屋1 500万元、设备900万元、土地使用权600万元；B公司的专利权500万元。双方实际投资均到位。

（2）××房地产公司经营3年后，获得较高效益，留存收益1 000万元，有较大的发展空间，但资金匮乏。此时，C公司表示愿意参入公司，公司决定增加注册资本，同意C公司以货币资金出资的方式，获取公司20％的股权，已办好相关的增资手续。

（3）××房地产经营 5 年后，决定以资本公积、盈余公积和未分配利润最大限额地转增资本。此时，公司所有者权益总额为 9 000 万元。其中：实收资本 6 250 万元，资本公积 300 万元（资本溢价 250 万元，其他资本公积 50 万元），盈余公积 2 500 万元（其中法定盈余公积 1 800 万元，任意盈余公积 700 万元），未分配利润 450 万元。《公司法》规定法定盈余公积转增资本后的余额不得低于原注册资本的 25％。

要求：

（1）编制××房地产公司创立时实际收到投入资本的有关会计分录。

（2）××房地产公司经营 3 年后增加资本时，如果不考虑商誉的因素，计算 C 公司的实际应出资额，并编制增资的有关会计分录，同时计算增资后 A 公司和 B 公司所占投资比例。

（3）××房地产公司经营 5 年后转增资本时，计算其增资额，并编制转增资本的有关会计分录。

12

第十二章
收 入

第一节 房地产开发企业收入的概述

房地产开发企业的收入是指其从事房地产开发和其他经营活动所取得的收入,包括主营业务收入、其他业务收入。房地产开发企业应按照收入确认的原则,合理地确认和计量转让、销售开发产品的收入,代建房及代建工程的收入,分期收款销售的收入,和出租开发产品的租金收入。房地产开发企业的其他业务收入主要包括商品房售后服务收入、材料销售收入、无形资产转让收入和固定资产出租收入。

房地产开发企业取得收入标志着企业为社会提供物质产品或劳务价值的实现,这不仅可以补偿生产要素的耗费,而且能够实现价值的增值,从而为企业生产经营活动的持续经营和不断扩展提供实现条件。正确地确认与计量收入,是如实反映企业各期经营成果的重要环节,也是正确进行纳税申报和利润分配的基础。因此,房地产开发企业必须加强收入的管理与核算。对于生产经营过程中发生的各种收入,必须正确确认其实现时间,正确计量实现金额;必须正确划分主营业务收入与其他业务收入的界限,保证其与相应成本、费用相配比,从而正确确定企业的经营成果。

一、收入的概念与分类

(一)收入的概念与特点

收入是指企业在销售商品、提供劳务及让渡资产使用权等日常活动中所形成的经济利益的总流入,收入不包括为第三方或者客户代收的款项。房地产开发企业的收入主要是营业收入。

房地产开发企业的收入的特点主要表现为:

(1)房地产开发企业的收入是从企业的日常活动中产生,而不是从偶发的交易或事项中产生。房地产开发企业的日常活动包括土地开发、房屋开发、配套设施开发和代建工程开发等等。有些交易或事项也能为房地产开发企业带来经济利益,但不属于企业的日常活动,其流入的经济利益属于利得,而不是收入,如出售固定资产。因为固定资产是为使用而不是为出售而购入的，固定资产出售不属于企业的日常活动，出售固定资产取得的收益不作为收入核算。

（2）收入可能表现为企业资产的增加，如增加银行存款、应收账款、应收票据等；也可能表现为企业负债的减少，如以商品或劳务抵偿债务；或者两者兼而有之，如商品销售的货款中部分收取现金，部分抵偿债务。

（3）收入能导致企业所有者权益增加。这是收入的基本特征之一。因为收入能增加资产或减少负债，或两者兼而有之，所以，根据"资产－负债＝所有者权益"的公式，企业取得的收入一定能使公式右边的数额增加，也就是所有者权益增加。

值得注意的是，"收入能导致企业所有者权益增加"指的是毛收入的概念，即没有扣除相关成本费用的收入。收入扣除相关成本费用以后，并不一定能增加所有者权益。在某些情况下，扣除相关成本后的收入，可能会导致所有者权益的减少。

（4）收入只包括本企业经济利益的流入，不包括为第三方或者客户代收的款项。在企业的生产经营中，常常会发生为国家代收税款，如房地产开发企业代收委托施工的建筑企业营业税，以及客户的预付款项等。代收的款项以及尚未确认的预付款项，一方面增加企业的资产，另一方面增加企业的负债，不增加企业的所有者权益，也不属于本企业的经济利益，不能作为本企业的收入。

（二）收入的分类

房地产开发企业的收入按照经营业务的主次分类，可以分为主营业务收入和其他业务收入。

主营业务收入是指企业从事主要营业活动所取得的收入。房地产开发企业的主要业务是从事土地开发、房屋开发、配套设施开发和代建工程开发等，因此其主营业务收入是指对外转让、销售、结算和出租开发产品等所取得的收入，具体包括土地转让收入（建设场地销售收入）、商品房销售收入、配套设施销售收入、代建工程结算收入和出租开发产品的租金收入等。主营业务收入一般占企业营业收入的比重较大，对企业的经济效益产生较大的影响。

其他业务收入指企业除主营业务以外的其他销售或其他业务取得的收入。房地产开发企业从事其他多种经营取得的收入，如商品房售后服务收入、饮食服务收入，以及销售材料、转让无形资产、出租固定资产等形成的收入，均属于其他业务收入。其他业务收入一般占企业营业收入的比重较小。

主营业务收入和其他业务收入的划分标准，一般应按照营业执照上注明的主营业务和兼营业务予以确定，营业执照上注明的主营业务所取得的收入一般作为主营业务收入；营业执照上注明的兼营业务所取得的收入一般作为其他业务收入。但在实际工作中，如果营业执照上注明的兼营业务量较大，且是经常性发生的收入，也可归为主营业务收入。

二、营业收入的确认

企业应当根据收入的性质，按照收入确认的原则，合理地确认和计量各项收入。

（一）转让、销售开发产品收入的确认

房地产开发企业对外转让、销售开发产品，应在下列条件均能满足时确认收入。

1．企业已将商品所有权上的主要风险和报酬转移给购货方

商品所有权上的风险，主要是指所有者承担该商品价值发生损失的可能性。比如，商品房有发生毁损或减值的可能性，就是商品所有权上的风险。

商品所有权上的报酬，主要是指商品所有者预期可获得的商品中包含的未来经济利益，包括商品因升值给所有者带来的经济利益。

商品所有权上的主要风险和报酬转移给购货方，指风险和报酬均已转让给了购货方，之后发生的任何损失由买方承担，未来的经济利益也由买方享有。

2．企业既没有保留通常与所有权相联系的继续管理权，也没有对已售出的商品实施控制

如果商品售出后，企业仍保留与所有权相联系的继续管理权，则说明此项交易没有完成，销售不能成立，不能确认收入。同样，如果商品售出后，企业仍对已售出的商品实施控制，也说明此项交易没有完成，销售不能成立，不能确认收入。比如，房地产开发企业将商品房销售给中介，合同规定，企业有权要求中介将商品房转让或退回，此时，房地产开发企业虽然已将商品房售出，但仍然对商品房有实际的控制权，因而不能确认收入。

3．与交易相关的经济利益能够流入企业

在销售商品的交易中，与交易有关的经济利益主要表现为销售商品的价款。销售商品的价款能否收回，是收入确认的一个重要条件。企业在销售商品时，如估计价款收回的可能性不大，即使收入确认的其他条件均已满足，也不应当确认收入。实务中，企业售出商品符合合同或协议的要求，并已将发票账单交付买方，买方也承诺付款，即表明销售商品的价款能够收回。如企业判断价款不能收回，应指出判断的依据。

4．相关的收入和成本能够可靠地计量

收入能否可靠计量，是确认收入的基本前提，收入不能可靠计量，则无法确认收入。企业在销售商品时，售价通常已经确定，但销售过程中由于某些不确定的因素，也可能出现售价变动的情况，这时，在新的售价确定前不能确认收入。

根据收入与费用配比的原则，与同一项收入有关的成本应在同一会计期间予以确认。因此，成本不能可靠地计量，相关的收入也不能确认，如已收到价款，应确认为一项负债。

实务中，房地产开发企业转让、销售土地和商品房，通常在土地和商品房已经移交，并已将发票结算账单提交给买主时，确认销售收入实现。值得注意的是，在房地产销售中，房地产的法定所有权转移给买方，通常表明其所有权上的主要风险和报酬也已转移，企业应确认销售收入。但是，仍存在法定所有权转移后，所有权上的风险和报酬尚未转移的情况：

（1）卖方根据合同规定，仍有责任实施重大行动，如工程尚未完工。在这种情况下，企业应在所实施的重大行动完成时确认收入。

（2）合同存在重大不确定因素，如买方有退货选择权的销售。企业应在这些不确定因素消失后确认收入。

（3）房地产销售后，卖方仍有某种程度的继续涉入，如销售回购协议、卖方保证买方在特定时期内获得投资报酬的协议等。在这些情况下，卖方在继续涉入的期间内一般

不应确认收入。

（二）代建房及代建工程结算收入的确认

房地产开发企业为委托单位代建的房屋和工程，应在房屋和工程竣工验收，办妥财产交接手续，并已将代建的房屋和工程的工程价款结算账单提交委托单位时，作为销售收入的实现。如果代建房和代建工程已符合建造合同的要求，并且有不可撤销的建造合同时，也可按照建造合同收入确认原则，按照完工百分比法确认房地产开发业务的收入。

（三）分期收款销售收入的确认

分期收款销售，是指商品已经交付，货款分期收回的一种销售方式。房地产开发企业对土地和商品房采取分期收款销售办法是由于其产品价值较大，收款期限较长，收款的风险大。在分期收款销售方式下，企业应按合同规定的收款时间分期确认收入。同时，按商品全部销售成本与全部销售收入的比率计算出本期应结转的销售成本。

（四）出租开发产品租金收入的确认

房地产开发企业出租开发产品，应在出租合同（或协议）规定日期收取租金后作为收入实现；合同规定的收款日期已到，租用方未付租金的，仍应视为营业收入已实现。

企业销售其他商品、产品，提供劳务等取得的营业收入，应在商品、产品已经销售，劳务已经提供，已将结算账单提交买方并收到价款或得到买方的付款认可时确认收入。

三、商品房销售收入金额的确定

房地产开发企业的一切营业收入，包括主营业务收入和其他业务收入，都必须在规定的确认时间内按实际发生金额入账。企业销售商品的收入，应按企业与购货方签订的合同或协议金额或双方接受的金额确定。企业在确定收入金额时，对于可能发生的现金折扣和销售折让不予考虑，即不抵减收入的金额。

现金折扣，是指债权人为鼓励债务人在规定的期限内付款而向债务人提供的债务扣除。现金折扣在实际发生时计入当期费用。

销售折让，是指企业因售出商品的质量不合格等原因而在售价上给予的减让。销售折让在实际发生时冲减当期收入。

企业开发建设完成的商品房，有的是整幢出售，有的是分套（单元）出售。商品房的销售价款，一般根据房屋建筑面积和单位面积（m²）价格确定。整幢商品房出售时，可以直接计算其全部价款，于收入实现时确认为商品房销售收入。如果整幢房屋分套出售，则往往以各套房屋应计建筑面积来计算每套房屋的价格并结转房屋成本。各套房屋的应计建筑面积，包括自用建筑面积和公用建筑面积（即公摊面积）。各套房屋的自用建筑面积，包括各套房屋分门户以内的起居室（厅）、卧室、书房、厨房、卫生间、储藏室、过道和阳台等面积。各套房屋的公用建筑面积，包括其应按比例分摊的公共使用的门厅、楼梯、电梯井（厅）、公共通道、垃圾管道以及突出屋面的有围护结构的楼梯间、水箱间、电梯机房等面积。分套出售房屋时，其售价和成本结转应按各套房屋自用建筑面积和应分摊的公用建筑面积计算确定，计算公式如下：

$$某幢房屋公用建筑面积分配率 = \frac{该幢房屋公用建筑面积}{各套房屋自用建筑面积总和} \times 100\%$$

$$某套房屋销售应计建筑面积 = 该套房屋自用建筑面积 \times \left(1 + 公用建筑面积分配率\right)$$

【例 12-1】 新世纪房地产开发公司自行开发的一幢商品房，全部建筑面积共15 000m²，其中，各套房屋自用建筑面积总和为 12 000m²，公用建筑面积 3 000m²，某套出售房屋自用建筑面积 100m²，该商品房每平方米售价 7 000 元，则：

公用建筑面积分配率＝3 000÷15 000×100%＝20%

该套房屋销售应计建筑面积＝100×(1＋20%)＝120(m²)

该套房屋销售价款＝7 000×120＝840 000(元)

第二节　房地产销售的管理与核算

房地产行业与其他行业最大的区别在于预售制的存在。一般行业都是在交付产品的同时收取销售款，而房地产企业的销售收款是在产品建造过程中进行的，这是房地产企业与其他行业企业最大的不同。

一、会员费及诚意金的核算

（一）会员费及诚意金的概念

会员费、诚意金是在签订"商品房认购协议书"之前收取的款项，最终退还给客户或转作购房款。

按照国家关于商品房预售的有关规定，商品房认购协议书要在房地产企业取得政府行政主管部门核发的商品房预售许可证以后才能够与客户签订，也就是说，房地产企业收取的会员费和诚意金是在企业预售之前收取的款项。这部分款项因为没有预售证的支撑，其约束性很低，购房者可随时收回此款项。

（二）会员费及诚意金的账务处理

由于会员费及诚意金的非约束性，不能将其作为预收款项处理，而应作为企业的应付款处理。会员费、诚意金在"其他应付款"科目下核算，房地产企业可根据实际情况设置明细科目进行辅助核算，以满足管理的需要。该科目贷方核算收到的上述款项，借方核算退还的款项或转入"预收账款"等科目的款项。

【例 12-2】 新世纪房地产公司开发的项目，预计在 2011 年 9 月份能够取得商品房预售许可证，并计划于取得该证后马上开盘销售。新世纪公司为了做好销售开盘前的准备，于 2009 年 7 月开始收取有购买意向客户的诚意金，诚意金为每套商品房 2 万元，当日共收取诚意金 100 万元。新世纪公司根据有关原始凭证，编制会计分录如下：

借：银行存款　　　　　　　　　　　　　　　　　　　　　　　1 000 000

　　贷：其他应付款——诚意金　　　　　　　　　　　　　　　　　1 000 000

新世纪公司于 9 月 10 日正式开盘销售，当日退还诚意金 20 万元，有部分诚意金客户签订了商品房认购协议，这部分客户原交付的 40 万元诚意金转为商品房销售定金。新世纪公司根据有关原始凭证，编制会计分录如下：

借：其他应付款——诚意金   600 000

  贷：预收账款——销售定金   400 000

    银行存款   200 000

（三）会员费及诚意金的管理

房地产企业在收取会员费及诚意金之前，必须以协议或其他方式明确退还时不计利息。收取会员费及诚意金时只能开具收款收据，不能开具商品房预售款发票和商品房销售结算发票。

退回会员费及诚意金时，房地产企业在退款业务操作过程中要审核是否符合协议约定，确认客户手中的会员卡、协议书、收款收据等是否已经收回。

二、销售定金的核算

（一）定金的概念

定金是在签订商品房销售（预售）合同之前收取的款项，在销售合同签订后转作购房款，如果客户在协议规定的期限内不签订购房合同，房地产企业一般情况下将不再退还客户已经缴纳的定金。

（二）定金的账务处理

房地产企业收取的定金，是在企业已取得预售房许可证并已与客户签订商品房认购协议基础上收取的款项，从实质上，它属于销售款的一部分。因此，定金应视同收取购房款，在"预收账款"科目核算。

房地产企业收取销售定金时，借记"银行存款"科目，贷记"预收账款——销售定金"科目。房地产企业与客户正式签订商品房预售合同时，按转出销售定金的金额，借记"预收账款——销售定金"科目，贷记"预收账款——销售款"科目，如果客户违反认购协议的规定，未能最终签订商品房预售合同，按不再退还的定金的金额，借记"预收账款——销售定金"科目，贷记"营业外收入"科目。

【例 12-3】 新世纪房地产公司于 9 月 20 日共收取销售定金 50 万元，按照双方认购协议的规定，9 月 30 日，房地产企业与其中部分客户正式签订了商品房预售合同，这部分客户已交付的销售定金为 30 万元。新世纪公司根据有关原始凭证，编制会计分录如下：

（1）收取销售定金时。

借：银行存款   500 000

  贷：预收账款——销售定金   500 000

（2）签订商品房预售合同时。

借：预收账款——销售定金   300 000

  贷：预收账款——销售款   300 000

（三）销售定金的管理

房地产企业在收取定金之前，必须和客户签订商品房认购协议书，在协议中要明确约定超过一定期限后定金不予退还的条款。收取定金时，视同收取购房款，开具票据（商品房预售款发票），但票据上要明确注明收取定金字样。

三、预售款的核算

（一）预售款的概念

预售款是指房地产企业在所售房屋未竣工前收取的商品房销售款，属于预收性质的款项。相应地，销售款是指房地产企业在所售房屋已经竣工后收取的商品房销售款。这里所说的预售款和销售款均包括银行发放的按揭贷款。

对所售房屋未竣工前收取的预售款，房地产企业应开具商品房预售款发票。对在竣工后收取的销售款，房地产企业应开具商品房销售结算发票。

（二）预售款的账务处理

虽然预售款和销售款收取的时间不同，但所有房屋销售款项，包括预售款和销售款，都必须先通过"预收账款"科目进行核算，以保证销售过程收入数据的完整。

"预收账款"科目核算按销售合同约定应收取的售房款，销售过程中收取的其他款项，不论是什么性质以及税收如何处理，都不在此科目下核算。该科目按照不同的项目、分期、业态、楼栋、房号等设置核算项目。该科目贷方核算实际收到的售房款、工程款抵房款转入的房款、因换房从其他房源转入的房款等，其中也包括银行发放的按揭贷款。借方核算结转的销售收入。销售退款、更名和换房等统一在贷方核算。

房地产企业在进行账务处理时，要注意相关资料的完整性，包括银行进账单、POS机小票、发票记账联、各种与交款方式相关的证明文件、销售换房审批表、销售退房审批表、销售更名审批表等。

【例12-4】　新世纪房地产公司9月30日从销售定金转入预售款30万元，另外收取客房预售款800万元。该项目于2011年12月份竣工。新世纪公司当月结转收入5 000万元。公司根据有关原始凭证，编制会计分录如下：

（1）销售定金转入时。

　　借：预收账款——销售定金　　　　　　　　　　　　　　　　300 000
　　　　贷：预收账款——销售款　　　　　　　　　　　　　　　300 000

（2）收取预售款时。

　　借：银行存款　　　　　　　　　　　　　　　　　　　　8 000 000
　　　　贷：预收账款——销售款　　　　　　　　　　　　　8 000 000

（3）竣工交付时。

　　借：预收账款　　　　　　　　　　　　　　　　　　　50 000 000
　　　　贷：主营业务收入　　　　　　　　　　　　　　　50 000 000

（三）预售款的管理

房地产企业在对预售款进行管理时，应重点做到以下几点：一是在收取房款前，必须签订商品房销售（预售）合同，不能收取无合同房款。二是设立"销售台账"，在签订合同和收取房款等环节详细登记相关房源信息、客户信息和交款过程信息。

四、销售更名、销售退房、销售换房的核算

房地产企业在销售过程中，可能会发生销售更名、销售退房、销售换房等业务，这部分业务的会计处理也是房地产企业销售核算的重要内容之一。

（一）销售更名的核算

销售更名是指在商品房预售阶段，原购买人将所购买的商品房转让给新的购买人的行为。这里需要说明的是，只有在商品房预售阶段才存在销售更名的问题，因为预售阶段商品房还未竣工交付，也就是我们通常所说的期房，对房地产企业来讲，还未确认为销售收入，因此，可以进行销售更名的操作。如果商品房已经交付，就不能采用更名的方式，而应该进行商品房转让，原购买人与新购买人之间进行转让，与房地产企业不相关。

房地产企业按照规定应收取更名费的，应按收到的更名费，借记"银行存款"、"库存现金"等科目，贷记"营业外收入"科目。

发生销售更名时，应单独编制会计分录反映，按已交房款，在"预收账款"科目贷方作相反登记，直接从原客户"预收账款"科目贷方红字转入新客户"预收账款"科目贷方。摘要注明"×××更名为×××"字样。

在商品房销售（预售）合同备案之后，原则上不能办理销售更名，确需办理的，必须在政府相关部门更名手续办妥之后才能办理。房屋交付入住后不能办理更名手续。如果更名时按揭贷款已经发放，必须在按揭事项处理完毕后办理更名手续。

（二）销售退房的核算

销售退房和销售更名一样，只是局限于商品房预售阶段的业务。商品房已经竣工并交付给购房人后发生的退房业务不属于这里的销售退房。购房者在商品房预售阶段发生退房时，按购房者原交付的房款金额，登记"预收账款"的贷方红字，按收取的罚款等金额，贷记"营业外收入"科目，按实际退回的销售款，贷记"银行存款"、"库存现金"等科目。在办理销售退房业务时，应认真审核房号、姓名、面积、实收房款等信息是否与账面记载一致，审核按协议或合同约定是否应当收取违约金等。

销售合同已经备案的，必须完成撤销备案手续方可办理退房手续。实际退房款时，应将客户手中的合同、协议、发票等全部收回。

（三）销售换房的核算

销售换房是指在商品房预售阶段发生的，购买人将其原购买的商品房更换为新的商品房，并相应结算销售差价的行为。如果购买人所购商品房已经竣工交付，所发生的销售换房就成为购买人的行为，属于先退房，再从房地产企业买房的行为。这里讲的销售换房，仅指商品房预售阶段的销售换房行为。账务处理时不走退房程序，直接从原房源"预收账款"科目贷方红字转入新房源"预收账款"科目贷方。

销售换房业务发生时必须按新房源开具发票，并收回原开具的发票。同时，房地产企业销售部门及财务部门要及时调整房屋销售台账，保持销售信息的准确性和统一性。

销售合同已经备案的，必须在撤销备案手续后办理换房业务。如果按揭贷款已经发放，必须在按揭贷款处理完后才能办理换房手续。

五、销售收款的管理

（一）销售台账管理

为加强销售过程管理，弥补账务处理信息记载的不足，完善销售过程数据资料，确保销售业务信息处理准确，房地产企业财务部门应设立销售台账，全面登记房源信息、成交客户信息、合同信息、收付款过程信息和按揭贷款信息。

登记销售台账时，应关注取得信息的合规性和准确性，必须以完整有效、数据准确无误的信息登记和更新台账。

财务部门的销售台账每月至少要和销售部门全面核对一次，及时解决发现的问题，不断完善台账登记规则，确保相关信息记录准确、一致。

（二）销售现场管理

为保证销售收款的资金和票据安全，房地产企业应注意以下几点：

（1）销售现场配专职人员负责发票和收款工作，并完善收款业务内部控制体系。专职人员更换时，必须严格履行票据交接手续，详细登记票据交接信息。

（2）房地产企业应该全力协调银行上门或住场收取房款，银行人员不在时，尽量采取通知客户刷卡交款或直接把现金存到公司指定账户的方式交款。

（3）每次收款前，必须查看客户提供的认购协议书或商品房销售（预售）合同，出示已交款项票据，按照协议或合同约定及已交款情况重新审核计算应交款项金额。

（4）收取客户直接存到公司账户款项进账单时，要取得公司财务部款项到账确认通知。收取支票时，可以直接开具正式收款收据。开出票据书写信息要全面、准确，且必须与合同内容保持一致。

第三节　商品房销售收入的核算

一、商品房销售收入的核算

（一）收入确认的条件

按照《企业会计准则》关于收入确认条件的规定，销售方应在将商品所有权上的重要风险和报酬转移给买方，不再对该商品实施继续管理权和实际控制权，与交易相关的经济利益能够流入企业，相关的收入和成本能够可靠地计量时，确认营业收入的实现。

对于房地产企业，商品房销售收入实现的具体条件为：

（1）工程已经竣工并通过有关部门验收。通过有关部门验收，是指取得政府有关部门发放的"竣工备案表"。

（2）实际销售面积符合合同规定。在实际操作中，实际销售面积往往与合同规定的面积存在一定的差异，应取得面积测绘表，按实测面积计算房屋总价。

（3）完成房屋交付手续或购买方已接到书面交房通知，且购买方在通知确定的交付使用时限结束后无正当理由拒绝收房。房地产企业在实际交付时可能存在以下两种情况：

①业主方正常来公司办理房屋交接手续：填写"房屋交接单"，凭业主方签字确认的房屋交接单确认销售收入。如果业主已签房屋交接单但因各种原因不去领取钥匙，必须要有业主签字并交物业公司的"钥匙委托保管书"，否则不确认该项销售收入。

②业主没来办理房屋手续：按销售合同规定的送达方式送达后，业主在合同约定的时限内未来办理手续的，如按合同规定可以视同房屋已交付的，则确认销售收入。送达的标识为：采取报纸公告的，留存报纸原件；采用快递方式的，留存快递底单；邮局寄

出的，留存邮局回执；采用传真、电话等其他方式的，都要有相应的记录或回单。

（4）履行了合同规定的义务，且价款取得或确信可以取得。一般情况下，客户交清全部房款后方可办理房屋交接手续，才能确认收入。但对于按合同约定分期付款的，则按合同约定的时点履行交接房手续，在办理房屋交接手续后可以确认收入。

（5）成本能够可靠地计量。成本可靠计量是指工程成本已结算完毕或虽未结算但可以按确定的工程完工量准确预估。

（二）销售收入的账务处理

为了核算和监督房地产开发企业主营业务收入的实现情况，以及与主营业务收入有关的成本的结转情况和税费的计算情况，房地产开发企业应设置如下会计科目：

"主营业务收入"科目。核算企业对外转让、销售、结算和出租开发产品等所取得的收入。企业实现的上述收入，应按实际价款入账，借记"应收账款"、"银行存款"等科目，贷记"主营业务收入"科目。"主营业务收入"科目应按营业收入的类别设置明细账，如"土地转让收入"、"商品房销售收入"、"配套设施销售收入"、"代建工程结算收入"、"出租产品租金收入"等。

"主营业务成本"科目。核算企业对外转让、销售、结算和出租开发产品等应结转的经营成本。企业按月计提的出租产品摊销和发生的维修费用，借记"主营业务成本"科目，贷记"出租开发产品"科目。月份终了，企业应根据本月已对外转让、销售和结算开发产品的实际成本，借记"主营业务成本"科目，贷记"库存商品"、"分期收款开发产品"科目。"主营业务成本"科目应按照经营成本的种类设置明细账，如"土地转让成本"、"商品房销售成本"、"配套设施销售成本"、"代建工程结算成本"、"出租产品经营成本"等。

"营业税金及附加"科目。核算应由当月主营业务收入负担的营业税金及附加，包括按规定应缴纳的营业税、城市维护建设税、教育费附加和土地增值税等。月份终了，企业按规定计算出应由当月主营业务收入负担的营业税金及附加，借记"营业税金及附加"科目，贷记"应交税费"科目。

期末，应将"主营业务收入"科目的余额全部转入"本年利润"贷方，同时将"主营业务成本"、"营业税金及附加"科目的余额转入"本年利润"借方，结转后，以上科目应无余额。

房地产开发企业的开发产品，主要有商品房、配套设施及商品性建设场地等。商品房可以整幢出售，也可以分套（单元）出售。分套出售时应明确各套商品房的建筑面积及相应的土地使用权比例。商品房买卖双方达成协议后，应签订"房屋买卖合同"。企业转让开发的商品性土地（场地），应签订转让合同，并根据转让土地的地理位置、经济环境、土地用途、土地使用权转让期限、房地产市场情况等因素，决定土地转让的价格。通常可以采用招标、协议、拍卖等方式进行交易。商品房、配套设施销售和土地转让，一般是在商品房、配套设施和土地等移交买主，并提交发票结算账单时作为销售实现，列入主营业务收入。

房地产开发企业预售商品房的，必须按照国家法律、法规的规定取得预售许可证，方可上市交易。预售商品房所得的价款，只能用于相关的工程建设，并作为企业预收账款管理，商品房竣工验收办理移交手续后，再将预收账款转为营业收入。

　　房地产开发企业对已取得房地产权证的商品房采取先出租给承租人使用，再根据合同、协议约定出售给该承租人的，所取得的价款应按下列情况处理：租赁期间取得的价款作为租金收入计入营业收入；租赁期满，承租人愿意购买该商品房，企业取得的售房价款作为商品房销售收入计入营业收入。

　　房地产开发企业出售商品房时与买受人约定，在出售后的一定年限内由企业以代理出租的方式进行包租的，企业出售商品房时，与买受人签订售房合同、协议并开具价款结算账单，按照合同、协议约定的价款计入营业收入。代理出租期间，收取的房屋租金作为其他应付款处理；合同、协议中约定，租金收入可用于冲抵售房价款的，将其他应付款冲转应收账款。

　　对于已经办理销售、交付手续，而产权尚未移交的商品房、配套设施等开发产品，企业应设置"代管房产备查簿"进行实物管理，但不得将这部分财产入账，也不得计提折旧或摊销。企业在代管房产过程中取得的收入和发生的各项支出，应作为其他业务收入和其他业务成本处理。

　　【例 12-5】　新世纪房地产开发公司本期对外销售商品房 10 套，建筑面积 1 000 m²，每平方米售价 20 000 元，价款共计 2 000 万元，已于移交时一次收款。会计处理如下：

　　　借：银行存款　　　　　　　　　　　　　　　　　　　　　　　　20 000 000

　　　　贷：主营业务收入——商品房销售收入　　　　　　　　　　　　　　20 000 000

　　【例 12-6】　新世纪房地产开发公司销售商品房住宅小区配套设施 1 套，销售价款 150 万元。配套设施已经移交，款项尚未收到。会计处理如下：

　　　借：应收账款　　　　　　　　　　　　　　　　　　　　　　　　　1 500 000

　　　　贷：主营业务收入——配套设施销售收入　　　　　　　　　　　　　1 500 000

　　【例 12-7】　新世纪房地产开发公司以预售方式销售高级住宅小区商品房两套，建筑面积 400 m²，售价 30 000 元/m²，前已按合同规定预收购房款 500 万元。该商品房已建设完工，验收合格并移交买主，余款已存入银行。企业账务处理如下：

　　（1）收到预收定金。

　　　借：银行存款　　　　　　　　　　　　　　　　　　　　　　　　　5 000 000

　　　　贷：预收账款　　　　　　　　　　　　　　　　　　　　　　　　5 000 000

　　（2）收到余款时。

　　　借：预收账款　　　　　　　　　　　　　　　　　　　　　　　　　5 000 000

　　　　银行存款　　　　　　　　　　　　　　　　　　　　　　　　　7 000 000

　　　　贷：主营业务收入　　　　　　　　　　　　　　　　　　　　　　12 000 000

　　【例 12-8】　新世纪房地产开发公司开发的商品性场地竣工验收合格，根据转让协议，将该场地移交给买方，协议规定的转让价格为 500 万元，交接手续已办妥，款项已收到。企业账务处理如下：

　　　借：银行存款　　　　　　　　　　　　　　　　　　　　　　　　　5 000 000

　　　　贷：主营业务收入——土地转让收入　　　　　　　　　　　　　　5 000 000

　　【例 12-9】　新世纪房地产开发公司结转本期已售开发产品成本，其中：销售的商品房实际开发成本 1 500 万元，高级住宅小区开发成本 800 万元，配套设施开发成本 100 万元，商品性场地实际开发成本 380 万元。账务处理如下：

```
借：主营业务成本——商品房销售成本                              23 000 000
            ——配套设施销售成本                                1 000 000
            ——土地转让成本                                    3 800 000
    贷：库存商品——房屋（商品房）                            15 000 000
            ——房屋（公寓）                                   8 000 000
            ——配套设施                                       1 000 000
            ——土地                                           3 800 000
```

二、开发产品分期收款销售收入的核算

房地产企业采用分期收款方式销售产品，如果产品已经交付，而货款分期收回，这种延期收款的销售方式具有融资性质。其实质是向购货方提供免息信贷，企业应该按照应收的合同或协议价款的公允价值确定收入的金额，应收的合同或协议价款的公允价值，通常应当按照其未来现金流量现值或商品的现销价格计算确定。

应收的合同或协议价款与公允价值之间的差额，应当在合同或协议期内，按照应收款项的摊余成本和实际利率计算确定的金额进行摊销，冲减财务费用。其中，实际利率是指具有类似信用等级的企业发行类似工具的现时利率，或者将应收的合同或协议价款折现为商品现销价格时的折现率等。应收的合同或协议价款与公允价值之间的差额，按照实际利率法摊销的结果如果与按直线法摊销的结果相差不大的话，也可以采用直线法进行摊销。

【例 12-10】 新世纪房地产开放公司销售房屋一批，协议约定采用分期收款方式，从销售当年年末分 5 年期收款，每年 2 000 万元，销售总价款合计 10 000 万元。假定该批房屋的现销价格为 8 000 万元。

上述分期收款销售方式下，应收金额的公允价值可以认定为 8 000 万元，据此可计算得出年金为 2 000 万元、期数为 5 年、现值为 8 000 万元的折现率为 7.93%。各期财务费用和已收本金的计算见表 12-1。

表 12-1   单位：万元

	未收本金 $A = A - C$	财务费用 $B = A \times 7.93\%$	本金收现 $C = D - B$	总收现 D
销售日	8 000	0	0	0
第一年年末	8 000	634	1 366	2 000
第二年年末	6 634	526	1 474	2 000
第三年年末	5 160	410	1 590	2 000
第四年年末	3 570	283	1 717	2 000
第五年年末	1 853	147	1 853	2 000
总额		2 000	8 000	10 000

根据上述计算结果，各期的会计处理如下：

（1）销售成立时。

```
借：长期应收款                                               100 000 000
    贷：主营业务收入                                          80 000 000
```

| | 未实现融资收益 | 20 000 000 |

（2）第1年年末。

	借：银行存款	20 000 000
	贷：长期应收款	20 000 000
	借：未实现融资收益	6 340 000
	贷：财务费用	6 340 000

（3）第2年年末。

	借：银行存款	20 000 000
	贷：长期应收款	20 000 000
	借：未实现融资收益	5 260 000
	贷：财务费用	5 260 000

（4）第3年年末。

	借：银行存款	20 000 000
	贷：长期应收款	20 000 000
	借：未实现融资收益	4 100 000
	贷：财务费用	4 100 000

（5）第4年年末。

	借：银行存款	20 000 000
	贷：长期应收款	20 000 000
	借：未实现融资收益	2 830 000
	贷：财务费用	2 830 000

（6）第5年年末。

	借：银行存款	20 000 000
	贷：长期应收款	20 000 000
	借：未实现融资收益	1 470 000
	贷：财务费用	1 470 000

三、代建工程结算收入的核算

房地产开发企业的代建工程包括代建房屋、场地和城市道路、基础设施等市政工程。房地产开发企业接受委托代建房屋及其他工程，不需办理土地使用权过户登记手续。在工程竣工验收办妥交接手续后，按照委托方确认的结算价款，计入营业收入，并结转代建工程相关成本。

房地产开发企业收取的代建工程结算收入，包括代建工程的预算成本和计划利润。按照国家有关规定，代建工程价款结算可以采用以下方法：

（1）竣工后一次结算。代建工程（项目）全部建筑安装期限在12个月以内，或者工程合同价值在100万元以下的，可以实行工程价款每月预支，竣工后一次结算的办法。

（2）分段分期结算。当年开工，当年不能完工的代建工程，应按照工程进度，划分为不同阶段，分段分期结算工程价款。

房地产开发企业的代建工程，一般采用竣工后一次结算的办法。企业可向委托（发包）单位预收一定数额的工程款和备料款，预收的工程款，可设置"预收账款——预收工程款"科目核算；预收的备料款，设置"预收账款——预收备料款"科目核算。期末或竣工后结算工程价款时，从应收工程款中扣除。

【例 12-11】 新世纪房地产开发企业接受甲公司的委托，代建其办公楼。工程开工时收到甲公司按合同规定拨付的工程款 100 万元，建设期间按工程实际进度又向甲公司收取工程价款 300 万元，代建的办公楼竣工，验收合格，根据代建合同规定，新世纪向甲公司提交"工程价款结算账单"，结算合同工程价款 1 000 万元，预计工程总成本 800 万元。会计处理如下：

（1）收到甲公司按合同规定拨付的工程款 100 万元。

　　借：银行存款　　　　　　　　　　　　　　　　　　　　1 000 000
　　　　贷：预收账款——预收工程款　　　　　　　　　　　　　1 000 000

（2）建设期间按工程实际进度又向甲公司收取工程价款 300 万元。

　　借：银行存款　　　　　　　　　　　　　　　　　　　　3 000 000
　　　　贷：预收账款——预收工程款　　　　　　　　　　　　　3 000 000

（3）代建办公楼全部竣工，结算工程价款。

　　借：应收账款——应收工程款　　　　　　　　　　　　　10 000 000
　　　　贷：主营业务收入——代建工程结算收入　　　　　　　10 000 000

（4）与甲公司结清代建工程价款，收取余款 600 万元。

　　借：银行存款　　　　　　　　　　　　　　　　　　　　6 000 000
　　　　预收账款——预收工程款　　　　　　　　　　　　　　4 000 000
　　　　贷：应收账款——应收工程款　　　　　　　　　　　　10 000 000

四、出租产品租金收入的核算

房地产开发企业开发的房屋和土地，除作为商品对外出售或转让外，还可以对外出租。出租房屋和土地以营利为目的，以出租使用权作为经营获利的手段，是房地产开发企业的商品性经营活动之一。

房地产开发企业出租开发产品应签订租赁合同、协议。企业开发建成的房屋和商品性土地用于出租经营时，应于签订合同、协议后将其实际成本从"库存商品"科目转入"出租开发产品"科目所属的"出租产品"二级科目。开发产品出租取得的营业收入，即按期收到或应收的租金。需要指出的是，房地产开发企业在新建商品房未办理房地产初始登记、取得房地产产权证前，与承租人签订商品房租赁预约协议，取得的商品房预租价款，应作为预收账款管理，商品房竣工验收、办理租约手续后，再将预收账款转为营业收入。出租产品中途改变用途对外销售的，应按其对外销售合同价款确定营业收入，并按摊余价值结转成本。

与开发产品出租相关的营业成本，主要是其按期摊销的出租产品的损耗价值以及发生的修理费用。出租产品使用权，会导致产品有形损耗，因此出租的产品虽然不是本企业的固定资产，但应视同固定资产管理，按使用期限摊销其实际开发成本。

出租房屋按月摊销的损耗价值，应根据出租房屋的账面原值（实际开发成本）和月摊销率计算。出租房屋月摊销率的计算如下：

$$月摊销率 = \frac{1 - 预计净残资率}{预计摊销年限 \times 12}$$

上式中，出租房屋的摊销年限可参照同类房屋的折旧年限确定，净残值率可按照房屋原值的 3%～5% 确定。

出租商品性土地（场地）的地价原则上是不会发生损耗的，但经过开发（如地上、地下附着物的拆除、清理和场地平整，有的还要进行地下各种管线的铺设、地面道路的建设等），其成本必将超过以土地出让金或转让金表示的地价，或者超过通过批租方式取得的土地的批租地价。土地开发成本超过地价的这部分价值，随着场地的使用也会发生损耗。而通过批租方式取得的土地，在批租期满后，要将土地归还批租单位，因此，对于出租的商品性土地（场地），也需要按月计提摊销额，作为与出租土地租金收入相关的营业成本。其摊销年限可根据土地开发形成的场地有关设施的可用年限或批租年限确定。

【例 12-12】 新世纪房地产开发企业将开发完成的绿色小区写字楼一套出租给乙公司，租期 2 年。租赁合同规定每月租金 5 万元，出租房屋实际开发成本 200 万元，摊销年限 30 年，预计净残值率 5%，发生出租房修理费用 3 000 元。账务处理如下：

（1）签订租赁合同，结转房屋成本。

借：出租开发产品——出租产品   2 000 000
　　贷：库存商品——房屋   2 000 000

（2）每月收到租金时。

借：银行存款   50 000
　　贷：主营业务收入——出租产品租金收入   50 000

（3）计提每月出租房屋摊销额。

$$月摊销率 = \frac{1 - 5\%}{30 \times 12} = 0.263 \, 9\%$$

月摊销额 = 2 000 000 × 0.263 9% = 5 278（元）

借：主营业务成本——出租产品经营成本   5 278
　　贷：出租开发产品——出租产品摊销   5 278

（4）支付房屋修理费用。

借：主营业务成本——出租产品经营成本   3 000
　　贷：银行存款   3 000

（5）房屋租赁期限到期，乙公司同意将其买下，协议售价 300 万元。

① 实现销售。

借：银行存款   3 000 000
　　贷：主营业务收入——商品房销售收入   3 000 000

② 结转摊余成本。

出租房屋已摊销价值 = 5 278 × 12 × 2 = 126 672（元）

出租房屋摊余价值＝2 000 000－126 672＝1 873 328(元)

借：主营业务成本——商品房销售成本	1 873 328
贷：出租开发产品——出租产品摊销	1 873 328
借：出租开发产品——出租产品摊销	2 000 000
贷：出租开发产品——出租产品	2 000 000

五、面积差的核算

面积差是指房地产企业销售的商品房竣工交付时，实际销售面积与原签订销售合同时的预计销售面积之间存在的差异。面积差的处理方式是房地产企业与客户在销售合同中重要的约定事项，一般情况下，其约定的处理方式有以下两种：一是按实际销售面积结算价款，多退少补；二是实际销售面积超出原预售面积的部分，由房地产企业负担，客户不需要补交房款。根据不同的处理方式，关于面积差的账务处理如下：

房地产企业退还面积差涉及的房款，应按退还的金额，借记"预收账款"科目，贷记"银行存款"等科目。房地产企业收到客户补交的面积差房款，应按收到的金额，借记"银行存款"等科目，贷记"预收账款"科目。竣工交付时，将其从"预收账款"科目转入"主营业务收入"科目。如果面积差由房地产企业承担，房地产企业则不需要进行账务处理。

【例12-13】 新世纪房地产公司于2011年6月份项目所建商品房竣工交付时，共收取面积差200万元。2011年6月份，新世纪公司根据有关原始凭证结转销售收入，编制会计分录如下：

(1) 收到补交面积差房款时。

借：银行存款	2 000 000
贷：预收账款	2 000 000

(2) 结转收入时。

借：预收账款	2 000 000
贷：主营业务收入	2 000 000

六、回迁房收入的核算

回迁房或拆迁安置房是指按照城市危旧房改造的政策，将危改区内的私房或承租的公房拆除，然后按照回迁或安置的政策标准，被拆迁人回迁，取得改造后新建的房屋。回迁的新建房屋产权按经济适用房产权管理。

回迁房视回迁方式、是否收取价款以及收取价款性质不同，采取不同的会计处理方式：

(1) 如果不收取价款，回迁房发生的支出作为土地成本计入拆迁补偿费用。此种情况属于非货币性资产交换，但其不具有商业实质，因此，应当以换出资产的账面价值和应支付的相关税费作为换入资产的成本，不确认损益。

(2) 收取价款的情况下，要根据合同约定具体判断收取的价款是补偿性的还是较低的销售价格（价格高于成本低于市场售价），从而分别处理：

①如果属于以较低价格销售的，按销售业务处理。此情况因涉及大量的货币性资产，所以不属于非货币性资产交换，应按销售业务处理。

②如果属于补偿性的，回迁房发生的建造成本和其他相关支出（包括税金支出）作为土地成本计入拆迁补偿费用，收到的价款冲减上述成本支出。此种情况因为只涉及少量的货币性资产，所以也属于非货币性资产交换，与不收取价款的账务处理基本相同。

通常情况下，房地产企业建设回迁房是不收取价款的，回迁房支出作为土地成本计入拆迁补偿费。

【例 12-14】 新世纪房地产公司开发项目占地 10 000m²，土地成本已发生货币性支出 5 000 万元，其中支付土地价款 3 500 万元、拆迁货币补偿 1 500 万元。另外，在本项目中，需要按照 1∶1 的比例，与拆迁户兑现回迁房 60 套（平均每套 150m²）。

开发项目分两期进行建设。一期项目占地面积 6 000m²，二期项目占地面积 4 000m²。2009 年 9 月，完成一期 12 座 500 套 75 000m² 楼房建设，建安成本实际支出 7 000 万元（基础设施费、公共配套设施费等暂不计），一期有回迁房 40 套，剩余的 20 套回迁房在二期待建。假设一期房屋对外售价为 3 000 元/m²。新世纪公司根据有关原始凭证结转销售收入，编制会计分录如下：

(1) 支付货币性土地成本时。

土地成本货币性支出＝3 500＋1 500＝5 000（万元）

借：开发成本——土地征用及拆迁补偿费   50 000 000
　　贷：银行存款   50 000 000

(2) 分摊已建回迁房建造成本时。

第一期回迁房 40 套建造支出＝7 000÷75 000×40×150＝560（万元）

借：开发成本——土地征用及拆迁补偿费   5 600 000
　　贷：开发成本——建筑安装工程费   5 600 000

(3) 预提未建回迁房建造成本时。

第二期回迁房 20 套因成本未实际发生，为反映成本的完整性，按照预算成本或第一期成本预提入账：

7 000÷75 000×20×150＝280（万元）

借：开发成本——土地征用及拆迁补偿费   2 800 000
　　贷：应付账款——预提费用   2 800 000

(4) 分配一期土地成本时。

土地成本合计＝5 000＋560＋280＝5 840（万元）

第一期分配土地成本＝5 840÷(6 000＋4 000)×6 000＝3 504（万元）

单位可售建筑面积土地成本＝35 040 000÷(75 000－40×150)＝507.83（元/m²）

单位可售建筑面积建筑成本＝(70 000 000－5 600 000)÷(75 000－40×150)

＝933.33（元/m²）

一期建安成本＝7 000－560＝6 440（万元）

借：库存商品——一期 99 440 000
　　贷：开发成本——土地征用及拆迁补偿费 35 040 000
　　　　　　　　——建筑安装工程费 64 400 000

（5）结转销售收入和成本。

一期销售款＝（75 000－40×150）×0.30＝20 700（万元）

借：预收账款 207 000 000
　　贷：主营业务收入 207 000 000
借：主营业务成本 99 440 000
　　贷：库存商品——一期 99 440 000

土地征用费和拆迁补偿费构成房地产项目开发成本的重要组成部分，根据《房地产开发经营业务企业所得税处理办法》（国税发〔2009〕31号）规定，土地征用及拆迁补偿费支出是指为取得土地开发使用权（或开发权）而发生的各项费用，主要包括土地买价或出让金、大市政配套费、契税、耕地占用税、土地使用费、土地闲置费、土地变更用途和超面积补交的地价及相关税费、拆迁补偿支出、安置及动迁支出、回迁房建造支出、农作物补偿费、危房补偿费等。其中，直接以货币形式支付的成本支出，会计和税务处理基本一致，而以非货币性形式支付的拆迁补偿支出、安置及动迁支出、回迁房建造支出，由于其行为的特殊性，会计和税务处理有所不同，这种不同直接影响到开发产品计税成本的确认，企业应依据税法的有关规定进行会计处理。

第四节　其他业务收入的核算

房地产开发企业其他业务收入是指从事主营业务以外的其他业务活动所取得的收入，是房地产开发企业营业收入的一个组成部分。房地产开发企业除从事土地开发、房屋开发、配套设施开发和代建工程开发等主营业务外，往往还从事商品房售后服务、材料销售、无形资产转让、固定资产出租等其他业务活动。这些非经常性、兼营业务交易所产生的收入属于其他业务收入，主要包括商品房售后服务收入、材料销售收入、无形资产转让收入、固定资产出租收入。

为核算和反映房地产开发企业的其他业务收入，应设置"其他业务收入"科目。企业取得各项其他业务收入时，借记"银行存款"、"应收账款"等科目，贷记"其他业务收入"科目。"其他业务收入"科目应按其他业务的种类设置明细账。期末，其余额应全部转入"本年利润"科目。

房地产开发企业与其他业务收入相关联的各种支出，如商品房售后服务过程中发生的费用、材料销售成本、无形资产转让成本、固定资产出租费用以及有关的税金及附加支出等，相应地应计入其他业务成本，并设置"其他业务成本"科目进行会计核算。发生其他业务成本时，借记"其他业务成本"科目，贷记"银行存款"、"原材料"、"应付职工薪酬"、"无形资产"、"应交税费"等有关科目。"其他业务成本"科目应与"其他业务收入"科目相对应设置明细账，并按支出项目进行明细核算。期末，其余额应全部转入"本年利润"科目。

【例12-15】　新世纪房地产开发公司开发建设的绿色小区商品房销售后，设立了非独立核算的小区物业管理机构。本月发生售后服务支出如下：应付管理服务人员工资34 200元，计提办公用房折旧500元，另以现金支付各项零星开支1 500元。向用户收取当月管理服务费40 000元，款项已存入银行。企业会计处理如下：

```
借：其他业务成本——商品房售后服务支出                   36 200
    贷：应付职工薪酬                                    34 200
        累计折旧                                          500
        库存现金                                        1 500
借：银行存款                                           40 000
    贷：其他业务收入——商品房售后服务收入               40 000
```

【例12-16】　新世纪房地产开发公司将一台升降机出租给外单位使用，租赁合同规定每月租金1万元，月末收到当月租金并存入银行。该台起重机本月计提折旧6 500元。企业会计处理如下：

```
借：银行存款                                           10 000
    贷：其他业务收入——固定资产出租收入                 10 000
借：其他业务成本——固定资产出租支出                      6 500
    贷：累计折旧                                         6 500
```

【例12-17】　新世纪房地产开发公司向某房地产公司销售一批水泥，销售价款共计50 000元，成本为40 000元。货物已发出，款项尚未收到。会计处理如下：

```
借：应收账款                                           50 000
    贷：其他业务收入——产品销售收入                     50 000
借：其他业务成本                                        40 000
    贷：原材料                                          40 000
```

【例12-18】　新世纪房地产开发公司转让一项专利权的所有权给外单位，取得转让收入11万元，该项专利权摊余价值为6万元。

```
借：银行存款                                          110 000
    贷：其他业务收入——无形资产转让收入                110 000
借：其他业务成本——无形资产转让支出                     60 000
    贷：无形资产                                        60 000
```

房地产企业出租物业收入也属于其他业务收入，出租物业的租金和出租收入是两个不同的概念。租金是按照租赁合同或协议定期收取的某一阶段的租金；而出租收入是合同或协议约定的租金在租赁期内的各个期间按权责发生制原则确认的营业收入。也就是说，租金是按照收付实现制收取的款项；而出租收入是按照权责发生制确认的账面金额。会计期末根据相关出租合同的约定按照权责发生制原则确认出租收入，房地产企业租金收入通过"其他业务收入"科目进行核算，确认的收入记入"其他业务收入"科目相关明细科目。

房地产企业按合同约定收到租金时，借记"银行存款"等科目，贷记"预收账款"

科目；如果房地产企业未能按合同约定收到租金，则应按房地产企业发出的租金催缴通知书的应收租金额，借记"应收账款"科目，贷记"预收账款"科目。

每一会计期间确认租金收入时，根据权责发生制的原则计算的该会计期间应确认的租金收入金额，借记"预收账款"科目，贷记"其他业务收入"科目。发生租赁合同中止，退还租金时，按退还的租金金额，借记"预收账款"等科目，贷记"银行存款"等科目。

【例 12-19】 新世纪房地产公司与某客户签订租赁合同，租赁合同中的租赁期限为 2011 年 1 月 1 日到 2011 年 12 月 31 日，租金标准为每月 10 万元，租金支付方式为按季交付，2010 年 1 月 2 日新世纪公司实际收到一季度租金 30 万元。会计分录如下：

（1）1 月 2 日收到租金时。

借：银行存款	300 000
贷：预收账款	300 000

（2）1 月末确认当月租金收入时。

借：预收账款	100 000
贷：其他业务收入	100 000

房地产企业在出租业务中，有时会给承租人一定额度的租金优惠，该优惠往往以免租期的形式体现。免租期租金收入确认的原则为：出租人提供免租期的，租赁期间租金总额在租赁期内（含免租期）按直线法分摊，按分摊金额确认免租期以及非免租期的租金收入。

【例 12-20】 新世纪房地产公司将一房产出租给客户，租赁合同从 2011 年 1 月 1 日至 2013 年 12 月 31 日，免租期为 3 个月（即从 2010 年 10 月 1 日至 2010 年 12 月 31 日），第一年租金为 210 万元，此后每年递增 10%。租金分 3 年支付，每年于年底支付当年租金。

（1）计算租赁期间租金总额。

租金总额＝210＋210×110%＋210×110%×110%＝695（万元）

（2）计算每月租金收入。

每月租金收入＝695÷（36＋3）≈18（万元）

（3）免租期与非免租期每月确认出租收入时。

借：预收账款	180 000
贷：其他业务收入	180 000

（4）2011 年年初收到租金时。

借：银行存款	2 100 000
贷：预收账款	2 100 000

在税务处理上应注意的是，免租期虽然确认了收入，但不需要缴纳营业税。免租期内企业所得税的计税收入为零，不需要计算缴纳企业所得税。待实际取得或按合同约定应取得租金的年度，再按合同约定金额确认计税收入，计算缴纳企业所得税。免租期内应按会计确认的租金收入计算缴纳房产税。

简答题

1. 什么是房地产企业的收入？其有何特点？
2. 简述房地产企业收入的分类。
3. 简述房地产企业各项营业收入是如何确认的。
4. 对于企业开发建设完成的商品房，销售收入应如何确认？
5. 有关房地产企业销售的会员会及诚意金、销售定金应如何核算？

业务处理题

1. （1）2009年12月1日，甲房地产开发公司以预售方式销售高级住宅小区商品房4套，建筑面积500m²，售价40 000元/m²，前已按合同规定预收购房款1 000万元。该商品房现已建设完工验收合格并已移交买主，余款已存入银行。假定不考虑相关税费。

（2）甲房地产开发公司结转本期已售开发产品成本，其中：销售的商品房实际开发成本3 000万元，配套设施开发成本1 000万元，商业性场地实际开发成本500万元。

要求：编制甲房地产开发企业有关销售分录并结转成本。

2. 2009年1月5日，甲房地产企业采用分期收款方式销售房屋一批，合同约定的销售价格为2 000万元，分5次于每年12月31日等额收取。该批房屋成本为1 560万元。在现销方式下，该批房屋的销售价格为1 600万元。要求：编制甲房地产公司每年销售收入的确认。

3. （1）2009年2月20日，甲房地产开发企业将开发完成的写字楼一套出租给乙公司，租期3年。租赁合同规定每月租金6万元，出租房屋实际开发成本300万元，摊销年限20年，预计净残值率5%，发生出租房修理费用3 000元。

（2）租赁到期时，乙公司同意将其买下，协议价款为300万元。

要求：编制甲房地产企业出租和销售该写字楼的相关分录。

4. （1）2007年6月，甲房地产公司开发项目占地5 000m²，土地成本已发生货币性支出4 000万元，其中支付土地价款3 000万元，拆迁货币补偿1 000万元。另外，在本项目中，需要按照1∶1的比例，与拆迁户兑现回迁房60套（平均每套100m²）。

（2）开发项目分两期进行建设。一期项目占地面积3 000m²，二期项目占地面积2 000m²。2009年9月，完成一期10栋500套50 000m²楼房建设，建安成本实际支出6 000万元（基础设施费、公共配套设施费等暂不计），一期有回迁房40套，剩余的20套回迁房在二期待建。假设一期房屋对外售价为3 000元/m²。

要求：编制甲房地产有关楼房出售的会计分录。

CHAPTER

13

第十三章
成本与费用

第一节　房地产开发企业成本与费用概述

一、成本、费用与支出的关系

房地产开发企业的成本主要指开发产品的成本，包括土地开发成本、房屋开发成本、配套设施开发成本以及代建工程开发成本。房地产开发企业的期间费用包括管理费用、财务费用和销售费用。

成本与费用作为房地产开发企业在生产经营过程中所发生的生产要素耗费，是获取收入的必要条件，它形成了商品价值中的补偿价值。房地产开发企业改善生产管理，节约成本与费用，是提高生产经营成果的重要手段。因此必须要加强成本与费用的管理与核算。房地产开发企业应根据会计准则和有关制度的规定，正确划分成本、费用与资本性支出、营业外支出等的界限；正确划分成本与费用的界限；正确划分本期成本、费用与下期成本、费用的界限。从而达到正确计算各种产品的成本与本期费用的目的。

费用、成本与支出是三个既有联系又有区别的概念。

(一) 费用与支出

支出也称流出，是指企业的资源因耗用或偿付等原因而流出企业，从而导致企业可使用资源总量的减少。支出可以是现金支出，也可以是非现金支出。根据经济性质不同，可把支出分为偿债性支出和非偿债性支出两类。偿债性支出是指企业出于偿债目的而将包括现金在内的资源交付给其他主体，非偿债性支出根据收益期限的长短，又可以分为资本性支出和收益性支出两类。

费用是指企业为销售商品、提供劳务等日常活动所发生的经济利益的流出。费用主要有以下特征：(1) 费用通常是为取得某项营业收入而发生的耗费，这些耗费可以表现为资产的减少或负债的增加。(2) 费用是对耗费所作的计量，这种耗费并不一定表现为当期直接发生的支出，有些耗费是通过系统、合理的分配而形成的，如固定资产折旧等。

一般来说，支出的含义要比费用宽泛，除偿付性支出外，其余支出或迟或早都将会转化为费用，因为偿付性支出与费用核算没有直接关系。而效益长于一个会计期间的资本性支出，在发生时并不能全部作为当期费用，如固定资产、无形资产的购进支出、递延资产支出随着资产效用的丧失逐期摊入成本、费用中；收益性支出则不同，它是为一个会计期间而发生的，其未来的经济利益已在那个会计期间耗费掉，可以全额作为当期费用。

（二）费用与成本

成本有广义和狭义之分。广义的成本是指企业为取得资产或达到特定目的而发生的全部耗费。例如，企业为购建固定资产而发生的耗费为固定资产成本，企业为购买材料而发生的耗费为材料成本，企业为生产产品而发生的耗费为产品开发成本，企业为提供劳务而发生的耗费为劳务成本等。在这种意义上，成本与费用概念的内涵是一致的。狭义的成本是指企业为生产一定种类和数量的产品或提供一定种类和数量的劳务而发生的耗费，即工程成本或产品成本、劳务成本等。我国会计实务中所说的成本，一般是指狭义的成本。

费用与成本有着密切的联系，主要表现在：（1）费用与成本都是企业为达到生产经营目的而发生的支出，都需要由企业生产经营过程中实现的收入来补偿；（2）企业在一定时期（月、季、年）内所发生的生产费用是构成产品成本的基础，产品成本是企业为生产一定种类和数量的产品所发生的生产费用的汇集，两者在经济内容上是一致的，都是生产过程中物化劳动和活劳动耗费的货币表现；（3）费用和成本在一定情况下可以相互转化。

费用与成本也有着显著的区别，主要表现在：费用与一定的会计期间相联系，反映本期生产所发生的全部支出，却不管这些支出是否应由本期工程成本负担；成本与一定种类和数量的具体产品相联系，而不论这些支出是否发生在当期，即成本是对象化了的费用。企业在一定会计期间所发生的费用将构成本期完工产品开发成本的主要部分，但本期完工产品的开发成本并不都是由本期所发生的费用而形成，它可能包括以前期间发生而应由本期产品成本负担的费用；也可能包括本期尚未发生但应由本期产品成本负担的费用。另外，企业本期投入开发的产品，本期不一定完工；本期完工的产品，也可能是以前期间投入生产的。因此，本期完工产品的成本可能还包括部分期初结转的未完工产品的成本，即以前期间所发生的费用。同样，企业本期发生的全部费用也不都形成本期完工产品的成本，它还包括一些应结转到下期的未完工产品的支出，以及一些不由具体产品负担的期间费用。此外，费用是为当期带来营业收入的耗费，应全部由当期实现的营业收入来补偿；而成本并不完全为当期带来营业收入，也不完全由当期实现的营业收入来补偿，期末未销售的产品，其制造成本就不能由当期实现的营业收入来补偿。

二、费用的确认

（一）费用确认的原则

企业对费用进行核算之前，首先应进行费用的确认。由于发生费用的目的是为了取得收入，所以，费用的确认应与收入的确认相联系。因此，确认费用应遵循划分收益性支出与资本性支出原则、权责发生制原则和配比原则。对于应属于本期的各项费用，不论其是否实际支付款项，均应确认为本期的费用；对于不属于本期的费用，即使款项已经在本期付出，也不应确认为本期的费用。

（二）费用确认的标准

在实际工作中，确认费用的标准主要有以下几种：

1. 按照因果关系确认费用

根据费用与收入之间的因果关系确认费用。如果某项已耗用的资产与本期所获得的收入有直接联系，则该项已耗用的资产就应当在确认收入的当期确认为费用。即凡是与当期实现的收入有直接联系的耗费，都应确认为当期的费用。反之，如果与当期实现的收入无关的耗费，不应当确认为当期费用。以商品房销售成本为例，只有本期售出的商品房，其成本才能转化为营业成本，才能确认为赚取本期营业收入的费用，而那些本期完工却并未销售出去的商品房，其成本不能确认为与本期营业收入配比的费用。

2. 按照系统合理的分配方法确认费用

尽管按照因果关系确认费用被认为是确认费用的最理想方法，但有些费用与收入之间的因果关系有时难以划分清楚。因此，按照配比原则的要求，一般采取系统合理的方法，将取得资产的成本在受益期间分摊计入各期的费用，从不同期间实现的营业收入中获得补偿。例如，固定资产和无形资产能够在较长的会计期间内使用，有助于企业各期营业收入的实现，但与营业收入却没有可以直接认定的因果关系，并且企业取得固定资产和无形资产时所发生的支出一般较大，如果在发生时就将其确认为费用，既影响资产的正确计量，也会导致各期收益的不可比，即固定资产和无形资产只能通过采取系统合理的折旧方法和摊销方法，确认其应归属各期的折旧费用和摊销费用。

3. 直接确认为当期费用

是指与营业收入没有直接联系，且只能为一个会计期间带来效益或受益期间难以合理估计的支出，应在发生时直接确认为当期的费用。例如，企业的一些行政费用与营业收入没有直接联系，而且只涉及本会计期间，因而在发生时就应确认为当期的费用，如销售费用、管理费用等。此外，对于一些虽然受益期较长但数额较小的支出，也可以直接确认为当期费用。

上述三种费用确认方法之间具有一定的层次关系：如果费用与收入之间存在直接的因果关系，应按因果关系确认费用；如果费用与收入之间不存在直接的因果关系，就需要采用系统、合理的分配方法来确认费用；如果费用与收入之间不存在因果关系，又无法采用某种合理的分配方法确认，就应当在发生时直接确认为当期费用。

第二节 开发产品成本的核算

房地产开发企业主要从事房地产开发建设活动，其生产成本主要指开发产品的成本，包括土地开发成本、房屋开发成本、配套设施开发成本以及代建工程开发成本。

一、开发产品成本的构成

房地产开发企业开发产品的成本，包括以下费用。

1. 土地征用及拆迁补偿费

土地征用及拆迁补偿费是指为取得土地开发使用权而发生的各项费用，主要包括以下内容：

（1）土地征用费。支付的土地出让金、土地转让费、土地效益金、土地开发费，缴纳的契税、耕地占用税，土地变更用途和超面积补交的地价、补偿合作方地价、合作项目建房转入分给合作方的房屋成本和相应税金等。

（2）拆迁补偿费。有关地上、地下建筑物或附着物的拆迁补偿支出，安置及动迁支出，农作物补偿费，危房补偿费等；拆迁旧建筑物回收的残值应估价入账，分别冲减有关成本。

（3）市政配套费。指向政府部门缴纳的大市政配套费，征用生地向当地市政公司缴纳的红线外道路、水、电、气、热、通信等的建造费、管线铺设费等。

（4）其他。如土地开发权批复费、土地面积丈量测绘费等。

2. 前期工程费

前期工程费是指在取得土地开发权之后、项目开发前期的筹建、规划、设计、可行性研究、水文地质勘察、测绘、"三通一平"等前期费用。主要包括以下内容：

（1）项目整体性批报建费。项目报建时按规定向政府有关部门缴纳的报批费，如人防工程建设费、规划管理费、新材料基金（或墙改专项基金）、教师住宅基金（或中小学教师住宅补贴费）、拆迁管理费、招投标管理费等。

（2）规划设计费。项目立项后的总体规划设计、单体设计费，管线设计费，改造设计费，可行性研究费（含支付社会中介服务机构的市场调研费），制图、晒图费，规划设计模型制作费，方案评审费。

（3）勘测丈量费。水文、地质、文物和地基勘察费，沉降观测费，日照测试费，拨地钉桩验线费、复线费、定线费、放线费，建筑面积丈量费等。

（4）"三通一平"费。接通红线外施工用临时给排水（含地下排水管、沟开挖铺设费用）、供电、道路（含按规定应交的占道费、道路挖掘费）等设施的设计、建造、装饰和进行场地平整发生的费用（包括开工前垃圾清运费）等。

（5）临时设施费。工地甲方临时办公室，临时场地占用费，临时借用空地租费，以及沿红线周围设置的临时围墙、围栏等设施的设计、建造、装饰等费用。临时设施内的资产，如空调、电视机、家具等不属于临时设施费。

（6）预算编审费。支付给社会中介服务机构受聘为项目编制或审查预算而发生的费用。

（7）其他。包括挡光费、危房补偿鉴定费、危房补偿鉴定技术咨询费等。

3. 基础设施费

基础设施费是指项目开发过程中发生的小区内、建筑安装工程施工图预算项目之外的道路、供电、供水、供气、供热、排污、排洪、通信、照明、绿化等基础设施工程费用，红线外两米与大市政接口的费用，以及向水、电、气、热、通信等大市政公司缴纳的费用。主要包括以下内容：

（1）道路工程费。小区内道路铺设费。

（2）供电工程费。变（配）电设备的购置费，设备安装及电缆铺设费，供（配）电贴费、电源建设费，缴纳的电增容费等。

（3）给排水工程费。自来水、雨（污）水排放、防洪等给排水设施的建造、管线铺设费用，以及向自来水公司缴纳的水增容费等。

（4）煤气工程费。煤气管道的铺设费、增容费、集资费，煤气配套费，煤气发展基金、煤气挂表费等。

（5）供暖工程费。暖气管道的铺设费、集资费。

（6）通信工程费。电话线路的铺设、电话配套费，电话电缆集资费，缴纳的电话增容费等。

（7）电视工程费。小区内有线电视（闭路电视）的线路铺设和按规定应缴纳的有关费用。

（8）照明工程费。小区内路灯照明设施支出。

（9）绿化工程费。小区内人工草坪、栽花、种树等绿化支出，绿地建设费。

（10）环卫工程费。指小区内的环境卫生设施支出，如垃圾站（箱）、公厕等支出。

（11）其他。小区周围设置的永久性围墙、围栏支出、园区大门、园区监控工程费、自然下沉整改费等。

4. 建筑安装工程费

建筑安装工程费是指项目开发过程中发生的列入建筑安装工程施工图预算项目内的各项费用（含设备费、出包工程向承包方支付的临时设施费和劳动保险费），有甲供材料、设备的，还应包括相应的甲供材料、设备费。发包工程应依据承包方提供的经甲方审定的"工程价款结算单"来确定。建筑安装工程费主要包括以下内容：

（1）土建工程费。包括基础工程费、主体工程费。有甲供材料的，还应包括相应的甲供材料费。

（2）安装工程费。包括电气（强电）安装工程费、电讯（弱电）安装工程费、给排水安装工程费、电梯安装工程费、空调安装工程费、消防安装工程费、煤气安装工程费、采暖安装工程费。上述各项如有甲供材料、设备，还应分别包括相应的甲供材料、设备费。

（3）装修工程费。内外墙、地板（毯）、门窗、厨洁具、电梯间、天（顶）蓬、雨蓬等的装修费，有甲供材料的，还应包括相应的甲供材料费。

（4）项目或工程监理费。指支付给聘请的项目或工程监理单位的费用。

（5）其他。工程收尾所发生的零星工程费和乙方保修期后应由开发商承担的维修费（零星工程费和乙方保修期后应由开发商承担的维修费能够归类的，应按从属主体原则归类计入上述相应费用中），现场垃圾清运费、工程保险费等。

5. 配套设施费

配套设施费是指房屋开发过程中，根据有关法规，产权及其收益权不属于开发商，开发商不能有偿转让也不能转作自留固定资产的公共配套设施支出。该成本项目下按各项配套设施设立明细科目，具体核算内容可按以下情况区分：

（1）在开发小区内发生的不会产生经营收入的不可经营性公共配套设施支出，如建造消防设施、水泵房、水塔、锅炉房（建筑成本）、变电所（建筑成本）、居委会、派出所、岗亭、儿童乐园、自行车棚、景观（建筑小品）、环廊、街心公园、凉亭等的支出。

（2）在开发小区内发生的根据法规或经营惯例，其经营收入归经营者或业委会的可经营性公共配套设施的支出，如建造幼托、邮局、图书馆、阅览室、健身房、游泳池、球场等设施的支出。

（3）开发小区内城市规划中规定的大配套设施项目不能有偿转让和取得经营收益权时，发生的没有投资来源的费用。

（4）对于产权、收入归属情况较为复杂的地下室、车位等设施，应根据当地政府法规、开发商的销售承诺等具体情况确定是否摊入成本项目。如开发商通过补交地价或人防工程费等措施，得到政府部门认可，取得了该配套设施的产权，则应作为经营性项目独立核算。

6. 开发间接费

开发间接费是指房地产开发企业内部独立核算单位为组织和管理开发产品的开发建设而发生的各项费用。开发间接费的内容包括：

（1）现场管理费用。内部独立核算的、开发项目现场管理的人员工资及福利费、工会经费、职工教育经费、修理费、办公费、办公用水电费、差旅费、市内交通费、运输费、通信费、业务交际费、劳动保护费、低值易耗品摊销、周转房摊销等。

（2）利息并借款费用。直接用于项目开发所借入资金的利息支出、汇兑损失，减去利息收入和汇兑收益的净额。

（3）物业管理基金、公建维修基金或其他专项基金。按规定应拨付给业主管理委员会的由物业管理公司代管的物业管理基金、公建维修基金或其他专项基金。

（4）质检费。包括按规定支付给质检部门的质量检验费，项目发生的材料、设备质量检验费、工程质量自检费、工程竣工验收费等质量鉴定性费用。

（5）其他。项目交付使用后发生的，按规定或协议应由开发商承担，补贴给物业管理公司的水、电、煤气、暖气等价差，以及其他应计入开发间接费的费用。

房地产开发企业在开发现场组织和管理房地产开发建设而发生的各项费用，应作为开发间接费用，计入开发产品成本。但在实际工作中，除周转房摊销外，企业很难划清管理费用和开发间接费用的界线。因此，除了周转房摊销列作开发间接费用外，其余费用往往以是否设立现场管理机构为依据进行划分，如果开发企业不设现场机构，而由公司定期或不定期地派人到开发现场组织开发建设活动，则所发生的费用，可直接并入企业的管理费用。

二、开发产品成本核算对象的确定

开发产品成本的核算对象，就是在开发产品成本的计算过程中，为归集和分配费用而确定的费用承担者。合理确定成本核算对象，是正确组织企业开发产品成本核算的重要条件。成本核算对象如果划分过粗，不能反映独立开发项目的实际成本水平；如果划分过细，则会增加许多间接费用的分配，增加核算工作量，并影响成本的准确性。由于房地产开发企业是按照城市总体规划、土地使用规划和城市建设规划的要求，在特定的固定地点进行开发经营的，因此，在确定成本核算对象时，一般应结合开发工程的地点、用途、结构、装修、层高、施工队伍等因素来进行。其一般原则为：

（1）一般的开发项目，可以每一独立编制的设计概（预）算，或每一独立的施工图预算所列的单项开发工程作为成本核算对象，便于分析工程概（预）算和施工合同的完成情况。

（2）同一开发地点、结构类型相同的群体开发项目，如果开工、竣工时间相近，由同一施工单位施工，可以合并为一个成本核算对象，以简化核算手续。

（3）对个别规模较大，工期较长的开发项目，可以结合经济责任制的需要，按开发项目的一定区域或部分划分成本核算对象，便于及时反映开发成本。

成本核算对象一经确定，不得随意变更，并应及时通知企业内部各有关部门，以统一成本核算口径。为了集中反映各个成本核算对象本期应负担的房地产开发费用，企业财会部门应按每一成本核算对象分别设置成本明细账（卡），并按成本项目分设专栏，以便归集和分配各成本核算对象的房地产开发费用并计算其开发成本。

三、开发产品成本计算期

一般而言，房地产开发产品的成本计算期与其开发建设周期一致。也就是说，开发产品成本是在产品开发完成并验收合格后才结算出来，因而其成本计算是不定期的。

对于开发小区的建设来说，开发产品成本计算期与开发小区的建设周期原则上应该一致，即各项开发产品的实际成本一般应于开发小区全部竣工后才进行计算与结转。但在实际工作中，一个住宅小区的开发建设时间通常较长，有的需要几年的时间方能全部竣工，而房地产开发企业在开发进度的安排上，一般是先建住宅，后建配套工程，因而往往出现住宅已经建成而配套工程尚未投入建设，或者是住宅已经销售，而道路、绿化尚未完工等情况，这种商品房与配套设施建设的时间差，使得那些已经具备使用条件，并已出售的商品房应负担的配套设施的建设费用，无法按照配套设施的实际成本来计算。为了及时结转小区内已出售的商品房的开发成本，以便与其销售收入相配比，就需要采取预提方式，将未完配套设施的预计建设费用计入已销售商品房的开发成本。其计算方法一般是以经过主管财政部门审核批准的未完配套设施概算（或预算）为基数，计算出已出售商品房应负担的数额，作为应付账款计入已出售商品房开发成本。待开发小区全部正式竣工决算时，再调整预提配套设施费用，以保证整个开发小区成本计算的准确性。

应该说明的是，房地产开发建设就其生产组织而言，属于单件、小批生产类型。开发产品成本计算是以每一项或每一小批开发产品作为成本计算对象，以房地产开发建设周期作为成本计算期，一般于开发产品竣工后进行成本结算，因而，房地产开发产品成本计算方法与分批（定单）法完全一致。

四、开发产品成本的核算

（一）开发产品成本的科目设置

为了核算和反映房地产开发建设过程中各项开发建设费期的发生、归集和分配情况，正确计算开发产品成本，房地产开发企业应设置下列会计科目。

1. "开发成本"科目

用于核算企业在土地、房屋、配套设施和代建工程的开发过程中所发生的各项费用，如土地征用及拆迁补偿费、前期工程费、基础设施费、建筑安装工程费、配套设施费和开发间接费用等，以及企业对出租房进行装饰及增补室内设施而发生的出租房工程支出。其中，企业发生的土地征用及拆迁补偿费、前期工程费、基础设施费和建筑安装工程费等，属于直接费用，直接记入"开发成本"科目借方有关成本核算对象的相应成本项目；应由开发产品成本负担的间接费用，应先在"开发间接费用"科目进行归集，月末，再按一定的分配标准分配计入有关的开发产品成本。

企业开发的土地、房屋、配套设施和代建工程等，采用出包方式的，应根据承包企业提出的"工程价款结算账单"承付工程款，借记"开发成本"科目，贷记"应付账款——应付工程款"科目或"银行存款"等科目。

企业开发的土地、房屋、配套设施和代建工程等采用自营方式的，发生的各项费用，直接借记"开发成本"科目，贷记"原材料"、"银行存款"等科目；如果企业自营施工大型建筑安装工程，可以根据需要增设"工程施工"、"施工间接费用"等科目，用来核算和归集自营工程建筑安装费用，月末，再按实际成本转入"开发成本"科目。企业在房地产开发过程中领用的设备，附属于工程实体的，应根据附属对象，于设备发出交付安装时，按其实际成本，借记"开发成本"科目，贷记"原材料"科目。

企业已经开发完成并验收合格的土地、房屋、配套设施和代建工程，应及时进行成本结转，按其实际成本，借记"库存商品"科目，贷记"开发成本"科目；企业对出租房屋进行装饰及增补室内设施工程完工，应及时结转工程成本，借记"开发成本——出租开发产品"科目，贷记"开发成本"科目。

企业应根据本企业的经营特点，选择本企业的成本核算对象、成本项目和成本核算方法。"开发成本"科目应按生产成本的种类，如"土地开发"、"出租开发产品""房屋开发"、"配套设施开发"和"代建工程开发"等设置明细账，并在明细账下，按成本核算对象和成本项目组织明细核算。

2."开发间接费用"科目

为了核算和反映企业内部独立核算单位为开发产品而发生的各项间接费用，包括工资、福利费、折旧费、修理费、办公费、水电费、劳动保护费、周转房摊销等，房地产开发企业应设置"开发间接费用"科目。企业发生的各项间接费用，借记"开发间接费用"科目，贷记"应付职工薪酬"、"累计折旧"、"周转房"等科目。期末，"开发间接费用"科目借方归集的费用应按企业成本核算办法的规定，分配计入有关的成本核算对象，借记"开发成本"科目，贷记"开发间接费用"科目，结转后"开发间接费用"科目应无余额。"开发间接费用"科目目应按企业内部不同的单位、部门（分公司）设置明细账。企业行政管理部门（总部）为组织和管理生产经营活动而发生的管理费用，应作为期间费用，记入"管理费用"科目，不在"开发间接费用"科目中核算。

3."库存商品"科目

"库存商品"科目核算已开发完成并验收合格的开发产品的实际成本。房地产企业在进行库存商品核算的同时，应收集、整理具体到每户的可售面积构成、销售及其回款情况的详细资料。"库存商品"科目按成本对象设置明细科目，用于核算各成本对象的实际成本。

（二）土地开发成本的核算内容与账务处理

土地开发成本是指企业因开发土地而发生的各项费用。企业开发的商品性建设场地属于房地产开发企业的商品产品，即最终产品，需要单独计算土地开发成本。企业开发的自用建设场地属于房地产开发企业的中间产品，在计算土地开发成本时，应区别情况，采用不同的归集方法：开发自用建设场地的费用，能分清费用负担对象的，直接计入有关的房屋及配套设施建设成本；开发的自用建设场地用于多个房屋及大型配套设施开发项目建设的，则应单独计算土地开发成本，待土地开发完成交付使用时，再按一定标准分配计入有关房屋及配套设施的开发成本；拟作为自用建设场地的土地开发，如果土地开发项目动工时尚无房屋开发建设的规划，也应单独计算土地开发成本；综合性建设场地以及未明确具体用途的场地的开发，应视同商品性建设场地，单独计算土地开发成本。

土地开发的层次、程度和内容，因其设计要求的不同而不同，有的只进行场地的清理平整，有的除场地平整外，还要进行地下各种线路铺设、地面道路建设等有关基础设施的施工。因此，企业要根据土地开发的具体情况，设置必要的成本项目。一般而言，土地生产成本可设置"土地征用及拆迁补偿费"、"前期工程费"、"基础设施费"、"开发间接费"等成本项目。需要进行建筑安装施工及公共配套设施建设的土地开发项目，可增设"建筑安装工程费"、"配套设施费"项目。单独核算土地开发成本的自用建设场地的开发，为防止开发项目重复负担某些费用，在计算土地开发成本时，可先不分摊公共配套设施费和开发间接费用，不设置"配套设施费"、"开发间接费用"项目。

房地产开发企业在土地开发过程中发生的各项开发建设费用，首先应按确定的成本核算对象和规定的成本项目进行归集。其中，能够分清受益对象的费用，如土地征用及拆迁补偿费、前期工程费、基础设施费、建筑安装工程费等，应直接记入"开发成本——土地开发"明细账的相应成本项目；不能分清受益对象的费用，如开发间接费用，则先通过"开发间接费用"科目归集，再采用一定的方法分配计入土地开发成本。土地开发成本的核算通常采取按月结账、完工后结转成本的方法。已完工土地开发项目应将其实际成本从"开发成本——土地开发"科目贷方转出，其中，为销售或有偿转让而开发的商品性建设场地，开发完成后将其实际成本转入"库存商品"科目；企业自用的建设场地，开发完成后近期投入使用的，其实际成本应转入"开发成本——房屋开发"科目，计入有关商品房、周转房或出租房等开发产品成本；企业自用的建设场地，开发完成后近期暂不使用的，应视同企业最终产品，在竣工验收时，将其实际成本转入"库存商品——自用土地"科目。需要说明的是，对于自用建设场地的开发成本，不论其结转到"库存商品"科目还是"房屋开发"二级账，一般应按成本项目分项平行结转，即将土地开发成本按成本项目分别平行转入房屋开发成本和自用土地产品的对应成本项目，而不能仅结转土地开发成本总额。

【例13-1】 2011年6月，新世纪房地产公司通过竞拍得到A、B两个地块，其中A地块支付全额地价款2亿元，但至今未实际取得土地，B地块地价款总额为5亿元，新世纪公司已支付3亿元，并已实际取得了该地块。新世纪房地产公司根据有关原始凭证，编制会计分录如下：

（1）A地块。

借：预付账款　　　　　　　　　　　　　　　　　　　　　200 000 000
　　贷：银行存款　　　　　　　　　　　　　　　　　　　　200 000 000

（2）B地块。

借：开发成本　　　　　　　　　　　　　　　　　　　500 000 000

　　贷：银行存款　　　　　　　　　　　　　　　　　　　300 000 000

　　　　应付账款　　　　　　　　　　　　　　　　　　　200 000 000

房地产企业在进行成本核算时，还要将取得土地的成本在不同的成本对象上进行分配，如果成本对象的占地面积可以取得，原则上房地产企业应该按占地面积进行分摊。房地产企业取得成本对象占地面积的途径有两个：一是政府规划审批部门在项目规划中测定的占地面积；二是房地产企业根据项目规划自行测定的占地面积。

在实际项目运作时，并不是所有的成本对象都可以单独取得其占地面积的。垂直排列的成本对象就无法取得各自的占地面积，如有的开发产品，一至三层裙房为购物中心，三层以上是写字楼，作为成本对象，购物中心和写字楼的占地面积是重合的，因此，这种情况下就不能按占地面积分摊土地价款。

无法按占地面积进行土地价款分摊的，从现在可以采用的分摊方法来看，建筑面积法是最合理的方法。

【例13-2】　2010年6月，新世纪房地产公司通过竞拍得到了某地块，土地总价5亿元，该地块占地面积10万 m^2，总建筑面积为30万 m^2。整体项目分为商业区、住宅区和别墅区三个区域，规划指标如下：

（1）商业区。总占地面积2万 m^2，开发产品为三层裙房和20层写字楼，总建筑面积15万 m^2，其中：裙房建筑面积5万 m^2，写字楼建筑面积10万 m^2。

（2）住宅区：占地面积3万 m^2，建筑面积12万 m^2。

（3）别墅区：占地面积5万 m^2，建筑面积3万 m^2。

新世纪房地产公司根据有关原始凭证，编制会计分录如下：

（1）土地价款的归集。

借：开发成本——待分摊成本——土地征用及拆迁补偿费　　500 000 000

　　贷：银行存款　　　　　　　　　　　　　　　　　　　500 000 000

（2）土地价款的分摊。

根据该项目实际情况，新世纪房地产公司确定成本对象分别为：裙房、写字楼、住宅和别墅。各成本对象分摊的土地成本如下：

① 裙房和写字楼的土地成本：商业区的土地成本，按占地面积法进行分摊。

商业区的土地成本＝50 000×2÷10＝10 000（万元）

裙房和写字楼的土地成本按建筑面积法进行分摊。

裙房的土地成本＝10 000×5÷15＝3 333（万元）

写字楼的土地成本＝10 000×10÷15＝6 667（万元）

② 住宅的土地成本：按占地面积进行分摊。

住宅的土地成本＝50 000×3÷10＝15 000（万元）

③ 别墅的土地成本：按占地面积进行分摊。

别墅的土地成本＝50 000×5÷10＝25 000（万元）

会计分录如下：

借：开发成本——裙房——土地征用及拆迁补偿费　　　　　　33 330 000
　　　　　——写字楼——土地征用及拆迁补偿费　　　　　66 670 000
　　　　　——住宅——土地征用及拆迁补偿费　　　　　　150 000 000
　　　　　——别墅——土地征用及拆迁补偿费　　　　　　250 000 000
　　贷：开发成本——待分摊成本——土地征用及拆迁补偿费　　　500 000 000

【例 13-3】 新世纪房地产开发公司 2009 年初开始开发甲和乙两块土地。甲土地为商品性土地，并于竣工后对外销售；乙土地为自用建设场地，用于新世纪房地产开发公司绿色小区商品房建设。以银行存款支付的款项如表 13-1 所示。

表 13-1　　　　　　　　　　　　开发产品成本卡　　　　　　　　　　单位：万元

项目	土地征用及拆迁补偿费	前期工程费	基础设施费	建筑安装工程费	公共配套设施费	开发间接费用	开发成本合计
甲土地	800	20	45	35	22	9	931
乙土地	700	20	30	32			782

编制会计分录如下：
(1) 以银行存款支付土地征用及拆迁补偿费时。
　　借：开发成本——土地开发——甲土地（征地拆迁费）　　　8 000 000
　　　　　　　　　　　　　——乙土地（征地拆迁费）　　　7 000 000
　　　贷：银行存款　　　　　　　　　　　　　　　　　　　15 000 000
(2) 以银行存款支付前期工程费时。
　　借：开发成本——土地开发——甲土地（前期工程费）　　　200 000
　　　　　　　　　　　　　——乙土地（前期工程费）　　　200 000
　　　贷：银行存款　　　　　　　　　　　　　　　　　　　400 000
(3) 以银行存款支付结算土地开发基础设施工程费用时。
　　借：开发成本——土地开发——甲土地（基础设施费）　　　450 000
　　　　　　　　　　　　　——乙土地（基础设施费）　　　300 000
　　　贷：银行存款　　　　　　　　　　　　　　　　　　　750 000
(4) 以银行存款支付结算建筑安装费时。
　　借：开发成本——土地开发——甲土地（建筑安装费）　　　350 000
　　　　　　　　　　　　　——乙土地（建筑安装费）　　　320 000
　　　贷：银行存款　　　　　　　　　　　　　　　　　　　670 000
(5) 以银行存款支付结算公共配套设施工程款时。
　　借：开发成本——土地开发——甲土地（公共配套设施费）　220 000
　　　贷：银行存款　　　　　　　　　　　　　　　　　　　220 000
(6) 结转甲土地应负担的开发间接费用时。
　　借：开发成本——土地开发——甲土地（开发间接费用）　　90 000
　　　贷：开发间接费用　　　　　　　　　　　　　　　　　90 000
(7) 期末甲土地开发完成竣工验收时结转开发成本。
　　借：库存商品——土地——甲土地　　　　　　　　　　　9 310 000

　　　　　贷：开发成本——土地开发——甲土地　　　　　　　　　　9 310 000

（三）房屋及配套设施开发成本的核算

　　房屋开发是房地产开发企业的主要经济活动。企业开发建设的房屋按用途可以分为四类：一是为销售而开发的商品房；二是为出租经营而开发的经营房；三是为安置拆迁居民周转使用而开发的周转房；四是受其他单位委托，代为开发建设的代建房。尽管这些开发房屋的用途不同，但其开发建设的特点和费用支出内容及费用性质都大致一致，均通过"开发成本——房屋开发"科目进行核算。

　　房地产开发企业开发商品房住宅小区，一般要建设配套设施。配套设施是指企业根据城市建设规划的要求，或开发项目建设规划的要求，为满足居住的需要而与开发项目配套建设的各种服务性设施。配套设施可以分为三类：第一类是根据城市建设规划，在开发项目以外为开发项目的居民服务的给排水、供电、供气的增容增压、交通道路；第二类是开发小区内不可能有偿转让的非营业性公共配套设施，如居委会、派出所、幼儿园、消防、锅炉房、水塔、自行车棚、公厕等；第三类是开发小区内有可能有偿转让的营业性公共配套设施，如商店、银行、邮局，以及非营业性公共配套设施中的中小学、文化站、医院等。为建设以上配套项目所发生的支出，应进行区别处理：

　　（1）第一类配套设施位于开发小区外，按规定不能计入商品房成本，应作为独立的成本核算对象并通过"开发成本——配套设施开发"核算其成本。

　　（2）第二类不能有偿转让的非营业性公共配套设施，如果与商品房同步建设，且发生的公共配套设施费能分清受益成本核算对象，应于发生时直接计入受益成本核算对象的"公共配套设施费"成本项目。如果与商品房非同步建设，或虽同步建设，但发生的公共配套设施费涉及多个成本核算对象，则先通过"开发成本——配套设施开发"科目归集成本，待完工后再按一定标准分配计入受益成本核算对象的"公共配套设施费"成本项目。

　　（3）对于第三类公共配套设施，无论其是否与商品房同步建设，是否能分清受益对象，均应作为独立的成本计算对象，通过"开发成本——配套设施开发"科目核算其成本，配套设施竣工后，能够有偿转让的，将其成本转入"库存商品——配套设施"，否则分配计入各受益对象成本。

　　企业在房屋及配套设施开发建设过程中发生的各项费用，首先应按确定的成本核算对象和规定的成本项目进行归集。其中，能够分清受益对象的费用，应直接计入受益的成本核算对象；不能分清受益对象的费用，如开发间接费用，则应采用一定的方法分配计入各受益对象成本。

　　1. 土地开发成本的分配与结转

　　房地产开发企业在开发商品房过程中发生的土地征用及拆迁补偿费、前期工程费、基础设施费，能分清受益房屋设施的，应于发生时直接计入该房屋设施相应成本项目。如果费用的发生涉及多个房屋设施项目，则应先通过"开发成本——土地开发"科目进行归集，待土地开发完成用于房屋及配套设施建设时，再采用一定的方法分配结转计入"开发成本——房屋开发"及"开发成本——配套设施开发"科目。通常情况下，土地征用及拆迁补偿费和场地平整费可采用房屋设施的占地面积作为分配标准，勘察设计费和基础设施费可采用房屋设施的建筑安装工程概（预）算价值或建筑面积作为分配标准，计算公式为：

$$分配率＝\frac{实际发生的待分配的费用}{各项开发产品建筑安装工程概（预）算价值之和}$$

$$某项开发产品应负担的费用＝\frac{该项开发产品建筑安装工程概（预）算价值}{}×分配率$$

【例 13-4】 承例 13-3，新世纪房地产开发公司前期自行开发建设的乙土地已竣工，本月开始在完工的乙土地上开发建设绿色小区，开发产品包括一栋写字楼、三栋住宅楼、一座社区中心。其中三栋住宅楼结构、规模相同，合并为一个成本计算对象。各项开发产品占用土地面积的比例为：写字楼 30%，住宅楼 60%，社区中心 10%。结转的乙土地开发总成本 782 万元，其中：土地征用及拆迁补偿费 700 万元；前期工程费 20万元，按房屋设施占地面积分配；基础设施费 30 万元，建筑安装工程费 32 万元，按房屋设施建筑安装工程概（预）算价值分配。乙土地开发成本分配如表 13-2 所示。

表 13-2 　　　　　　　　　建设场地成本分配表 　　　　　　　　　单位：万元

项目	占地比例（%）	土地征用及拆迁补偿费	前期工程费	建筑安装工程概（预）算价值	基础设施费分配比例（%）	基础设施费	建筑安装费分配率（%）	建筑安装费	合计
写字楼	30	210	6	1 000	11.8		12.6	240.4
住宅楼	60	420	12	1 500	17.7		18.9	468.6
社区中心	10	70	2	30	0.5		0.5	73.0
合计	100	700	20	2 530	1.18	30.0	1.26	32.0	782.0

会计分录如下：

借：开发成本——房屋开发——写字楼　　　　　　　　　　　2 404 000

　　　　　　　　　　　——住宅楼　　　　　　　　　　　4 686 000

　　　　　　　　　　　——社区中心　　　　　　　　　　730 000

　　贷：开发成本——土地开发——乙土地　　　　　　　　　7 820 000

2. 建筑安装工程费的归集与分配

房地产开发产品成本中的建筑安装工程费，主要指商品房、配套设施、代建工程等开发产品发生的房屋建筑工程和附属设备及其安装工程的费用。房屋设施的建筑安装工程，有自营和出包两种施工方式，企业在房屋设施开发建设工程中发生的各项建筑安装工程费用，应根据施工方式的不同而采用相应的归集和核算方法。

采用出包方式的建筑安装工程，其建筑安装工程费用，应根据承包单位提出的"工程价款结算账单"所列工程价款结算出包工程款，记入"开发成本——房屋开发"科目的"建筑安装工程费"成本项目。同时，还应计入由企业另行核算的不列入房屋设施工程预算内的设备价值。企业与承包单位之间工程款、备料款的往来结算，设置"应付账款——应付工程款"、"预付账款——预付备料款"、"预付账款——预付工程款"等科目进行核算。

采用自营方式的建筑安装工程，由房地产开发企业组织自有的工程队进行工程施工，开发产品的建筑安装费，就是工程施工过程中发生的各项施工费用（包括附属于房屋设施的设备价值）。施工过程中发生的建筑安装工程费，一般可直接记入"开发成本——房屋开发"科目，但应是实际发生数，不得以预算价格或预提费用代替。如果企业自行施工的工程比较大，也可增设"工程施工"和"施工间接费用"科目，核算和归集发生的建筑安装工程费用，并定期结转"开发成本——房屋开发"科目的"建筑安装工程费"成本项目。

【例 13-5】 新世纪房地产开发公司将绿色小区写字楼、住宅楼的建筑安装工程出包给某建筑公司施工，出包工程合同规定新世纪公司预付工程款 1 000 万元，余款待完工后结清。绿色小区社区中心由新世纪房地产开发公司自己采用自营方式兴建。

(1) 写字楼工程领用电梯两部，住宅楼工程领用电梯六部进行安装，电梯每部实际成本 50 万元。会计分录如下：

借：开发成本——房屋开发——写字楼（建安工程费）   1 000 000
        ——住宅楼（建安工程费）   3 000 000
 贷：原材料——电梯   4 000 000

(2) 期末，出包工程建设完工，施工公司提交工程价款结算账单，工程款共计 3 000 万元，其中，写字楼 1 600 万元，住宅楼 1 400 万元，原已预付工程款 1 000 万元，以银行存款支付余款。会计分录如下：

借：开发成本——房屋开发——写字楼（建安工程费） 16 000 000
        ——住宅楼（建安工程费） 14 000 000
 贷：预付账款——预付工程款   30 000 000
借：预付账款——预付工程款   20 000 000
 贷：银行存款   20 000 000

(3) 社区中心工程完工，发生工程耗用材料 10 万元，应付施工人员工资 5 万元，支付施工机械使用费 3 万元。会计分录如下：

借：开发成本——配套设施开发——社区中心（建安工程费） 180 000
 贷：原材料   100 000
  应付职工薪酬   50 000
  银行存款   30 000

3. 配套设施费的归集与分配

房地产开发产品成本中的配套设施费，仅指小区内不能有偿转让的公共配套设施所发生的建设费用。可以有偿转让的公共配套设施，本身属于房地产开发企业开发产品的一种，其所发生的建设费用，应计入开发成本，而不能转嫁到商品房等其他开发产品成本中。

开发小区内不能有偿转让的非营业性公共配套设施，其建设费用属于共同性费用，应计入房屋开发成本。其中，与商品房同步建设，且发生的公共配套设施费能分清受益成本核算对象的，应于发生时直接计入受益成本核算对象的"公共配套设施费"成本项目。与商品房非同步建设，或虽同步建设，但发生的公共配套设施费涉及多个成本核算对象的，则先通过"开发成本——配套设施开发"科目归集成本，待完工后再按一定标准分配计入受益成本核算对象的"公共配套设施费"成本项目。分配标准通常可采用房屋设施的建筑安装工程概（预）算价值或建筑面积。企业如果同时开发建设可以有偿转让的公共配套设施，该配套设施也应和商品房一起承担相应公共配套设施建设费。

如果不能有偿转让的公共配套设施竣工时，商品房和可有偿转让的公共配套设施同时竣工或尚未竣工，则可将不能有偿转让的公共配套设施的实际建设费用全部分配计入各受益成本核算对象。如果商品房和可有偿转让的公共配套设施已建成或出售，而不能有偿转让的公共配套设施尚未建成或尚未动工兴建，则应将未建成或未动工配套设施的预计建设费用，预提计入已建成或出售的商品房及配套设施开发成本；未建成的不能有偿转让的公共配套设施，可根据已发生的建设费用，加上其未完工部分的预计建筑安装工程费，作为其全部建设费用；未动工的不能有偿转让的公共配套设施，其建筑安装工程费可根据各该工程概（预）算价值加以预计。需要说明的是，不能有偿转让的公共配套设施不论已动工或未动工，其应负担的土地征用及拆迁补偿费、前期工程费、基础设施费等，都应予以归集，因此，未动工项目仅需预计其全部建筑安装工程费。预提配套设施建设费时，借记"开发成本——配套设施开发"科目，贷记"应付账款——预提配套设施费"科目。

【例 13-6】 新世纪房地产开发公司开发建设的绿色小区写字楼、住宅楼 2009 年底已竣工，但社区中心正在建设中，尚未完工，预计尚需发生建筑安装工程费用 5 万元。社区中心开发成本按房屋设施的建筑安装工程概（预）算价值进行分配。

（1）预提社区中心尚未完工部分建筑安装工程费。会计分录如下：

借：开发成本——配套设施开发——社区中心（建安工程费）　　115 000

　　贷：应付账款——预提配套设施费　　　　　　　　　　　　　115 000

（2）社区中心开发成本明细账如表 13-3 所示。

表 13-3　　　　　　　　　　　　社区中心开发成本明细账　　　　　　　　　　单位：万元

项　目	土地征用及拆迁补偿费	前期工程费	基础设施费	建筑安装费
开发费用合计	70	2	0.5	18.5
预提未完工部分建筑安装工程费				11.5
分配转出社区中心开发成本	70	2	0.5	30.0

期末将社区中心建设费用分配计入已完工写字楼和住宅楼开发成本，编制公共配套设施费分配表如表 13-4 所示。

表 13-4　　　　　　　　　　　　公共配套设施费分配表　　　　　　　　　　　单位：万元

项　目	建筑安装工程概（预）算价值	分配率（%）	公共配套设施费
写字楼	1 000		12
住宅楼	1 500		18
合计	2 500	1.2	30

账务处理如下：

公共配套设施费分配率＝300 000÷25 000 000×100%＝1.2%

借：开发成本——房屋开发——写字楼（公共配套设施费）　　　　120 000
　　　　　　　　　　——住宅楼（公共配套设施费）　　　　180 000
　　贷：开发成本——配套设施开发——社区中心　　　　　　　　300 000

未建成或未动工的不能有偿转让的公共配套设施以后发生的实际建筑安装工程费支出，记入"应付账款——预提配套设施费"科目借方。实际发生建筑安装工程费大于或小于预提配套设施费的差额，于社区中心全部正式竣工决算时，调整（补计或冲减）开发产品成本。

【例13-7】　新世纪房地产开发公司开发建设的绿色小区社区中心2010年年末完工，当月实际发生建筑安装工程费用10万元。会计分录如下：

（1）发生建筑安装工程费时。

借：应付账款——预提配套设施费　　　　　　　　　　　　　100 000
　　贷：原材料　　　　　　　　　　　　　　　　　　　　　100 000

（2）实际成本与预提建设费用的差额按房屋设施的建筑安装工程概（预）算价值进行分配，编制差额分配表如表13-5所示。

表13-5　　　　　　　　预提社区中心成本差额分配表　　　　　　　单位：万元

项目	建筑安装工程概（预）算价值	分配率（%）	成本差额
写字楼	1 000		0.6
住宅楼	1 500		0.9
合计	2 500	—0.06	1.5

实际成本与预提建设费用的差额分配率＝（115 000—100 000）/25 000 000×100%
＝0.06%

根据差额分配表，调整房屋设施开发成本：

调减写字楼开发成本＝10 000 000×（0.06%）＝6 000（元）
调减住宅楼开发成本＝15 000 000×（0.06%）＝9 000（元）

借：应付账款——预提配套设施费　　　　　　　　　　　　　15 000
　　贷：开发成本——配套设施开发——社区中心（建安工程费）　15 000
借：开发成本——配套设施开发——社区中心　　　　　　　　15 000
　　贷：开发成本——房屋开发——写字楼（公共配套设施费）　6 000
　　　　　　　　　　　　——住宅楼（公共配套设施费）　9 000

4．开发间接费用的归集与分配

房地产开发企业的开发间接费用核算，应按照其内部单位、部门，通过"开发间接费用"科目归集，期末采用一定方法分配计入各受益对象成本。开发间接费用的分配标准，一般为各项开发产品所发生的土地征用及拆迁补偿费、前期工程费、基础设施费、建筑安装工程费、配套设施费等项直接费之和，也可采用各项开发产品的预算造价作为分配标准。计算公式如下：

$$间接费用分配率＝\frac{当期实际发生的开发间接费用}{当期各项开发产品发生的直接费用之和}×100\%$$

$$某项开发产品\atop 应负担的间接费用 = {该项开发产品当期\atop 实际发生的直接费用} \times 间接费用分配率$$

或：

$$间接费用分配率 = \frac{当期实际发生的开发间接费用}{各项开发产品预算造价之和} \times 100\%$$

$$某项开发产品\atop 应负担的间接费用 = {该项开发产品\atop 预算造价} \times 间接费用分配率$$

【例 13-8】 新世纪房地产开发公司开发建设绿色小区，应付管理人员工资薪酬 57 万元，计提开发现场机构用房折旧 1 万元，计提周转房摊销 20 万元，其他用银行存款支付的开发间接费用 15 万元。编制会计分录如下：

(1) 结算应付管理人员工资时。

借：开发间接费用   570 000

  贷：应付职工薪酬   570 000

(2) 计提开发现场机构用房折旧和周转房摊销时。

借：开发间接费用   210 000

  贷：累计折旧   10 000

    库存商品——周转房   200 000

(3) 以银行存款支付其他间接开发费用时。

借：开发间接费用   150 000

  贷：银行存款   150 000

(4) 期末按各开发项目直接费比例分配转出开发间接费用，开发间接费用分配表如表 13-6 所示。

表 13-6   开发间接费用分配表   单位：万元

项目	分配标准					直接费用合计	分配率(%)	开发间接费用
	征地拆迁费	前期工程费	基础设施费	建筑安装费	公共配套设施费			
写字楼	210	6	11.8	1 712.6	12	1 952.4		35.34
住宅楼	420	12	17.7	2 718.9	18	3 186.6		57.66
合计	630	18	29.5	4 431.5	30	5 139	1.81	93.00

其中开发间接费用分配率 $= 93 \div 5\,139 \times 100\% = 1.81\%$

借：开发成本——房屋开发——写字楼（开发间接费用） 353 400

         ——住宅楼（开发间接费用） 576 600

  贷：开发间接费用   930 000

5. 房屋、配套设施开发成本的计算与结转

房地产开发产品成本的计算方法，与工业产品成本计算的分批法和建筑安装工程成本竣工结算法相同。开发产品成本计算是以每一项或每一小批开发产品作为成本计算对象，以房地产开发建设周期作为成本计算期。因此，房地产开发产品的成本是在开发产品竣工后根据其所归集的全部开发建设费用计算确定的，而在开发产品竣工以前所归集

的开发建设费用累计额，则为未完开发产品成本，在资产负债表中作为存货的构成部分。

为了计算各项房屋设施的实际开发成本，会计部门应按不同成本核算对象开设房地产生产成本明细分类账（或开发产品成本卡片），用以记录各项开发建设成本。房地产开发成本明细账中按成本项目分设专栏，登记成本核算对象每月发生的各项费用，项目竣工后，计算转出已完工开发产品实际成本。表 13-7、表 13-8 分别为新世纪公司绿色小区写字楼开发产品成本卡、住宅楼开发产品成本卡。

表 13-7　项目：写字楼　　　　　　开发产品成本卡　　　　　　　单位：万元

项　目	土地拆迁费	前期工程费	基础设施费	建筑安装费	公共配套费	开发间接费用	开发成本合计
结转土地开发成本	210	6	11.8	12.6			240.4.0
结转房屋建设费				1 700.0			1 700.00
结转公共配套设施费					12		12.00
结转开发间接费用						35.34	35.34
开发费用合计	210	6	11.8	1 712.6	12	35.34	1 987.74
结转配套设施差额					−0.6		−0.60
结转竣工写字楼成本	210	6	11.8	1 712.6	11.4	35.34	1 987.14

表 13-8　项目：住宅楼　　　　　　开发产品成本卡　　　　　　　单位：万元

项　目	土地拆迁费	前期工程费	基础设施费	建筑安装费	公共配套费	开发间接费用	开发成本合计
结转土地开发成本	420	12	17.7	18.9			468.60
结转房屋建设费				2 700.0			2 700.00
结转公共配套设施费					18		18.00
结转开发间接费用						57.66	57.66
开发费用合计	410	12	17.7	2 718.9	18	57.66	3 234.26
结转配套设施差额					−0.9		−0.90
结转竣工住宅楼成本	420	12	17.7	2 718.9	17.1	57.66	3 233.36

【例 13-9】　新世纪房地产开发公司开发建设的绿色小区于 2010 年年初全部竣工，办理竣工决算手续，结转竣工工程成本。会计分录如下：

借：库存商品——房屋——写字楼　　　　　　　　　　　19 871 400
　　　　　　　　　　——住宅楼　　　　　　　　　　　32 333 600
　　贷：开发成本——房屋开发——写字楼　　　　　　　　19 871 400
　　　　　　　　　　　　——住宅楼　　　　　　　　　　32 333 600

在房地产开发产品竣工后，应及时办理竣工成本决算，根据开发项目的概（预）算资料和开发产品成本明细账（卡）以及其他有关资料，编制"开发项目竣工成本决算表"，如表 13-9 所示，对成本资料进行总结，评价开发管理水平，分析成本升降的主要原因，根据开发管理中存在的问题及时采取有效措施，加强管理，争取不断降低房地产开发产品成本，提高企业经济效益。

表 13-9 　　　　　　　　　　开发项目竣工成本决算表

开发项目名称：绿色小区写字楼　　　　　　　　　　　　　开工日期：

规模结构：　　　　　　　　　　　　　　　　　　　　　竣工日期：

　　　　　　　　　　　　　年　　月　　日　　　　　　　　单位：元

成本项目	概（预）算价值	实际成本	降低额	降低率（%）
土地征用及拆迁补偿费				
前期工程费				
基础设施费				
建筑安装工程费				
公共配套设施费				
开发间接费用				
其他				
合计				
简要分析及说明				

（四）代建工程开发成本的核算

代建工程是指房地产开发企业接受有关单位的委托，代为开发建设的工程，或参加委托单位招标，经过投标中标后承建的开发建设工程。房地产开发企业承接的代建工程，既有建设场地和房屋，又有其他工程，如城市道路、基础设施、园林绿化、旅游风景等市政工程。企业接受委托代为开发的商品性建设场地和房屋，由于其建设内容和特点与企业开发的商品性建设场地和房屋基本相同，因此，代为建设的场地和房屋成本可比照土地及房屋开发的成本核算，分别通过"开发成本——土地开发"及"开发成本——房屋开发"两个明细科目进行。代委托单位开发建设的除商品性建设场地及房屋以外的其他工程，纳入"开发成本——代建工程开发"科目核算。

企业代建的其他工程由于种类繁多，内容千差万别，因此，必须根据实际情况来确定代建工程的成本核算对象。一般可按工程合同或委托单位的要求，以施工图预算所列的单位工程或单项工程作为成本核算对象。其成本项目则与房屋、配套设施等其他开发产品的成本项目相同。

企业发生的各种代建工程开发支出，应按成本核算对象及成本项目分别进行归集，待代建工程竣工后，结转"库存商品——代建工程"科目。

【例 13-10】 新世纪房地产开发公司接受某单位委托，为其代建职工宿舍一幢，以银行存款支付工程设计、勘察费 8 万元以及"三通一平"费用 15 万元，同时结转应付基础设施费 30 万元和应负担的开发间接费用 20 万元。会计分录如下：

（1）以银行存款结转前期工程费时。

借：开发成本——代建工程开发（前期工程费费）　　　　　　230 000

　　贷：银行存款　　　　　　　　　　　　　　　　　　　　　　230 000

（2）结算应付基础设施费时。

借：开发成本——代建工程开发（基础设施费）　　　　　　　300 000

　　贷：应付账款　　　　　　　　　　　　　　　　　　　　　　300 000

（3）结转应负担开发间接费用时。

借：开发成本——代建工程开发（开发间接费用）　　　　　　200 000

　　贷：开发间接费用　　　　　　　　　　　　　　　　　　　　200 000

（4）职工宿舍竣工完工验收合格，结转其实际成本。

借：库存商品——代建工程 730 000

　　贷：开发成本——代建工程开发 730 000

【例 13-11】 新世纪房地产开发公司接受旅游局的委托，代为其扩建某风景旅游区。其中以银行存款支付拆迁补偿费 30 万元和工程设计、勘察费、"三通一平"费共 10 万元，结算应付基础设施费 18 万元，结转应负担开发间接费用 5 万元。会计分录如下：

（1）支付征地拆迁费时。

借：开发成本——代建工程开发（征地拆迁费） 300 000

　　贷：银行存款 300 000

（2）支付工程设计、勘察费时。

借：开发成本——代建工程开发（前期工程费） 100 000

　　贷：银行存款 100 000

（3）结算应付基础设施费时。

借：开发成本——代建工程开发（基础设施费） 180 000

　　贷：应付账款 180 000

（4）结转应负担开发间接费用时。

借：开发成本——代建工程开发（开发间接费用） 50 000

　　贷：开发间接费用 50 000

（5）风景旅游区扩建工程完工，验收合格，结转其实际成本时。

借：库存商品——代建工程 630 000

　　贷：开发成本——代建工程开发 630 000

第三节　期间费用的核算

期间费用是企业当期发生费用的重要组成部分，是指本期发生的、不能直接或间接归入某种产品成本的、应直接计入损益的各项费用。施工企业的期间费用核算包括以下内容。

一、管理费用的核算

管理费用是企业为组织和管理生产经营所发生的费用，如企业的行政管理部门在经营管理中发生的公司经费（包括行政管理部门职工工资、修理费、物料消耗、低值易耗品摊销、办公费和差旅费等）、工会经费、劳动保险费、聘请中介机构费、咨询费（含顾问费）、诉讼费、业务招待费、房产税、车船税、土地使用税、印花税、技术转让费、矿产资源补偿费、无形资产摊销、职工教育经费、研究与开发费、排污费、存货盘亏或盘盈（不包括应计入营业外支出的存货损失）。

其中，公司经费包括公司总部管理人员工资、奖金、职工福利费、差旅费、办公费、折旧费、修理费、物料消耗、低值易耗品摊销以及其他公司经费；工会经费是指按职工工资总额 2% 计提拨付给工会的经费；职工教育经费是指企业为职工学习先进技术和提高文化水平而支付的费用，按照职工工资总额的 2% 控制。企业发生的管理费用，在"管理费用"科目核算，发生的行政管理部门人员的工资及福利费，"五险一金"等借记"管理费用"科目，贷记"应付职工薪酬"、科目；行政管理部门计提的固定资产折旧，借记"管理费用"科目，贷记"累计折旧"科目；发生的办公费、修理费、水电费等，借记"管理费用"科目，贷记"银行存款"等科目；缴纳劳动保险费时，借记"管理费用"科目，贷记"银行存款"科目；发生业务招待费、聘请中介机构费、咨询费、诉讼费、技术转让费、职工教育经费、研究开发费时，借记"管理费用"科目，贷记"银行存款"等科目；按规定计算出应交给工会部门的工会经费，借记"管理费用"科目，贷记"其他应付款"科目；按规定计算的应交房产税、车船税、土地使用税等，借记"管理费用"科目，贷记"应交税费"科目；无形资产、长期待摊费用按规定摊销时，借记"管理费用"科目，贷记"累计摊销"、"长期待摊费用"科目。企业应在"管理费用"科目中按费用项目设置明细，进行明细核算。期末，"管理费用"科目的余额结转"本年利润"科目后无余额。

【例 13-12】 新世纪房地产开发企业本月发生无形资产摊销 2 万元，业务招待费 5 万元，购买办公用品 4.5 万元，用银行存款支付办公室人员差旅费 1 万元和其他管理费用 10 万元。编制会计分录如下：

(1) 摊销无形资产价值。

  借：管理费用——无形资产摊销   20 000
    贷：无形资产   20 000

(2) 支付业务招待费。

  借：管理费用 ——业务业务招待费   50 000
    贷：银行存款   50 000

(3) 购买办公用品。

  借：管理费用——办公用品   45 000
    贷：银行存款   45 000

(4) 办公室工作人员报销差旅费。

  借：管理费用——差旅费   10 000
    贷：其他应收款   10 000

(5) 支付其他管理费用。

  借：管理费用   100 000
    贷：银行存款   100 000

(6) 月末，结转"管理费用"科目余额。

  借：本年利润   225 000
    贷：管理费用   225 000

二、财务费用的核算

财务费用是指企业为筹集资金而发生的各项费用，包括企业经营期间发生的利息净支出、汇兑净损失、调剂外汇手续费、金融机构手续费，以及企业筹资发生的其他财务费用。

企业发生的财务费用，在"财务费用"科目核算，并按费用项目设置明细账，进行明细核算。期末，"财务费用"科目的余额结转"本年利润"科目后无余额。

【例13-13】　新世纪房地产开发公司本月发生银行结算业务手续费7 000元，银行存款利息收入50 000元，以及应计提的短期借款利息支出30 000元。编制会计分录如下：

(1) 收到开户行通知，已从企业存款账户扣收银行结算业务手续费。

借：财务费用 7 000
　　贷：银行存款 7 000

(2) 接银行通知企业发生银行存款利息收入。

借：银行存款 50 000
　　贷：财务费用 50 000

(3) 计提本月应负担短期借款利息。

借：财务费用 30 000
　　贷：应付利息 30 000

(4) 月末，结转"财务费用"科目余额。

借：本年利润 87 000
　　贷：财务费用 87 000

三、销售费用的核算

销售费用是指企业在销售产品或者提供劳务等过程中发生的各项费用，以及专设销售机构的各项费用。包括应由企业负担的包装费、保险费、维修费、展览费、差旅费、广告费、代销手续费、销售服务费，以及专设销售机构的人员工资、奖金、福利费、折旧费、修理费、物料消耗和其他经费等。房地产开发企业销售费用还包括开发产品销售之前的改装修复费、看护费、采暖费等。

房地产开发企业在开发产品办理竣工验收后而尚未出售前发生的维修费，计入销售费用；开发产品出售后，在保修期内发生的维修费，冲减质量保证金（应收账款），质量保证金不足冲减的部分，再计入销售费用。

房地产开发企业发生的广告费支出，不超过当年营业收入15%的，可据实扣除；超过部分可无限期向以后纳税年度结转。企业发生的业务宣传费（指未通过媒体传播的广告性质的业务宣传费用，包括广告性质的礼品支出等），在不超过当年营业收入5‰的范围内，可据实扣除，超过部分不得向以后年度结转。

企业发生的销售费用，在"销售费用"科目核算，企业在销售过程中发生的运输费、装卸费、包装费、保险费、展览费和广告费，借记"销售费用"科目，贷记"库存现金"、"银行存款"等科目。企业发生的为销售本企业商品而专设的销售机构的职工工资、福利费等经营费用，借记"销售费用"科目，贷记"应付职工薪酬"、"银行存款"等科目。"销售费用"科目应按费用项目设置明细，进行明细核算。期末，"销售费用"科目的余额结转"本年利润"科目后无余额。

【例13-14】　新世纪房地产开发企业本月发生房展会摊位使用费5 000元，广告宣传费 20 000 元，对已办理竣工决算但尚未售出商品房进行维修，领用材料 3 000 元，以及专设销售机构人员工资 234 000 元。编制会计分录如下：

(1) 支付房展会摊位使用费。

借：销售费用——展览费　　　　　　　　　　　　　　　　5 000
　　贷：银行存款　　　　　　　　　　　　　　　　　　　　　　5 000

(2) 支付广告宣传费。

借：销售费用——广告宣传费　　　　　　　　　　　　　　20 000
　　贷：银行存款　　　　　　　　　　　　　　　　　　　　　　20 000

(3) 对已办理竣工决算但尚未售出商品房进行维修。

借：销售费用——维修费　　　　　　　　　　　　　　　　3 000
　　贷：原材料　　　　　　　　　　　　　　　　　　　　　　　3 000

(4) 计提专设销售机构人员工资和福利费。

借：销售费用——工资与福利费　　　　　　　　　　　　234 000
　　贷：应付职工薪酬　　　　　　　　　　　　　　　　　　　234 000

(5) 月末，结转"销售费用"科目余额。

借：本年利润　　　　　　　　　　　　　　　　　　　　262 000
　　贷：销售费用　　　　　　　　　　　　　　　　　　　　　262 000

简答题

1. 房地产开发企业的成本和费用主要有哪些？
2. 什么是费用？什么是支出？两者有何联系与区别？
3. 什么是成本？成本和费用有何联系与区别？
4. 费用的确认原则是什么？
5. 开发产品成本的构成有哪些？其核算对象如何确定？
6. 什么是管理费用？管理费用的核算内容包括哪些？

业务处理题

1. (1) 2009 年 6 月，甲房地产公司通过竞拍购得 A、B 两个地块，其中 A 地块支付全额地价款 1.8 亿元，但至今未实际取得土地，B 地块地价款总额为 4 亿元，甲公司已支付 2 亿元，并已实际取得了该地块。

(2) 甲公司前期自行开发建设的乙土地已竣工，本月开始在完工的乙土地上开发建设 A 小区，开发产品包括一栋写字楼、三栋住宅楼、一座社区中心。其中三栋住宅楼结构、规模相同，合并为一个成本计算对象。各项开发产品占用土地面积的比例为：写字楼 20%，住宅楼 65%，社区中心 15%。结转的乙土地开发总成本 880 万元，其中：土地征用及拆迁补偿费 720 万元；前期工程费 40 万元，按房屋设施占地面积分配；基础设施费 50 万元，建筑安装工程费 70 万元，按房屋设施建筑安装工程概（预）算价值分配。

(3) 甲房地产开发公司开发建设的 A 小区于 2011 年年初全部竣工，办理竣工决算手续，结转竣工工程成本。

要求：

（1）编制取得土地的有关会计分录。

（2）编制"建设场地成本分配表"并编制相关会计分录。

（3）编制 A 小区竣工后结转"开发成本"的相关会计分录。

2．A 房地产开发公司接受某单位委托，为其代建职工宿舍一栋。以银行存款支付工程设计、勘察费 10 万元以及"三通一平"费用 18 万元，同时结转应付基础设施费 35 万元和应负担的开发间接费用 25 万元。

要求：编制有关 A 房地产公司代建工程的相关会计分录。

3．甲房地产开发公司 2011 年 3 月份有关期间费用的交易或事项如下：

（1）本月无形资产摊销 4 万元，业务招待费 6 万元，购买办公用具 5 万元，以及用银行存款支付办公室人员出差费 2 万元和其他管理费用 10 万元。

（2）本月发生银行结算业务手续费 8 000 元，银行存款利息收入 70 000 元，以及应计提的短期借款利息支出 40 000 元。

（3）本月发生房展会摊位使用费 7 000 元，广告宣传费 50 000 元，用材料对已办理竣工决算但尚未售出的商品房进行维修，领用材料 8 000 元，专设销售机构人员工资 234 000 元。

要求：编制甲公司 2011 年 3 月份有关期间费用的交易或事项的会计分录。

14 第十四章 利润与利润分配

第一节 房地产开发企业利润概述

利润，是指企业在一定会计期间的经营成果。房地产企业的利润包括取得的各项收入减去相应费用后的净额、直接计入当期损益的利得和损失等。其中，直接计入当期损益的利得和损失，是指应当计入当期损益、会导致所有者权益发生增减变动的、与所有者投入资本或者向所有者分配利润无关的利得和损失。

一、利润的构成

1. 营业收入

营业收入，是指房地产企业经营业务所确认的收入总额。包括主营业务收入和其他业务收入。

2. 营业成本

营业成本，是指房地产企业经营业务所发生的实际成本总额。包括主营业务成本和其他业务成本。

3. 资产减值损失

资产减值损失，是指房地产企业计提各项资产减值准备所形成的损失。

4. 公允价值变动收益（或损失）

公允价值变动收益（或损失），是指房地产企业交易性金融资产等公允价值变动形成的应计入当期损益的利得（或损失）。

5. 投资收益（或损失）

投资收益（或损失），是指房地产企业以各种方式对外投资所取得的收益（或发生的损失）。

6. 营业外收入

营业外收入，是指房地产企业发生的与其日常活动无直接关系的各项利得。主要包括非流动资产处置利得、盘盈利得、捐赠利得、确实无法支付而按规定程序经批准后转作营业外收入的应付款项等等。

7. 营业外支出

营业外支出，是指房地产企业发生的与其日常活动无直接关系的各项损失。主要包括非流动产处置损失、盘亏损失、公益性捐赠支出、非常损失等。

8. 所得税费用

所得税费用，是指房地产企业确认的应从当期利润总额中扣除的所得税费用。

二、利润计算公式

利润相关计算公式如下：

营业利润＝营业收入＋营业成本－营业税金及附加－销售费用－管理费用－

财务费用－资产减值损失＋公允价值变动收益（－公允价值变动损失）＋

投资收益（－投资损失）

营业利润是企业利润的主要来源，房地产企业的营业利润是指房地产企业一定时期内从事施工的经营活动中实现的利润，包括工程结算利润、劳务作业利润、材料销售利润、多种经营利润和技术转让利润等。

利润总额＝营业利润＋营业外收入－营业外支出

营业外收入是指与企业生产经营活动没有直接关系的各种收入，主要包括：非流动资产处置利得、非货币性资产交换利得、债务重组利得、政府补助、盘盈利得、捐赠利得等。

营业外支出是指与企业生产经营活动没有直接关系的各种支出，主要包括：非流动资产处置损失、非货币性资产交换损失、债务重组损失、公益性捐赠支出、非常损失、盘亏损失等。

净利润＝利润总额－所得税费用

第二节　利润形成的核算

一、营业外收入的会计处理

为了反映和核算营业外收入的发生和结转情况，房地产企业应设置"营业外收入"科目。企业确认营业外收入，借记"固定资产清理"、"银行存款"、"库存现金"、"应付账款"等科目，贷记"营业外收入"科目。期末，应将"营业外收入"科目余额转入"本年利润"科目，结转后本科目应无余额。

【例14-1】　新世纪房地产公司以 35 000 元的价格出售一台不需用的设备，结转该项固定资产清理所取得的收益 11 000 元。根据上述业务，编制会计分录如下：

借：固定资产清理　　　　　　　　　　　　　　　　　　　　　　11 000

　　贷：营业外收入——处置固定资产净收益　　　　　　　　　　　　　11 000

【例14-2】　新世纪房地产公司取得罚款收入 2 000 元，存入银行。编制会计分录如下：

  借：银行存款   2 000

    贷：营业外收入——罚款收入   2 000

  《企业会计准则第16号——政府补助》将政府补助分为与资产相关的政府补助和与收益相关的政府补助。与资产相关的政府补助是指企业取得的、用于购建或以其他方式形成长期资产的政府补助。依照规定，与资产相关的政府补助应当确认为递延收益，并在相关资产使用寿命内平均分配，计入当期损益。按照名义金额计量的政府补助，直接计入当期损益。由此可见，企业收到的政府专项拨款应在"递延收益"科目核算，并自相关资产达到预定可使用状态起，在该资产使用寿命内平均分配，分次记入各期的"营业外收入"科目，增加企业利润。

  【例14-3】 2010年3月31日，新世纪房地产公司收到政府下拨的财政补助款1.2亿元，用于建设公司所开发项目中的市政道路。所建道路于2011年8月1日竣工投入使用，预计使用年限为20年。新世纪公司根据有关原始凭证，编制会计分录如下：

  (1) 2010年3月31日收到政府补助款。

  借：银行存款   120 000 000

    贷：递延收益   120 000 000

  (2) 2011年8月份道路竣工投入使用时。

  每月分配递延收益＝12 000÷20÷12＝50（万元）

  借：递延收益   500 000

    贷：营业外收入   500 000

  根据《企业会计准则第12号——债务重组》，企业将债务转为资本的，债务人应当将债权人放弃债权而享有股份的面值总额确认为股本（或实收资本），股份的公允价值总额与股本（或实收资本）之间的差额确认为资本公积。

  重组债务的账面价值与股份的公允价值总额之间的差额，计入当期损益。将债务转为资本形成的股本溢价计入资本公积，形成的债务重组利得记入"营业外收入——债务重组利得"科目。债转股形成的资本公积也属于项目资本金的范畴。

  【例14-4】 新世纪房地产公司欠中宏建筑公司货款1 000 000元，双方达成协议，新世纪公司通过向中宏建筑公司转让50 000股股票偿还该笔债务，股票面值为1元，股价为15.5元。

    应计入股本的金额＝1×50 000＝50 000（元）

  由于股价高于面值，应计算股本溢价：

    15.5×50 000－50 000＝725 000（元）

  借：应付账款   1 000 000

    贷：实收资本   50 000

      资本公积——股本溢价   725 000

      营业外收入——债务重组利得   225 000

根据《企业会计准则——基本准则》对利得和损失的定义，"直接计入当期利润的利得和损失，是指应当计入当期损益、会导致所有者权益发生增减变动的、与所有者投入资本或者向所有者分配利润无关的利得或者损失。"企业接受捐赠收益应在"营业外收入"科目核算，增加企业利润。

二、营业外支出的会计处理

为了反映和核算营业外支出的发生和结转情况，房地产企业应设置"营业外支出"科目。企业发生营业外支出时，借记"营业外支出"科目，贷记"固定资产清理"、"待处理财产损溢"、"库存现金"、"银行存款"等科目。期末，应将"营业外支出"科目余额转入"本年利润"科目，结转后本科目应无余额。

【例14-5】　新世纪房地产公司报废一项固定资产，结转该项固定资产的清理损失1 200元。编制会计分录如下：

借：营业外支出——处置固定资产净损失　　　　　　　　　　　　　1 200

　　贷：固定资产清理　　　　　　　　　　　　　　　　　　　　　1 200

【例14-6】　新世纪房地产公司在清查财产过程中，发现盘亏设备一台。按该设备账面价值18 000元。编制会计分录如下：

借：营业外支出——盘亏损失　　　　　　　　　　　　　　　　　18 000

　　贷：待处理财产损溢　　　　　　　　　　　　　　　　　　　18 000

【例14-7】　新世纪房地产公司支付违约罚款1 800元。编制会计分录如下：

借：营业外支出——罚款支出　　　　　　　　　　　　　　　　　1 800

　　贷：银行存款　　　　　　　　　　　　　　　　　　　　　　1 800

三、利润形成的会计处理

房地产企业应设置"本年利润"科目，核算实现的净利润或发生的净亏损。会计期末，企业应将"主营业务收入"、"其他业务收入"、"营业外收入"等科目的余额分别转入"本年利润"科目的贷方，将"主营业务成本"、"其他业务成本"、"营业税金及附加"、"管理费用"、"销售费用"、"财务费用"、"资产减值损失"、"营业外支出"、"所得税费用"等科目的余额分别转入"本年利润"科目的借方；企业还应将"公允价值变动损益"、"投资收益"科目的净收益转入"本年利润"科目的贷方，将"公允价值变动损益"、"投资收益"科目的净损失转入"本年利润"科目的借方。结转后"本年利润"科目如为贷方余额，表示当年实现的净利润；如为借方余额，表示当年发生的净亏损。年度终了，企业还应将"本年利润"科目的本年累计余额转入"利润分配——未分配利润"科目。如"本年利润"为贷方余额，借记"本年利润"科目，贷记"利润分配——未分配利润"科目；如为借方余额，做相反的会计分录。结转后，"本年利润"科目应无余额。具体核算时，根据房地产企业的特点，有账结法和表结法两种方式。

1. 账结法

账结法是指在每月月末将所有损益类科目的余额转入"本年利润"科目，借记所有收入类科目，贷记"本年利润"科目；借记"本年利润"科目，贷记所有成本、费用类科目。结转后，损益类科目月末无余额；"本年利润"科目的贷方余额表示年度内累计实现的净利润，借方余额表示年度内累计发生的净亏损。

2. 表结法

表结法是指各月月末不结转本年利润,只有在年末时才将各损益类科目余额转入"本年利润"。表结法下各损益类科目的月末余额表示自年初累计实现的收入或发生的费用,"本年利润"科目自1月至11月不作任何记录。12月末结转本年利润,借记所有收入类科目,贷记"本年利润"科目;借记"本年利润"科目,贷记所有成本、费用类科目。年末,损益类科目没有余额;"本年利润"若为贷方余额,表示全年累计实现的净利润,若为借方余额,表示全年累计发生的净亏损。

一般来说,若对所得税费用采用分月结转方式,本年利润的结转既可以采用账结法也可以采用表结法;若对所得税费用采用年末一次结转方式,由于平时不结转所得税费用,费用构成不完整,只宜采用表结法。

【例14-8】 新世纪房地产公司采用表结法结转本年利润,2010年12月31日,各损益类账户余额如下:

账户名称	账户余额
主营业务收入	1 500 000 000(贷)
主营业务成本	700 000 000(借)
营业务税金及附加	50 000 000(借)
管理费用	68 000 000(借)
财务费用	12 000 000(借)
其他业务收入	80 000 000(贷)
其他业务成本	70 000 000(借)
公允价值变动损益	100 000 000(贷)
投资收益	26 000 000(贷)
营业外收入	20 000 000(贷)
营业外支出	1 600 000(借)
所得税费用	121 500 000(借)

根据上述资料,编制会计分录如下:

(1) 将各收益类账户余额转入"本年利润"科目。

借:主营业务收入	1 500 000 000
其他业务收入	80 000 000
公允价值变动损益	100 000 000
投资收益	26 000 000
营业外收入	2 000 000
贷:本年利润	1 708 000 000

(2) 将各成本、费用类账户余额转入"本年利润"科目。

借:本年利润	1 023 100 000
贷:主营业务成本	700 000 000
营业务税金及附加	50 000 000
管理费用	68 000 000

财务费用	12 000 000
其他业务成本	70 000 000
营业外支出	1 600 000
所得税费用	121 500 000

通过上述结转，"本年利润"科目的贷方余额为 684 900 000 元，即企业本年实现的净利润。

第三节　利润分配的核算

一、利润分配的内容

房地产企业实现的利润在缴纳了所得税后，就是净利润。根据我国的相关规定，一般企业和股份有限公司每期实现的净利润，首先是弥补以前年度尚未弥补的亏损，然后应按下列顺序进行分配：

1. 提取法定盈余公积

法定盈余公积要按照本年实现利润的一定比例提取，股份制企业按《公司法》规定应按净利润的 10% 提取。其他企业可以根据需要确定提取比例，但至少不应低于 10%。当企业提取的法定盈余公积累计超过其注册资本的 50% 以上时，可不再提取。法定盈余公积主要用于弥补亏损、转增股本和扩大企业生产经营。

2. 提取任意盈余公积

任意盈余公积是企业自愿提取的，由董事会决定要留在企业的利润。任意盈余公积的提取比例由企业自行决定。

3. 向投资者分配现金股利或利润

向投资者分配现金股利或利润是在上述必要利润分配后，企业根据股东大会或类似机构审议批准的利润分配方案确定分配给投资者的现金股利或利润。

可供投资者分配的利润，在经过上述分配后，即为未分配利润（或未弥补亏损）。未分配利润可留待以后年度进行分配。企业如发生亏损，可以按规定由以后年度利润进行弥补。企业未分配的利润（或未弥补的亏损）应当在资产负债表的所有者权益项目中单独反映。

二、利润分配的会计处理

房地产企业应当设置"利润分配"科目，核算企业利润的分配（或亏损的弥补）和历年分配（或弥补亏损）后的积存余额。

为了完整反映企业的利润分配情况，企业应在"利润分配"科目下设置"提取法定盈余公积"、"提取任意盈余公积"、"应付现金股利或利润"、"盈余公积补亏"、"未分配利润"等明细科目。

企业按规定从净利润中提取盈余公积时，应借记"利润分配——提取法定盈余公积"、"利润分配——提取任意盈余公积"科目，贷记"盈余公积——法定盈余公积"、"盈余公积——任意盈余公积"科目；对于企业应当分配给投资者或股东的现金股利或利润，应借记"利润分配——应付现金股利"科目，贷记"应付股利"或"应付利润"科目；当企业用盈余公积弥补亏损时，则应借记"盈余公积"科目，贷记"利润分配——盈余公积补亏"科目。

房地产企业在年度终了实施利润分配并作相应的会计处理后，将"本年利润"科目的本年累计余额转入"利润分配——未分配利润"科目、将"利润分配"科目下的各有关明细科目的余额转入"利润分配——未分配利润"科目。这样结转后，除"利润分配——未分配利润"明细科目外，"利润分配"科目的其他明细科目在年末应无余额。"未分配利润"明细科目如为贷方余额，反映企业历年积存的尚未分配的利润；如为借方余额，则反映企业累积未弥补的亏损。

【例 14-9】 新世纪房地产公司 2010 年年初未分配利润为 800 000 000 元，本年实现净利润 684 900 000 元，公司按本年实现利润的 10％提取法定盈余公积，并向投资者分配现金利润 1 400 000 000 元。

根据上述业务，编制会计分录如下：

(1) 结转本年利润。

　　借：本年利润　　　　　　　　　　　　　　　　684 900 000
　　　　贷：利润分配——未分配利润　　　　　　　　　　684 900 000

(2) 提取法定盈余公积。

　　借：利润分配——提取法定盈余公积　　　　　　　68 490 000
　　　　贷：盈余公积　　　　　　　　　　　　　　　　　68 490 000

(3) 分配利润。

　　借：利润分配——应付利润　　　　　　　　　　1 400 000 000
　　　　贷：应付股利　　　　　　　　　　　　　　　1 400 000 000

(4) 结转利润分配科目所属的明细科目。

　　借：利润分配——未分配利润　　　　　　　　　1 468 490 000
　　　　贷：利润分配——提取法定盈余公积　　　　　　68 490 000
　　　　　　　　　　——应付现金股利或利润　　　　1 400 000 000

三、盈余公积的核算

盈余公积是指企业按照规定从净利润中提取的累积资金。盈余公积按其用途分为法定盈余公积和任意盈余公积。法定盈余公积在其累计提取额未达到注册资本 50％时，均应按净利润（扣除被没收的财产损失，支付各项税收的滞纳金和罚款，弥补企业以前年度亏损）的 10％提取。除了按规定提取法定盈余公积外，还可在支付优先股股利后，根据公司章程或者股东大会决议，提取任意盈余公积。

房地产企业提取的法定盈余公积和任意盈余公积的用途，主要有以下几个方面：

(一) 弥补亏损

房地产企业发生的年度亏损，应由企业自行弥补，弥补渠道有三种：

(1) 由以后年度税前利润弥补。按照规定，企业发生的年度亏损，可以用下一年度的税前利润弥补，下一年度利润不足弥补的，可以在 5 年内延续弥补。

（2）用税后利润弥补。超过税收规定的税前利润弥补期限仍未弥补的以前年度亏损可以用税后利润弥补。

（3）用盈余公积弥补。

（二）扩大企业开发经营规模或者转为增加企业资本金

房地产企业提取的盈余公积，在弥补亏损外，可用以扩大企业的开发经营规模，或者转为增加企业资本金。股份有限公司将盈余公积转为增加公司资本金时应满足下列条件：

（1）经股东大会决议；

（2）按股东原有股份比例结转，采取派送新股或增加每股面值的方法增加资本金；

（3）在将法定盈余公积转为资本金时，所留存的该项公积金不得少于注册资本的 25%。

（三）分配股利

企业当年没有利润，原则上不得分配股利，但股份有限公司为了维护企业股票信誉，增强投资者的信心，经股东大会特别决议，也可用盈余公积分配股利。

【例 14-10】 2010 年 12 月 31 日，金旺房地产公司当年亏损 1 000 万元，另外，公司盈余公积中法定盈余公积和任意盈余公积账面余额分别为 3 000 万元和 2 000 万元。经过股东会决议，使用法定盈余公积弥补亏损 800 万元，使用任意盈余公积弥补亏损 200 万元。根据有关原始凭证，编制会计分录如下：

借：盈余公积——法定盈余公积　　　　　　　　　　　　　　8 000 000
　　　　　　——任意盈余公积　　　　　　　　　　　　　　2 000 000
　　贷：利润分配——盈余公积补亏　　　　　　　　　　　　10 000 000

【例 14-11】 承上例，2010 年年末金旺房地产公司法定盈余公积和任意盈余公积弥补亏损后分别为 2 200 万元和 1 800 万元。经过股东会决议，分别用法定盈余公积和任意盈余公积各 1 000 万元转增资本金。根据有关原始凭证，编制会计分录如下：

借：盈余公积——法定盈余公积　　　　　　　　　　　　　10 000 000
　　　　　　——任意盈余公积　　　　　　　　　　　　　10 000 000
　　贷：实收资本　　　　　　　　　　　　　　　　　　　20 000 000

用盈余公积分配现金股利时，应记入"盈余公积"科目的借方和"应付股利"科目的贷方，作如下分录入账：借记："盈余公积——法定盈余公积——任意盈余公积"科目；贷记："应付股利"科目。

【例 14-12】 新世纪房地产公司经过股东会决议，分别用法定盈余公积和任意盈余公积各 1 200 万元和 800 万元分配股利。根据有关原始凭证，编制会计分录如下：

借：盈余公积——法定盈余公积　　　　　　　　　　　　　12 000 000
　　　　　　——任意盈余公积　　　　　　　　　　　　　 8 000 000
　　贷：应付股利　　　　　　　　　　　　　　　　　　　20 000 000

以当年实现净利润弥补以前年度结转的未弥补亏损时，不需要进行专门的账务处理。按税法规定，企业当年发生的亏损，有 5 年的亏损弥补期。在以税前利润弥补亏损的情况下，其弥补的数额可以抵减当期企业应纳税所得额，而以税后利润弥补的数额，则不能作为纳税所得扣除项目。

【例 14-13】 新世纪房地产开发公司 2005 年发生亏损 80 万元。在年度终了时，企业应当结转本年发生的亏损，作会计分录如下：

借：利润分配——未分配利润　　　　　　　　　　　　　800 000
　　贷：本年利润　　　　　　　　　　　　　　　　　　　800 000

2006—2010 年，该企业每年均实现利润 15 万元。按照规定，企业在发生亏损以后的 5 年内可以税前利润弥补亏损。该企业在 2006—2010 年年度终了时，均应作会计分录如下：

借：本年利润　　　　　　　　　　　　　　　　　　　　150 000
　　贷：利润分配——未分配利润　　　　　　　　　　　　150 000

新世纪房地产开发企业 2010 年了实现税前利润 20 万元。需要先计算缴纳所得税，再以税后利润弥补亏损。

(1) 计算缴纳所得税。

按照上述会计分录的结果，2009 年"利润分配——未分配利润"账户期末余额为借方余额 50 000 元，即 2010 年未弥补亏损 50 000 元。2010 年企业已超过用税前补亏的期限，按现行规定，该企业只能用税后利润弥补以前年度亏损。2010 年，企业首先应当按照当年实现的税前利润计算缴纳当年应负担的所得税，然后再将当期扣除计算缴纳的所得税后的净利润，转入"利润分配"账户。假设该企业适用的所得税税率为 25%，2010 年应纳税所得额为 200 000 元，当年应缴纳所得税为 50 000 元（200 000×25%）。

借：所得税费用　　　　　　　　　　　　　　　　　　　50 000
　　贷：应交税费——应交所得税　　　　　　　　　　　　50 000
借：本年利润　　　　　　　　　　　　　　　　　　　　50 000
　　贷：所得税费用　　　　　　　　　　　　　　　　　　50 000

(2) 结转本年利润，弥补以前年度未弥补亏损。

借：本年利润　　　　　　　　　　　　　　　　　　　　150 000
　　贷：利润分配——未分配利润　　　　　　　　　　　　150 000

四、以前年度损益的调整

企业年度会计报表报出后，如果由于以前年度记账差错等原因导致多计或少计利润，而以前年度的账目已经结清，不能再调整以前年度利润的，按照会计制度的规定，一是不再调整以前年度的账目，通过"以前年度损益调整"科目，归集所有需要调整以前年度损益的事项，以及相关所得税的调整，并将其余额转入"利润分配——未分配利润"科目；二是不再调整以前年度会计报表，仅调整本年度会计报表相关项目的年初数，但在对外提供比较会计报表时，应当调整会计报表相关项目的数字。

企业本年度发生的调整以前年度损益的事项，应设置"以前年度损益调整"科目核算。调整增加的以前年度利润或调整减少的以前年度亏损和相应增加的所得税，借记有关科目，按应调整增加的应交税费，贷记"应交税费"科目，按其差额，贷记"以前年度损益调整"科目；调整减少的以前年度利润或调整增加的以前年度亏损和相应减少的所得税，应按调整减少的所得税，借记"应交税费"科目，按扣除调增应交税费的部分，借记"以前年度损益调整"科目，按两者的合计金额，贷记有关科目。

调整后，应将"以前年度损益调整"科目的余额转入"利润分配"科目。"以前年度损益调整"科目如为贷方余额，应借记"以前年度损益调整"科目，贷记"利润分配——未分配利润"科目；"以前年度损益调整"科目如为借方余额，则作相反会计分录。

【例14-14】 新世纪房地产开发企业2010年5月发现2009年一项已达到预定可使用状态投入使用的管理用固定资产未结转，该项固定资产原始价值30万元，2009年应提折旧3万元。该公司所得税税率为25％。编制会计分录如下：

（1）结转在建工程。

借：固定资产　　　　　　　　　　　　　　　　　　　300 000
　　贷：在建工程　　　　　　　　　　　　　　　　　　300 000

（2）调整上年利润。

借：以前年度损益调整　　　　　　　　　　　　　　　30 000
　　贷：累计折旧　　　　　　　　　　　　　　　　　　30 000

（3）计算多交的所得税。

多交所得税＝30 000×25％＝7 500（元）

借：应交税费——应交所得税　　　　　　　　　　　　7 500
　　贷：以前年度损益调整　　　　　　　　　　　　　　7 500

（4）结转未分配利润。

借：利润分配——未分配利润　　　　　　　　　　　　22 500
　　贷：以前年度损益调整　　　　　　　　　　　　　　22 500

简答题

1. 企业的利润包括哪些内容？
2. 简述营业外收入和营业外支出的核算内容。
3. 结合房地产企业的特点，简述损益确定的方法有哪两种？
4. 企业净利润的分配顺序是怎样的？
5. 房地产开发企业计提的盈余公积有哪些用途？
6. 房地产企业弥补亏损有哪几种方法？

业务处理题

1.（1）甲房地产有限公司的股本为10 000万元，每股面值为1元。2008年初未分配利润贷方余额为8 000万元，2008年实现净利润5 000万元。

（2）假定公司按照2008年实现净利润的10％提取法定盈余公积，5％提取任意盈余公积，同时向股东按每股0.2元派发现金股利，按每10股送3股的比例派发股票股利。

（3）2009年3月15日，公司以银行存款支付了全部现金股利，新增股本也办理完股权登记和相关增资手续。

要求：根据上述资料，编制甲房地产公司相关会计分录。

2. 甲房地产公司为一家上市公司，2009 年度发生了以下业务：

(1) 甲房地产公司欠乙建筑公司货款 100 万元，经双方达成协议，采取将甲房地产公司所欠债务转为乙建筑公司股本的方式进行债务重组，假定甲房地产公司股票面值为 1 元，甲公司以 5 万股抵偿该债务，股价为每股 15 元。

(2) 2009 年 3 月 31 日，甲公司收到政府下拨的财政补助款 8 000 万元，用于建设甲公司所开发项目中的市政道路。所建道路于 2010 年 8 月 1 日竣工投入使用，预计使用年限为 20 年。

(3) 甲房地产公司发现 2008 年漏记一项固定资产的折旧费用 15 万元，所得税申报表中未扣除该项费用。假定 2008 年适用所得税税率为 25%，该公司按净利润的 10% 和 5% 提取法定盈余公积和任意盈余公积。

要求：根据上述资料，编制甲房地产公司相关会计分录。

3. 假定甲房地产股份有限公司（以下简称甲公司）2007—2015 年度有关业务资料如下：

(1) 2007 年 1 月 1 日，甲公司股东权益总额为 46 500 万元。其中股本 10 000 万股，每股面值 1 元；资本公积 30 000 万元；盈余公积 6 000 万元；未分配利润 500 万元。2007 年度实现净利润 400 万元，股本与资本公积项目未发生变化。

2008 年 3 月 1 日，甲公司董事会提出如下预案：

①按 2007 年度实现净利润的 10% 提取盈余公积。

②以 2007 年 12 月 31 日的股本总额为基数，以资本公积（股本溢价）转增股本，每 10 股转增 4 股，计 4 000 万股。

2008 年 5 月 5 日，甲公司召开股东大会，审议批准了董事会提出的预案，并决定派发现金股利 300 万元。2008 年 6 月 10 日，甲公司办妥上述转增股本的相关手续。

(2) 2008 年度，甲公司净亏损 3 142 万元。

(3) 2009—2014 年度，甲公司分别实现利润总额 200 万元、300 万元、400 万元、500 万元、600 万元、600 万元。假定甲公司适用的所得税税率为 25%，无其他纳税调整事项。

(4) 2015 年 5 月 8 日，甲公司股东大会决定以盈余公积弥补 2014 年 12 月 31 日账面累计未弥补亏损。

要求：

(1) 编制甲公司 2008 年 3 月提取 2007 年度法定盈余公积及结转利润分配的会计分录。

(2) 编制甲公司 2008 年 5 月分派 2007 年度现金股利及结转利润分配的会计分录。

(3) 编制甲公司 2008 年 6 月资本公积转增股本的会计分录。

(4) 编制甲公司 2008 年度结转当年净亏损的会计分录。

(5) 计算甲公司 2014 年度应交所得税并编制结转当年净利润的会计分录。

(6) 计算甲公司 2014 年 12 月 31 日账面累计未弥补亏损。

(7) 编制甲公司 2015 年 5 月以法定盈余公积弥补亏损的会计分录。

15 第十五章
所 得 税

第一节　房地产开发企业所得税会计概述

一、所得税会计的特点

　　会计的确认、计量、报告应当遵从《企业会计准则》的规定，目的在于真实、完整地反映企业的财务状况、经营成果和现金流量等，为投资者、债权人及其他会计信息使用者提供对其决策有用的信息。税法则是以课税为目的，根据国家有关税收法律、法规的规定，确定一定期间内纳税人应缴纳的税额。二者的分离产生了税务会计，所得税会计就是其中一项内容。所得税会计的形成和发展是所得税法规和会计准则规定相互分离的必然结果。《企业会计准则》规定企业应采用资产负债表债务法核算所得税。资产负债表债务法较为完整地体现了新会计准则所倡导的资产负债观，是从资产负债表角度出发，通过比较资产负债表上列示的资产、负债按照会计准则规定确定的账面价值与按照税法规定确定的计税基础，对于两者之间的差异分别应纳税暂时性差异与可抵扣暂时性差异，确认相关的递延所得税负债与递延所得税资产，并在此基础上确定每一会计期间利润表中的所得税费用。

二、所得税会计核算的一般程序

　　采用资产负债表债务法，企业一般应于每一资产负债表日进行所得税的核算。发生特殊交易或事项时，如企业合并，在确认因交易或事项产生的资产、负债的时点即应确认相关的所得税影响。企业进行所得税核算时一般应按照以下程序：

　　（1）按照《企业会计准则》相关规定，确定资产负债表中除递延所得税资产和递延所得税负债以外的其他资产和负债项目的账面价值。

　　（2）按照《企业会计准则》中对于资产和负债计税基础的确定方法，以适用的税收法规为基础，确定资产负债表中有关资产、负债项目的计税基础。

　　（3）比较资产、负债的账面价值与其计税基础，对于两者之间存在差异的，分析其性质，除《企业会计准则》规定的特殊情况外，分别应纳税暂时性差异与可抵扣暂时性差异，确定该资产负债表日递延所得税负债和递延所得税资产的应有金额，并与期初递延所得税负债和递延所得税资产的余额相比，确定当期应予进一步确认的递延所得税资产和递延所得税负债金额或应予转销的金额，作为构成利润表中所得税费用的递延所得税。

（4）按照适用的税法规定计算确定当期应纳税所得额，将应纳税所得额与适用的所得税税率计算的结果确认为当期应交所得税（即当期所得税），同时结合当期确认的递延所得税资产和递延所得税负债（即递延所得税），作为利润表中应予确认的所得税费用。

所得税费用＝当期应交所得税±递延所得税

三、确认递延所得税的必要性

递延所得税的确认体现了权责发生制原则和配比原则。

【例 15-1】 新世纪房地产公司每年税前利润总额均为 2 000 万元，2009 年预计了 200 万元的房屋保修费用，实际支付发生于 2010 年，适用的所得税税率为 25%。

会计处理：2009 年计入损益。

税务处理：实际发生时允许税前扣除。

新世纪房地产公司采用应付税款法核算确认的所得税费用和净利润见表 15-1。

表 15-1　　　　　　　　应付税款法核算　　　　　　　　单位：万元

项　目		2009 年	2010 年
税务	利润总额	2 000	2 000
	房屋保修费用	200	−200
	应纳税所得额	2 200	1 800
会计	所得税费用	550	450
	净利润	1 650	1 350

新世纪房地产公司采用资产负债表账务法核算确认的所得税费用和净利润见表 15-2。

表 15-2　　　　　　　　资产负债表债务法　　　　　　　　单位：万元

项　目		2009 年	2010 年
税务	利润总额	2 000	2 000
	房屋保修费用	200	−200
	应纳税所得额	2 200	1 800
会计	当期应交所得税	550	450
	递延所得税	−50	50
	所得税费用	500	500
	净利润	1 500	1 500

从本例中看出，2009 年和 2010 年的利润总额均为 2 000 万元，根据配比原则，应确认的所得税费用为 500 万元。采用应付税款法核算，2009 年确认的所得税费用为 550 万元，2010 年确认的所得税费用为 450 万元，没有体现配比原则。采用资产负债表债

务法核算，2009年确认的当期所得税550万元，递延所得税－50万元，所得税费用为500万元（550－50）；2010年确认的当期所得税450万元，递延所得税50万元，所得税费用为500万元（450＋50）。因此，确认递延所得税体现了配比原则。

第二节　计税基础及暂时性差异

所得税会计核算的关键在于确定资产、负债的计税基础。资产、负债计税基础的确定，与税法的规定密切关联。

一、资产的计税基础

资产的计税基础，是指企业收回资产账面价值的过程中，计算应纳税所得额时按照税法规定可以自应税经济利益中抵扣的金额。如果有关的经济利益不纳税，则资产的计税基础即为其账面价值。

资产的计税基础为某一项资产在未来期间计税时可以税前扣除的金额。从税收的角度考虑，资产的计税基础是假定企业按照税法规定进行核算所提供的资产负债表中资产的应有金额。

资产在初始确认时，其计税基础一般为取得成本。从所得税角度考虑，某一单项资产产生的所得是指该项资产产生的未来经济利益流入扣除其取得成本之后的金额。一般情况下，税法认定的资产取得成本为购入时实际支付的金额。在资产持续持有的过程中，可在未来期间税前扣除的金额是指资产的取得成本减去以前期间按照税法规定已经税前扣除的金额后的余额。如固定资产、无形资产等长期资产在某一资产负债表日的计税基础，是指其成本扣除按照税法规定已在以前期间税前扣除的累计折旧额或累计摊销额后的金额。

> 资产的计税基础＝未来可税前列支的金额
> 资产负债表日资产的计税基础＝成本－以前期间已税前列支的金额

（一）固定资产

以各种方式取得的固定资产，初始确认时入账价值基本上是被税法认可的，即取得时其账面价值一般等于计税基础。

固定资产在持有期间进行后续计量时，会计上的基本计量模式是"成本－会计累计折旧－固定资产减值准备"，而税收没有涉及固定资产的减值处理。会计与税收处理的差异主要来自折旧方法、折旧年限的不同以及固定资产减值准备的提取。

1. 折旧方法、折旧年限产生的差异

《企业会计准则》规定，企业可以根据消耗固定资产经济利益的方式合理选择折旧方法，如可以按直线法计提折旧，也可以按照双倍余额递减法、年数总和法等计提折旧，前提是有关的方法能够反映固定资产为企业带来经济利益的方式。税法一般会规定固定资产的折旧方法，除某些按照规定可以加速折旧的情况外，基本上可以税前扣除的是按照直线法计提的折旧。

另外，税法还规定了每一类固定资产的折旧年限，而会计处理时按照《企业会计准则》规定，折旧年限是由企业按照固定资产能够为企业带来经济利益的期限估计确定的。因为折旧年限的不同，也会产生固定资产账面价值与计税基础之间的差异。

2. 因计提固定资产减值准备产生的差异

持有固定资产期间内，在对固定资产计提了减值准备以后，因所计提的减值准备不允许税前扣除，也会造成其账面价值与计税基础的差异。

会计处理：

账面价值＝实际成本－会计累计折旧－固定资产减值准备

计税处理：

计税基础＝实际成本－税收累计折旧

【例 15-2】 新世纪房地产公司 2008 年 12 月 31 日取得的某项机器设备，原价为 500 万元，预计使用年限为 5 年，会计处理时按照直线法计提折旧，税务处理允许加速折旧，新世纪房地产公司在计税时对该项资产按双倍余额递减法计提折旧，预计净残值为零。计提了 2 年的折旧后，2010 年 12 月 31 日，新世纪房地产公司对该项固定资产计提了 100 万元的固定资产减值准备。

2010 年 12 月 31 日

该项固定资产的账面价值＝500－100－100－100＝200（万元）
该项固定资产的计税基础＝500－200－120＝180（万元）

（二）无形资产

除内部研究开发形成的无形资产以外，以其他方式取得的无形资产，初始确认时其入账价值与税法规定的成本之间一般不存在差异。无形资产的账面价值与计税基础之间的差异主要产生于内部研究开发形成的无形资产以及无形资产的后续计量。

1. 对于内部研究开发形成的无形资产，《企业会计准则》规定，有关研究开发支出区分两个阶段，研究阶段的支出应当费用化计入当期损益，而开发阶段符合资本化条件以后发生的支出应当资本化作为无形资产的成本；税法规定，企业发生的研究开发支出可税前扣除。

内部研究开发形成的无形资产初始确认时，其成本为符合资本化条件以后发生的支出总额，因该部分研究开发支出在发生当期已税前扣除，所形成的无形资产在以后期间可税前扣除的金额为零，其计税基础为零。

【例 15-3】 新世纪房地产公司当期发生研究开发支出计 500 万元，其中研究阶段支出 100 万元，开发阶段不符合资本化条件的支出 120 万元，开发阶段符合资本化条件的支出 280 万元。假定税法规定企业的研究开发支出可全额计入当期损益。

新世纪房地产公司于当期发生的研究开发支出中，按照《企业会计准则》规定应予费用化的金额为 220 万元，形成无形资产成本的为 280 万元，假定新世纪房地产公司当期摊销无形资产 10 万元，则当期期末无形资产的账面价值为 270 万元。

新世纪房地产公司当期发生 500 万元研究开发支出，可在当前税前扣除的金额为 500 万元，其于未来期间可税前扣除的金额为零，即其计税基础为零。

（2）无形资产在后续计量时，会计与税收的差异主要产生于对无形资产是否需要摊销及无形资产减值准备的提取。

《企业会计准则》规定，应根据无形资产的使用寿命情况，区分使用寿命有限的无形资产与使用寿命不确定的无形资产分别处理。对于使用寿命不确定的无形资产，不要求摊销，在会计期末应进行减值测试。税法规定，企业取得的无形资产成本，应在一定期限内摊销，合同、法律未明确规定摊销期限的，应按不少于 10 年的期限摊销。即税法中没有界定使用寿命不确定的无形资产，所有的无形资产成本均应在一定期限内摊销。

在对无形资产计提减值准备的情况下，因所计提的减值准备不允许税前扣除，也会造成其账面价值与计税基础的差异。

会计处理：

　　账面价值＝实际成本－会计累计摊销－无形资产减值准备

计税处理：

　　计税基础＝实际成本－税收累计摊销

对于使用寿命不确定的无形资产会计处理：

　　账面价值＝实际成本－无形资产减值准备。

计税处理：

　　计税基础＝实际成本－税收累计摊销

【例 15-4】　新世纪房地产公司 2010 年 1 月 10 日取得的某项无形资产的成本为 200 万元，因其使用寿命无法合理估计，会计上视为使用寿命不确定的无形资产，不予摊销，但税法规定按不短于 10 年的期限摊销。

2010 年 12 月 31 日

　　无形资产的账面价值＝200 万元

　　无形资产的计税基础＝200－200÷10＝180（万元）

（三）以公允价值计量且其变动计入当期损益的金融资产

1. 以公允价值计量且其变动计入当期损益的金融资产

按照《企业会计准则第 22 号——金融工具确认和计量》的规定，对于以公允价值计量且其变动计入当期损益的金融资产，其于某一会计期末的账面价值为公允价值，如果税法规定按照《企业会计准则》确认的公允价值变动损益在计税时不予考虑，即有关金融资产在某一会计期末的计税基础为其取得成本，会造成该类金融资产账面价值与其计税基础之间的差异。

会计处理：

　　期末账面价值＝公允价值

公允价值变动计入当期损益。

税收处理：

　　计税基础＝实际成本

【例 15-5】 新世纪房地产公司于 2010 年 12 月 1 日支付 800 万元取得一项交易性金融资产，该交易性金融资产当期期末市价为 840 万元。

按照《企业会计准则》规定，该项交易性金融资产在 2010 年 12 月 31 日账面价值为 840 万元。

税法规定交易性金融资产在持有期间的公允价值变动不计入应纳税所得额，其计税基础在 2010 年 12 月 31 日应维持原取得成本不变，即该交易性金融资产的计税基础为 800 万元。

2. 可供出售金融资产

按照《企业会计准则第 22 号——金融工具确认和计量》的规定，对于可供出售金融资产，其于某一会计期末的账面价值为公允价值，如果税法规定按照《企业会计准则》确认的公允价值变动在计税时不予考虑，即有关金融资产在某一会计期末的计税基础为其取得成本，会造成该类金融资产账面价值与其计税基础之间的差异。

会计处理：

期末账面价值＝公允价值

公允价值变动计入所有者权益（资本公积——其他资本公积）。

计税处理：

计税基础＝实际成本

【例 15-6】 新世纪房地产公司于 2010 年 12 月 1 日支付 500 万元取得一项可供出售金融资产，该可供出售金融资产当期期末市价为 480 万元。

《企业会计准则》规定，对于可供出售金融资产，在持有期间每个会计期末应以公允价值计量，公允价值相对于账面价值的变动计入所有者权益（假定不考虑减值）。该项可供出售金融资产的期末市价为 480 万元，按照会计准则规定进行核算，其在 2007 年 12 月 31 日的账面价值为 480 万元，即可供出售金融资产账面价值为 480 万元。

税法规定可供出售金融资产在持有期间的公允价值变动不计入应纳税所得额，其计税基础在 2010 年 12 月 31 日应维持原取得成本不变，即该可供出售金融资产的计税基础为 500 万元。

（四）其他资产

因《企业会计准则》规定与税法规定不同，企业持有的其他资产，可能造成其账面价值与计税基础之间存在差异。

1. 采用公允价值模式进行后续计量的投资性房地产

会计处理：

期末账面价值＝公允价值

计税处理：

计税基础＝历史成本

【例 15-7】 新世纪房地产公司于 2010 年 1 月 1 日将一幢商品房对外出租并采用公允价值模式计量，租期为 3 年，出租时，该商品房的成本为 1 000 万元，公允价值为

1 200万元。

新世纪房地产公司对该项投资性房地产采用公允价值进行后续计量，其在2010年12月31日的账面价值为1 200万元。

税法规定资产在持有期间公允价值的变动不计入应纳税所得额，即其计税基础应为资产的取得成本，即该项投资性房地产在2010年12月31日的计税基础为1 000万元。

2. 其他各种资产减值准备

有关资产计提减值准备后，其账面价值会随之下降，而按税法规定，除可计入应纳税所得额的坏账准备外，其他资产的减值在转化为实质性损失之前，不允许税前扣除，即其计税基础不会因减值准备的提取而发生变化，从而造成资产的账面价值与其计税基础之间的差异。

【例15-8】 新世纪房地产公司所属的某加工厂2010年12月10日购入原材料，成本为1 000万元，因部分生产线停工，2010年12月31日考虑到该原材料的市价及用其生产产成品的市价情况，估计该原材料的可变现净值为800万元。

该原材料因期末可变现净值低于其成本，应计提存货跌价准备，其金额为200万元，计提存货跌价准备后，该原材料的账面价值为800万元。

而税法规定，企业计提的存货跌价准备不允许税前扣除，即其计税基础为1 000万元。

【例15-9】 新世纪房地产公司2010年12月31日应收账款余额为500万元，该公司期末对应收账款计提了50万元的坏账准备。按照税法规定，按照应收账款期末余额5‰计提的坏账准备允许税前扣除。

该项应收账款2010年12月31日的账面价值为450万元（500－50）。其计税基础为账面价值500万元减去按照税法规定可予税前扣除的坏账准备2.5万元，即为497.5万元。

二、负债的计税基础

负债的计税基础，是指负债的账面价值减去未来期间计算应纳税所得额时按照税法规定可予抵扣的金额。

负债的确认与偿还一般不会影响企业的损益，也不会影响其应纳税所得额，未来期间计算应纳税所得额时按照税法规定可予抵扣的金额为零，计税基础即为账面价值。但是，在下面的情况下，负债的确认可能会影响企业的损益，进而影响不同期间的应纳税所得额，使得其计税基础与账面价值之间产生差额。

（一）企业因销售商品提供售后服务等原因确认的预计负债

按照《企业会计准则第13号——或有事项》的规定，企业应将预计提供售后服务发生的支出在销售当期确认为费用，同时确认预计负债。如果税法规定，有关的支出应于发生时税前扣除，由于该类事项产生的预计负债在期末的计税基础为其账面价值与未来期间可税前扣除的金额之间的差额，因有关的支出实际发生时可全部税前扣除，其计税基础为零。

【例15-10】 新世纪房地产公司因销售商品提供售后服务等原因于当期确认了100万元的预计负债。税法规定，有关产品售后服务等与取得经营收入直接相关的费用于实际发生时允许税前列支。假定企业在确认预计负债的当期未发生售后服务费用。

预计负债账面价值＝100（万元）

预计负债计税基础＝100（账面价值）－100（可从未来经济利益中扣除的金额）＝0

某些情况下，因有些事项确认的预计负债，如果税法规定无论是否实际发生均不允许税前扣除，即未来期间按照税法规定可予抵扣的金额为零，其账面价值与计税基础相同。

【例 15-11】 假如新世纪房地产公司 2010 年 12 月 31 日因债务担保确认了预计负债 100 万元，但担保发生在关联方之间，担保方并未就该项担保收取与相应责任相关的费用。

会计处理：按照或有事项准则规定，确认预计负债。

计税处理：与该预计负债相关的费用不允许税前扣除。

2010 年 12 月 31 日，

该项预计负债的账面价值＝100（万元）

该项预计负债的计税基础＝100（账面价值）－0（可从未来经济利益中扣除的金额）

＝100（万元）

（二）预收账款

企业在收到客户预付的款项时，因不符合收入确认条件，会计上将其确认为负债。税法中对于收入的确认原则一般与会计规定相同，即会计上未确认收入时，计税时一般亦不计入应纳税所得额，该部分经济利益在未来期间计税时可予税前扣除的金额为零，计税基础等于账面价值。

如果不符合《企业会计准则》规定的收入确认条件，但按税法规定应计入当期应纳税所得额时，有关预收账款的计税基础为零。

【例 15-12】 新世纪房地产公司 2010 年 12 月 31 日收到客户预付的款项 200 万元。

（1）若预收时不计入应纳税所得额。

2010 年 12 月 31 日预收账款的账面价值＝200（万元）

2010 年 12 月 31 日预收账款的计税基础＝200（账面价值）－0（可从未来经济利益中扣除的金额）＝200（万元）

（2）若预收的款项计入当期应纳税所得额。

2010 年 12 月 31 日预收账款的账面价值为 200 万元。

因按税法规定预收的款项已计入当期应纳税所得额，所以在以后年度减少预收账款确认收入时，由税前会计利润计算应纳税所得额时应将其扣除。

2010 年 12 月 31 日预收账款的计税基础＝200（账面价值）－200（可从未来经济利益中扣除的金额）＝0

（三）其他负债

1. 应付职工薪酬

《企业会计准则》规定，企业为获得职工提供的服务给予的各种形式的报酬以及其他相关支出均应作为企业的成本费用，在未支付之前确认为负债。税法规定，企业支付给职工的工资薪金性质的支出应按照一定的标准计算的金额准予税前扣除。一般情况下，对于应付职工薪酬，其计税基础为账面价值减去在未来期间可予税前扣除的金额 0 之间的差额，即账面价值等于计税基础。

【例 15-13】 新世纪房地产公司 2010 年当期确认应支付的职工工资及其他薪金性质支出计 4 000 万元，尚未支付。按照税法规定的计税工资标准可以于当期扣除的部分为 3 200 万元。

> 2010 年 12 月 31 日应付职工薪酬账面价值＝4 000（万元）
> 2010 年 12 月 31 日应付职工薪酬计税基础＝4 000（账面价值）－0（可从未来应税利益中扣除的金额）＝4 000（万元）

2. 其他负债

企业应交的罚款和滞纳金等，在尚未支付之前按照会计规定确认为费用，同时作为负债反映。税法规定，罚款和滞纳金不得税前扣除，其计税基础为账面价值减去未来期间计税时可予税前扣除的金额零之间的差额，即计税基础等于账面价值。

三、暂时性差异

暂时性差异，是指资产或负债的账面价值与其计税基础之间的差额。其中，账面价值是指按照《企业会计准则》规定确定的有关资产、负债在企业的资产负债表中应列示的金额。由于资产、负债的账面价值与其计税基础不同，产生了在未来收回资产或清偿负债的期间内，应纳税所得额增加或减少并导致未来期间应交所得税增加或减少的情况，在这些暂时性差异发生的当期，应当确认相应的递延所得税负债或递延所得税资产。根据暂时性差异对未来期间应税金额影响的不同，分为应纳税暂时性差异和可抵扣暂时性差异。

某些不符合资产、负债的确认条件，未作为财务会计报告中资产、负债列示的项目，如果按照税法规定可以确定其计税基础，该计税基础与其账面价值之间的差额也属于暂时性差异。

（一）应纳税暂时性差异

应纳税暂时性差异，是指在确定未来收回资产或清偿负债期间的应纳税所得额时，将导致产生应税金额的暂时性差异。该差异在未来期间转回时，会增加转回期间的应纳税所得额，即在未来期间不考虑该事项影响的应纳税所得额的基础上，由于该暂时性差异的转回，会进一步增加转回期间的应纳税所得额和应交所得税金额。在该暂时性差异产生当期，应当确认相关的递延所得税负债。应纳税暂时性差异通常产生于以下情况。

1. 资产的账面价值大于其计税基础

一项资产的账面价值代表的是企业在持续使用及最终出售该项资产时会取得的经济利益的总额，而计税基础代表的是一项资产在未来期间可予税前扣除的总金额。资产的账面价值大于其计税基础，该项资产未来期间产生的经济利益不能全部于税前抵扣，两者之间的差额需要交税，产生应纳税暂时性差异。

【例 15-14】 新世纪房地产公司某项固定资产原值 50 000 元，预计使用年限 5 年，采用直线法计提折旧，期末无残值。税法允许采用双倍余额递减法计提折旧。假定新世纪房地产公司适用的所得税税率为25%。固定资产各期账面价值、计税基础、应纳税暂时性差异和递延所得税负债余额见表15-3。

表 15-3　固定资产账面价值、计税基础、应纳税暂时性差异和递延所得税负债余额　　　　单位：元

各期期末	第 0 年	第 1 年	第 2 年	第 3 年	第 4 年	第 5 年
账面价值	50 000	40 000	30 000	20 000	10 000	0
计税基础	50 000	30 000	18 000	10 800	5 400	0
应纳税暂时性差异余额	0	10 000	12 000	9 200	4 600	0
递延所得税负债余额	0	2 500	3 000	2 300	1 150	0

2. 负债的账面价值小于其计税基础

一项负债的账面价值为企业预计在未来期间清偿该项负债时的经济利益流出，而其计税基础代表的是账面价值在扣除税法规定未来期间允许税前扣除的金额之后的差额。因负债的账面价值与其计税基础不同产生的暂时性差异实质上是税法规定就该项负债在未来期间可以税前扣除的金额。负债的账面价值小于其计税基础，则意味着就该项负债在未来期间可以税前抵扣的金额为负数，即应在未来期间应纳税所得额的基础上调增，增加应纳税所得额和应交所得税金额，产生应纳税暂时性差异。

（二）可抵扣暂时性差异

可抵扣暂时性差异，是指在确定未来收回资产或清偿负债期间的应纳税所得额时，将导致产生可抵扣金额的暂时性差异。该差异在未来期间转回时会减少转回期间的应纳税所得额，减少未来期间的应交所得税。在该暂时性差异产生当期，应当确认相关的递延所得税资产。可抵扣暂时性差异一般产生于以下情况。

1. 资产的账面价值小于其计税基础

从经济含义来看，资产在未来期间产生的经济利益少，按照税法规定允许税前扣除的金额多，则企业在未来期间可以减少应纳税所得额并减少应交所得税，形成可抵扣暂时性差异。

【例 15-15】　新世纪房地产公司某项固定资产原值50 000元，预计使用年限5年，采用双倍余额递减法计提折旧，期末无残值。税法允许采用直线法计提折旧。假定新世纪房地产公司适用的所得税税率为25%。固定资产各期账面价值、计税基础、可抵扣暂时性差异和递延所得税资产余额见表15-4。

表 15-4　固定资产账面价值、计税基础、可抵扣暂时性差异和递延所得税资产余额　　　　单位：元

各期期末	第 0 年	第 1 年	第 2 年	第 3 年	第 4 年	第 5 年
账面价值	50 000	30 000	18 000	10 800	5 400	0
计税基础	50 000	40 000	30 000	20 000	10 000	0
可抵扣暂时性差异余额	0	10 000	12 000	9 200	4 600	0
递延所得税资产余额	0	2 500	3 000	2 300	1 150	0

2. 负债的账面价值大于其计税基础

负债产生的暂时性差异实质上是税法规定就该项负债可以在未来期间税前扣除的金额。一项负债的账面价值大于其计税基础，意味着未来期间按照税法规定构成负债的全部或部分金额可以自未来应税经济利益中扣除，减少未来期间的应纳税所得额和应交所得税，产生可抵扣暂时性差异。

【例 15-16】 新世纪房地产公司 2010 年因销售商品提供售后服务等原因于当期确认了 200 万元的预计负债。税法规定，有关产品售后服务等与取得经营收入直接相关的费用于实际发生时允许税前列支。假定企业在确认预计负债的当期未发生售后服务费用，企业适用的所得税税率为 25%。

预计负债账面价值＝200（万元）

预计负债计税基础＝200（账面价值）－200（可从未来经济利益中扣除的金额）＝0

2010 年 12 月 31 日应确认的可抵扣暂时性差异＝200－0＝200（万元）

2010 年 12 月 31 日应确认的递延所得税资产余额＝200×25%＝50（万元）

四、特殊项目产生的暂时性差异

（1）某些交易或事项发生以后，因不符合资产、负债的确认条件而未体现为资产负债表中的资产或负债，但按税法规定能够确定其计税基础的，其账面价值零与计税基础之间的差异也构成暂时性差异。

①筹建期间发生的费用

会计处理：计入管理费用。

计税处理：开始生产经营后 5 年内分期计入应纳税所得额。

【例 15-17】 某企业 2009 年筹建期间发生的费用为 100 万元，2010 年 1 月 1 日开始生产经营。

开办费用的计税基础为 100 万元，

产生可抵扣暂时性差异为 100 万元。

②超标的广告费

会计处理：计入销售费用。

计税处理：符合条件的以后可抵扣。

【例 15-18】 新世纪房地产公司本期发生超标广告费 200 万元，假定未来可抵扣 200 万元。

超标广告费的计税基础为 200 万元。

产生可抵扣暂时性差异 200 万元。

（2）按税法规定以后年度可弥补的亏损。对于按照税法规定可以结转以后年度的未弥补亏损及税款抵减，虽不是因资产、负债的账面价值与计税基础不同产生的，但本质上可抵扣亏损及税款抵减与可抵扣暂时性差异具有同样的作用，均能够减少未来期间的应纳税所得额，进而减少未来期间的应交所得税，在会计处理上，视同可抵扣暂时性差异，符合条件的情况下，应确认与其相关的递延所得税资产。

【例 15-19】 新世纪房地产公司 2010 年会计利润为－300 万元，应纳税所得额为一200万元，假定未来5年有足够的应纳税所得额可弥补以前年度亏损。

该亏损的计税基础为200万元，产生可抵扣暂时性差异200万元。

（3）企业合并中取得有关资产、负债产生的暂时性差异。在非同一控制下的企业合并中，按照会计准则确定的合并中取得各项可辨认资产、负债的入账价值与其计税基础之间形成可抵扣暂时性差异的，应确认相应的递延所得税资产，并调整合并中应予确认的商誉等。

（4）与直接计入所有者权益的交易或事项相关的可抵扣暂时性差异，相应的递延所得税资产应计入所有者权益，如因可供出售金融资产公允价值下降而应确认的递延所得税资产。

【例15-20】 新世纪房地产公司2010年12月1日取得一项可供出售金融资产，成本为210万元，2010年12月31日，该项可供出售金融资产的公允价值为200万元。新世纪房地产公司适用的所得税税率为25%。

2010年12月31日该项可供出售金融资产的账面价值为200万元。

2010年12月31日该项可供出售金融资产的计税基础为210万元。

2010年12月31日该项可供出售金融资产产生可抵扣暂时性差异10万元，应确认的递延所得税资产2.5万元。

第三节　递延所得税负债及递延所得税资产的确认和计量

一、递延所得税负债的确认和计量

（一）确认的一般原则

企业在确认因应纳税暂时性差异产生的递延所得税负债时，应遵循以下原则：除《企业会计准则》中明确规定可不确认递延所得税负债的情况以外，企业对于所有的应纳税暂时性差异均应确认相关的递延所得税负债。除直接计入所有者权益的交易或事项以及企业合并外，在确认递延所得税负债的同时，应增加利润表中的所得税费用。

【例15-21】 新世纪房地产公司于2009年12月31日购入某项机器设备，会计上采用直线法计提折旧，税法规定允许采用加速折旧法。该设备取得成本为50万元，使用年限为5年，净残值为零，计税时按双倍余额递减法计提折旧。不考虑中期报告的影响。该企业适用的所得税税率为25%。

2010年12月31日资产的账面价值=50-10=40（万元）

2010年12月31日资产的计税基础=50-20=30（万元）

2010年12月31日应纳税暂时性差异=40-30=10（万元）

2010年12月31日应确认递延所得税负债余额=10×25%=2.5（万元）

借：所得税费用　　　　　　　　　　　　　　　　　　　　　25 000

　　贷：递延所得税负债　　　　　　　　　　　　　　　　　　25 000

（二）不确认递延所得税负债的情况

有些情况下，虽然资产、负债的账面价值与其计税基础不同，产生了应纳税暂时性差异，但出于各方面考虑，《企业会计准则》规定不确认相应的递延所得税负债，主要包括：

（1）非同一控制下企业合并中商誉的初始确认。

$$商誉＝合并成本－被购买方可辨认净资产公允价值$$

在税法规定的免税合并的情况下，税法不认可商誉的价值，商誉的计税基础为零，二者之差形成了应纳税暂时性差异。但是若确认该暂时性差异产生的递延所得税负债，则减少被购买方可辨认净资产公允价值，将进一步增加商誉的价值，由此进入不断循环状态。

【例 15-22】 假定新世纪房地产公司以发行 6 000 万元的股份购入某企业 100％的净资产，该项合并符合税法规定的免税改组条件，购买日某企业各项可辨认资产、负债的公允价值及其计税基础见表 15-5。

表 15-5　　　　　某企业可辨认资产、负债的公允价值及其计税基础　　　　　单位：万元

项　目	公允价值	计税基础	暂时性差异
固定资产	3 000	2 000	1 000
应收账款	1 000	1 000	—
存货	1 800	1 300	500
其他应付款	(100)	0	(100)
应付账款	(700)	(700)	0
不包括递延所得税的可辨认资产、负债的公允价值	5 000	3 600	1 400

假定某企业适用的所得税税率为 25％，则该项交易中应确认递延所得税负债及商誉金额如下：

可辨认净资产公允价值	5 000 万元
递延所得税资产（100×25％）	25 万元
递延所得税负债（1 500×25％）	375 万元
可辨认资产、负债的公允价值（考虑了递延所得税后）	4 650 万元
商誉（合并成本 6 000 万元－可辨认资产负债的公允价值 4 650 万元）	1 350 万元

所确认的商誉金额 1 462 万元和计税基础 0 之间产生的应纳税暂时性差异，不再进一步确认相关所得税的影响。

（2）与联营企业、合营企业投资等相关的应纳税暂时性差异，一般应确认相应的递延所得税负债，但同时满足以下两个条件的除外：一是投资企业能够控制暂时性差异转回的时间；二是该暂时性差异在可预见的未来很可能不会转回。满足上述条件时，投资企业可以运用自身的影响力决定暂时性差异的转回，如果不希望其转回，则在可预见的未来该项暂时性差异不会转回，从而无须确认相应的递延所得税负债。

【例 15-23】 新世纪房地产公司 2008 年 1 月 1 向乙公司投资并持有乙公司 30％的股份，采用权益法核算。新世纪房地产公司适用的所得税税率为 25％，乙公司适用的所得税税率为 15％，新世纪房地产公司按乙公司 2008 年和 2009 年税后净利润的 30％计算确认的投资收益为 85 万元和 119 万元，2009 年乙公司向新世纪房地产公司分配利

润 136 万元。假定新世纪房地产公司除此项目外无其他纳税调整，新世纪房地产公司不能够控制暂时性差异转回的时间，该暂时性差异在可预见的未来能够转回。

新世纪公司 2008 年末递延所得税负债余额为 10 万元 [85÷(1−15%)×(25%−15%)]，2008 年应确认的递延所得税负债为 10 万元（贷方）；新世纪公司 2009 年末递延所得税负债余额为 8 万元 [(85+119−136)÷(1−15%)×(25%−15%)]，2009 年应确认的递延所得税负债为 2 万元（借方）。

如果投资企业能够控制暂时性差异转回的时间且该暂时性差异在可预见的未来很可能不会转回，那么投资企业不确认递延所得税负债。

（3）除企业合并以外的其他交易或事项中，如果该项交易或事项发生时既不影响会计利润，也不影响应纳税所得额，则所产生的资产、负债的初始确认金额与其计税基础不同，形成应纳税暂时性差异的，交易或事项发生时不确认相应的递延所得税负债。

该类交易或事项在我国企业实务中并不多见，一般情况下有关资产、负债的初始确认金额均会为税法所认可，不会产生两者之间的差异。

（三）递延所得税负债的计量

递延所得税负债应以相关应纳税暂时性差异转回期间适用的所得税税率计量。在我国，除享受优惠政策的情况以外，企业适用的所得税税率在不同年度之间一般不会发生变化，企业在确认递延所得税负债时，可以现行适用税率为基础计算确定，递延所得税负债的确认不要求折现。

【例 15-24】 甲公司于 2008 年 1 月 1 日开业，2008 年和 2009 年免征企业所得税，从 2010 年开始适用的所得税税率为 25%。甲公司 2008 年开始计提折旧的一台设备，2008 年 12 月 31 日其账面价值为 8 000 元，计税基础为 6 000 元；2009 年 12 月 31 日账面价值为 6 000 元，计税基础为 3 600 元。

2008 年 12 月 31 日递延所得税负债余额=(8 000−6 000)×25%=500 元（要按照预期收回该资产期间的适用税率计量），2009 年 12 月 31 日递延所得税负债发生额为 500 元（贷方）；2009 年 12 月 31 日递延所得税负债余额=(6 000−3 600)×25%=600 元，2009 年 12 月 31 日递延所得税负债发生额=600−500=100 元（贷方）。

二、递延所得税资产的确认和计量

（一）一般原则

资产、负债的账面价值与其计税基础不同产生可抵扣暂时性差异的，在估计未来期间能够取得足够的应纳税所得额以利用该可抵扣暂时性差异时，应当以很可能取得用来抵扣可抵扣暂时性差异的应纳税所得额为限，确认相关的递延所得税资产。

（1）递延所得税资产的确认应以未来期间可能取得的应纳税所得额为限。在可抵扣暂时性差异转回的未来期间内，企业无法产生足够的应纳税所得额用以抵减可抵扣暂时性差异的影响，使得与递延所得税资产相关的经济利益无法实现的，该部分递延所得税资产不应确认；企业有明确的证据表明其于可抵扣暂时性差异转回的未来期间能够产生足够的应纳税所得额，进而利用可抵扣暂时性差异的，则应以可能取得的应纳税所得额为限，确认相关的递延所得税资产。

考虑到可抵扣暂时性差异转回的期间内可能取得应纳税所得额的限制，因无法取得足够的应纳税所得额而未确认相关的递延所得税资产的，应在会计报表附注中进行披露。

【例 15-25】　新世纪房地产公司 2009 年预提产品质量保证费用 100 万元，该公司适用的所得税税率为 25%。

预计负债账面价值＝100（万元）

预计负债计税基础＝100－100＝0

可抵扣暂时性差异＝100－0＝100（万元）

递延所得税资产＝100×25%＝25（万元）

编制会计分录如下：

借：递延所得税资产　　　　　　　　　　　　　　　　　250 000

贷：所得税费用　　　　　　　　　　　　　　　　　　　250 000

（2）按照税法规定可以结转以后年度的未弥补亏损及税款抵减，应视同可抵扣暂时性差异处理。在预计可利用可弥补亏损及税款抵减的未来期间内能够取得足够的应纳税所得额时，应当以很可能取得的应纳税所得额为限，确认相应的递延所得税资产，同时减少确认当期的所得税费用。

与可抵扣亏损及税款抵减相关的递延所得税资产，其确认条件与可抵扣暂时性差异产生的递延所得税资产相同。

【例 15-26】　某企业在 2008—2010 年间每年应税收益分别为：－600 万元、200 万元、200 万元，适用所得税税率始终为 25%，假设在 2008 年发生的亏损弥补期内很可能获得足够的应纳税所得额用来抵扣可抵扣暂时性差异，无其他暂时性差异。该企业编制会计分录如下：

2008 年。

借：递延所得税资产　　　　　　　　　　　　　　　　　1 500 000

贷：所得税费用　　　　　　　　　　　　　　　　　　　1 500 000

2009 年。

借：所得税费用　　　　　　　　　　　　　　　　　　　500 000

贷：递延所得税资产　　　　　　　　　　　　　　　　　500 000

2010 年。

借：所得税费用　　　　　　　　　　　　　　　　　　　500 000

贷：递延所得税资产　　　　　　　　　　　　　　　　　500 000

（3）与直接计入所有者权益的交易或事项相关的可抵扣暂时性差异，相应的递延所得税资产应计入所有者权益，如因可供出售金融资产公允价值下降而应确认的递延所得税资产。

（二）不确认递延所得税资产的特殊情况

某些情况下，如果企业发生的某项交易或事项不是企业合并，并且交易发生时既不影响会计利润也不影响应纳税所得额，且该项交易中产生的资产、负债的初始确认金额与其计税基础不同，产生可抵扣暂时性差异的，《企业会计准则》规定在交易或事项发生时不确认相应的递延所得税资产。其原因在于，如果确认递延所得税资产，则需调整资产、负债的入账价值，对实际成本进行调整将有违会计核算中的历史成本原则，影响会计信息的可靠性，该种情况下不确认相应的递延所得税资产。

（三）递延所得税资产的计量

（1）适用税率的确定。确认递延所得税资产时，应估计相关可抵扣暂时性差异的转回时间，采用转回期间适用的所得税税率为基础计算确认。无论相关的可抵扣暂时性差异转回期间如何，递延所得税资产均不予折现。

（2）递延所得税资产的减值。资产负债表日，企业应当对递延所得税资产的账面价值进行复核。如果未来期间很可能无法取得足够的应纳税所得额以利用递延所得税资产的利益，应当减记递延所得税资产的账面价值。递延所得税资产的账面价值减记以后，继后期间根据新的环境和情况判断能够产生足够的应纳税所得额利用可抵扣暂时性差异，使得递延所得税资产包含的经济利益能够实现的，应相应恢复递延所得税资产的账面价值。

【例 15-27】 新世纪房地产公司 2006 年 12 月 31 日购入价值 20 000 元的设备，预计使用期 5 年，无残值。采用双倍余额递减法计提折旧，税法允许使用直线法计提折旧。新世纪房地产公司适用的所得税税率为 25%，假定无其他纳税调整事项。

各年账面价值、计税基础和差额期末余额见表 15-6。

表 15-6　　　　　　　　各年账面价值、计税基础和差额期末余额　　　　　　　　单位：元

年度	2006 年	2007 年	2008 年	2009 年	2010 年	2011 年
账面价值	20 000	12 000	7 200	4 320	2 160	0
计税基础	20 000	16 000	12 000	8 000	4 000	0
差额期末余额	0	4 000	4 800	3 680	1 840	0

假定 2008 年末之前，估计有足够的应纳税所得额用以抵扣可抵扣暂时性差异，2008 年年末，估计未来期间很可能获得的应纳税所得额用以抵扣递延所得税资产的利益只有 4 200 元。

2008 年末，新世纪房地产公司的会计分录如下：

借：递延所得税资产 [（4 200－4 000）×25%]　　　　　　　　　　　　50

　　贷：所得税费用　　　　　　　　　　　　　　　　　　　　　　　50

假定 2009 年末估计未来期间很可能获得的应纳税所得额用以抵扣递延所得税资产的利益只有 3 500 元。新世纪房地产公司的会计分录如下：

借：所得税费用　　　　　　　　　　　　　　　　　　　　　　　　175

　　贷：递延所得税资产 [（4 200－3 500）×25%]　　　　　　　　　175

假定 2010 年末估计未来期间很可能获得足够的应纳税所得额用以抵扣递延所得税资产的利益。新世纪房地产公司的会计分录如下：

借：所得税费用　　　　　　　　　　　　　　　　　　　　　　　　415

　　贷：递延所得税资产 [（3 500－1 840）×25%]　　　　　　　　　415

第四节　所得税费用的确认和计量

采用资产负债表债务法核算所得税的情况下，利润表中的所得税费用由两个部分组

成：当期所得税和递延所得税。

一、当期所得税

当期所得税，是指企业按照税法规定计算确定的针对当期发生的交易和事项，应缴纳给税务部门的所得税金额，即应交所得税，应以适用的税收法规为基础计算确定。

企业在确定当期所得税时，对于当期发生的交易或事项，会计处理与税收处理不同的，应在会计利润的基础上，按照适用税收法规的要求进行调整，计算出当期应纳税所得额，按照应纳税所得额与适用所得税税率计算确定当期应交所得税。

$$应交所得税＝应纳税所得额×所得税税率$$
$$应纳税所得额＝税前会计利润＋纳税调整增加额－纳税调整减少额$$

（一）纳税调整增加额

（1）按会计制度规定核算时不作为收益计入会计报表，但在计算应纳税所得额时作为收益需要缴纳所得税。如工程项目领用本企业的产品等，会计上不确认收益，但按税法规定应将产品的成本和计税价格的差额进行纳税调整。

（2）按会计制度规定核算时确认为费用或损失计入会计报表，但在计算应纳税所得额时则不允许扣减。如发生的赞助费支出、计提的各种资产减值准备（可计入应纳税所得额的坏账准备除外）和或有事项确认的负债等。

（二）纳税调整减少额

（1）按会计制度规定核算时作为收益计入会计报表，但在计算应纳税所得额时不确认为收益。如国债利息收入、以权益法核算的按被投资单位实现的净利润和投资持股比例计算的投资收益等。

（2）按会计制度规定核算时不确认为费用或损失，但在计算应纳税所得额时则允许扣减。如企业研究开发新产品、新技术、新工艺所发生的各项费用，符合规定条件的，可按实际发生额的50％加计抵扣费用等。

二、递延所得税

递延所得税，是指企业在某一会计期间确认的递延所得税资产及递延所得税负债的综合结果。即按照《企业会计准则》规定应予确认的递延所得税资产和递延所得税负债在期末应有的金额相对于原已确认金额之间的差额，也就是递延所得税资产及递延所得税负债的当期发生额，但不包括计入所有者权益的交易或事项及企业合并的所得税影响。

$$\frac{递延}{所得税}＝\frac{当期递延所得税}{负债的增加}＋\frac{当期递延所得税}{资产的减少}－\frac{当期递延所得税}{负债的减少}－\frac{当期递延所得税}{资产的增加}$$

递延所得税一般应当计入所得税费用，但以下两种情况除外：一是如果某项交易或事项按照《企业会计准则》规定应计入所有者权益，由该交易或事项产生的递延所得税资产或递延所得税负债及其变化亦应计入所有者权益，不构成利润表中的递延所得税费用（或收益）；二是由企业合并原因产生的递延所得税资产或负债，应计入商誉，不构成利润表中的递延所得税费用（或收益）。

【例 15-28】 企业持有的某项可供出售金融资产，成本为 500 万元，会计期末，其公允价值为 550 万元，该企业适用的所得税税率为 25%。除该事项外，该企业不存在其他会计与税收之间的差异，且递延所得税资产和递延所得税负债不存在期初余额。

(1) 会计期末确认公允价值变动。

借：可供出售金融资产 500 000

　　贷：资本公积——其他资本公积 500 000

(2) 确认应纳税暂时性差异的所得税影响。

借：资本公积——其他资本公积 125 000

　　贷：递延所得税负债 125 000

三、所得税费用

计算确定当期所得税及递延所得税以后，利润表中应予确认的所得税费用为两者之和，即：

$$所得税费用 = 当期应交所得税 + 递延所得税$$

计入当期损益的所得税费用或收益不包括企业合并和直接在所有者权益中确认的交易或事项产生的所得税，后者应计入所有者权益。

所得税费用应当在利润表中单独列示。

四、资产负债表债务法的核算

资产负债表债务法的基本程序为：首先确定本期的应交所得税和本期递延所得税资产、递延所得税负债的发生额，最后确定本期所得税费用的金额。

$$\begin{matrix} 本期递延所得税资产、 \\ 递延所得税负债发生额 \end{matrix} = \begin{matrix} 递延所得税资产、 \\ 递延所得税负债期末余额 \end{matrix} - 期初余额$$

$$\begin{matrix} 本期所得 \\ 税费用 \end{matrix} = \begin{matrix} 本期应交 \\ 所得税 \end{matrix} + \begin{matrix} 本期递延所得税资产、 \\ 递延所得税负债贷方发生额 \end{matrix} - \begin{matrix} 本期递延所得税资产、 \\ 递延所得税负债借方发生额 \end{matrix}$$

式中的本期递延所得税资产、递延所得税负债的发生额中应扣除不影响所得税费用的发生额，如计入所有者权益的资本公积等。

在采用资产负债表债务法核算递延所得税时，如果预计转回期的税率能够合理确定，发生时按预计转回期的税率核算。

【例 15-29】 新世纪房地产公司 2008 年度利润表中利润总额为 500 万元，该公司适用的所得税税率为 25%。递延所得税资产及递延所得税负债不存在期初余额。与所得税核算有关的情况如下：

(1) 2007 年 12 月购入的一项固定资产，成本为 100 万元，使用年限为 10 年，净残值为 0，会计按双倍余额递减法计提折旧，税法规定按直线法计提折旧。假定税法规定的使用年限及净残值与会计规定相同。

(2) 向关联企业捐赠现金 40 万元。假定按照税法规定，企业向关联方的捐赠不允许税前扣除。

(3) 当年发生研究开发支出 100 万元，其中 80 万元资本化计入无形资产成本。税法规定企业发生的研究开发支出可按实际发生额加计扣除。假定所开发无形资产于期末达到预定使用状态。

（4）违反环保规定应支付罚款 10 万元。

（5）期末对持有的存货计提了 20 万元的存货跌价准备。

新世纪房地产公司有关所得税的账务处理如下：

（1）计算 2008 年应交所得税。

$$应纳税所得额＝500＋10＋40－(100－20)－100×50\%＋10＋20＝450（万元）$$
$$应交所得税＝450×25\%＝112.5（万元）$$

（2）计算 2008 年度递延所得税。

该公司 2008 年资产负债表相关项目金额及其计税基础如表 15-7 所示。

表 15-7　　　　　　　　　　　　　　**暂时性差异表**　　　　　　　　　　　　单位：万元

项　目	账面价值	计税基础	差　异	
			应纳税暂时性差异	可抵扣暂时性差异
存货	100	120		20
固定资产：				
固定资产原价	100	100		
减：累计折旧	20	10		
减：固定资产减值准备	0	0		
固定资产账面价值	80	90		10
无形资产	80	0	80	
其他应付款	10	10		
合　计			80	30

$$递延所得税＝(80－30)×25\%＝12.5（万元）$$

（3）利润表中应确认的所得税费用。

$$所得税费用＝112.5＋12.5＝125（万元）$$

借：所得税费用		1 250 000
递延所得税资产		75 000
贷：应交税费——应交所得税		1 125 000
递延所得税负债		200 000

【例 15-30】　沿用上例中有关资料，假定该公司 2009 年当期应交所得税为 180 万元。资产负债表中有关资产、负债的账面价值与其计税基础相关资料如表 15-8 所示，除所列项目外，其他资产、负债项目不存在会计和税收的差异。

表 15-8　　　　　　　　　　　　　　**暂时性差异表**　　　　　　　　　　　　单位：万元

项　目	账面价值	计税基础	差　异	
			应纳税暂时性差异	可抵扣暂时性差异
存货	150	170		20
固定资产：				
固定资产原价	100	100		

续表

项　目	账面价值	计税基础	差　异	
			应纳税暂时性差异	可抵扣暂时性差异
减：累计折旧	36	20		
减：固定资产减值准备	4	0		
固定资产账面价值	60	80		20
无形资产	72	0	72	
预计负债	50	0		50
合计			72	90

新世纪房地产公司计算 2009 年度递延所得税并进行账务处理：

(1) 期末递延所得税负债（72×25%） 180 000 元

期初递延所得税负债 200 000 元

递延所得税负债减少 20 000 元

(2) 期末递延所得税资产（90×25%） 225 000 元

期初递延所得税资产 75 000 元

递延所得税资产增加 150 000 元

(3) 递延所得税费用（收益）＝−20 000−150 000＝−170 000（元）

(4) 所得税费用＝1 800 000−170 000＝1 630 000（元）

借：所得税费用 1 630 000

递延所得税资产 150 000

递延所得税负债 20 000

贷：应交税费——应交所得税 1 800 000

简答题

1. 简述运用资产负债表债务法进行所得税会计核算的基本原理。

2. 如何确定资产项目的计税基础？请举例说明。

3. 如何确定负债项目的计税基础？请举例说明。

4. 简述暂时性差异产生的来源。

5. 简述递延所得税资产和递延所得税负债确认的一般原则。

6. 如何对所得税费用进行确认和计量？

业务处理题

1. 甲房地产公司系国内上市公司，2010 年年初开始营业，当年的利润总额为 200 万元。进行所得税纳税申报时，企业有关人员发现，在企业当期发生的交易和事项中，会计处理与税收处理之间存在差异的有以下几项：

(1) 计税时按照税法规定不允许扣除的费用 3 万元，因尚未支付，资产负债表中体现为其他应付款 3 万元。

(2) 按照税法规定应予免税的收入 25 万元，资产负债表中体现为应收账款 25 万元。

（3）对某项固定资产计提减值准备 20 万元。

假定该企业于未来期间能够产生足够的应纳税所得额，适用的所得税税率为 25％。

要求：就上述事项，确定甲公司 2010 年度应纳税所得额及应纳所得税额；确定哪些事项形成暂时性差异，计算递延所得税资产（负债）金额，并作出相应的账务处理。

2. A 房地产公司（以下简称 A 公司）适用的所得税税率为 25％。A 公司申报 2010 年度企业所得税时，涉及以下事项：

（1）2010 年，A 公司应收账款年初余额为 3 000 万元，坏账准备年初余额为零；应收账款年末余额为 24 000 万元，坏账准备余额为 2 000 万元。税法规定，企业计提的各项资产减值损失在未发生实质性损失之前不允许税前扣除。

（2）2010 年 A 公司以 2 400 万元购入某公司股票，作为可供出售金融资产处理。至 2010 年年末该股票尚未出售，公允价值为 2 600 万元。税法规定，资产在持有期间公允价值的变动不计税，在处置时一并计算应计入应纳所得税额的金额。

（3）A 公司当年发生业务宣传费 4 800 万元，当年实现销售收入 30 000 万元。税法规定，企业发生的业务宣传费支出，不超过当年收入 15％的部分，准予税前扣除；超过部分准予以后年度税前扣除。

（4）2009 年 12 月 31 日，A 公司存在应于 3 年内税前弥补的亏损 2 600 万元，A 公司对这部分未弥补亏损确认递延所得税资产 650 万元。

（5）A 公司 2010 年度实现利润总额 3 000 万元。假定该企业于未来期间能够产生足够的应纳税所得额，预计未来期间所得税税率不会发生变化。

要求：

（1）确定 A 公司 2010 年 12 月 31 日有关资产、负债的账面价值及其计税基础，并计算相应的暂时性差异。

（2）计算 A 公司 2010 年应确认的递延所得税费用。

（3）编制 A 公司 2010 年与所得税有关的会计分录。

3. 甲房地产公司（以下简称甲公司）为上市公司，2009 年 1 月 1 日递延所得税资产为 45 万元，递延所得税负债为 120 万元，适用的所得税税率为 25％。该公司 2009 年利润总额为 6 000 万元，涉及所得税会计的交易或事项如下：

（1）2009 年 1 月 1 日以 2 044.70 万元自证券市场购入当日发行的一项 3 年期的到期还本付息国债。该国债票面金额为 2 000 万元，票面利率为 5％，年实际利率为 4％，到期日为 2012 年 12 月 31 日。甲公司将其作为持有至到期投资核算。税法规定，国债利息收入免交所得税。

（2）2008 年 12 月 15 日，甲公司购入一项管理用设备，支付购买价款、运输费、安装费用等共计 2 400 万元。12 月 26 日，该设备净安装达到预定可使用状态。甲公司预计使用 10 年，预计净残值为 0，采用年限平均法计提折旧。税法规定，该类固定资产的折旧年限为 20 年。假定甲公司该设备预计净残值和采用的折旧方法符合税法规定。

（3）2009 年 9 月 12 日，甲公司从证券市场购入某股票，支付价款 500 万元（假定不考虑交易费用）。甲公司将其作为交易性金融资产核算。12 月 31 日，该股票的公允价值为 1 000 万元。假定税法规定交易性金融资产持有期间公允价值变动金额不计入应纳税所得额，待出售时一并计入应纳税所得额。

假定该企业于未来期间能够产生足够的应纳税所得额，预计未来期间所得税税率不会发生变化。

要求：

（1）根据上述交易事项，填列"甲公司2009年12月31日暂时性差异表"。

（2）计算甲公司2009年度应纳所得税额和所交所得税。

（3）计算甲公司2009年应确认的递延所得税费用和所得税费用。

（4）编制甲公司2009年确认所得税费用的相关会计分录。

CHAPTER

16

第十六章
财务报告

第一节　房地产开发企业财务报告概述

一、财务报告的概念

财务报告是指对外提供的反映房地产企业某一特定日期的财务状况和某一会计期间的经营成果、现金流量等会计信息的文件。

财务报告是会计信息的载体，是财务会计确认和计量的最终成果，是企业向外部会计信息使用者提供会计信息的主要方法。在日常的会计管理活动中，对于房地产企业发生的每项经济业务，都运用复式记账等专门方法，根据会计凭证连续、系统地记入账簿。但是，这些日常核算资料分散在账簿上，有关项目之间不相互联系，不能集中地揭示和反映房地产企业在一定会计期间财务状况和经营活动的全貌。因此，对日常的核算资料进行加工整理，编制成财务报告，向包括投资者、债权人、政府及其有关部门和社会公众等财务会计报告使用者提供与企业财务状况、经营成果和现金流量等有关的会计信息，反映房地产企业管理层受托责任履行情况，有助于财务会计报告使用者作出经济决策。

二、财务报告的构成

财务会计报告包括会计报表及其附注和其他应当在财务会计报告中披露的相关信息和资料。其中，会计报表是财务会计报告的核心内容。

（一）会计报表

会计报表是以会计账簿记录和有关资料为依据，按照规定的报表格式，全面、系统地反映房地产企业财务状况、经营成果和现金流量的一种报告文件。房地产企业的会计报表应当包括资产负债表、利润表、现金流量表、所有者权益（或股东权益，下同）变动表及附注五个部分。

（二）会计报表附注

会计报表附注是对在资产负债表、利润表、现金流量表和所有者权益变动表等报表中列示项目的文字描述或明细资料，以及对未能在这些报表中列示项目的说明等。

（三）其他应当在财务会计报告中披露的相关信息和资料

除会计报表及附注披露的内容外，财务会计报告还包括其他应当在财务会计报告中披露的相关信息和资料，如财务情况说明书。财务情况说明书是对企业一定期间经济活动进行分析总结的文字报告。它是在会计报表的基础上，对于企业财务状况、经营成果、资金周转情况及其发展前景所作的总括说明。如对企业的生产经营基本情况、利润实现和分配情况、资金增减和周转情况等影响企业财务状况、经营成果和现金流量状况的重大事项做出的说明等。

第二节　财务报表列报

一、财务报表列报的基本要求

（1）财务报表列报基础。

企业应当以持续经营为基础，根据实际发生的交易和事项，按照《企业会计准则——基本准则》和其他各项会计准则的规定进行确认和计量，在此基础上编制财务报表。企业不能以附注披露代替确认和计量。以持续经营为基础编制财务报表不再合理的，企业应当采用其他基础编制财务报表，并在附注中披露这一事实。在编制财务报表的过程中，企业管理层应当在考虑市场经营风险、企业盈利能力、偿债能力、财务弹性以及企业管理层改变经营政策的意向等因素的基础上，对企业的持续经营能力进行评价。如果对企业的持续经营能力产生重大怀疑，应当在附注中披露导致对持续经营能力产生重大怀疑的影响因素。企业正式决定或被迫在当期或将在下一个会计期间进行清算或停止营业的，表明其处于非持续经营状态，应当采用其他基础编制财务报表，并在附注中声明，并披露未以持续经营为基础的原因和财务报表的编制基础。

（2）财务报表项目的列报应当在各个会计期间保持一致，不得随意变更，但下列情况除外：

①会计准则要求改变财务报表项目的列报。

②企业经营业务的性质发生重大变化后，变更财务报表项目的列报能够提供更可靠、更相关的会计信息。

（3）企业在编制财务报表时，应当考虑报表项目的重要性。性质或功能不同的项目，应当在财务报表中单独列报，不具有重要性的项目除外。性质或功能类似的项目，其所属类别具有重要性的，应当按其类别在财务报表中单独列报。重要性，是指财务报表某项目的省略或错报会影响使用者据此作出经济决策的，该项目具有重要性。重要性应当根据企业所处环境，从项目的性质和金额大小两方面加以判断。

（4）财务报表中的资产项目和负债项目的金额、收入项目和费用项目的金额不得相互抵销，其他会计准则另有规定的除外。

①如果金融资产和金融负债同时满足下列条件，应当以相互抵销后的净额在资产负

债表内列示：

● 企业具有抵销已确认金额的法定权利，且该种法定权利现在是可执行的。抵销的法定权利，主要是指债务人根据相关合同或规定，可以用其欠债权人的金额抵销应收同一债权人债权的权利。

● 企业计划以净额结算，或同时变现该金融资产和清偿该金融负债。

②不属于抵销，可以净额列示的情况：

● 资产项目按扣除减值准备后的净额列示，不属于抵销。对资产计提减值准备，表明资产的价值已经发生减损，按扣除减值准备后的净额列示，能够反映资产给企业带来的经济利益，不属于抵销。

● 非日常活动产生的损益，以收入扣减费用后的净额列示，不属于抵销。非日常活动的发生具有偶然性，不是企业的经常性活动以及经常性相关的其他活动。非日常活动产生的损益，以收入扣减费用后的净额列示，更有利于财务报告使用者的经济决策，不属于抵销。

（5）当期财务报表的列报，至少应当提供所有列报项目上一可比会计期间的比较数据，以及与理解当期财务报表相关的说明，其他会计准则另有规定的除外。

财务报表项目的列报发生变更的，应当对上期比较数据按照当期的列报要求进行调整，并在附注中披露调整的原因和性质，以及调整的各项目金额。对上期比较数据进行调整不切实可行的，应当在附注中披露不能调整的原因。不切实可行，是指企业在做出所有合理努力后仍然无法采用某项规定。

（6）企业应当在财务报表的显著位置披露下列各项：

①编报企业的名称。

②资产负债表日或财务报表涵盖的会计期间。

③人民币金额单位。

④财务报表是合并财务报表的，应当予以标明。

（7）企业至少应当按年编制财务报表。年度财务报表涵盖的期间短于一年的，应当披露年度财务报表的涵盖期间，以及短于一年的原因。

（8）根据《企业会计准则第 30 号——财务报表列报》的规定，在财务报表中列报的项目，应当单独列报；其他会计准则规定单独列报的项目，应当增加单独列报项目。

二、资产负债表

（一）资产负债表的内容和格式

1. 资产负债表的概念

资产负债表是反映房地产企业在某一特定日期财务状况的报表。它反映房地产企业在某一特定日期所拥有或控制的经济资源、所承担的现时义务和所有者对净资产的要求权。

2. 资产负债表项目的列示

资产和负债应当分别流动资产和非流动资产、流动负债和非流动负债列示。满足下列条件之一的资产，应当归类为流动资产：

（1）预计在一个正常营业周期中变现、出售或耗用；

（2）主要为交易目的而持有；

（3）预计在资产负债表日起一年内（含一年）变现；

（4）自资产负债表日起一年内，交换其他资产或清偿负债的能力不受限制的现金或现金等价物。

流动资产以外的资产应当归类为非流动资产。

其中，正常营业周期，通常是指企业从购买用于加工的资产起至收回现金或现金等价物的期间。房地产企业某些工程的正常营业周期可以短于一年，或在一年内有几个营业周期。但是，大多数建筑工程项目的正常营业周期长于一年，往往超过一年才能变现、出售或耗用，在这种情况下，仍应划分为流动资产。正常营业周期不能确定的，应当以一年（12 个月）作为正常营业周期。

满足下列条件之一的负债，应当归类为流动负债：

（1）预计在一个正常营业周期中清偿；

（2）主要为交易目的而持有；

（3）自资产负债表日起一年内到期应予清偿；

（4）企业无权自主地将清偿推迟至资产负债表日后一年以上。

流动负债以外的负债应当归类为非流动负债。

对于在资产负债表日起一年内到期的负债，企业预计能够自主地将清偿义务展期至资产负债表日后一年以上的，应当归类为非流动负债；不能自主地将清偿义务展期的，即使在资产负债表日后、财务报告批准报出日前签订了重新安排清偿计划协议，该项负债仍应归类为流动负债。

企业在资产负债表日或之前违反了长期借款协议，导致贷款人可随时要求清偿的负债，应当归类为流动负债。贷款人在资产负债表日或之前同意提供在资产负债表日后一年以上的宽限期，企业能够在此期限内改正违约行为，且贷款人不能要求随时清偿，该项负债应当归类为非流动负债。

（二）资产负债表的编制

企业应以日常会计核算记录的数据为基础进行归类、整理和汇总，加工成报表项目，形成资产负债表。

1. "年初余额"的填列方法

"年初余额"栏内各项目数字，应根据上年末资产负债表"期末余额"栏内所列数字填列。如果本年度资产负债表规定的各个项目的名称和内容同上年度不相一致，应对上年年末资产负债表各项目的名称和数字按本年度的规定进行调整，按调整后的数字填入本表"年初余额"栏内。

2. "期末余额"的填列方法

"期末余额"是指某一资产负债表日的数字，即月末、季末、半年末或年末的数字。资产负债表各项目"期末余额"的数据来源，可以通过以下几种方式取得：

（1）直接根据总账科目的余额填列。根据总账科目的期末余额直接填列的主要项目及填列方法如表 16-1 所示。

表 16-1 根据总账科目余额直接填列的项目

资产负债表项目	填列方法
交易性金融资产	"交易性金融资产"总账科目的借方余额
应收票据	"应收票据"总账科目借方余额
应收股利	"应收股利"总账科目借方余额
应收利息	"应收利息"总账科目借方余额
固定资产清理	"固定资产清理"总账科目贷方余额
工程物资	"工程物资"总账科目借方余额
递延所得税资产	"递延所得税资产"总账科目借方余额
短期借款	"短期借款"总账科目贷方余额
应付职工薪酬	"应付职工薪酬"总账科目贷方余额
应付票据	"应付票据"总账科目贷方余额
应交税费	"应交税费"总账科目贷方余额
应付利息	"应付利息"总账科目贷方余额
应付股利	"应付股利"总账科目贷方余额
其他应付款	"其他应付款"总账科目贷方余额
递延所得税负债	"递延所得税负债"总账科目贷方余额
实收资本（股本）	"实收资本"（或"股本"）总账科目贷方余额
资本公积	"资本公积"总账科目贷方余额
盈余公积	"盈余公积"总账科目贷方余额

（2）根据几个总账科目的余额计算填列。根据几个总账科目的余额计算填列的主要项目及填列方法如表 16-2 所示。

表 16-2

资产负债表项目	填列方法
货币资金	"库存现金"科目借方余额＋"银行存款"科目借方余额＋"其他货币资金"科目借方余额
未分配利润 （1—11 月）	"本年利润"科目贷方余额＋"利润分配"科目贷方余额或"本年利润"科目借方余额＋"利润分配"科目借方余额 或"本年利润"科目贷方余额－"利润分配"科目借方余额 或"利润分配"科目贷方余额－"本年利润"科目借方余额 （二者均为借方余额或借方余额大于贷方余额时，加"－"号填列）

（3）根据有关明细科目的余额计算填列。根据总账科目的明细科目的余额计算填列的主要项目如表 16-3 所示。

表 16-3

资产负债表项目	填列方法
应付账款	"预付账款"科目所属明细分类账贷方余额＋"应付账款"科目所属明细分类账贷方余额

（4）根据总账科目和明细科目的余额分析计算填列。根据总账科目的明细科目的余

额分析计算填列的主要项目及填列方法如表 16-4 所示。

表 16-4

资产负债表项目	填列方法
长期应收款	"长期应收款"科目余额－"未实现融资收益"总账科目余额－"长期应收款"明细科目（一年内到期）
长期待摊费用	"长期待摊费用"科目余额－"长期待摊费用"明细科目余额（一年内到期）
长期借款	"长期借款"科目余额－"长期借款"明细科目余额（一年内到期）
应付债券	"应付债券"科目余额－"应付债券"明细科目余额（一年内到期）
长期应付款	"长期应付款"科目余额－"未确认融资费用"总账科目余额－"长期应付款"明细科目余额（一年内到期）

（5）根据总账科目与其备抵科目抵销后的净额填列。根据总账科目与其备抵科目抵消后的净额填列的主要项目及填列方法如表 16-5 所示。

表 16-5

资产负债表项目	填列方法
存货	［"物资采购"科目借方余额（或"在途物资"科目借方余额)＋"原材料"科目借方余额＋"周转材料"科目借方余额＋"委托加工物资"科目借方科目余额＋（或－）"材料成本差异"科目借方（或贷方）余额］＋"开发成本"＋"开发产品"科目借方余额－"存货跌价准备"科目贷方余额
应收账款	"应收账款"科目所属明细分类账借方余额＋"预收账款"科目所属明细分类账借方余额－"坏账准备"科目贷方余额（有关应收账款计提的坏账准备）
其他应收款	"其他应收款"科目借方余额－"坏账准备"科目贷方余额（有关其他应收款计提的坏账准备）
持有至到期投资	"持有至到期投资"科目借方余额－"持有至到期投资减值准备"科目的贷方余额
固定资产	"固定资产"科目期末余额－"累计折旧"科目贷方余额－"固定资产减值准备"科目贷方余额

（三）资产负债表编制示例

【例 16-1】 新世纪房地产公司 2009 年 12 月 31 日的资产负债表（年初余额略）及 2010 年 12 月 31 日的科目余额表分别见表 16-6 和表 16-7。假设新世纪房地产公司 2010 年度除计提固定资产减值准备导致固定资产账面价值与其计税基础存在可抵扣暂时性差异外，其他资产和负债项目的账面价值均等于其计税基础，未来很可能获得足够的应纳税所得额用来抵扣可抵扣暂时性差异，适用的所得税率为 25%。

表 16-6 　　　　　　　资产负债表　　　　　　　会企 01 表
编制单位：新世纪房地产公司　　　2009 年 12 月 31 日　　　单位：元

资　产	期末余额	年初余额	负债和股东权益	期末余额	年初余额
流动资产：			流动负债：		
货币资金	703 150		短期借款	150 000	
交易性金融资产	7 500		交易性金融负债	0	
应收票据	123 000		应付票据	100 000	

续表

资　产	期末余额	年初余额	负债和股东权益	期末余额	年初余额
应收账款	149 550		应付账款	476 900	
预付款项	50 000		预收款项	0	
应收利息	0		应付职工薪酬	55 000	
应收股利	0		应交税费	18 300	
其他应收款	2 500		应付利息	500	
存货	1 290 000		应付股利	0	
一年内到期的非流动资产	0		其他应付款	25 000	
其他流动资产	50 000		一年内到期的非流动负债	500 000	
流动资产合计	2 375 700		其他流动负债	0	
非流动资产：			流动负债合计	1 325 700	
可供出售金融资产	0		非流动负债：		
持有至到期投资	0		长期借款	400 000	
长期应收款	0		应付债券	0	
长期股权投资	125 000		长期应付款	0	
投资性房地产	0		专项应付款	0	
固定资产	550 000		预计负债	0	
在建工程	750 000		递延所得税负债	0	
工程物资	0		其他非流动负债	0	
固定资产清理	0		非流动负债合计	400 000	
生产性生物资产	0		负债合计	1 625 700	
油气资产	0		股东权益：		
无形资产	300 000		股本	2 500 000	
开发支出	0		资本公积	0	
商誉	0		减：库存股	0	
长期待摊费用	100 000		盈余公积	50 000	
递延所得税资产	0		未分配利润	25 000	
其他非流动资产	100 000		股东权益合计	2 575 000	
非流动资产合计	1 825 000				
资产总计	4 300 700		负债和股东权益总计	4 300 700	

表 16-7　　　　　　　　　　　　总账科目及明细科目余额表

2010 年 12 月 31 日　　　　　　　　　　　　单位：元

会计科目名称	期末余额		会计科目名称	期末余额	
	借方	贷方		借方	贷方
库存现金	1 000.00		短期借款		25 000.00
银行存款	393 067.50		应付票据		50 000.00
其他货币资金	3 650.00		应付账款		476 900.00
交易性金融资产	0		其他应付款		25 000.00
应收票据	33 000.00		应付职工薪酬		90 000.00
应收账款	300 000.00		应交税费		112 165.50

续表

会计科目名称	期末余额		会计科目名称	期末余额	
	借方	贷方		借方	贷方
坏账准备		900.00	应付利息		0
预付账款	50 000.00		应付股利		16 107.93
其他应收款	2 500.00		一年内到期的非流动负债		0
材料采购	137 500.00		长期借款		660 000.00
原材料	27 500.00		股本		2 500 000.00
周转材料	14 025.00		盈余公积		62 385.20
工程施工	1 061 200.00		利润分配（未分配利润）		95 358.87
材料成本差异	2 125.00				
其他流动资产	45 000.00				
长期股权投资	125 000.00				
固定资产	1 200 500.00				
累计折旧		85 000.00			
固定资产减值准备		15 000.00			
工程物资	75 000.00				
在建工程	289 000.00				
无形资产	300 000.00				
累计摊销		30 000.00			
长期待摊费用	80 000.00				
递延所得税资产	3 750.00				
其他非流动资产	100 000.00				
合计	4 243 817.50	130 900.00	合计		4 112 917.50

根据已知资料编制新世纪房地产公司 2010 年度的资产负债表，见表 16-8。

表 16-8　　　　　　　　　**资产负债表**　　　　　　　　会企 01 表
编制单位：新世纪房地产公司　　　　2010 年 12 月 31 日　　　　单位：元

资产	期末余额	年初余额	负债和股东权益	期末余额	年初余额
流动资产：			流动负债：		
货币资金	397 717.50	703 150.00	短期借款	25 000.00	150 000.00
交易性金融资产	0	7 500.00	交易性金融负债	0	0
应收票据	33 000.00	123 000.00	应付票据	50 000.00	100 000.00
应收账款	299 100.00	149 550.00	应付账款	476 900.00	476 900.00
预付款项	50 000.00	50 000.00	预收款项	0	0
应收利息	0	0	应付职工薪酬	90 000.00	55 000.00
应收股利	0	0	应交税费	112 165.50	18 300.00
其他应收款	2 500.00	2 500.00	应付利息	0	500.00
存货	1 242 350.00	1 290 000.00	应付股利	16 107.93	0
一年内到期的非流动资产	0	0	其他应付款	25 000.00	25 000.00

续表

资产	期末余额	年初余额	负债和股东权益	期末余额	年初余额
其他流动资产	45 000.00	50 000.00	一年内到期的非流动负债	0	500 000.00
流动资产合计	2 069 667.50	2 375 700.00	其他流动负债	0	0
非流动资产：			流动负债合计	796 373.43	1 325 700.00
可供出售金融资产	0	0	非流动负债：		
持有至到期投资	0	0	长期借款	660 000.00	400 000.00
长期应收款	0	0	应付债券	0	0
长期股权投资	125 000.00	125 000.00	长期应付款	0	0
投资性房地产	0	0	专项应付款	0	0
固定资产	1 100 500.00	550 000.00	预计负债	0	0
在建工程	289 000.00	750 000.00	递延所得税负债	0	0
工程物资	75 000.00	0	其他非流动负债	0	0
固定资产清理	0	0	非流动负债合计	580 000.00	300 0 000.00
生产性生物资产	0	0	负债合计	1 376 373.43	1 625 700.00
油气资产	0	0	股东权益：		
无形资产	270 000.00	300 000.00	股本	2 500 000.00	2 500 000.00
开发支出	0	0	资本公积	0	0
商誉	0	0	减：库存股	0	0
长期待摊费用	80 000.00	100 000.00	盈余公积	62 385.20	50 000.00
递延所得税资产	3 750.00	0	未分配利润	95 358.87	25 000.00
其他非流动资产	100 000.00	100 000.00	股东权益合计	2 657 744.07	2 575 000.00
非流动资产合计	1 964 450.00	1 825 000.00			
资产总计	4 112 917.50	4 300 700.00	负债和股东权益总计	4 112 917.50	4 300 700.00

三、利润表

（一）利润表的内容和格式

利润表，是反映房地产企业在一定会计期间经营成果的报表。

在利润表中，费用应当按照功能分类，包括成本、管理费用、销售费用和财务费用等。

常见的利润表结构主要有单步式和多步式两种。我国企业利润表采用的基本上是单步结构，主要包括以下五个方面：

1. 营业收入

营业收入由主营业务收入和其他业务收入组成。

2. 营业利润

营业收入减去营业成本（主营业务成本、其他业务成本）、营业税金及附加、销售费用、管理费用、财务费用、资产减值损失，加上公允价值变动收益、投资收益，即为营业利润。

3. 利润总额

营业利润加上营业外收入，减去营业外支出，即为利润总额。

4. 净利润

利润总额减去所得税费用，即为净利润。

5. 每股收益

每股收益包括基本每股收益和稀释每股收益两项指标。

利润表的基本格式见表 16-10。

（二）利润表的编制

（1）"本期金额"栏反映各项目的本期实际发生数。如果上年度利润表的项目名称和内容与本年度利润表不相一致，应对上年度利润表项目的名称和数字按本年度的规定进行调整，填入报表的"上期金额"栏。

（2）报表中各项目主要根据各损益类科目的发生额分析填列。

（三）编制示例

【例 16-2】 新世纪房地产公司 2010 年度有关损益类科目本年累计发生净额见表16-9。

表 16-9　　　　　　　　损益类会计科目 2010 年度发生净额　　　　　　　单位：元

会计科目	借方发生额	贷方发生额
主营业务收入		625 000
主营业务成本	375 000	
营业税金及附加	1 000	
销售费用	10 000	
管理费用	78 550	
财务费用	20 750	
资产减值损失	15 450	
投资收益		15 750
营业外收入		25 000
营业外支出	9 850	
所得税费用	56 298	

根据以上所给资料，编制 2010 年度利润表，如表 16-10 所示：

表 16-10　　　　　　　　　　　　　利润表　　　　　　　　　　　　会企 02 表
编制单位：新世纪房地产公司　　　　　　　2010 年度　　　　　　　　　　单位：元

项目	本期金额	上期金额（略）
一、营业收入	625 000	
减：营业成本	375 000	
营业税金及附加	1 000	
销售费用	10 000	
管理费用	78 550	
财务费用	20 750	
资产减值损失	15 450	
加：公允价值变动收益（损失以"—"填列）	0	
投资收益	15 750	
其中：对联营企业和合营企业的投资收益	0	

项目	本期金额	上期金额（略）
二、营业利润（亏损以"－"填列）	140 000	
加：营业外收入	25 000	
减：营业外支出	9 850	
其中：非流动资产处置损失	（略）	
三、利润总额（亏损总额以"－"填列）	155 150	
减：所得税费用	56 298	
四、净利润（净亏损以"－"填列）	98 852	
五、每股收益：	（略）	
（一）基本每股收益		
（二）稀释每股收益		

（三）每股收益

企业应当在利润表中单独列示基本每股收益和稀释每股收益。

1. 基本每股收益

企业应当按照归属于普通股股东的当期净利润，除以发行在外普通股的加权平均数计算基本每股收益。

$$\begin{aligned} \frac{\text{发行在外普通股}}{\text{加权平均数}} &= \frac{\text{期初发行在外}}{\text{普通股股数}} + \frac{\text{当期新发行}}{\text{普通股股数}} \times \frac{\text{已发行时间}}{\text{报告期时间}} \\ &\quad - \frac{\text{当期回购}}{\text{普通股股数}} \times \frac{\text{已回购时间}}{\text{报告期时间}} \end{aligned}$$

已发行时间、报告期时间和已回购时间一般按照天数计算；在不影响计算结果合理性的前提下，也可以采用简化的计算方法。

2. 稀释每股收益

企业存在稀释性潜在普通股的，应当分别调整归属于普通股股东的当期净利润和发行在外普通股的加权平均数，并据以计算稀释每股收益。

稀释性潜在普通股，是指假设当期转换为普通股会减少每股收益的潜在普通股。潜在普通股，是指赋予其持有者在报告期或以后期间享有取得普通股权利的一种金融工具或其他合同，包括可转换公司债券、认股权证、股份期权等。

（1）计算稀释每股收益，应当根据下列事项对归属于普通股股东的当期净利润进行调整（应考虑相关的所得税影响）：①当期已确认为费用的稀释性潜在普通股的利息；②稀释性潜在普通股转换时将产生的收益或费用。

（2）计算稀释每股收益时，当期发行在外普通股的加权平均数应当为计算基本每股收益时普通股的加权平均数与假定稀释性潜在普通股转换为已发行普通股而增加的普通股股数的加权平均数之和。

（3）计算稀释性潜在普通股转换为已发行普通股而增加的普通股股数的加权平均数时，以前期间发行的稀释性潜在普通股，应当假设在当期期初转换；当期发行的稀释性潜在普通股，应当假设在发行日转换。

（4）认股权证和股份期权等的行权价格低于当期普通股平均市场价格时，应当考虑其稀释性。计算稀释每股收益时，增加的普通股股数按下列公式计算：

$$\text{增加的普通股股数} = \text{拟行权时转换的普通股股数} - \text{行权价格} \times \frac{\text{拟行权时转换的普通股股数}}{\text{当期普通股平均市场价格}}$$

（5）稀释性潜在普通股应当按照其稀释程度从大到小的顺序计入稀释每股收益，直至稀释每股收益达到最小值。

3．每股收益的列报

发行在外普通股或潜在普通股的数量因派发股票股利、公积金转增资本、拆股而增加或因并股而减少，但不影响所有者权益金额的，应当按调整后的股数重新计算各列报期间的每股收益。上述变化发生于资产负债表日至财务报告批准报出日之间的，应当以调整后的股数重新计算各列报期间的每股收益。

按照《企业会计准则》的规定对以前年度损益进行追溯调整或追溯重述的，应当重新计算各列报期间的每股收益。

企业应当在利润表中单独列示基本每股收益和稀释每股收益，并在附注中披露下列相关信息：

（1）基本每股收益和稀释每股收益分子、分母的计算过程；

（2）列报期间不具有稀释性但以后期间很可能具有稀释性的潜在普通股；

（3）在资产负债表日至财务报告批准报出日之间，企业发行在外普通股或潜在普通股股数发生重大变化的情况。

四、现金流量表

（一）现金流量表概述

现金流量表，是反映房地产企业在一定会计期间现金和现金等价物流入和流出的报表。

现金，是指企业库存现金以及可以随时用于支付的存款。不能随时用于支付的存款不属于现金。

现金等价物，是指企业持有的期限短、流动性强、易于转换为已知金额现金、价值变动风险很小的投资。期限短，一般是指从购买日起三个月内到期。现金等价物通常包括三个月内到期的债券投资等。权益性投资变现的金额通常不确定，因而不属于现金等价物。企业应当根据具体情况，确定现金等价物的范围，一经确定不得随意变更。

（二）现金流量的分类

现金流量，是指现金和现金等价物的流入和流出，可以分为三类，即经营活动产生的现金流量、投资活动产生的现金流量和筹资活动产生的现金流量。

1．经营活动产生的现金流量

经营活动，是指企业投资活动和筹资活动以外的所有交易和事项，包括销售商品或提供劳务、购买商品或接受劳务、收到返还的税费、经营性租赁、支付工资、支付广告费用、缴纳各项税款等。

2．投资活动产生的现金流量

投资活动，是指企业长期资产的购建和不包括在现金等价物范围内的投资及其处置活动，包括取得和收回投资、购建和处置固定资产、购买和处置无形资产等。

3.　筹资活动产生的现金流量

筹资活动，是指导致企业资本及债务规模和构成发生变化的活动，包括发行股票或接受投入资本、分派现金股利、取得和偿还银行借款、发行和偿还公司债券等。

（三）现金流量表的内容和结构

现金流量表采用报告式的结构，分类反映经营活动产生的现金流量、投资活动产生的现金流量和筹资活动产生的现金流量，最后汇总反映房地产企业现金及现金等价物净增加额。在有外币现金流量及境外子公司的现金流量折算为人民币的企业，还应单设"汇率变动对现金及现金等价物的影响"项目。

企业应当在附注中披露与现金流量表有关的补充资料：（1）将净利润调节为经营活动现金流量；（2）不涉及现金收支的重大投资和筹资活动；（3）现金及现金等价物净变动情况。

（四）现金流量表的填列方法

企业可根据业务量的大小及复杂程度，选择采用工作底稿法、T形账户法，或直接根据有关科目的记录分析填列现金流量表。

1.　经营活动产生的现金流量

经营活动产生的现金流量的列报方法有两种。正表部分采用直接法按现金收入和现金支出的主要类别反映来自企业经营活动的现金流量；补充资料部分采用间接法将净利润调节为经营活动的现金流量。正表中各个项目的填报方法如下：

（1）"销售商品、提供劳务收到的现金"项目，反映房地产企业承建工程、提供劳务实际收到的现金（含销售收入和应向购买者收取的增值税销项税额）。具体包括本期承建工程、提供劳务收到的现金，以及前期销售商品和前期提供劳务本期收到的现金和本期预收的账款等。企业销售材料等业务收到的现金也在本项目反映。本项目可以根据"库存现金"、"银行存款"、"应收账款"、"应收票据"、"预收账款"、"主营业务收入"、"其他业务收入"等科目的记录分析填列。也可参考以下计算公式填列：

$$\text{销售商品、提供劳务收到的现金} = \text{本期承建工程、提供劳务收到的现金} + \text{本期收回前期的应收款项} + \text{本期预收的款项} + \text{本期收回前期核销的坏账损失}$$

或：

$$\text{销售商品、提供劳务收到的现金} = \text{本期承建工程、提供劳务收入} - \left(\text{应收款项期末余额} - \text{应收款项期初余额}\right) + \left(\text{预收款项期末余额} - \text{预收款项期初余额}\right) + \text{本期收回前期核销的坏账损失}$$

上述第一个公式需要根据明细账逐项分析计算现金流入和现金流出数额，计算工作量较大，适合业务量少或已经实现会计电算化的企业。采用手工记账的企业，一般可用第二个公式间接计算。

（2）"收到的税费返还"项目，反映房地产企业收到返还的各种税费，如收到的增

值税、消费税、营业税、所得税、教育费附加返还等。本项目可以根据"库存现金"、
"银行存款"、"营业外收入"、"其他应收款"等科目的记录分析填列。

（3）"收到的其他与经营活动有关的现金"项目，反映房地产企业除上述各项目外，
收到的其他与经营活动有关的现金，如罚款收入、流动资产损失中由个人赔偿的现金收
入等。其他现金流入如价值较大的，应单列项目反映。本项目可根据"营业外收入"、
"营业外收入"、"库存现金"、"银行存款"、"其他应收款"等科目的记录分析填列。

（4）"购买商品、接受劳务支付的现金"项目，反映房地产企业购买材料、商品、
接受劳务实际支付的现金，包括本期购入材料、商品、接受劳务支付的现金（包括增值
税进项税额），以及本期支付前期购入商品、接受劳务的未付款项和本期预付款项。本
期发生的购货退回收到的现金应从本项目内扣除。本项目可以根据"库存现金"、"银行
存款"、"应付账款"、"应付票据"、"主营业务成本"、"预付账款"等科目的记录分析填
列。也可参考下列计算公式填列：

$$\begin{array}{l} \text{购买商品、} \\ \text{接受劳务支付的现金} \end{array} = \begin{array}{l} \text{本期购买商品、} \\ \text{接受劳务支付的现金} \end{array} + \begin{array}{l} \text{本期支付前期的} \\ \text{应付款项} \end{array}$$

$$+ \begin{array}{l} \text{本期} \\ \text{预付款项} \end{array} - \begin{array}{l} \text{本期购货} \\ \text{退回的现金} \end{array}$$

或

$$\begin{array}{l} \text{购买商品、接受} \\ \text{劳务支付的现金} \end{array} = \begin{array}{l} \text{本期主营} \\ \text{业务成本} \end{array} + \left(\begin{array}{l} \text{存货期} \\ \text{末余额} \end{array} - \begin{array}{l} \text{存货期} \\ \text{初余额} \end{array} \right) + \begin{array}{l} \text{应付款项} \\ \text{期初余额} \end{array} - \begin{array}{l} \text{应付款项} \\ \text{期末余额} \end{array}$$

$$+ \left(\begin{array}{l} \text{预付款项} \\ \text{期末余额} \end{array} - \begin{array}{l} \text{预付款项} \\ \text{期初余额} \end{array} \right) - \begin{array}{l} \text{本期购货} \\ \text{退回的现金} \end{array}$$

上述第一个公式需要根据相关会计科目的记录逐笔分析计算，工作量较大，适用于
业务比较简单或已实现会计电算化的企业。

（5）"支付给职工以及为职工支付的现金"项目，反映房地产企业实际支付给职工、
以及为职工支付的现金，包括本期实际支付给职工的工资、奖金、各种津贴和补贴等，
以及为职工支付的其他费用。不包括支付的离退休人员的各项费用和支付给专项工程人
员的工资等。企业支付给离退休人员的各项费用，包括支付的统筹退休金以及未参加统
筹的退休人员的费用，在"支付的其他与经营活动有关的现金"项目中反映；支付的专
项工程人员的工资，在"购建固定资产、无形资产和其他长期资产所支付的现金"项目
反映。本项目可以根据"管理费用"、"住房周转金"、"应付职工薪酬"、"库存现金"、
"银行存款"科目的记录分析填列。企业为职工支付的养老、失业等社会保险基金、补
充养老保险、住房公积金、支付给职工的住房困难补助，以及企业支付给职工或为职工
支付的其他福利费用等，应按职工的工作性质和服务对象，分别在本项目和在"购建固
定资产、无形资产和其他长期资产所支付的现金"项目反映。

（6）"支付的各项税费"项目，反映房地产企业按规定支付的各种税费，包括本期
发生并支付的税费，以及本期支付以前各期发生的税费和预交的税金，如支付的教育费
附加、车船税、预交的营业税等。不包括本期退回的增值税、所得税，本期退回的增值
税、所得税在"收到的税费返还"项目反映。本项目可以根据"应交税费"、"库存现

金"、"银行存款"等科目的记录分析填列。

（7）"支付的其他与经营活动有关的现金"项目，反映房地产企业除上述各项目外，支付的其他与经营活动有关的现金，如罚款支出、支付的差旅费、业务招待费现金支出、支付的保险费等。其他现金流出如价值较大的，应单列项目反映。本项目可以根据有关账户的记录分析填列。

2. 投资活动产生的现金流量

（1）"收回投资所收到的现金"项目，反映房地产企业出售、转让或到期收回除现金等价物以外的短期投资、长期股权投资而收到的现金，以及收回长期债权投资本金而收到的现金。不包括长期债权投资收回的利息，以及收回的非现金资产。本项目可根据"库存现金"、"银行存款"、"持有至到期投资"、"长期股权投资"等账户的记录分析填列。

（2）"取得投资收益所收到的现金"项目，反映房地产企业因股权性投资和债权性投资而取得的现金股利、利息，以及从子公司、联营企业和合营企业分回利润收到的现金。不包括股票股利。本项目可以根据"投资收益"、"库存现金"、"银行存款"等账户的记录分析填列。

（3）"处置固定资产、临时设施、无形资产和其他长期资产所收回的现金净额"项目，反映房地产企业处置固定资产、临时设施、无形资产和其他长期资产所取得的现金，减去为处置这些资产而支付的有关费用后的净额。由于自然灾害所造成的固定资产等长期资产损失而收到的保险赔偿收入，也在本项目反映。本项目可以根据"固定资产清理"、"库存现金"、"银行存款"等账户的记录分析填列。

（4）"收到的其他与投资活动有关的现金"项目，反映房地产企业除上述各项以外收到的其他与投资活动有关的现金。其他现金流入如价值较大的，应单列项目反映。本项目可以根据"库存现金"、"银行存款"和其他有关科目的记录分析填列。

（5）"购建固定资产、临时设施、无形资产和其他长期资产所支付的现金"项目，反映房地产企业购买、建造固定资产、临时设施，取得无形资产和其他长期资产所支付的现金，不包括为购建固定资产而发生的借款利息资本化的部分，以及融资租入固定资产支付的租赁费，借款利息和融资租入固定资产支付的租赁费，在筹资活动产生的现金流量中反映。本项目可以根据"固定资产"、"在建工程"、"无形资产"、"库存现金"、"银行存款"、"其他货币资金"等账户的记录分析填列。

（6）"投资所支付的现金"项目，反映房地产企业进行权益性投资和债权性投资支付的现金，包括企业取得的除现金等价物以外的短期股票投资、短期债券投资、长期股权投资、长期债权投资支付的现金，以及支付的佣金、手续费等附加费用。本项目可以根据"可供出售金融资产"、"持有至到期投资"、"长期股权投资""库存现金"、"银行存款"等科目的记录分析填列。

（7）"取得子公司及其他营业单位支付的现金净额"项目，反映房地产企业购买子公司及其他营业单位购买出价中以现金支付的部分，减去子公司及其他营业子公司及其他营业单位持有的现金和现金等价物后的净额。本项目可以根据"长期股权投资"、"库存现金"、"银行存款"等科目的记录分析填列。

（8）"支付的其他与投资活动有关的现金"项目，反映房地产企业除上述各项目外，支付的其他与投资活动有关的现金。如企业购买股票时实际支付的价款中包含已宣告而尚未领取的现金股利，购买债券时实际支付的包含已到期尚未领取的债权利息。其他现金流出如价值较大的，应单列项目反映。本项目可以根据有关账户的记录分析填列。

3. 筹资活动产生的现金流量

(1)"吸收投资所收到的现金"项目，反映房地产企业收到的投资者投入的现金，包括以发行股票、债券等方式筹集资金实际收到的款项净额（发行收入减去支付的佣金等发行费用后的净额）。以发行股票、债券等方式筹集资金而由企业直接支付的审计、咨询等费用。在"支付的其他与筹资活动有关的现金"项目反映，不从本项目内扣除。本项目可以根据"实收资本"（或"股本"）、"库存现金"、"银行存款"等科目的记录分析填列。

(2)"取得借款所收到的现金"项目，反映房地产企业举借各种短期、长期借款所收到的现金。本项目可以根据"短期借款"、"长期借款"、"库存现金"、"银行存款"等科目的记录分析填列。

(3)"收到的其他与筹资活动有关的现金"项目，反映房地产企业除上述各项目外，收到的其他与筹资活动有关的现金，如接受现金捐赠等。其他现金流入如价值较大的，应单列项目反映。本项目可以根据有关账户的记录分析填列。

(4)"偿还债务所支付的现金"项目，反映房地产企业以现金偿还债务的本金，包括偿还金融企业的借款本金、偿还债券本金等。企业偿还的借款利息、债券利息，在"分配股利、利润或偿付利息所支付的现金"项目反映，不包括在本项目内。本项目可以根据"短期借款"、"长期借款"、"应付债券"、"库存现金"、"银行存款"等科目的记录分析填列。

(5)"分配股利、利润或偿付利息所支付的现金"项目，反映房地产企业实际支付的现金股利，支付给其他投资单位的利润以及支付的借款利息、债券利息等。本项目可以根据"应付股利"、"财务费用"、"长期借款"、"库存现金"、"银行存款"等科目的记录分析填列。

(6)"支付的其他与筹资活动有关的现金"项目，反映房地产企业除上述各项目外，支付的其他与筹资活动有关的现金，如捐赠现金支出、融资租入固定资产支付的租赁费等。其他现金流出如价值较大的，应单列项目反映。本项目可以根据有关账户的记录分析填列。

4. 汇率变动对现金的影响额

反映房地产企业外币现金流量及境外子公司的现金流量折算为人民币时，所采用的现金流量发生日的汇率或平均汇率折算的人民币金额与"现金及现金等价物净增加额"中外币现金净增加额按期末汇率折算的人民币金额之间的差额。

5. 补充资料项目的内容及填列方法

(1)将净利润调节为经营活动的现金流量。

采用间接法将净利润调节为经营活动的现金流量时，需要调整的项目可以分为实际没有支付现金的费用、实际没有收到现金的收益、不属于经营活动的损益、经营性应收应付项目的增减变动等四大类。各项目的填列方法如下：

"资产减值准备"项目，反映房地产企业计提的各项资产的减值准备。包括坏账准备、存货跌价准备、长期股权投资减值准备、持有至到期投资减值准备、投资性房地产减值准备、固定资产减值准备、在建工程减值准备、无形资产减值准备、商誉减值准备等。本项目可以根据"资产减值损失"账户的记录分析填列。

"固定资产折旧"项目，反映房地产企业本期累计提取的固定资产折旧。本项目可以根据"累计折旧"科目的贷方发生额分析填列。

"无形资产摊销"和"长期待摊费用摊销"两个项目，分别反映房地产企业本期累计摊入成本费用的无形资产的价值及长期待摊费用，这两个项目可以根据"累计摊销"、"长期待摊费用"账户的贷方发生额分析填列。

"处置固定资产报废损失、无形资产和其他长期资产的损失"项目，反映房地产企业本期处置固定资产、无形资产和其他长期资产的净损失（或净收益）。如为净收益以"－"号填列。本项目可以根据"营业外支出"、"营业外收入"等科目所属有关明细科目的记录分析填列。

"固定资产报废损失"项目，反映房地产企业本期固定资产盘亏净损失。本项目可以根据"营业外支出"、"营业外收入"账户所属明细科目中固定资产盘亏损失减去固定资产盘盈收益后的差额填列。

"公允价值变动损失"，该项目反映房地产企业持有的交易性金融资产、交易性金融负债、采用公允价值模式计量的投资性房地产等公允价值变动形成的净损失。如为净收益以"－"号填列。本项目可以根据"公允价值变动损益"科目所属有关明细科目的记录分析填列。

"财务费用"项目，反映房地产企业本期发生的应属于投资活动或筹资活动的财务费用。本项目可以根据"财务费用"科目的本期借方发生额分析填列；如为收益，以"－"号填列。

"投资损失"项目，反映房地产企业本期投资所发生的损失减去收益后的净额。本项目可以根据利润表"投资收益"项目的数字填列；如为投资收益，以"－"号填列。

"递延所得税资产减少"项目，反映房地产企业企业资产负债表"递延所得税资产"项目的期初余额与期末余额的差额。本项目可以根据资产负债表"递延所得税资产"科目发生额分析填列。

"预提所得税负债增加"项目，反映房地产企业资产负债表"递延所得税负债"项目的期初余额与期末余额的差额。本项目可以根据资产负债表"递延所得税负债"科目的发生额分析填列。

"存货的减少"项目，反映房地产企业本期存货的减少（减增加）。本项目可以根据资产负债表"存货"项目的期初、期末余额的差额填列。

"经营性应收项目的减少"项目，反映房地产企业本期经营性应收项目（包括应收账款、应收票据和其他应收款中与经营活动有关的部分及应收的增值税销项税额等）的期初与期末余额的差额。期末数大于期初数的差若为增加额，以"－"号填列。

"经营性应付项目的增加"项目，反映房地产企业本期经营性应付项目（包括应付账款、应付票据、应付职工薪酬、应交税费、其他应付款中与经营活动有关的部分以及应付的增值税进项税额等）的期初余额与期末余额的差额。期末数小于期初数的差额，以"一"号填列。

（2）不涉及现金收支的重大投资和筹资活动。该项目反映房地产企业一定期间内影响资产或负债但不形成该期现金收支的所有投资和筹资活动的信息。这些投资和筹资活动虽然不涉及现金收支，但对以后各期的现金流量有重大影响，如融资租入设备，记入"长期应付款"科目，当期并不支付设备款及租金，但以后各期必须为此支付现金，从而在一定期间内形成了一项固定的现金支出。

不涉及现金收支的投资和筹资活动的填列方法如下：

① "债务转为资本"项目，反映房地产企业本期转为资本的债务金额。

② "一年内到期的可转换公司债券"项目，反映房地产企业一年内到期的可转换公司债券的本息。

③ "融资租入固定资产"项目，反映房地产企业本期融资租入固定资产的最低租赁付款额扣除应分别计入利息费用的未确认融资费用后的净额。

（3）现金及现金等价物净变动情况。该项目反映房地产企业一定会计期间现金及现金等价物的期末余额减去期初余额后的净增加额（或净减少额），是对现金流量表中"现金及现金等价物净增加额"项目的补充说明。该项目的金额与现金流量表"现金及现金等价物净增加额"项目的金额核对相符。

（五）现金流量表的编制方法

上述现金流量表各项目的填列方法是直接根据有关账户的记录分析填列的。实际工作中，现金流量表的编制方法还有工作底稿法和 T 形账户法。

1. 工作底稿法

采用工作底稿法编制现金流量表，是以工作底稿为手段，以利润表和资产负债表数据为基础，对每一项目进行分析并编制调整分录，从而编制出现金流量表。

工作底稿法的基本程序如下：

第一步，将资产负债表的期初数和期末数过入工作底稿的期初数栏和期末数栏。

第二步，对当期业务进行分析并编制调整分录。调整分录大体有下列几类：① 涉及利润表中的收入、成本和费用项目以及资产负债表中的资产、负债及所有者权益项目，通过调整，将权责发生制下的收入费用转换为现金基础；② 涉及资产负债表和现金流量表中的投资、筹资项目，反映投资和筹资活动的现金流量；③ 涉及利润表和现金流量表中的投资和筹资项目，目的是将利润表中有关投资和筹资方面的收入和费用列入现金流量表投资、筹资现金流量中去。

此外，还有一些调整分录并不涉及现金收支，只是为了核对资产负债表项目的期末期初变动。

在调整分录中，有关现金和现金等价物的事项，并不直接借记或贷记现金，而是分别记入"经营活动产生的现金流量"、"投资活动产生的现金流量"、"筹资活动产生的现金流量"有关项目，借记表明现金流入，贷记表明现金流出。

第三步，将调整分录过入工作底稿中的相应部分。

第四步，核对调整分录，借贷合计应当相等，资产负债表项目期初数加减调整分录中的借贷金额后，应当等于期末数。

第五步，根据工作底稿中的现金流量表项目部分编制正式的现金流量表。

2. T 形账户法

采用 T 形账户法编制现金流量表，是以 T 形账户为手段，以利润表和资产负债表数据为基础，对每一项目进行分析并编制调整分录，从而编制出现金流量表。

T 形账户法的基本程序如下：

第一步，为所有的非现金项目（包括资产负债表项目和利润表项目）分别开设 T 形账户，并将各自的期末期初变动数过入各该账户；

第二步，开设一个大的"现金及现金等价物"T 形账户，每边分为经营活动、投资活动和筹资活动三个部分，左边记现金流入，右边记现金流出，与其他账户一样，过入期末期初变动数；

第三步，以利润表项目为基础，结合资产负债表分析每一非现金项目的增减变动，并据此编制调整分录；

第四步，将调整分录过入各 T 形账户，并进行核对，该账户借贷相抵后的余额与原先过入的期末期初变动数应当一致；

第五步，根据大的"现金与现金等价物"T 形账户编制正式的现金流量表。

3. 分析填列法

这种方法就是直接根据资产负债表、利润表和有关会计科目明细账的记录，分析计算出现金流量表中项目的金额，从而编制现金流量表的一种方法。下面以分析填列法作为示例。

（六）编制示例

【例 16-3】 承例 16-1 与例 16-2，新世纪房地产公司其他有关资料：

1. 损益类账户的明细资料如下：

（1）管理费用组成：职工薪酬 8 550 元，摊销印花税 5 000 元，折旧费用 10 000 元，无形资产摊销 30 000 元。

（2）财务费用的组成：计提借款利息 10 750 元，支付应收票据贴现息 10 000 元。

（3）资产减值损失的组成：计提坏账准备 450 元，计提固定资产减值准备 15 000 元，上年年末该企业坏账准备为贷方余额 900 元。

（4）投资收益的组成：收到股息收入 15 000 元，与本金一起收回的交易性股票投资收益 250 元，自公允价值变动损益结转投资收益 500 元。

（5）营业外收入的组成：处置的固定资产原价 200 000 元，累计折旧 75 000 元，收到处置收入 150 000 元。假定不考虑相关税费。

（6）营业外支出的组成：报废固定资产净损失 9 850 元（报废的固定资产原价 100 000 元，累计折旧 90 000 元，支付清理费用 250 元，收到残值收入 400 元）。

（7）所得税费用的组成：当期所得税费用为 61 248 元，递延所得税收益 4 950 元。

2. 资产负债表有关项目的明细资料如下：

（1）本期收回交易性股票投资本金 7 500 元，公允价值变动 500 元，同时实现投资收益 250 元。

（2）存货中开发成本的组成：职工薪酬 162 450 元，折旧费 40 000 元。

（3）应交税费的组成：本期增值税进项税额 21 233 元，销项税额 106 250 元，已交增值税50 000元；应交所得税期末余额为10 048.5元，应交所得税期初余额是0。

(4) 应付职工薪酬的期初数无应付在建工程人员的部分，本期支付在建工程人员职工薪酬100 000元。期末，应付在建工程人员的部分为14 000元。

(5) 应付利息均是短期借款利息，其中本期计提利息5 750元，支付利息6 250元。

(6) 本期用现金购买固定资产50 500元，购买工程物资75 000元。

(7) 本期用现金偿还短期借款125 000元，偿还一年内到期的长期借款500 000元；借入长期借款200 000元。

根据上述资料，采用分析填列的方法，计算并填列现金流量表的项目。

1. 分析如下：

(1) 销售商品、提供劳务收到的现金＝625 000＋106 250＋(149 550－299 100)
$$+ (123\,000-33\,000)-450-10\,000=661\,250$$
(元)

(2) 收到的税费返还＝0

(3) 收到的其他与经营活动有关的现金＝0

(4) 购买商品、接受劳务支付的现金＝375 000＋21 233－(1 290 000－1 242 350)
$$+ (476\,900-476\,900)+(100\,000-50\,000)$$
$$+(50\,000-50\,000)-162\,450-40\,000$$
$$=196\,133\ (元)$$

(5) 支付给职工以及为职工支付的现金＝162 450＋8 550＋(55 000－90 000)
$$- (0-14\,000)=150\,000\ (元)$$

(6) 支付的各项税费＝61 248＋1 000＋50 000－(10 048.5－0)＝102 199.5 (元)

(7) 支付的其他与经营活动有关的现金＝25 000元

(8) 收回投资所收到的现金＝8 000＋250＝8 250 (元)

(9) 取得投资收益所收到的现金＝15 000元

(10) 处置固定资产所收回的现金净额＝150 000＋(400－250)＝150 150 (元)

(11) 处置子公司及其他营业单位收到的现金净额＝0

(12) 购建固定资产、临时设施、无形资产和其他长期资产所支付的现金
＝50 500＋75 000＋100 000＝225 500 (元)

(13) 投资所支付的现金＝0

(14) 取得子公司及其他营业单位支付的现金净额＝0

(15) 支付的其他与投资活动有关的现金＝0

(16) 吸收投资所收到的现金＝0

(17) 取得借款所收到的现金＝200 000元

(18) 收到的其他与筹资活动有关的现金＝0

(19) 偿还债务所支付的现金＝125 000＋500 000＝625 000 (元)

(20) 偿付利息所支付的现金＝6 250元

(21) 支付的其他与筹资活动有关的现金＝10 000元

编制现金流量表如表16-11和表16-12所示。

表 16-11   现金流量表   会企 03 表

编制单位：新世纪房地产公司   2010 年   单位：元

项　目	本期金额	上期金额
一、经营活动产生的现金流量：		略
销售商品或提供劳务收到的现金	661 250	
收到的税费返还	0	
收到的其他与经营活动有关的现金	0	
经营活动现金流入小计	661 250	
购买商品、接受劳务支付的现金	196 133	
支付给职工以及为职工支付的现金	150 000	
支付的各项税费	102 199.50	
支付的其他与经营活动有关的现金	25 000	
经营活动现金流出小计	473 332.50	
经营活动产生的现金流量净额	187 917.50	
二、投资活动产生的现金流量：		
收回投资所收到的现金	8 250	
取得投资收益所收到的现金	15 000	
处置固定资产、临时设施、无形资产和其他长期资产所收回的现金净额	150 150	
处置子公司及其他营业单位收到的现金净额	0	
收到的其他与投资活动有关的现金	0	
投资活动现金流入小计	173 400	
购建固定资产、临时设施、无形资产和其他长期资产所支付的现金	225 500	
投资所支付的现金	0	
取得子公司及其他营业单位支付的现金净额	0	
支付的其他与投资活动有关的现金	0	
投资活动现金流出小计	225 500	
投资活动产生的现金流量净额	−52 100	
三、筹资活动产生的现金流量：		
吸收投资所收到的现金	0	
取得借款所收到的现金	200 000	
收到的其他与筹资活动有关的现金	0	
筹资活动现金流入小计	200 000	
偿还债务所支付的现金	625 000	
分配股利、利润或偿付利息所支付的现金	6 250	
支付的其他与筹资活动有关的现金	10 000	
筹资活动现金流出小计	641 250	
筹资活动产生的现金流量净额	−441 250	
四、汇率变动对现金的影响	0	
五、现金及现金等价物净增加额	−305 432.50	
加：期初现金及现金等价物余额	703 150	
六、期末现金及现金等价物余额	397 717.50	

表 16-12 现金流量表补充资料

补充资料	本期金额	上期金额
1. 将净利润调节为经营活动现金流量：		
净利润	98 852	
加：资产减值准备	15 450	
固定资产折旧、油气资产折耗、生产性生物资产折旧	50 000	
无形资产摊销	30 000	
长期待摊费用摊销	0	
处置固定资产报废损失、无形资产和其他长期资产的损失（收益以"－"号填列）	－25 000	
固定资产报废损失（收益以"－"号填列）	9 850	
公允价值变动损失（收益以"－"号填列）	0	
财务费用（收益以"－"号填列）	20 750	
投资损失（减：收益）	－15 750	
递延所得税减少（增加以"－"号填列）	－4 950	
递延所得税增加（减少以"－"号填列）	0	
存货的减少（减：增加）	47 650	
经营性应收项目的减少（减：增加）	－60 000	
经营性应付项目的增加（减：减少）	16 065.5	
其他	5 000	
经营活动产生的现金流量净额	187 917.5	
2. 涉及现金收支的投资和筹资活动：		
债务转为资本	0	
一年内到期的可转换公司债券	0	
融资租入固定资产		
现金及现金等价物净增加情况：		
3. 现金的期末余额	397 717.5	
减：现金的期初余额	703 150	
加：现金等价物的期末余额	0	
减：现金等价物的期初余额	0	
现金及现金等价物净增加额	－305 432.5	

五、所有者权益变动表

（一）所有者权益的内容

所有者权益变动表应当反映构成所有者权益的各组成部分当期的增减变动情况。当期损益、直接计入所有者权益的利得和损失，以及与所有者（或股东，下同）的资本交易导致的所有者权益的变动，应当分别列示。

所有者权益变动表至少应当单独列示反映下列信息的项目：净利润；直接计入所有者权益的利得和损失项目及其总额；会计政策变更和差错更正的累积影响金额；所有者投入资本和向所有者分配利润；按照规定提取的盈余公积；实收资本（或股本）、资本公积、盈余公积、未分配利润的期初和期末余额及其调节情况。

（二）所有者权益变动表格式

所有者权益变动表格式见表 16-13。

（三）所有者权益变动表的填列方法

1. 上年年末余额

该项目反映房地产企业上年资产负债表中实收资本（或股本）、资本公积、库存股、盈余公积、未分配利润的年末余额。

2. 会计处理变更与前期差错更正

这两个项目分别反映房地产企业采用追溯调整法处理的会计政策变更的累积影响金额和采用追溯调整重述法处理的会计差错更正的累积影响金额。

3. 本年增减变动额

（1）"净利润"项目，反映房地产企业当年实现的净利润金额。

（2）"直接计入所有者权益的利得和损失"项目，反映房地产企业当年直接计入所有者权益的利得和损失金额。

"可供出售金融资产公允价值变动净额"项目，反映企业持有的可供出售金融资产当年公允价值变动的金额。

"权益法下被投资单位其他所有者权益变动的影响"项目，反映房地产企业对按照权益法核算的长期股权投资，在被投资单位除当年实现的净损益以外其他所有者权益变动中应享有的分额。

"与计入所有者权益项目相关的所得税影响"项目，反映房地产企业根据准则规定应计入所有者权益项目的当年所得税影响金额。

（3）"所有者投入和减少资本"项目，反映房地产企业当年所有者投入的资本和减少的资本。

"所有者投入资本"项目，反映房地产企业接受投资者投入形成的实收资本（股本）和资本溢价或股本溢价。

"股份支付计入所有者权益的金额"项目，反映房地产企业处于等待期中的权益结算的股份支付当年计入资本公积的金额。

（4）"利润分配"项目，反映房地产企业当年的利润分配金额。

"提取盈余公积"项目，反映房地产企业按照规定提取的盈余公积。

"对所有者或股东的分配"项目，反映对所有者（或股东）分配利润（或股利）的金额。

（5）"所有者权益内部结转"项目，反映房地产企业构成所有者权益的组成部分之间的增减变动情况。

"资本公积转增资本（或股本）"，反映房地产企业以资本公积转增资本或股本的金额。

"盈余公积转增资本（或股本）"，反映房地产企业以盈余公积转增资本或股本的金额。

"盈余公积弥补亏损"，反映房地产企业以盈余公积弥补亏损的金额。

（四）所有者权益变动表编制示例

【例16-4】 承例16-1、例16-2和例16-3，新世纪房地产公司的其他相关资料：提取盈余公积9 885.2元，向投资者分配现金股利492 600元。

根据资料，编制新世纪房地产公司2010年的所有者权益变动表。如表16-13所示。

表 16-13

所有者权益变动表

编制单位：新世纪房地产公司　　　　　　　　　　　2010 年

会企 04 表

单位：元

项目	本年金额						上年金额					
	实收资本（或股本）	资本公积	减：库存股	盈余公积	未分配利润	所有者权益合计	实收资本（或股本）	资本公积	减：库存股	盈余公积	未分配利润	所有者权益合计
一、上年年末余额	2 500 000	0	0	50 000	25 000	5 075 000						
加：会计政策变更												
前期差错更正												
二、本年年初余额	2 500 000	0	0	50 000	25 000	5 075 000						
三、本年增减变动金额（减少以"－"填列）												
（一）净利润					98 852	98 852						
（二）直接计入所有者权益的利得和损失												
1. 可供出售金融资产公允价值变动净额												
2. 权益法下被投资单位其他所有者权益变动的影响												
3. 与计入所有者权益项目相关的所得税影响												
4. 其他												

续表

项目	本年金额						上年金额					
	实收资本（或股本）	资本公积	减:库存股	盈余公积	未分配利润	所有者权益合计	实收资本（或股本）	资本公积	减:库存股	盈余公积	未分配利润	所有者权益合计
上述（一）和（二）小计												
（三）所有者投入和减少资本												
1. 所有者投入资本												
2. 股份支付计入所有者权益的金额												
3. 其他												
（四）利润分配												
1. 提取盈余公积				9 885.20	−9 885.20	0						
2. 对所有者或股东的分配					−492 600	−492 600						
3. 其他												
（五）所有者权益内部结转												
1. 资本公积转增资本（或股本）												
2. 盈余公积转增资本（或股本）												
3. 盈余公积弥补亏损												
4. 其他												
四、本年年末余额	2 500 000	0	0	59 885.20	−378 633.20	4 681 252						

六、财务报表附注

财务报表附注是财务报表的重要组成部分。财务报表附注通过提供与某些报表项目相关的必要定性信息以及补充、揭示报表项目因格式的限制不能列示的相关项目的性质、数据的形成来源及结构等更为详细的分析性信息，与财务报表具有同样的重要性。

(一) 财务报表附注披露顺序

根据准则规定，附注应当按照一定的结构进行系统合理的排列和分类，有顺序地披露信息。财务报表附注一般应当按照下列顺序披露：

(1) 财务报表的编制基础。

(2) 遵循企业会计准则的声明。

(3) 重要会计政策的说明，包括财务报表项目的计量基础和会计政策的确定依据等。

(4) 重要会计估计的说明，包括下一会计期间内很可能导致资产、负债账面价值重大调整的会计估计的确定依据等。

(5) 会计政策和会计估计变更以及差错更正的说明。

(6) 对已在资产负债表、利润表、现金流量表和所有者权益变动表中列示的重要项目的进一步说明，包括终止经营税后利润的金额及其构成情况等。

(7) 或有和承诺事项、资产负债表日后非调整事项、关联方关系及其交易等需要说明的事项。

(二) 财务报表附注的内容及披露说明

为了帮助会计信息使用者理解财务报表的内容，财务报表附注主要包括两项内容：一是对财务报表各项目的补充说明；二是对那些财务报表中无法描述的其他会计信息的补充说明。房地产企业应当按照《企业会计准则第1号——存货》等38项具体会计准则的要求，在附注中至少披露下列内容，但是，非重要项目除外。

1. 企业的基本情况

(1) 企业注册地、组织形式和总部地址。

(2) 企业的业务性质和主要经营活动。

(3) 母公司以及集团最终母公司的名称。

(4) 财务报告的批准报出者和财务报告批准报出日。

2. 财务报表的编制基础

(1) 会计年度。

(2) 记账本位币。

(3) 会计计量所运用的计量基础。

(4) 现金和现金等价物的构成。

3. 遵循企业会计准则的声明

房地产企业应当明确说明编制的财务报表符合企业会计准则体系的要求，真实、公允地反映了企业的财务状况、经营成果和现金流量等有关信息。

4. 重要会计政策和会计估计

房地产企业应当披露重要的会计政策和会计估计，不具有重要性的会计政策和会计估计可以不披露。在披露重要会计政策和会计估计时，应当披露重要会计政策的确定依据和财务报表项目的计量基础，以及会计估计中所采用的关键假设和不确定因素。判断会计政策和会计估计是否重要，应当考虑与会计政策或会计估计相关项目的性质和金额。

（1）会计政策的确定依据。房地产企业应当披露会计政策的确定依据。例如，如何判断持有的金融资产为持有至到期的投资而不是交易性投资；对于拥有的持股不足50％的企业，如何判断企业拥有控制权并因此将其纳入合并范围；如何判断与租赁资产相关的所有风险和报酬已转移给企业；以及投资性房地产的判断标准，等等。这些判断对报表中确认的项目金额具有重要影响。

（2）会计估计中所采用的关键假设和不确定因素的确定依据。房地产企业应当披露会计估计中所采用的关键假设和不确定因素的确定依据。例如，固定资产可收回金额的计算需要根据其公允价值减去处置费用后的净额与预计未来现金流量的现值两者之间的较高者确定，在计算资产预计未来现金流量的现值时需要对未来现金流量进行预测，选择适当的折现率，并应当在附注中披露未来现金流量预测所采用的假设及其依据、所选择的折现率的合理性等等。

（3）企业应当披露的重要会计政策。房地产企业主要应当披露的重要会计政策如表16-14所示。

表 16-14 　　　　　　　　　　重要会计政策披露一览表

项 目	会计政策披露
存货	（1）确定发出存货成本所采用的方法。 （2）可变现净值的确定方法。 （3）存货跌价准备的计提方法。
投资性房地产	（1）投资性房地产的计量模式。 （2）采用公允价值模式的，投资性房地产公允价值的确定依据和方法。
固定资产	（1）固定资产的确认条件和计量基础。 （2）固定资产的折旧方法。
无形资产	（1）使用寿命有限的无形资产的使用寿命的估计情况。 （2）使用寿命不确定的无形资产的使用寿命不确定的判断依据。 （3）无形资产的摊销方法。 （4）企业判断开发项目支出满足资本化条件的依据
资产减值	（1）资产或资产组可收回金额的确定方法。 （2）可收回金额按照资产组的公允价值减去处置费用后的净额确定的，确定公允价值减去处置费用后的净额的方法、所采用的各关键假设及其依据。 （3）可收回金额按照资产组预计未来现金流量的现值确定的，预计未来现金流量的各关键假设及其依据。 （4）分摊商誉到不同资产组采用的关键假设及其依据
股份支付	权益工具公允价值的确定方法。
债务重组	（1）债务人债务重组中转让的非现金资产的公允价值、由债务转成的股份的公允价值和修改其他债务条件后债务的公允价值的确定方法及依据。 （2）债权人债务重组中受让的非现金资产的公允价值、由债权转成的股份的公允价值和修改其他债务条件后债权的公允价值的确定方法及依据。

续表

项 目	会计政策披露
收入	收入确认所采用的会计政策，包括确定提供劳务交易完工进度的方法。
建造合同	确定合同完工进度的方法。
所得税	确认递延所得税资产的依据。
外币折算	企业及其境外经营选定的记账本位币及选定的原因，记账本位币发生变更的理由。
金融工具	(1) 对于指定为以公允价值计量且其变动计入当期损益的金融资产或金融负债，应当披露指定的依据、指定的金融资产或金融负债的性质、指定后如何消除或明显减少原来由于该金融资产或金融负债的计量基础不同所导致的相关利得或损失在确认或计量方面不一致的情况，以及是否符合企业正式书面文件载明的风险管理或投资策略的说明。 (2) 指定金融资产为可供出售金融资产的条件。 (3) 确定金融资产已发生减值的客观依据以及计算确定金融资产减值损失所使用的具体方法。 (4) 金融资产和金融负债的利得和损失的计量基础。 (5) 金融资产和金融负债终止确认条件。 (6) 其他与金融工具相关的会计政策。
租赁	(1) 承租人分摊未确认融资费用所采用的方法。 (2) 出租人分配未实现融资收益所采用的方法。
企业合并	(1) 属于同一控制下企业合并的判断依据。 (2) 非同一控制下企业合并成本的公允价值的确定方法。

5. 会计政策和会计估计变更以及差错更正的说明

企业应当按照《企业会计准则第 28 号——会计政策、会计估计变更和差错更正》及其应用指南的规定，披露会计政策和会计估计变更以及差错更正的有关情况。

(1) 会计政策变更的性质、内容和原因。

(2) 当期和各个列报前期财务报表中受影响的项目名称和调整金额。

(3) 会计政策变更无法进行追溯调整的事实和原因以及开始应用变更后的会计政策的时点、具体应用情况。

(4) 会计估计变更的内容和原因。

(5) 会计估计变更对当期和未来期间的影响金额。

(6) 会计估计变更的影响数不能确定的事实和原因。

(7) 前期差错的性质。

(8) 各个列报前期财务报表中受影响的项目名称和更正金额；前期差错对当期财务报表也有影响的，还应披露当期财务报表中受影响的项目名称和金额。

(9) 前期差错无法进行追溯重述的事实和原因以及对前期差错开始进行更正的时点、具体更正情况。

6. 重要报表项目的说明

企业对报表重要项目的说明，应当按照资产负债表、利润表、现金流量表、所有者权益变动表及其项目列示的顺序，采用文字和数字描述相结合的方式进行披露。报表重要项目的明细金额合计，应当与报表项目金额相衔接。

（1）货币资金。

项　目	期末余额	年初余额
库存现金		
银行存款		
其他货币资金		
合计		

（2）交易性金融资产。

项　目	期末公允价值	年初公允价值
1. 交易性债券投资		
2. 交易性权益工具投资		
3. 指定为以公允价值计量且其变动计入当期损益的金融资产		
4. 衍生金融资产		
5. 其他		
合计		

（3）应收款项。

1）应收账款按账龄结构披露的格式如下：

账龄结构	期末账面余额	年初账面余额
1年以内（含1年）		
1年至2年（含2年）		
2年至3年（含3年）		
3年以上		
合计		

注：有应收票据、预付账款、长期应收款、其他应收款的，比照应收账款进行披露。

2）应收账款按客户类别披露的格式如下：

客户类别	期末账面余额	年初账面余额
客户1		
⋮		
其他客户		
合计		

注：有应收票据、预付账款、长期应收款、其他应收款的，比照应收账款进行披露。

（4）存货。

1）本期存货跌价准备计提和转回的原因。

2）用于担保的存货的账面价值。

3）存货的具体构成。

存货的披露格式如下：

存货种类	年初账面余额	本期增加额	本期减少额	期末账面余额
1. 原材料				
2. 周转材料				
3. 工程施工				
⋮				
合计				

4）存货跌价准备的披露格式如下：

存货种类	年初账面余额	本期计提额	本期减少额		期末账面余额
			转回	转销	
1. 原材料					
2. 周转材料					
3. 工程施工					
5. 建造合同形成的资产					
⋮					
合计					

（5）其他流动资产。

其他流动资产的披露格式如下：

项 目	期末账面价值	年初账面价值
1.		
2.		
⋮		
合计		

注：有长期待摊费用、其他非流动资产的，比照其他流动资产进行披露。

（6）可供出售金融资产的披露。

可供出售金融资产的披露格式如下：

项 目	期末公允价值	年初公允价值
1. 可供出售债券		
2. 可供出售权益工具		
3. 其他		
合计		

（7）持有至到期投资。

持有至到期投资的披露格式如下：

项目	期末账面价值	年初账面价值
1.		
2.		
⋮		
合计		

（8）长期股权投资。

1）长期股权投资的披露格式如下：

项目	期末账面价值	年初账面价值
1.		
2.		
⋮		
合计		

2）被投资单位由于所在国家或地区及其他方面的影响，其向投资企业转移资金的能力受到限制的，应当披露受限制的具体情况。

3）当期及累计未确认的投资损失金额。

（9）投资性房地产。

1）企业采用成本模式进行后续计量的，应当披露下列信息：

项　目	年初账面余额	本期增加额	本期减少额	期末账面余额
一、原价合计				
1. 房屋、建筑物				
2. 土地使用权				
二、累计折旧和累计摊销合计				
1. 房屋、建筑物				
2. 土地使用权				
三、投资性房地产减值准备累计　金额合计				
1. 房屋、建筑物				
2. 土地使用权				
四、投资性房地产账面价值合计				
1. 房屋、建筑物				
2. 土地使用权				

2）企业采用公允价值模式进行后续计量的，应当披露投资性房地产公允价值的确定依据及公允价值金额的增减变动情况。

3）如有房地产转换的，应当说明房地产转换的原因及其影响。

（10）固定资产。

1）固定资产披露格式如下：

项　目	年初账面余额	本期增加额	本期减少额	期末账面余额
一、原价合计				
其中：房屋、建筑物				
机器设备				
运输工具				
⋮				
二、累计折旧合计				
其中：房屋、建筑物				
机器设备				
运输工具				
⋮				
三、固定资产减值准备累计金额合计				
其中：房屋、建筑物				
机器设备				
运输工具				
⋮				

2）企业确有准备处置固定资产的，应当说明准备处置的固定资产名称、账面价值、公允价值、预计处置费用和预计处置时间等。

（11）无形资产。

1）各类无形资产的披露格式如下：

项　目	年初账面余额	本期增加额	本期减少额	期末账面余额
一、原价合计				
1.				
⋮				
二、累计摊销额合计				
1.				
⋮				
三、无形资产减值准备累计金额合计				
1.				
⋮				
四、无形资产账面价值合计				
1.				
⋮				

2）计入当期损益和确认为无形资产的研究开发支出金额。

（12）商誉的形成来源、账面价值的增减变动情况。

（13）递延所得税资产和递延所得税负债。

1）已确认递延所得税资产和递延所得税负债的披露格式如下：

项　目	期末账面余额	年初账面余额
一、递延所得税资产		
1.		
⋮		
合计		
二、递延所得税负债		
1.		
⋮		
合计		

2）未确认递延所得税资产的可抵扣暂时性差异、可抵扣亏损等的金额（存在到期日的，还应披露到期日）。

（14）资产减值准备。

资产减值准备的披露格式如下：

项目	年初账面余额	本期计提额	本期减少额		期末账面余额
			转回	转销	
一、坏账准备					
二、存货跌价准备					
三、可供出售金融资产减值准备					
四、持有至到期投资减值准备					
五、长期股权投资减值准备					
六、投资性房地产减值准备					
七、固定资产减值准备					
八、工程物资减值准备					
九、在建工程减值准备					
十、无形资产减值准备					
十一、商誉减值准备					
十二、其他					
合计					

（15）所有权受到限制的资产。

1）资产所有权受到限制的原因。

2）所有权受到限制的资产金额披露格式如下：

所有权受到限制的资产类别	年初账面价值	本期增加额	本期减少额	期末账面价值
一、用于担保的资产				
1.				
⋮				
二、其他原因造成所有权受到限制的资产				
1.				
⋮				
合计				

（16）交易性金融负债的披露。

交易性金融负债的披露格式如下：

项　目	期末公允价值	年初公允价值
1. 发行的交易性债券		
2. 指定为以公允价值计量且其变动计入当期损益的金融负债		
3. 衍生金融负债		
4. 其他		
合计		

（17）职工薪酬。

1）应付职工薪酬的披露格式如下：

项　目	年初账面余额	本期增加额	本期支付额	期末账面余额
一、工资、奖金、津贴和补贴				
二、职工福利费				
三、社会保险费				
其中：1. 医疗保险费				
2. 基本养老保险费				
3. 年金缴费				
4. 失业保险费				
5. 工伤保险费				
6. 生育保险费				
四、住房公积金				
五、工会经费和职工教育经费				
六、非货币性福利				
七、因解除劳动关系给予的补偿				
八、其他				
其中：以现金结算的股份支付				
合计				

2）企业本期为职工提供的各项非货币性福利形式、金额及其计算依据。

（18）应交税费的披露。

应交税费的披露格式如下：

税费项目	期末账面余额	年初账面余额
1. 增值税		
2. 营业税		
⋮		
合计		

（19）其他流动负债的披露。

其他流动负债的披露格式如下：

项　目	期末账面余额	年初账面余额
1.		
⋮		
合计		

注：有预计负债、其他非流动负债的，比照其他流动负债进行披露。

（20）短期借款和长期借款。

1）借款的披露格式如下：

项　目	短期借款		长期借款	
	期末账面余额	年初账面余额	期末账面余额	年初账面余额
信用借款				
抵押借款				
质押借款				
保证借款				
合计				

2）对于期末逾期借款，应分别贷款单位、借款金额、逾期时间、年利率、逾期未偿还原因和预期还款期等进行披露。

（21）应付债券的披露。

应付债券的披露格式如下：

项　目	年初账面余额	本期增加额	本期减少额	期末账面余额
1.				
⋮				
合计				

（22）长期应付款的披露。

长期应付款的披露格式如下：

项　目	年初账面价值	期末账面价值
1.		
⋮		
合计		

（23）营业收入。

1）营业收入的披露格式如下：

项目	本期发生额	上期发生额
1. 主营业务收入		
2. 其他业务收入		
合计		

2）建造合同当期预计损失的原因和金额，同时按下列格式披露：

合同项目		总金额	累计已发生成本	累计已确认毛利（亏损以"—"号表示）	已办理结算的价款金额
固定造价合同	1.				
	⋮				
	合计				
成本加成合同	1.				
	⋮				
	合计				
合计					

（24）公允价值变动收益的披露。

公允价值变动收益的披露格式如下：

产生公允价值变动收益的来源	本期发生额	上期发生额
1.		
⋮		
合计		

（25）投资收益。

1）投资收益的披露格式如下：

产生投资收益的来源	本期发生额	上期发生额
1.		
⋮		
合计		

2）按照权益法核算的长期股权投资，直接以被投资单位的账面净损益计算确认投资损益的事实及原因。

（26）资产减值损失的披露。

资产减值损失的披露格式如下：

项　目	本期发生额	上期发生额
一、坏账损失		
二、存货跌价损失		
三、可供出售金融资产减值损失		
四、持有至到期投资减值损失		
五、长期股权投资减值损失		
六、投资性房地产减值损失		
七、固定资产减值损失		
八、工程物资减值损失		
九、在建工程减值损失		
十、无形资产减值损失		
十一、商誉减值损失		
十二、其他		
合计		

（27）营业外收入的披露。

营业外收入的披露格式如下：

项　目	本期发生额	上期发生额
1. 非流动资产处置利得合计		
其中：固定资产处置利得		
无形资产处置利得		
⋮		
合计		

（28）营业外支出的披露。

营业外支出的披露格式如下：

项　目	本期发生额	上期发生额
1. 非流动资产处置损失合计		
其中：固定资产处置损失		
无形资产处置损失		
⋮		
合计		

（29）所得税费用。

1）所得税费用（收益）的组成，包括当期所得税、递延所得税。

2）所得税费用（收益）与会计利润的关系。

（30）企业应当披露取得政府补助的种类及金额。

（31）每股收益。

1）基本每股收益和稀释每股收益分子、分母的计算过程。

2）列报期间不具有稀释性但以后期间很可能具有稀释性的潜在普通股。

3）在资产负债表日至财务报告批准报出日之间，企业发行在外普通股或潜在普通股股数发生重大变化的情况，如股份发行、股份回购、潜在普通股发行、潜在普通股转换或行权等。

（32）企业可以按照费用的性质分类披露利润表项目。

（33）非货币性资产交换。

1）换入资产、换出资产的类别。

2）换入资产成本的确定方式。

3）换入资产、换出资产的公允价值及换出资产的账面价值。

（34）股份支付。

1）当期授予、行权和失效的各项权益工具总额。

2）期末发行在外股份期权或其他权益工具行权价的范围和合同剩余期限。

3）当期行权的股份期权或其他权益工具以其行权日价格计算的加权平均价格。

4）股份支付交易对当期财务状况和经营成果的影响。

（35）债务重组。

按照《企业会计准则第12号——债务重组》的相关规定进行披露。

（36）借款费用。

1）当期资本化的借款费用金额。

2）当期用于计算确定借款费用资本化金额的资本化率。

（37）外币折算。

1）计入当期损益的汇兑差额。

2）处置境外经营对外币财务报表折算差额的影响。

（38）企业合并。

企业合并发生当期的期末，合并方或购买方应当按照《企业会计准则第20号——企业合并》的相关规定进行披露。

（39）租赁。

1）融资租赁出租人应当说明未实现融资收益的余额，并披露与融资租赁有关的下列信息：

剩余租赁期	最低租赁收款额
1年以内（含1年）	
1年以上2年以内（含2年）	
2年以上3年以内（含3年）	
3年以上	
合计	

2）经营租赁出租人各类租出资产的披露格式如下：

经营租赁租出资产类别	期末账面价值	年初账面价值
1. 机器设备		
2. 运输工具		
……		
合计		

3）融资租赁承租人应当说明未确认融资费用的余额，并披露与融资租赁有关的下列信息：

① 各类租入固定资产的年初和期末原价、累计折旧额、减值准备累计金额。

② 以后年度将支付的最低租赁付款额的披露格式如下：

剩余租赁期	最低租赁付款额
1 年以内（含 1 年）	
1 年以上 2 年以内（含 2 年）	
2 年以上 3 年以内（含 3 年）	
3 年以上	
合计	

4）对于重大的经营租赁，经营租赁承租人应当披露下列信息：

剩余租赁期	最低租赁付款额
1 年以内（含 1 年）	
1 年以上 2 年以内（含 2 年）	
2 年以上 3 年以内（含 3 年）	
3 年以上	
合计	

5）披露各售后租回交易以及售后租回合同中的重要条款。

（40）终止经营。

项　目	本期发生额	上期发生额
一、终止经营收入		
减：终止经营费用		
二、终止经营利润总额		
减：终止经营所得税		
三、终止经营税后利润		

（41）分部报告。

1）主要报告形式是业务分部的披露格式如下：

项　目	××业务		××业务		……	其他		抵销		合计	
	本期	上期	本期	上期		本期	上期	本期	上期	本期	上期
一、营业收入											
其中：对外交易收入											
分部间交易收入											
二、营业费用											
三、营业利润（亏损）											
四、资产总额											
五、负债总额											
六、补充信息											
1. 折旧和摊销费用											
2. 资本性支出											
3. 折旧和摊销以外的非现金费用											

注：主要报告形式是地区分部的，比照业务分部格式进行披露。

2）在主要报告形式的基础上，对于次要报告形式，企业还应披露对外交易收入、分部资产总额。

7. 或有事项

按照《企业会计准则第13号——或有事项》第十四条和第十五条的相关规定进行披露。

8. 资产负债表日后事项

（1）每项重要的资产负债表日后非调整事项的性质、内容，及其对财务状况和经营成果的影响。无法做出估计的，应当说明原因。

（2）资产负债表日后，企业利润分配方案中拟分配的以及经审议批准宣告发放的股利或利润。

9. 关联方关系及其交易

（1）本企业的母公司有关信息披露格式如下：

母公司名称	注册地	业务性质	注册资本

母公司不是本企业最终控制方的，说明最终控制方名称。

母公司和最终控制方均不对外提供财务报表的，说明母公司之上与其最相近的对外提供财务报表的母公司名称。

（2）母公司对本企业的持股比例和表决权比例。

（3）本企业的子公司有关信息披露格式如下：

子公司名称	注册地	业务性质	注册资本	本企业合计 持股比例	本企业合计享有的 表决权比例
1.					
⋮					

（4）本企业的合营企业有关信息披露格式如下：

被投资 单位名称	注册地	业务 性质	注册 资本	本企业 持股比例	本企业在被投资 单位表决权比例	期末资产 总额	期末负债 总额	本期营业 收入总额	本期净 利润
1.									
⋮									

注：有联营企业的，比照合营企业进行披露。

（5）本企业与关联方发生交易的，分别说明各关联方关系的性质、交易类型及交易要素。交易要素至少应当包括：

1）交易的金额。

2）未结算项目的金额、条款和条件，以及有关提供或取得担保的信息。

3）未结算应收项目的坏账准备金额。

4）定价政策。

简答题

1. 财务报表由哪几部分组成？

2. 简述财务报表列报的基本要求。

3. 简述资产负债表列报的具体项目。

4. 简述利润表列报的具体项目。

5. 简述现金流量的分类。

6. 资产负债表反映了现金的结存，利润表又表达了利润的形成，为什么还要单独编制现金流量表？

7. 需要在现金流量表上反映的不涉及现金活动的投资和筹资活动指的是什么？主要有哪些内容？

业务处理题

1. A房地产公司2010年度实现主营业务收入2 500万元，结转主营业务成本1 800万元。

要求：在发生下表所列示应收账款、预收账款余额变动的情况下，对销售现金收入额和购货现金支出进行分析。

（1）

单位：元

情况	主营业务收入	应收账款增加（减少）	预收账款增加（减少）	销售现金收入
①	25 000 000	1 500 000	（2 000 000）	
②	25 000 000	（1 500 000）	2 000 000	
③	25 000 000	0	0	

（2）

单位：元

情况	主营业务成本	存货增加（减少）	应付账款增加（减少）	购货现金支出
①	18 000 000	8 000 000	（4 000 000）	
②	18 000 000	（8 000 000）	4 000 000	
③	18 000 000	8 000 000	0	

2. 甲房地产公司 2009 年度发生以下业务：

（1）购买固定资产价款为 250 万元，增值税进项税额为 42.5 万元，款项已用银行存款支付。

（2）购买工地材料价款 50 万元，增值税额为 8.5 万元，款项已用银行存款支付。

（3）以银行存款支付在建工程人员工资 30 万元。

（4）预付工程价款 400 万元。

（5）偿付长期借款本金 2 500 万元，利息 33 万元，其中资本化利息 30 万元，费用化利息 3 万元。

（6）以银行存款支付购买专利权的价款 340 万元。

（7）偿付短期借款本金 450 万元，利息 1.5 万元，并预提利息 1 万元。

（8）支付 3 年期到期一次还本付息的应付债券，面值 500 万元，利率 11%。

（9）支付现金股利 615 万元。

要求：计算现金流量表中：

（1）"购建固定资产、无形资产和其他长期资产而支付的现金"项目的金额。

（2）"偿付债务支付的现金"项目的金额。

（3）"分配股利、利润或偿付利息支付的现金"项目的金额。

3. 甲股份有限公司为房地产企业，该公司 2010 年有关资料如下：

（1）资产、负债类部分账户年初、年末余额和本年发生额如下表所示：

单位：万元

账户名称	年初余额		本年发生额		年末余额	
	借方	贷方	借方	贷方	借方	贷方
交易性金融资产	100		500	400	200	
应收票据	300			300		
应收账款（总）	500		3 000	2 800	700	
A公司	600		2 500	2 200	900	
B公司		100	500	600		200
坏账准备		6		3		9

续表

账户名称	年初余额		本年发生额		年末余额	
	借方	贷方	借方	贷方	借方	贷方
应收股利			10	10		
原材料	300		2 000	2 200	100	
开发间接费用			800	800		
开发成本	100		4 000	3 800	300	
库存商品	200		3 800	3 500	500	
固定资产	5 000		400	1 000	4 400	
累计折旧		2 000	800	200		1400
在建工程	1 000		300		1 300	
短期借款		200		250		50
长期借款		1 000				1 000
应付账款（总）		300	1 300	1 200		200
C公司		500	1 200	1 000		300
D公司	200		100	200	100	
应付职工薪酬		30	1 160	1 200		70
应交税费（总）		55	1 319.3	1 325.3		61
应交增值税			850	850		
未交增值税		30	180	200		50
应交其他税金		25		249		11

（2）损益类部分账户本年发生额如下表所示：

单位：万元

账户名称	借方发生额	贷方发生额
营业收入		5 000
营业成本	3 500	
营业税金及附加	51	
销售费用	300	
管理费用	500	
财务费用	25	
投资收益		30
营业外支出	20	
所得税费用	198	

（3）其他资料如下：

①交易性金融资产的取得及出售均以现金结算，且交易性金融资产均不属于现金等价物。

②"开发间接费用"及"开发成本"科目借方发生额含工资及福利费 1 000 万元、折旧费 180 万元，不含其他摊入的费用。

③"固定资产"科目借方发生额为现金购入的固定资产 400 万元；"在建工程"科目借方发生额含现金支付的资本化利息费用 30 万元，以及用现金支付的出包工程款 270 万元。

④应付职工薪酬为生产经营人员的工资及福利费。

第十六章｜财务报告｜317

⑤"应交税费——应交增值税"科目借方发生额含增值税进项税额340万元、已交税金310万元、转出未交增值税200万元，贷方发生额为销售商品发生的销项税额850万元；"应交税费——未交增值税"科目借方发生额为缴纳的增值税180万元。假定"应交税费——应交其他税金"账户的余额变动只与"营业税金及附加"和"所得税费用"有关，并且其减少额均已用现金支付。

⑥"销售费用"及"管理费用"科目借方发生额含工资及福利费200万元、离退休人员工资80万元、折旧费23万元、房产税和印花税30万元以及用现金支付的其他费用467万元。

⑦"财务费用"科目借方发生额含票据贴现利息5万元以及用现金支付的其他利息。

⑧"投资收益"科目贷方发生额含出售股票获得的投资收益20万元以及收到的现金股利。

⑨"营业外支出"科目借方发生额为出售固定资产发生的净损失20万元（出售固定资产的原价1 000万元、累计折旧800万元、支付的清理费用30万元，收到的价款210万元）。

⑩假定该公司未发生其他交易或事项。

要求：

（1）填列该公司资产负债表所列示项目的年初数和年末数。

资产负债表（部分项目）

编制单位：甲房地产公司　　　2010年12月31日　　　单位：万元

资产	年初数	年末数	负债和所有者权益	年初数	年末数
应收账款			应付账款		
预付账款			预收账款		
存货					

（2）填列该公司现金流量表所列示项目的金额。

现金流量表（部分项目）

编制单位：甲房地产公司　　　2010年12月31日　　　单位：万元

项目	计算过程	金额
销售商品、提供劳务收到的现金		
购买商品、接受劳务收到的现金		
支付给职工和为职工支付的现金		
支付的各项税费		
支付的其他与经营有关的现金		
收回投资收到的现金		
取得投资收益收到的现金		
处置固定资产收到的现金净额		
购建固定资产支付的现金		
投资支付的现金		
取得借款收到的现金		
偿还债务支付的现金		
偿还利息支付的现金		